자끄엘륄총서 33
원함과 행함 2

지은이	자끄 엘륄
역자	김 치 수
초판발행	2021년 6월 9일

펴낸이	배용하
책임편집	배용하
교열 교정	고학준
등록	제364-2008-000013호
펴낸곳	도서출판 대장간
	www.daejanggan.org
등록한곳	충남 논산시 매죽헌로 1176번길 8-54, 101호
편집부	전화 041-742-1424 전송 0303-0959-1424

분류	기독교	윤리
ISBN	978-89-7071-435-6 04230
	978-89-7071-435-6 세트

값 20,000원

원함과 행함 2
기독교윤리와 신학

자끄 엘륄 지음
김 치 수 옮김

Le vouloir et le faire 2
Les sources de l'éthique chrétienne

Jacques Ellul

일러두기

• 각주에서 '▲'의 기호는 역자가 본문의 내용을 각주로 옮긴 것이다.

차례

5부 • 기독교 윤리의 내용

I. 기독교 윤리와 율법

II. 기독교 윤리와 신학

발간사

프레데릭 호농 Frédéric Rognon

저자의 사후에 남겨진 유고를 출간하는 일은 언제나 하나의 사건이다. 더군다나 우리는 여기서 자끄 엘륄의 유고를 다루고 있다. 최근에 출간된 *Théologie et Technique*『신학과 기술』1)은 기술사회에 대한 비판적 분석과 신학적 접근의 변증법을 보여준 덕분에 저자 엘륄의 몇몇 입장들을 재고하게 했다. 또한 엘륄의 저서 중에서는 아주 드물게 이 책은 '권능의 포기 non-puissance'2)에 대한 윤리를 실천하기 위한 구체적인 제안들을 담았다.

지금 책으로 출간되는 이 유고는 더더욱 소중한 것이다. 먼저 이 책은 놀라운 충격을 던져준다.3) 또한, 이 책은 저자가 다른 데서는 전혀 다루지 않았던 문제들에 대한 자신의 견해들을 독자에게 전해준다. 더욱이 이 책은 정확히는 자끄 엘륄의 기독교 윤리에서 '잃어버린 고리'가 될 수 있

---

1) Jacques Ellul, *Théologie et Technique. Pour une éthique de la non-puissance. Textes édités par Yves Ellul et Frédéric Rognon*(『기술과 신학-권능을 포기하는 윤리』, 이브 엘륄 · 프레데릭 호농 편집), Genève, Labor et Fides, 2014.
2) [역주] 복음서에서 예수 그리스도는 자신의 권능을 사용해서 십자가의 고통과 죽음을 피할 수 있었지만, 하나님 아버지의 뜻에 순종하기 위해 그 권능을 사용하지 않는다. 이에 따른 것이 하나님의 뜻을 이루기 위해 권능을 포기하는 '권능의 포기(non-puissance)'의 윤리이다.
3) ▲*Théologie et Technique*의 원고는 이미 알려져 있었고 이미 여러 부분들이 출판되었다.

다. 여기서 우리는 이 유고가 제공하는 새로운 사실들을 부각시키기에 앞서 집필 당시의 정황들과 출간되지 않은 이유들을 먼저 규명하여, 엘륄의 신학적, 윤리적 저서들의 큰 맥락들과 전체 구조 안에 이 유고가 가질 위치를 설정하려는 노력을 기울이고자 한다. 4)

집필 당시의 정황과 미간행의 이유

제네바 대학 신학부의 조직신학 담당 명예교수인 베르나르 로르도르프Bernard Rordorf가 우리에게 이 원고를 전달해 주었다. 로르도르프 교수는 최근에 자신이 소장한 자료들 가운데서 『원함과 행함 2』라는 제목으로 타이핑한 원고의 복사본을 발견했다. 그의 기억에 따르면 이 복사본은 아마도 1961년이나 1962년에, 늦어도 1964년쯤에 다니엘 주베르Daniel Joubert가 자신에게 전해준 것이었다. 1964년은 『원함과 행함』 1권이 출간된 해이다. 5) 고등사범학교 준비반 학생이었던 다니엘 주베르는 뒤에 스트라스부르Strasbourg에서 접하게 될 '상황주의자' 6)에 가까운 인물이었다. 그는 보르도 태생으로서 자끄 엘륄과 친분이 있었다. 7) 로르도르프에 따르면, 이 복사본은 자끄 엘륄과 베르나르 샤르보노Bernard Charbonneau 8)

---

4) 유난히도 불투명하고 복잡한 문서들을 대상으로 하기에 어쩔 수 없이 가설에 머물 도리밖에 없을지라도
5) 베르나르 로르도르프 교수가 이야기한 내용은 다음의 책에 나와 있다. Frédéric Rognon, *Générations Ellul. Soixante héritiers de la pensée de Jacques Ellul,,* (엘륄 세대. 자끄 엘륄 사상의 계승자 60인), Genève, Labor et Fides, 2012, p. 284.
6) [역주] '상황주의자situationniste'라는 단체는 프랑스에서 1968년에 일어난 68혁명에서 주도적인 역할을 했다. 이들은 자본주의의 폐해를 극복하기 위해서 일상을 비일상화하여 일상성을 파괴함으로써 새로운 개인과 사회를 세우자는 주장을 펼쳤다.
7) 다니엘 주베르는 자신이 위원으로 활약한 Fédération des étudiants protestants(개신교 학생 연합)의 기관지 Le Semeur에 자신의 논문을 기재했다. 그 논문은 자끄 엘륄의 저서 『자유의 투쟁』에서 언급된다. Jacques Ellul, *Les combats de la liberté. Ehtique de la liberté III*(자유의 투쟁. 자유의 윤리 3), Paris/Genève, Le Centurion/Labor et Fides, 1984, p. 84, n. 1.
8) ▲샤르보노도 자신의 저서 *L'Etat*(국가)의 타이핑한 원고를 이와 똑같이 유포했다.

가 출판하기 전에 제한적으로 몇몇 사람들에게 유포했던 것들 중의 하나였을 가능성이 매우 높다.[9] 2편으로 구성된 이 『원함과 행함』 원고는 동일한 내용으로 각주가 없다는 것만 달랐다. 베르나르 샤르보노는 1편에 해당하는 『원함과 행함』이 출판된 뒤에 그 1편의 원고를 폐기했다.

『원함과 행함 2』의 원고 복사본은 페이지 번호가 250에서 시작하여 526으로 끝나는 277페이지의 분량이다. 이 복사본은 두 부분으로 구성되어 있다. 하나는 250페이지에서 391페이에 이르는 '기독교 윤리의 조건과 성격'이라는 제목의 4부이고, 다른 하나는 392페이지에서 526페이지에 이르는 '기독교 윤리의 내용'이라는 제목의 5부이다.[10] 이 4부와 5부는 3부로 구성된 『원함과 행함』 1편의 속편에 해당하는 것이 분명하다. 『원함과 행함』 1편의 초판본[11]은 218페이지에 이르며, 여기에 '차례'가 덧붙여져야 한다. 그렇지만 타이핑한 그 원고는 249페이지에 이르렀을 것으로 짐작된다. 그러므로 『원함과 행함』 1편과 그 2편에 해당하는 이 책은 분량이 비슷비슷하다. 더욱이 미출판 원고는 '각주'[12]나 '참고도서 목록'이나 '차례'가 빠져 있다.

스위스 출판사Ed. Labor et Fides에서 1964년에 출간된 초판본의 겉표지는 다음과 같다.

---

9) Bernard Charbonneau, *L'Etat*, Paris, Economica(Classiques des sciences sociales), 1987. 샤르보노의 기억에 따르면, 1987년의 간행본은 1951년부터 유포된 원본과는 약간 달랐다고 한다.

10) 1964년에 출간된 『원함과 행함』 1권의 논리적인 연결성을 유지하기 위해서, 이 책은 '4부'와 '5부'라는 원래의 차례를 지켰다. 원고에서 기호 '§'로 표시된 단원들은 '장'들로 구분했다.

11) Jacques Ellul, *Le vouloir et le faire. Recherches éthiques pour les chrétiens. Introduction(première partie)*(원함과 행함. 그리스도인을 위한 윤리 연구. 서론 1편), Genève, Labor et Fides(Nouvelle série théologique 18), 1964. (『원함과 행함』, 대장간 역간, 2018.)

12) 그러므로 이 책의 모든 각주들은 우리가 새로 넣은 것들이다. 각주들은 동일한 주제를 다룬 자끄 엘륄의 다른 글들, 인용된 다른 저자의 책들에 대한 정확한 정보들, 인용된 다른 저자의 소개, 원고에서 빠진 부분들을 보충하는 내용 등을 담고 있다.

원함과 행함

그리스도인을 위한 윤리 연구

하나님은 그 기쁘신 뜻을 따라
너희 안에 원함과 행함을 불러일
으키신다.

(빌립보서 2:13)

서론(1편)

성서의 인용구절과 '서론¹편'이라는 표기는 속표지 1페이지에는 나오지 않지만, 낱장 표지에는 제목과 부제와 '서론 1'이 기재되어 있다. 2013년에 재판된 『원함과 행함』은 초판의 부제를 '기독교 윤리에 대한 신학적 비판'으로 바꾸면서, '서론'이나 '1편'에 관한 모든 언급을 삭제했다.[13] 우리는 오랫동안 이 『원함과 행함』이 그 내용의 풍부함 때문에 그 자체로 충분하고, 자끄 엘륄의 윤리 시리즈 전체 저서들 중에서 입문서에 해당한다고 믿어왔다. 또한 우리는 '1편'이라는 표기는 '서론'과 같은 뜻으로 이해되어야 하고 그 두 단어를 괄호를 사용해서 연결시킨 것은 포함 관계가 아니라 중복되지만 동일성을 표시하는 것이라고 생각해왔다. 그래서 두 권으로 된 『자유의 윤리』[14]가 '2편'을 대신하고 『자유의 투쟁』[15]이 '3편'을 의미한다고 추정했다. 오늘에 와서 우리는 1964년에 간행되고 2013년에 재판된 『원함과 행함』은 두 배 분량의 한권의 책 중에서 '1편'에 지나지 않았다는 사실

---

13) Jacques Ellul, *Le vouloir et le faire. Une critique théologique de la morale*, Genève, Labor et Fides, 2013².

14) Jacques Ellul, *Ethique de la liberté*『자유의 윤리』), 2 tomes, Genève, Labor et Fides(Nouvelle série théologique 27 et 30), 1973. (『자유의 윤리 1』, 대장간 역간, 2018; 『자유의 윤리 2』, 대장간 역간, 2019.)

15) Jacques Ellul, *Les combats de la liberté* (자유의 투쟁).

을 알게 되었다. 저자는 그 한권의 책을 저자의 윤리 시리즈 전체 저서들에서 입문서로 구상했던 것이다.

그의 윤리 사상을 요약한 『원함과 행함』에 대한 최초의 잘못된 추정은 저자인 자끄 엘륄 자신이 쓴 몇 가지 표기들에 의해 뒷받침되었던 것 같다. 엘륄은 간혹 '서론'이라는 말로 그 책을 가리켰고, 『자유의 투쟁』을 '3편'으로 소개했다. 그러나 그 추정은 분명한 다른 여러 표기들을 등한시한 결과였다.

그 표기들 중에서 핵심적인 것이 1973년에 출간된 『자유의 윤리』 1편에 기재된 '일러두기' 1970년 쓴 것으로 나옴에 나온다. 그 글은 다음과 같이 시작된다.

> 이 책은 1960년과 1966년 사이에 집필한 것이긴 하지만, 지금 출판하기에는 좀 이른 감이 있다. 왜냐하면 윤리에 대한 '서론'의 2편이 아직 완성되지 않았기 때문이다. 1편에서는 선善에 관한 문제와 기독교 신앙과 기독교 도덕 그리고 다른 영역의 도덕과의 관계를 다루었다. 2편에서는 한편으로는 기독교 윤리가 충족시키는 조건들과 그 특징들을 조감하고, 다른 한편으로는 사회 윤리 문제를 검토할 것이다. 많은 항목들이 이미 작성되긴 했지만, 내 생각에 그것보다 더 긴급한 것은 이 책을 내는 것이었다.[16)]

이 글은 작업 중에 있는 '기독교 윤리에 대한 서론'의 2편의 존재를 명확하게 나타내는 것으로 보인다. 그러나 우리는 아직 완성되지 않았다는 말에 대해 의문을 제기해볼 수 있다. 이 문제에 대해서는 두 개의 가설들이 성립된다.

---

16) Jacques Ellul, *Ethique de la liberté*, tome 1, p. 7. (『자유의 윤리 1』, 대장간 역간, p. 16.)

그 말은 원고 전체가 미완성이라는 뜻인가? 이 첫 번째 가설은 그 개연성이 아주 희박하다. 우리가 가지고 있는 타이핑된 유고는 완성된 것으로 보이며 심지어 마지막 페이지에서 '아멘'으로 끝맺음을 한다. 아마도 하나의 결론이 구상되었을 수도 있겠지만, 그렇다고 다른 하나의 단원이 예정되었을 가능성은 거의 없다. 더욱이 자끄 엘륄은 2편에서 다루어져야 할 두 개의 주제들을 예고했다. 하나는 기독교 윤리를 충족시켜야 할 조건들과 그 특성들에 대한 개요이다. 이것은 정확히 이 책의 4부에 해당한다. 다른 하나는 사회적 윤리의 문제이다. 이 책의 5부는 다른 문제들, 즉 기독교 윤리의 내용과 연관된 문제들, 더 구체적으로 말해서 윤리와 율법의 관계, 윤리와 교리의 관계, 윤리적인 범주나 성격을 띠는 성서 본문들의 해석 등의 문제들을 다루고 있다. 그러나 저자는 그 주제에 대해 별개의 단원을 설정하지 않은 채로 사회적 윤리의 문제를 4부에서 다루고, 특히 "기독교 사회 윤리는 존재하지 않는다."는 간결한 표현과 그 논리적인 틀의 전개로서 나름의 방식으로 종결짓는다. 5부에서는 특히 사회적 기독교에 대한 비판을 제시한다. 이와 같이 처음 예정한 기획과 실제로 다룬 문제들이 상대적으로 불일치하는 점이 반드시 『원함과 행함 2』의 원고가 『자유의 윤리』의 '일러두기'를 편집할 때 완성된 상태가 아니었다는 걸 의미하는 것은 아니다.

좀 더 개연성이 있는 두 번째 가설은 다음과 같다. 아직 완성되지 않았다는 말은, 타이핑된 원고에서 확인한 바와 같이, 단순히 채워 넣어야 할 몇 가지 공백들과 함께 각주들과 참고도서목록이 다 빠져있는 상태를 뜻하는 것이 아닐까? 이 점은 별로 놀라운 사실이 아니다. 왜냐하면 자끄 엘륄은 책을 쓸 때 습관적으로 먼저 일필휘지로 거침없이 쓰고 난 뒤에 완성된 원고를 다시 보며 남은 몇몇 공백들을 채우고 마지막으로 각주들을 덧붙이곤 했기 때문이다.[17] 그래서 우리는 원고에는 연필로 'X'로 표시되어 있거나

---

17) ▲여러 원고들을 나란히 놓고 써나가는 바람에 출간이 늦어지는 것이 예사였다.

공백으로 남겨진 부분들을 채우면서 덧붙인 보충설명들을 포함해서 이 책의 각주들을 전부 다 달아야했다. 앞에서 이미 인용한 '일러두기'에서 언급되었듯이 '많은 항목들이 이미 작성되었다'는 것은, 각주들의 첨가와 결론부의 편집과 참고도서목록의 작성과 같이 몇 가지 빠진 부분들을 보완할 수 있도록 다시 검토하는 일만 남았다는 뜻일 가능성이 높다. 참고도서목록은 1964년에 출간된 『원함과 행함』 1편에는 없었으나, 2013년에 재간된 판본에서 자끄 엘륄이 달아놓은 각주들에서 표시한 참고도서들에 의거하여 약간 업데이트된 상태로 첨부되었다.

이제 우리는 1970년에 『자유의 윤리』의 출간에 매진하기 위해서 이 『원함과 행함 2』의 원고를 완성하지 않은 자끄 엘륄이 그 이유로 든 긴급성을 살펴보아야 한다. 먼저 저자로서는 자신의 선택에 대한 이유로 개인적인 결정을 내세우려고 하고 결코 출판업자의 반대를 언급하려고 하지 않는 것은 당연한 일이다. 출판업자라면 원고 내용에 대한 평가나 편집 방침이나 재정적인 이유 등으로 1편에 이은 2편의 출판을 반대했을 수도 있다. 그 문제에 있어서 자끄 엘륄의 말을 신뢰한다면, 우리는 긴급성[18]을 두 가지 측면으로 이해할 수 있다. 그 두 가지 측면은 서로 배타적이지 않은 것으로서 하나는 외적인 이유들이고 다른 하나는 내적인 동기들이다. 알다시피 1960년대와 1970년대의 전환기는 중대한 사회정치적 운동들과 심층적인 문화적 변혁들과 강력한 이념 논쟁들로 특징지어진다. 혁명, 자유, 해방, 참여, 진보, 소망 등은 수많은 담론과 구호와 강령의 중심주제들이었다. 자끄 엘륄은 그렇게 지식인의 논쟁에 자신의 방식으로, 즉 유행을 거슬러서, 희망과 진정한 참여를 낳는 소망과 진정한 자유의 특징들을 밝히고자 했을 것이다. 그러한 주제들은 당시의 시대적 맥락에서 기독교 윤리의 종말론적 성격

---

18) ▲보다 정확히 말하자면 "내 생각에 그것보다 더 긴급한 것"이라는 말에 따라 긴급성의 정도 차이라고 말할 수 있다.

에 대한 사변들이나 윤리와 교리의 관계들에 대한 사변들보다는 더 중요하고 더 많이 관심을 끌며 그래서 더 긴급성을 띠는 것으로 보일 수 있었을 것이다.

그러나 그 긴급성을 더 분명히 밝혀주는 것은 자신의 저작활동에 대한 자끄 엘륄의 개인적인 내적 동기들이라는 점은 의심의 여지가 없다. 알다시피 보르도 대학의 교수였던 엘륄은 자신의 저서들 전체를 신학적 측면과 사회학적 측면, 기독교 윤리와 기술사회의 비판 등의 변증법으로 이해했다.

신학적 차원만을 고려한다면 성육신적인 요소를 놓쳐버릴 것이라고 엘륄은 샤스트네Patirck Chastenet에게 술회했다. 오로지 사회적, 정치적 차원에만 관심을 둔다면 응답이나 대화가 사라지게 될 것이다. 나의 독자들 중의 한 사람이 나에게 아주 정확히 지적한 대로, 나는 여러 권의 책들을 쓴 것이 아니라 그 책들이 각기 하나의 장으로 구성된 단 한 권의 책을 쓴 것이다.[19]

그런 까닭에 사회적 정치적 측면의 책들은 하나하나가 각기 거기에 대응하는 신학적 측면의 다른 하나의 책을 만나게 되었다. 그렇게 해서 『하나님의 정치와 인간의 정치』[20]에 대해서 변증법적 대응으로 『정치적 착각』[21]이

---

19) Jacques Ellul et Patrick Chastenet, *A contre-courant. Entretiens*(1994), Paris, La Table Ronde(-La petite Vermillon 392), 2014², p. 62.

20) Jacques Ellul, "Politique de Dieu, politiques de l'homme"(1966), in: ID., Le d fi et le nouveau, OEuvres th ologiques1948-1991, Paris, La Table Ronde, 20072, pp. 347-500. (『하나님의 정치와 인간의 정치』, 대장간 역간, 2012.)

21) Jacques Ellul, L'illusion politique(1965), Paris, La Table Ronde(La petite Vermillon 214), 2004³. (『정치적 착각』, 대장간 역간, 2011.)

있고,『굴욕당한 말』[22])에 대해서『선전』[23])이,『의심을 거친 믿음』[24])에 대해서『새로운 신화에 사로잡힌 사람들』[25])이 있다. 1981년에 자끄 엘륄은 마들렌느 가리구-라그랑주Madeleine Garrigou-Lagrange와 대담하는 가운데 말한다.

> 최근에 나는 어떤 사람으로부터 편지를 받았는데 이런 내용이 있었다. "나는 당신의『기술체계』를 방금 읽었다. 한순간에 나는 '소망'에 관한 당신의 저서[26])가 미리 그 문제에 대한 응답을 제공했다는 사실을 깨달았다." 그것은 내가 의도한 바가 결코 아니었지만, 아주 정확한 사실이다. 반면에 나는『자유의 윤리』가 기술에 관한 나의 연구에 대해 변증법적으로 대응하는 책이 되도록 미리 계획했었다.[27])

어쩌면 거기에 문제의 열쇠들 중의 하나가 있는지도 모르겠다. 1954년에 이미 출간한 저서, *La thechnique ou l'enjeu du siècle*『기술, 세기의 쟁점』,[28])에 대해 신학적, 윤리적으로 대응하는 책을 내는 것이 자끄 엘륄의 눈에는 긴급한 일이 되었던 것이다. 그것은 저서들 전체의 구조적 균형에 맞는 것

22) Jacques Ellul, *La parole humiliée*(1981), Paris, La Table Ronde(La petite Vermillon 391), 2014². (『굴욕당한 말』, 대장간 역간, 2014.)
23) Jacques Ellul, *Propagandes*(1962), Paris, Economica(Classiques des sciences sociales), 2008³. (『선전』, 대장간 역간, 2012.)
24) Jacques Ellul, *La foi au prix du doute. "Encore quarante jours..."*(1980), Paris, La Table Ronde(La petite Vermillon 404), 2015³. (『의심을 거친 믿음』, 대장간 역간, 2013.)
25) Jacques Ellul, *Les nouveaux possédés*(1973), Paris, Mille et une Nuits, 2003². (『새로운 신화에 사로잡힌 사람들』, 대장간 역간, 2012.)
26) [역주] Jacuques Ellul, *L'epérance oubliée*, Paris, Gallimard, 1972. (『잊혀진 소망』, 대장간 역간, 2009.)
27) Jacques Ellul, *A temps et à contretemps*. Entretiens avec Madeleine Garrigou-Lagrange(때를 얻든지 못 얻든지. 마들렌느 가리구-라그랑주와의 대담), Paris, Le Centurion(Les intervievs), 1981, p. 162.
28) Jacques Ellul, *La thechnique ou l'enjeu du siècle*(1954), Paris, Economica(Classiques des sciences sociales), 2008³.

이었다. 두 편으로 구성되었지만 1편만이 유일한 것으로 출간된『원함과 행함』이 윤리적 측면의 서론으로는 충분하지 못했다. 자끄 엘륄은 과감하게 자유와 관계된 문제들을 다루어야 했다. 더군다나 그 원고는 4년 전부터 이미 준비되어 있었다. 또한 1970년에 자끄 엘륄이 58세가 되었다는 사실에 유념해야 한다.『자유의 윤리』의 '일러두기'에서 지적했듯이 그는 윤리에 관한 원대한 저서를 완성시키려는 구상을 가지고 있었다.

오히려 윤리는 그리스도와의 관계에서 비롯되어야 한다는 판단이 들었다. 이에 대해서는 깊은 성찰이 필요했다. 깊은 성찰을 얻고 난 뒤에 나는 하나님을 향한 세 가지 덕목인 '믿음, 소망, 사랑'을 통해서 서론의 끝부분에서 그 내용을 심도 있게 설명하고자 했다. 사실 이 세 가지 덕목에 그리스도인의 삶의 한 분야가 상응하는 것으로 나타났고, 또 전체적인 관점에서 하나하나가 재조명되어야 했다. 그런데 이 세 가지 덕목은 어떤 한 가지 유형의 행위양식으로 발현되었다. 나는 '자유의 윤리'는 '소망'에 상응하고, '거룩의 윤리'는 '믿음'에 상응하며, '관계의 윤리'는 '사랑'에 상응한다는 사실을 깨닫게 되었다. '소망'이 첫 번째 덕은 아니지만, 나는 1960년에 '자유의 윤리'에 대해 쓰려고 결심했다. 왜냐하면 '자유'는 기독교 윤리가 펼쳐지는 마당이요 여건이자 바탕이고, 자유에 근거할 때 비로소 '거룩의 윤리'와 '관계의 윤리'가 성립될 수 있다는 사실이 점점 더 내게 확실해졌기 때문이다. 이 두 개의 다른 윤리 영역들은 서로서로 연관되어있다. '거룩'은 하나님을 위해 따로 구별하고 섬기고 증언하는 것과 함께 믿음의 투쟁으로서 기독교의 성육신의 특성을 나타내는 것이었다. 그러나 따로 구별하는 것은 파송을 위한 것일 수밖에 없다. 구별하는 가운데 먼저 하나의 관계가 단절되지만, 또 다른 형태의 관계 안에서 세상과 사회와 이웃을 다시 찾게 된다. 그런데 따로 구별하는 '거룩'으로는 충분하지 않고, '관계'가 필요하다. 이것이 이 '자유의 윤리'의 구도로서, 나는 이에 대해 서문에서 훨씬 더 깊은 적절한 설명을 제시하려고 한다.[29]

이 글은 여러 가지 측면에서 우리에게 소중한 내용을 전해준다. 먼저 여기서 자끄 엘륄의 의도와 윤리에 관한 저서의 구도가 드러난다. 고린도전서 13장 13절에 기록된 세 가지 덕목들인 소망과 믿음과 사랑은 그리스도인의 삶의 세 가지 주제들인 자유와 거룩과 관계에 상응한다. 자유는 첫 번째가 된다. 왜냐하면 먼저 자유로운 해방이 있어야 거룩의 조건이 마련되기 때문이다. 거룩은 그 자체가 목적성을 지니지 않는다. 왜냐하면 따로 구별 짓는 것은 이웃과의 또 다른 관계를 위한 것이기 때문이다. 그러므로 사랑은 그리스도인의 삶의 지평이 된다. 자끄 엘륄은 '자유의 윤리'의 집필을 계획하고 세 권으로 완성하였다. 이어서 그는 '거룩의 윤리'를 거의 다 완성했지만 출간할 시간이 없었다. 우리는 그 유고를 정리한 뒤에 조만간 출간할 예정이다. 마지막으로 안타깝게도 '사랑의 윤리'는 미처 착수할 시간이 엘륄에게 남아있지 않았다. 그러므로 엘륄은 윤리적 저서에 관한 자신의 원대한 구상을 구현하는 일이 급했던 까닭에 서론에 해당하는 『원함과 행함 2』의 출간을 이차적인 것으로 뒤로 미루었을 수 있다. 그러나 앞의 '일러두기'의 발췌문은 이 '서론'의 끝부분, 즉 그 결론부분에서 엘륄의 원대한 구상에 대해 '적절한 설명이 제시'되어야 했던 사실을 알려준다. 발췌문의 앞부분에서 "그 내용을 심도 있게 설명하고자 했다"는 과거시제의 구절과 끝부분에서 "적절한 설명을 제시하고자 할 것이다"는 미래시제의 구절은 자끄 엘륄이 『원함과 행함 2』의 출간을 포기한 것은 아니었다는 추정을 가능하게

---

29) Jacques Ellul, *Ethique de la liberté*(자유의 윤리), tome 1, p. 7. (『자유의 윤리 1』, 대장간 역간, p. 17.)

한다. 그러므로 엘륄은 '사랑의 윤리'에 착수하지 못한 채로 '거룩의 윤리'
를 편집하는 막중한 일에 마지막 몇 년간 자신의 에너지를 다 쏟아야 했기
에, 결국 이『원함과 행함 2』의 완성과 출간은 무기한으로 연기해야 했던 것
이다.

  그러나 우리는 아직『원함과 행함』과『자유의 윤리』의 관계 문제를 밝히
는 데 도움이 될 수 있는 단서들을 다 검토한 것은 아니다. 당연히 우리는
영어로 된 번역본들도 고찰해보아야 한다. 실제로『자유의 윤리』를 프랑
스어로 출간하기 전에 미국에서 출판하는 문제가 대두되었다.『원함과 행
함』1편은 1969년에 영어로 번역되어 *To Will and To Do*[30]라는 제목으로 출
판되었다. 프랑스어로 간행된『자유의 윤리』1, 2권에는 "원본은 1973년
*The Ethics of Freedom*이라는 제목으로 출간되었다."는 말이 기재되어 있
다.[31]『자유의 투쟁』에는 이 책이 심지어 1968년에 출간된 것으로 나와 있
다.[32] 사실은 좀 다르다. 영어 역본은 프랑스어 판이 출간되고 나서 3년 뒤
인 1976년에 출간되었다.[33] 이 책의 역자이자 편집자인 제프리 브로밀리
Geoffrey W. Bromiley는 서문에서 "엘륄의『자유의 윤리』의 번역은 복잡한 배
경을 안고 있다."고 전한다.[34] 이어서 그는 자끄 엘륄이 '서론', '자유의 윤
리', '거룩의 윤리', '관계의 윤리'로서 4권의 책들을 계획했다고 말한다.
그리고 그의 말은 계속된다.

---

30) Jacques Ellul, *To Will and To Do. An Ethical Research for Christians*, trad. C. Edward Hopkin,
    Philadelphis, Pilgrim Press, 1969.

31) Jacques Ellul, *Ethique de la liberté*, tome 1, p. 6; tome 2, p. 6.

32) Jacques Ellul, *Les combats de la liberté*, p. 7. "『자유의 윤리』1, 2권은 영어 본으로 1968년에[
    이 연도는 잘못된 것으로 영역 본은 1976년에 출간됨], 프랑스어 본은 1973년에[이 연도는
    정확하지만, 같은 책 2쪽에 1, 2권은 각각 1973년과 1975년에 출간되었다고 게재됨] 출간되
    었다."

33) Jacques Ellul, *The Ethics of Freedom*, Geoffrey W. Bromiley(d. et trad.), Grand Rapids(MI),
    Eerdmans, 1976.

34) Geoffrey W. Bromiley, "Editor's Preface", in 위의 책 p. 5.

자끄 엘륄은 '서론'의 1편을 수년 전에 출간했지만, 여러 번 중단된 바람에 2편은 결코 완성할 수 없었다. 그래서 그 대신에 그는『자유의 윤리』에 나와 있는 구체적 문제들을 가지고 계속 이어가기로 했다. 이 책에서 나오는, '서론'의 1편이나 이전의 작업을 언급하는 말들은 미완성의 윤리 서론들에 관계된 내용이다.[35]

그러므로『자유의 윤리』를 번역한 미국인 브로밀리는『원함과 행함 2』가 완성되지 못했다는 가설을 지지하는 입장이다. 그는 집필이 중단된 것이 자끄 엘륄로 하여금 이론적인 문제들에서 구체적인 실천 문제로 옮아가게 했다고 본다. 이어서 브로밀리는 지금 번역하는 내용은 프랑스어로 타이핑된 원고를 기초로 했지만 이 번역본을 미처 출판하기 전에 자끄 엘륄은 프랑스어로 *La Flamme de la liberté*『자유의 불길』이라는 제목으로 1권을 출간했다고 밝혔다. 이 말이 그리 놀랍지 않은 것은 출간된 그 책의 제목은 언제나『자유의 윤리』였기 때문이다. 브로밀리는 타이핑된 원고의 영어 번역본[36]에서 수정한 부분들을 출판하기 전의 새로운 번역본으로 합본했다고 덧붙인다. 그것은 영어로 역간된『자유의 윤리』의 1부에서 3부까지의 내용을 말하는 것으로 프랑스어로 출판된『자유의 윤리 1』의 내용에 정확히 부합하는 것이다. 그런 뒤로 사정은 더 복잡해진다.『자유의 윤리 2』에 대해서 전혀 언급하지 않고 브로밀리는 영어판『자유의 윤리』의 4부에 해당하는 '엘륄의 두 번째 책'[37]을 거론한다. 사실 그것은 1984년에 출간된『자유의 투

---

35) 위의 책.
36) 조이스 행크스는 자끄 엘륄의 저서들과 논문들과 그 역본들에 관한 세세한 참고문헌 목록에서 '상당한 분량의 수정된 부분들'을 언급하고 있다. "프랑스어 원고는 미국 출판사에 전달된 이후에, 그리고 프랑스에서 출판되기 이전에 엘륄에 의해 상당한 분량이 명백히 수정되었다."(Joyce M. Hanks, *Jacques Ellul: an annotated bibliography of primary works,* Standford[CT], Jai Press Inc., 2000, p. 57).
37) Geoffrey W. Bromiley, "Editor's Preface", in Jacques Ellul, *The Ethics of Freedom*, p. 5.

쟁』[38]의 원고로서 1976년에 먼저 영어로 출판된 것이었다. 거기서 또한 미국 출판사에 전달된 타이핑된 원고와 8년 후에 프랑스어로 출판된 책 사이에 수정되고 재구성되고 첨가된 부분들이 많았다.[39] 이 사실은 영어 본과 프랑스어 본이 상당한 차이를 나타내고 있는 점을 설명해준다. 우리는 그 차이점을 이 발간사 말미에 도표로서 보여줄 것이다.[40] 브로밀리는 간행사에서 여담삼아 "문학비평 전문가들이라면 성서가 제공할 수 없는 교차검증과 함께 그 비평기술을 발휘하여 엘륄 1, 엘륄 2, 엘륄 3, 번역자의 몫, 편집자의 몫 등으로 구분해볼 수도 있을 것이다."라고 덧붙인다.[41]

　그래서 자끄 엘륄의 독자층으로서 가장 인원수가 많고 가장 열성적인 미국의 독자들은 저자의 윤리에 관한 저서들로서는 오늘날에 이르기까지 아직도 『원함과 행함』 1편에 해당하는 『원함과 행함 *To Will and To Do*』와 『자유의 윤리 1』과 『자유의 투쟁』의 핵심적인 부분을 담은 『자유의 윤리 *The Ethics of Freedom*』만을 보유하고 있다. 그들에게는 『원함과 행함 *Le vouloir et le faire*』 2편과 『자유의 윤리 *Ethique de la liberté*』 2권이 결여되어 있다. 우리는 프랑스 독자들의 경우에도 유사하게 결여된 것이 있다는 사실을 확인한다. 그 결여된 것은 미국의 독자들도 프랑스의 독자들과 같이 『원함과 행함 2』를 접하지 못한다는 점에서 배가된다. 여기서 '두 개의 잃어버린 연결고리들'이라는 말을 꺼낸다면 지나친 것일까? 우리는 그 책들에 함축된 신학적 내용을 알아보고 난 이후에 그 점을 판단하고자 한다.

---

38) Jacques Ellul, *Les combats de la liberté*. 이 책의 부제는 '자유의 윤리 3권'이다.
39) 『자유의 투쟁』 서문에서 자끄 엘륄은 이 사실을 기술한다. "이 원고는 1966년에 쓰였다. 여러 개의 다양한 변종의 책들이 편찬되어 이 원고의 출판을 가로막았다. 이 원고는 그 뒤 1972년의 교정과 1974년의 수정을 거쳐서 마지막으로 1980-1982년에 개정되었지만, 원래의 원고에 있는 모든 내용을 존중하였다."
40) 이 '서문' 말미의 '비교대조표'를 참조할 것. 단어들을 재배열한 것을 차치하고라도, 불어판은 특히 다음과 같은 내용을 첨가했다. 그 내용은 '성서적 문제. 노예상태'라는 제목의 단원, 레흐 바웬사(Lech Walesa)와 테러리즘에 관한 단원, '자유, 환경'이라는 부분과 '여성과 자유'라는 부분으로 나뉜 '결론 아닌 결론'의 단원이다.
41) Geoffrey W. Bromiley, "Editor's Preface", in Jacques Ellul, *The Ehtics of Freedom*.

지금 분명한 것은 이중적으로 결여된 그 상황이 자끄 엘륄의 재가나 발의가 없이는 일어날 수 없었다는 사실이다. 그 사실은 우리로 하여금 자끄 엘륄이 자신의 저서들에 대해 일종의 서열을 매기고 가치적인 측면에서 어떤 책들을 다른 책들에 비해 더 높게 보면서 일종의 우선적인 중요성, 즉 긴 급성을 둔 이유를 이해하게 해준다. 우리가 알다시피 엘륄이 자신의 모든 저서들 중에서 가장 소중하게 여긴 것은 사회학적인 방면으로는 *La thechnique ou l'enjeu du siècle*『기술, 세기의 쟁점』이고, 신학적 방면으로는 『잊혀진 소망*L' espérance oubliée*』이다.[42] 『원함과 행함 2』와 『자유의 윤리 2』는 엘륄이 선호하는 저서들에 속하지 않았던 것이다. 그 두 저서들의 신학적인 풍부함에 대한 우리의 평가는 다를 수 있다. 우리는 그 점을 조금 뒤에 밝힐 것이다. 그러나 그런 사실이 『원함과 행함 2』를 프랑스어로 간행하지 않고 『자유의 윤리 2』를 영어로 번역하지 않은 이유들을 명시적은 아니라도 은연 중에 밝혀준다는 점을 우리는 인정해야 한다. 이 결론은 엘륄의 윤리에 관한 다른 저서들의 연속성에 관한 결정적인 문제를 제기한다. 어떤 부분들은 뛰어넘어가도 아무 상관이 없을 것인가? 혹은 반대로 그냥 넘어간 부분들이 저자도 모르는 사이에 어떤 면에서 필수적인 '잃어버린 연결고리들'인 것은 아닐까? 이것이 이제 우리가 자끄 엘륄의 신학적 윤리적 저서들의 구조와 큰 맥락들을 재구성하여 검토해보고자 하는 문제이다.

엘륄의 신학적 · 윤리적 저서들의 구조와 큰 맥락들

사회학적 저서들과의 변증법적 관계 가운데, 자끄 엘륄의 신학적 윤리적

---

42) Jacques Ellul et Patrick Chastenet, *A contre-courant*, p. 230. "PC: 당신의 저서들 중에서 선호하는 책이 따로 있는가? JE: 결국 내가 선호하는 것은 소망에 관한 책이다. 나는 그 책에 내 마음을 다 담았다. PC: 사회학적 방면으로는? JE: 그건 아무래도 *La technique*(『기술, 세기의 쟁점』)이다."

저서들은 먼저 그 방대함으로 충격을 준다. 그 뿌리는 1948년에 출간된 『세상 속의 그리스도인』이라는 책이 제시하는 구도에 있다.[43] 이어서 1964년에 서론의 1편에 해당하는 『원함과 행함』이 출간되었다.[44] 이미 살펴보았듯이, 엘륄은 윤리에 관한 저술을 하나님을 향한 세 가지 덕목에 해당하는 3단계로 구상하여, '소망'에 상응하는 '자유의 윤리'와, '믿음'에 상응하는 '거룩의 윤리'와, '사랑'에 상응하는 '관계의 윤리'로 계획했다. 단지 1단계만이 엘륄이 살아있는 동안 완전히 실현되어서, 3권의 저서들, 즉 『자유의 윤리』 1, 2권과 『자유의 투쟁』으로 나왔다. 2단계는 '거룩의 윤리'라는 제목으로 나올 예정이다. 3단계는 자끄 엘륄이 미처 집필을 시작할 시간조차 없었다. 여기서 이와 동일하게 믿음과 소망과 사랑을 다룬 다른 세 개의 저작들, 즉 『잊혀진 소망』[45], 『의심을 거친 믿음』[46], 『개인과 역사와 하나님』의 제1부 '7. 삶을 향한 사랑'[47]이라는 단원이 얘기될 수 있다. 또한 완벽하다고는 할 수 없지만, 『하나님이냐 돈이냐』[48], 『우리의 기도』[49], 『폭력에 맞서』[50], 『기독교와 마르크스주의』[51], 『개인과 역사와 하나님』, 『뒤틀

43) Jacques Ellul, "Présence au monde moderne. Problèmes de la civilisation post-chréteinne"(1948), in Le défi et le nouveau, pp. 19~116. 부제는 두 번에 걸쳐 재판된 책들에서는 사라졌다. (『세상 속의 그리스도인』, 대장간 역간, 2010.)

44) Jacques Ellul, Le vouloir et le faire.

45) Jacques Ellul, L'espérance oubliée(1972), Paris, La Table Ronde(Contretemps), 2004[2]. (『잊혀진 소망』, 대장간 역간, 2009.)

46) Jacques Ellul, La foi au prix du doute (『의심을 거친 믿음』, 대장간 역간, 2013.)

47) Jacques Ellul, Ce que je crois, Paris, Grasset, 1987, pp. 91~117. (『개인과 역사와 하나님』, 대장간 역간, 2015.)

48) Jacques Ellul, "L'homme et l'argent(Nova et vetera)"(1954)(『하나님이냐 돈이냐』, 대장간 역간, 2019.], in Le défi et le nouveau, pp. 199~345.)

49) Jacques Ellul, "L'impossible prière"(1970), in Le défi et le nouveau, pp. 641~751. (『우리의 기도』, 대장간 역간, 2015.)

50) Jacques Ellul, "Contre les violents"(1972), in Le défi et le nouveau, pp. 501~639.

51) Jacques Ellul, L'idéologie marxiste chrétienne. Que fait-on de l'Evangile?(1979), Paris, La Table Ronde(La petite Vermillon 246), 2006[2]. (『기독교와 마르크스주의』, 대장간 역간, 2011.)

려진 기독교』[52], 『무정부주의와 기독교』[53] 등과 여러 성서 주해서들[54]과 수많은 논문들과 또 『신학과 기술』[55]을 들 수 있다.

여기서 우리는 엘륄의 방대한 저작물 전부를 전체적으로 다 살펴보지 않을 것이다. 윤리에 관한 저서들의 구성에서 이 엘륄의 유고가 가지는 위상을 결정하는 데는 『세상 속의 그리스도인』과 『원함과 행함』 1편과 『자유의 윤리』 1, 2권의 큰 맥락들을 파악하는 것으로 충분할 것이다. 우리는 *Théologie et Technique*『신학과 기술』의 간행사에서 엘륄의 저작물의 전체 구조와 그 저작물을 간소화할 수 있는 방법들을 두고 독자들이 가지는 당혹감을 이미 살펴보았기에, 다시 그 주제를 다루지 않을 것이다.[56]

첫 번째 저서인 『세상 속의 그리스도인』은 그 제목이 그 내용을 명백하게 밝혀준다. 그리스도인은 세상에서 도피하거나 세상에 순응하는 것이 아니라, 요한복음[57]에서 말하듯이 세상에 속하지 않으면서 세상에 존재하여 세

---

52) Jacques Ellul, *La subversion du christianisme*(1984), Paris, La Table Ronde(La petite Vermillon 145), 2011³. (『뒤틀려진 기독교』, 대장간 역간, 2012.)

53) Jacques Ellul, *Anarchie et christianisme*(1988), Paris, La Table Ronde(La petite Vermillon 96), 1998². (『무정부주의와 기독교』, 대장간 역간, 2011.)

54) Jacques Ellul, "Le livre de Jonas" (1952), in *Le défi et le nouveau*, pp. 117−198. (『요나의 심판과 구원』, 대장간 역간, 2010); "Politique de Dieu, politiques de l'homme"(1966) (『하나님의 정치와 인간의 정치』, 대장간 역간, 2012); "Sans feu lieu. Signification biblique de la Grande Ville(1975), 2003² (『머리 둘 곳 없던 예수』, 대장간 역간, 2013); *L'Apocalypse. Architecture en mouvement*(1975), Genève, Labor et Fides(Essais bibliques 44), 2008²; *Conférence sur l'Apocalypse de Jean*, Nantes, Editions de l'AREFPPI, 1985; *La Genèse aujourd'hui*(avec Fran ois Tosquelles), Le Collier, Editions de l'AREFPPI, 1987; *La raison d'être. Méditation sur l'Ecclésiaste*(1987) , Paris, Seuil, 2007²(『존재의 이유』, 대장간 역간, 2016); *Ce Dieu injuste...? Théologie chrétienne pour le peuple d'Israel,* Paris, Arléa, 1991(『하나님은 불의한 가?』, 대장간 역간, 2010); "Si tu es le fils de Dieu. Souffrances et tentations de Jésus"(1991), in *Le défi et le nouveau*, pp. 937−1016(『네가 하나님의 아들이라면』, 대장간 역간, 2010) ; *Mort et espérance de la résurrection. Conférences inédites de Jacques Ellul,* Lyon, Oliv tan, 2017.

55) Jacques Ellul, *Théologie et Technique*.

56) Frédéric Rognon, "Introduction", in Jacques Ellul, *Théologie et Technique*, pp. 9−14.

57) 요한복음 17:14−18. "내가 세상에 속하지 않은 것 같이 그들도 세상에 속하지 않습니다. 내가 기도하는 것은 아버지께서 그들을 세상에서 데려가시기 위한 것이 아니라 그들을 악한 자에게서 지켜주시기 위한 것입니다.… 아버지께서 나를 세상에 보내신 것 같이 나도 그들을 세상에 보냈습니다."

상 속에 현존하도록 부름 받은 것이다. 『세상 속의 그리스도인』은 '포스트 기독교 문명의 문제들'이라는 부제와 함께 두 개의 암초들이자 또한 두 가지 유혹들 사이에 존재하는 그리스도인의 소명을 상기시키는 것으로 시작한다. 세상을 거부하는 것은 그리스도의 성육신을 가로막는 것이다. 그러나 세상을 기독교화하는 것은 역설적으로 세상의 방식에 순복하고 마는 셈이 된다. 왜냐하면 그렇다고 이 세상이 죄가 덜한 곳이 되지 않기 때문이다. 사회적 기독교라는 신학적 사조는 이미 문제가 되고 있다. 그리스도인들의 사명은 본질적으로 영적인 것이기 때문에, 중요한 것은 그리스도인들이 세상과는 다르게 세상에 현존하는 것이다.

2장의 제목은 '혁명적인 기독교'이다. 수많은 사람들이 혁명의 외침에 따라가는데 반해서 참된 혁명의 길은 사람들이 믿는 것에 있지 않다. 우리가 사는 세상의 구조들이 기술모든 사람들이 최선의 것을 기대하는의 토대 위에 고정되어 있는 경우 순전히 인간적인 혁명은 환상에 불과하다. 그런데 우리의 시대에 겪는 재앙들은 아주 정확하게도 그런 구조들과 연관되어 있다. 세상에서 그리스도인의 입장만이 실제로 혁명적이다. 왜냐하면 그리스도인의 입장은 기정사실을 신성시하기를 거부하고, 문명의 근본 구조들을 문제삼기 때문이다. 혁명적이라는 것은 아직 이루어진 것은 아니지만 미래에 이루어질 진리의 이름으로 현재 있는 것에 대한 심판을 내리는 것이다. 그러나 오늘날 그리스도인들은 모든 사람들 중에서도 가장 순응적인 사람들이다. 다시 복음에 충실한 사람들이 되려면, 그리스도인들은 다른 사람들과 차별화되는 것이 아니라 세상 구조들의 무게를 벗어날 수 있게 하는 삶의 방식을 찾아야 한다. 그런 식의 삶의 방식을 가진 작은 공동체 안에서 새로운 문명의 싹들이 꽃피울 수 있는 가능성이 있다.

『세상 속의 그리스도인』의 3장의 제목은 '목적과 수단들'이다. 이제 엘륄은 오늘날 혁명적인 행동의 가장 확실한 형태가 삶의 양식이라는 주장을 펼친다. 그것은 모든 것이 수단이 되고 우리 스스로도 더는 우리가 나아가는 방향이 무엇인지 알 수 없는 사회 속에서 목적들을 다시 복원하는 삶의 양식이다. 이 삶의 양식은 행동보다는 존재에 있다. 행동하는 데 시간을 다 보내는 사람은 살아가는 삶을 멈추게 된다. 전형적인 혁명적 행위인 살아가는 삶은 그 열매들과 함께 목적과 수단들의 문제에 대한 해결책이 된다.

이 문제는 '의사소통'이라는 제목으로 4장에서 구체적으로 다루어진다. 실제로 인간은 미디어들이 생산하고 양육하는 신화들에 빠져 영원한 환상 가운데 살아간다. 일시적인 외적 형상들이 인간의 삶과 사고를 지배한다. 그런 신화는 인간으로 하여금 세상에 대한 절망에 빠져들지 않게 한다. 그러므로 기독교 지식인에게는 이 세상의 현실을 자각하고 그 환상들과 신화들과 순응적 태도들을 거부하며 진정한 소망의 이유를 전파하는 것이 첫 번째 의무가 된다. 이 자각은 세 가지 결과를 낳는다. 즉 이웃의 의미와 성육신 사건의 의미와 거룩한 것의 한계들을 재발견하는 것이다. 자끄 엘륄은 구체적인 그리스도인의 삶의 양식을 기술하기보다는 이 세 개의 원칙을 언명하는 것으로 만족한다. 그렇지 않으면 독자들이 또 하나의 새로운 율법주의에 빠질 위험에 노출되기 때문이다. 그러나 그는 기독교의 신뢰성은 이 새로운 삶의 양식의 창조에 달려 있다고 천명한다. 즉 거기서 기독교가 세상에 대한 순응주의에 빠지느냐 아니면 창조적인 능력을 발휘하느냐가 결정된다.

이미 짐작한 바와 같이 『세상 속의 그리스도인』은 엘륄의 저서들이 보여주는 두 가지 측면들, 즉 사회학적인 측면과 신학적인 측면에 대한 관점들을 소개한다. 이 『세상 속의 그리스도인』은 어떤 면에서 로드맵과 같은 역할을 한다. 이제 우리는 윤리적인 맥락의 첫 번째 저서를 살펴볼 것이다.

『원함과 행함』 1편은 기독교 윤리의 기초와 조건을 제시한다. 그 전제가 성서중심적이라는 사실은 명백하게 표명된다.

이 연구에서 내 사상의 기준과 내용은 성서 계시이다. 그 출발점은 성서의 계시로 나에게 주어진 것이다. 방법은 변증법으로서 성서 계시는 이 변증법을 통해서 우리에게 임한다. 이 연구의 목적은 윤리에 관해서 성서의 계시가 전하는 의미를 탐구하는 것이다.[58]

그러므로 논리적으로 자끄 엘륄이 분석자료들을 구하는 것은 성서 본문이 된다. 그는 창세기 3장을 기점으로 해서 윤리를 거론할 수 있다고 한다. 사실 윤리의 기준은 가부可否를 말할 수 있는 가능성에 달려 있다. 타락 이전에 인간은 선과 실존적으로 일치를 이루고 있었다. 불순종은 인간으로 하여금 선과 악의 존재를 알게 한다. 그러나 인간이 이제 선과 악의 존재를 안다고 해도, 그 내용은 알지 못한다.

실제로 선이란 무엇인가? 선은 하나님의 뜻이다. 여기서 선은 플라톤적인 개념으로서의 본질적인 선을 말하는 것이 아닐뿐더러, 하나님도 준수해야 하는 미리 정해진 도덕과 같은 것도 아니다. 선을 결정하는 것은 하나님이다. 그렇지 않으면 하나님일 수가 없다. 하나님이 원하는 것이 곧 선이다. 그러므로 자끄 엘륄의 윤리는 본질론보다는 유명론에 가깝다. 그런데 하나님의 뜻은 객관적인 내용으로 고정되어 있지 않다. 그게 아니라면 하나님은 자유로울 수가 없다. 하나님이 선이라고 선포하는 것이 곧 선이다. 이는 하나님은 악을 선이라고 말할 수 있다는 것이 아니라, 악한 것을 선하게 하고, 병자를 건강하게 하고, 죽은 자를 살릴 수 있다는 의미이다.

"하나님과 같이 되어"창3:5, 아담과 이브는 하나님으로부터 독립하여 스스로 선과 악을 정하는 무서운 선물을 받게 된다. 타락은 자율성을 수립하는 것이고 하나님과의 관계를 단절하는 것이다. 이제 인간이 선을 규정하

---

58) Jacques Ellul, *Le vouloir et le faire. Une critique théologique de la morale*, Genève, Labor et Fidesm 2013[2], p. 19. (『원함과 행함』, 대장간 역간, 2018, pp. 21–22.)

는데, 이 선은 하나님의 선이 아니라 인간 자신의 도덕을 이루는 인간의 선이다. 정의롭지 않은 인간이 이제 정의와 불의를 말하는 것이다. 그때부터 죄란 선을 정하고 도덕을 규정하려는 행위가 된다. 그러므로 우리 스스로 그만둘 수 없는 그런 행위를 할 때마다 우리는 아담의 죄를 반복하는 것이다. 왜냐하면 하나님의 계시를 받지 않고서는 인간은 스스로 선을 알 수 없기 때문이다. 악의 경우도 마찬가지이다. 인간은 악의 존재를 알지만, 은총을 실제로 경험하지 않고서는 자신이 죄인임을 깨닫지 못한다.

인간이 선과 악을 알 수 없는 자신의 무능력을 인정할 때 비로소 하나님은 인간에게 선과 악을 계시할 수 있다. 그러므로 계시된 선을 아는 지식은 단지 선의 존재만을 아는 아담의 지식과는 아주 다른 것이다. 어떤 행동이 선한 행동이 되는 것은 그 행동이 도덕규범에 부합하거나 그 동기가 선한 의도에 기인하기 때문이 아니라, 하나님이 행한 것이기 때문이다. 지구가 자신이 공전하는 태양의 빛을 반사하듯이, 인간은 하나님으로부터 오는 빛을 반사할 뿐이다. 어떤 면에서 이 비유에 따라 하나님이 태양이라면, 인간은 행성이지 항성이 아니다.

선은 하나님이 말씀을 통해 말하는 것이다. 이 말씀은 예수 그리스도 안에서 계시되었다. 따라서 선을 행하는 것은 규정된 규범이나 사상을 실천하는 것이 아니라 예수 그리스도를 따르며 살아있는 관계를 유지하는 것이다. 그런 까닭에 자끄 엘륄은 도덕을 타락^죄과 필연성^{자유}의 반대의 질서에 놓는다. 도덕은 하나님의 선과 합치하지 않는다. 엘륄은 타락의 극심함을 최소화하는 것을 거부한다. 왜냐하면 그것은 하나님이 동의하고 예수 그리스도가 행한 엄청난 희생을 상대화하는 것이기 때문이다.[59] 도덕의 기원이

---

59) 폴 리쾨르(Paul Ricoeur)의 연구는 타락을 최소화하는 예로서 엘륄에게 명백한 문제제기의 대상이 된다(Jacques Ellul, Le vouloir et le faire, pp. 30, 57-59 (『원함과 행함』, 대장간 역간, pp. 36-37, 69-72). 이 논쟁에 대한 최근의 논문으로서 자끄 엘륄에 대한 비판적인 관점을 제시하는 연구물을 소개한다. René Heyer, "Péché et morale", in Daniel Frey dir., La jeunesse d'une pensée. Paul Ricoeur à l'Université de Strasbourg(1948-1956), Strasbourg, Presses

불순종과 연관된 것이면, 도덕은 인간의 마음에 전적으로 군림하는 죄의 질서에 속하는 것이 된다. 도덕이 하나님의 뜻을 반영하는 일면이 있다고 믿는 것은 인간이 전적으로 타락하여 다 상실했다는 사실을 믿지 않는 것이다. 인간이 선이라고 정한 것을 실천한다고 해서 하나님과 조금이라도 가까워지지 않는다. 도덕은 인간과 하나님 사이에 놓인 다리가 아니다. 왜냐하면 인간이 행하는 선은 인간과 이 세상의 선에 지나지 않기 때문이다. 반면에 하나님이 선이라고 하는 것은 하나님이 인간에게 바라는 거룩함으로서 인간이 다다를 수 없는 것이다.

그래서 도덕은 결정적으로 자격을 상실한다. 그런데 도덕은 필연적이다. 인간의 도덕은 규범과 의무와 본분 등의 체계로서, 하나의 사회적인 결의로서 나타나며, 이것이 없으면 하나의 사회가 존속할 수 없게 된다. 도덕은 개개인의 생존이나 구원의 조건으로서 필연적인 것은 아니다. 그러나 사회의 존속은 도덕에 달려 있다. 그런데 인간은 필연성이 있는 것을 선으로 만들고 가치로 만들었다. 인간은 필연성을 미덕으로 만들었다. 그래서 계시와 전혀 상관이 없는 도덕은 타락에 기인한 필연성을 정당화한다. 이 도덕을 부정하는 것은 어불성설이다. 왜냐하면 도덕의 부정은 인간의 조건과 인간 자체를 부정하는 것이 되기 때문이다. 도덕은 이 세상을 생존가능한 곳으로 만든다.

그러나 우리는 도덕을 기독교와 혼동해서는 안 된다. 자끄 엘륄이 『뒤틀려진 기독교』[60]에서 천명하는 바와 같이, 사실 "기독교 도덕이 실제로 존재할 수 없다."[61] 왜냐하면 모든 도덕은 인간이 자유로운 존재로서 선과 악을 선택한다는 것을 전제로 삼고 있기 때문이다. 오늘날 기독교가 종종 하나

　　universitaires de Strasbourg, 2015, pp. 145−158.
60) Jacques Ellul, *La subversion du christianismem* (뒤틀려진 기독교) p. 109.
61) Jacques Ellul, *Le vouloir et le faire*, p. 105. (『원함과 행함』, 대장간 역간, p. 125.)

의 도덕으로 축소되고 또 축제일들에 국한되어 보이기 때문에, 엘륄의 주장은 좀 단호하고 도발적이다. 바로 그런 이유에서 엘륄은 사람들이 일반적으로 기독교라고 부르는 것이, 기독교 국가 체제가 오랫동안 저버렸던 성서적 계시에 따른 진정한 기독교와 전혀 상관이 없다는 사실을 밝히려고 한다. 그러므로 기독교와 도덕은 극명하게 서로 대립된다. "기독교는 반反도덕적이다."[62] 기독교는 근본적으로 이질적인 실재로서 도덕과 다를 뿐더러 도덕에 대해 반대하고 대항하는 세력이다.

성서적 계시가 도덕과 다르며 도덕에 대립되기까지 하는 것은, 그것이 모든 도덕적 질서의 기초들을 전복시키는 실존적 메시지이기 때문이다. 성서는 규칙, 규범, 의무, 금지 등을 부과하지 않고, 생명과 구원의 길, 죽음에서 해방되는 길을 제시한다. 성서적 계시는 규범과 규칙의 굴레가 아니라 생명과 자유의 원천이다. 기독교를 이루는 것은 예수 그리스도의 존재이고, 그리스도인이 되는 것은 그리스도가 자신을 구원하는 주님이라는 신앙고백이지, 도덕이 아니다. 그리스도인의 삶은 도덕이 아니고 신앙이다. 신앙의 중심에 있는 것은 선이 아니라 예수 그리스도이다.

타락의 사건을 기점으로 성서에서 도덕이 언급되는 이유는, 도덕은 죄가 나타난 것이기 때문이다. 불순종은 인간으로 하여금 선과 악의 존재를 알게 했지만 인간이 그 내용은 알 수 없었다. 그래서 인간은 스스로 선한 것과 악한 것을 결정했다. 인간 자신의 기준으로 선과 악의 내용을 규정하는 것은 하나님과 관계를 단절하고 하나님을 배제하는 것이다. 그것이 죄에 대한 정의이다. 따라서 도덕은 상대적인 것으로서 그 내용이 시대와 사회에 따라 달라진다는 것은 불가피한 사실이다. 현재 우리는 기술적 도덕의 국면으로 넘어가는 중이다. 기술적 도덕은 인간의 행동방식을 기술적 세상에 적합하게 맞추는 것으로서 인간으로 하여금 새로운 주인인 기술을 잘 섬기

---

62) 위의 책, p. 107.(『원함과 행함』, 대장간 역간, p. 127.)

는 종이 되게 하려는 것이다. 이 새로운 도덕이 추구하는 최고의 가치는 효율성이다. 그것은 순응주의의 정점으로서, 표준적인 것이 선을 대체하게 되기 때문에, 어떤 면에서 도덕의 종결이기도 하다.

다른 세상 사람들과 같이 그리스도인들이 윤리를 수립하는 것은 사회생활을 가능하게 하려는 목적에 연유한다. 그래서 기독교 윤리의 역설은 그것이 불가능한 것인 동시에 필연적인 것이라는 점이다. 대부분의 현대인들에게 기독교는 무엇보다 하나의 도덕이다. 그런데 도덕을 수립하는 것은 전부가 다 계시를 저버리는 것으로서 기만하는 것이다. 선을 규정하는 것은 선을 독점하려는 것으로서 하나님의 결정을 거부하는 것이다. 하나님이 살아계시는 하나님이라면 하나님의 뜻은 살아있는 것이다. 따라서 그것은 하나의 도덕체계를 구성하는 일부분이 되는 과거의 결정일 수가 없다. 성서를 통해 계시되는 하나님의 뜻이 우리에게 도덕적으로 수용할 수 없는 것으로 보일 경우, 그것은 그 뜻이 하나님의 명령이라는 증거가 된다. 우리는 선을 하나님보다 위에 놓을 수 없다. 우리는 겸손하게 그 뜻에 따를 수밖에 없다. 성령은 우리로 하여금 모든 도덕규범을 넘어서서 행동하도록 독려할 수 있다. 왜냐하면 우리 안에 '원함과 행함'을 불러일으키는 분은 하나님이시기 때문이다.[63]

체계화된 형태의 경직된 기독교 윤리의 수립은 무익할 뿐만 아니라 위험하다. 그런 윤리는 우리에게 바리새인 같은 양심을 주어서 남들을 판단하도록 부추긴다. 하지만 남들은 우리와 아주 다르게 행동하면서 하나님의 뜻에 따를 수도 있는 것이다. 선을 하나님의 뜻으로 정의하는 것은 형제를 판단하지 말라[64]는 권면을 새롭게 조명한다. 우리는 우리가 알고 있다고 주장하는 선악을 기준으로 판단하는 반면에, 오직 하나님만이 선악이 무엇

---

63) 빌립보서 2:13.
64) 마태복음 7:1-5/누가복음 6:37-42/로마서 2:1-11/고린도전서 4:3-5.

인지 말할 수 있다. 우리는 행동을 보고 형제를 판단하지만, 그 형제는 사실은 예수 그리스도와 연합한 가운데 하나님이 자신에게 요구하는 바를 행하는 것일 수 있다.

하나님은 모든 사람에게 동일한 방식으로 말하지 않는다. 마찬가지로 두 명의 그리스도인이 행한 동일한 두 가지 행동이 하나님의 뜻에 대한 순종의 여부에 따라서 하나는 선이고 다른 하나는 악이 될 수 있다. 또한 이와 같은 선악의 개념은 다음과 같은 로마서의 구절을 명확히 해준다. "나는 내가 원하는 선은 행하지 않고, 내가 원하지 않는 악을 행한다."롬7:15 선을 행하고 악을 행하지 않는 것은 인간의 능력에 달린 것이 아니라 받은 은총에 달린 문제이다.

『원함과 행함』 1편은 불가능한 동시에 필연적인 기독교 윤리의 역설을 우리에게 전한다. 그렇지만 자끄 엘륄은 거기서 다음과 같은 결론을 내린다. 중요한 일은 기독교 윤리라기보다는 그리스도인들을 위한 윤리를 수립하는 것이다. "그리스도인들을 위한 윤리는 전체적으로 십자가 아래에서 용서를 바라는 섬기는 자의 역할에 국한될 것이다."[65] 오늘 우리가 독자들에게 소개하는 원고는 바로 이 문제에 연결된다. 이 원고에는 그런 윤리의 조건과 성격에 대한 부분과 함께 그 내용에 대한 부분이 있다. 그런데 우리가 알다시피 자끄 엘륄은, '자유'의 개념 탐구와 『자유의 윤리』의 출간에 전념하고자, 『원함과 행함 2』에 해당하는 이 원고를 출간하지 않았다. 모든 일의 정황으로 보아 우리가 판단하기에는, 그와 같이 윤리에 자유를 접목시킨 것은 그 실천조건들에 관한 규명이 있은 뒤에 전적으로 이루어질 수 있었던 것으로 보인다. 즉 성서적 계시가 밝혀주는 바, 복음 안에서 복음을 통해 율법에 대처하는 방식들과 그리스도인을 향한 하나님의 명령들의 역설적인 진의 등을 규명하고 난 뒤에 비로소 그리스도 안에서의 자유에 대한

---

65) Jacques Ellul, *Le vouloir et le faire*, p. 293. (『원함과 행함』, 대장간 역간, p. 343.)

이해가 명확해졌을 것이다. 그런데 그 규명된 내용이 바로『원함과 행함 2』에 해당하는 이 원고가 제공하는 내용이다. 우리는 그 내용을 살펴보기 전에 먼저 자끄 엘륄이 살아있는 동안 출간한 신학적·윤리적 방면의 저서들을 고찰하고자 한다.

그러므로『원함과 행함』은 서론이 된다. 이어서 자끄 엘륄은『자유의 윤리』1, 2권을 통해서 자신의 윤리적인 신념들을 개진한다. 엘륄은 '도덕'과 '윤리'라는 용어들을 동의어처럼 혼용한다. 단 한 번 예외적으로 도덕은 강제적인 규범성을 지니는 것이고 윤리는 자유의 여정으로 인도하는 것이라고 기술한 적이 있을 뿐이다.[66] 일반적으로 사람들은 자유를 강제성이 없이 행동하는 능력으로서, 외부적인 요소들에 의해 결정되거나 제한되는 법이 없이 결정하고 실행하는 능력으로 정의한다. 당연히 엘륄의 윤리 사상의 중심인 '그리스도 안에서의 자유'는 그런 일반적인 개념의 '자유'와는 명백하게 다르다. 그는 그런 일반적인 개념의 자유를 환상이자 기만이라고 규탄하며 그것이 실제로는 노예상태에 불과하다고 한다. 오직 '그리스도 안에서의 자유'만이 진정한 자유라는 것이다.

『자유의 윤리 1』에서 자끄 엘륄은 인간의 소외를 기술하는 것으로 시작한다. 마르크스의 분석의 연장선상에서 현대인은 자신을 둘러싸고 있는 주변의 모든 것이나 자신의 삶에 아무 힘도 미칠 수 없다고 말할 수 있을 것이다. 현대인은 더는 자유롭지 않고 자기 자신 이외의 다른 존재가 되어간다. 인간은 필연성의 세계에서 살아가고, 결정론적 요소들을 내면화하면서 그 요소들을 명백한 사실로 여긴다. 그렇게 해서 인간은 스스로 자유로운 존재라고 믿는다. 그런데 소외와 필연성은 죄, 즉 하나님과 인간의 관계단절에서 발현된 것이다. 그러므로 이 노예상태에서부터 자유의 윤리를 거론해야

---

66) Jacques Ellul, *Ethique de la liberté*, tome 1, p. 125. (『자유의 윤리1』, 대장간 역간, p. 208.)

한다. 왜냐하면 자유는 인간의 본성에 주어진 고유한 여건과 같은 정태적인 존재론적 특성이 아니고, 그리스도 안에서 자유롭게 되어가는 과정이기 때문이다.

예수 그리스도는 인간으로서 유일하게 자유로운 존재이다. 왜냐하면 예수는 광야에서 우리 인간이 만나는 세 가지 유혹들을 겪었기 때문이다. 그 세 가지 유혹들은 필연성에 해당하는 배고픔, 권력에 해당하는 지배, 자율성에 해당하는 하나님의 자리이다. 그런데 예수는 더 큰 권능의 행사가 아니라 반대로 자신에게 가능한 것들을 포기함으로써 그 유혹들을 통과하고 극복했다. 그것이 예수가 우리에게 제시한 길이고 우리에게 제공한 해방이다.

기술 사회에서 우리의 상황을 보자면, 우리는 기술적인 기적들을 일으키고 세상을 지배하고 하나님을 배제하라는 유혹을 받는다. 예수 그리스도가 우리에게 제공한 자유는 우리가 할 수 있는 모든 것을 포기하는 것으로서, 권력을 우상시하는 것을 포기하는 것이다. 그러나 우리는 일반적으로 분별 없이 우리가 기술적으로 할 수 있는 모든 것을 다 하는 것을 선호한다. 그 이유는 단지 우리가 할 수 있는 것이기 때문이다. 아무 생각 없는 그런 조급성은 우리가 자유롭지 않다는 사실을 입증한다. 예수가 죽을 수밖에 없었다는 사실은 인간의 노예상태와 소외가 얼마나 깊은지 밝혀준다. 예수가, 수치스러운 죽음을 피할 수 있는 자신의 권능을 포기하면서 십자가에서 우리를 위해 행한 구속은 자유를 영구적인 상태가 아니라, 매 순간 발생하는 사건으로 살아가는 자유화의 과정이다. 이 자유는 구원이 아니다.

구원의 보편성은 모든 사람들에게 자유를 불러오지 않는다. 왜냐하면 모든 사람들이 그 노예상태에도 불구하고 구원을 받지만, 예수 그리스도를 자신의 구주로 알고 고백하는 사람들만이 자유에 다가갈 수 있기 때문이다. 그리스도 안에서의 이 자유는 남들보다 그리스도인들을 우위에 놓는 특권이나 혜택이 아니고, 반대로 큰 두려움을 불러일으킬 수 있는 책임이다. 그런 까닭에 교회사를 통틀어서 교회는 결코 이 자유를 온전하게 수용할 수 없었고 권력과 사회적 순응주의의 유혹에 굴복하는 것을 선호했다. 교회가 예수 그리스도의 교회로 존재하는 것은 오직 은총에 기인한다. 그러므로 이 자유를 행사하지 않고 자유가 초래하는 근본적인 불안이 두려워서 다른 보호수단을 찾다가 다시 노예상태에 빠지게 된다면, 그리스도인은 언제라도 이 자유를 상실할 수 있다. 한마디로 말해서 그리스도인은 무엇을 하든 자동적으로 자유로운 존재가 되는 것이 아니다. 자신이 이 자유화의 과정에 참여하여 계속할 것을 받아들이는 경우에만 그리스도인은 자유로운 존재가 된다.

그렇다면 이 자유는 도대체 무엇으로 구성되어 있는가? 자유는 덕목이 아니고 그리스도인의 삶의 일부분이 아니다. "자유는 그리스도인의 삶이다."[67] 자유는 조건 없이 하나님에 대한 순종과 사람들에 대한 섬김으로써 행동하는 것을 가능하게 하는 것이다. 로마서에서 사도바울은 신학적인 가르침과 윤리적 권면을 합쳐서 "이 세대를 본받지 말라."고 한다.[68] 비순응적 자세에 대한 이 사도바울의 권면은 자끄 엘륄에게 있어서 성서 본문들의 이해에 해석학적인 열쇠로서 윤리로 입문하는 문이 된다. 자유는 선과 악 사이에서 선택하는 것이 아니고 속박된 상태에서 자유로 나아가는 여정이다. 칼 바르트가 말했듯이 그리스도인의 삶은 "자유로운 인간의 자유로운 하나님을 향한 순종"이다.[69] 기술 사회는 그 체제 내에서는 어떤 희망도 나오지 않는다. 자유는 오직 외부로부터 올 수 있다. 그것은 인간으로 하여금 초월적인 존재에게 순종함으로써 결정적인 요인들과 현혹적인 요소들로부

---

67) 위의 책, 『자유의 윤리1』, p. 195.

68) 로마서 12:2.

69) Jacques Ellul, *Ethique de la liberté,* tome 1, p. 123, Karl Barth, *Dogmatique*, Genève, Labor et Fides, vol. 9(1939), 1959, p. 54., (『자유의 윤리1』, p. 204.)

터 벗어나도록 인도한다. 인간의 소외와 상실은 너무도 깊은 것이기에 오직 하나님만이 인간을 자유롭게 할 수 있다.

그렇다면 우리는 무엇으로부터 자유롭게 되는 것인가? 자끄 엘륄의 첫 번째 대답은 간략하고 명쾌하다. 그것은 먼저 우리는 우리 자신들로부터 자유롭게 된다는 것이다. 그는 예수가 받은 시험들을 예로 들어서 우리에게 그 점을 명확하게 밝혀주었다. 그리스도 안에서 자유롭게 해방되는 첫 걸음은 자기 자신에 대하여 거리를 두는 것이다. 내가 하나님을 위한다면 나 자신을 위하지 말아야 한다. 이는 나 자신을 소홀히 하라는 말이 아니라 나를 사로잡는 내 조건들과 나 자신의 얽매임에서 벗어나야 한다는 말이다. 특히 우리 손으로 행한 일들은 그 일들에 우리가 부여한 구원의 가치를 상실한다. 우리는 기술사회에서 그 모든 사물들 가운데 계속해서 살아갈 수 있다. 그 모든 사물들은 우리의 숭배나 우리의 사랑을 받을 만한 가치가 없기에 다 탈신성화가 되면서 우리에게 다시 훌륭하고 유익한 수단들이 될 수 있다.

이어서 두 번째 대답은 우리는 우리를 속박하는 세력들로부터 자유롭게 해방된다는 것이다. 자유로운 것은 악을 행할 수 있는 것을 뜻하지 않고 소외현상들로부터 해방되는 것이다. 그러나 예상 밖의 세 번째와 네 번째의 대답들이 이어진다. 즉, 우리는 해석학과 신학에 대해서 자유롭게 해방된다는 것이다. 하나님의 말씀을 담은 성서 텍스트에 대해서만이 아니라, 우리 자신의 문화적 맥락, 특히 주석을 지배하는 우리의 과학적 이데올로기에 대해서 자유를 행사하는 시점부터, 비로소 기록된 계시에 관한 해석이 자유의 행위가 된다. 그리스도 안에서 자유로운 그리스도인은 과학적인 독해의 굴레에서 벗어나서 성서를 독해한다. 과학적인 독해는 성서 텍스트에서 영적인 차원을 전부 다 배제하여 성서 텍스트를 플라톤이나 호머의 작품과 같은 일반적인 여타의 다른 텍스트로 축소시켜버린다.

성서를 생명력이 없는 대상으로 삼는 것은, 외과의사가 자신이 수술하는 환자가 살아있다는 사실을 망각하고 환자를 살리는 수술을 하는 대신에 환자를 해부하거나 부검하는 것과 흡사하다. 사람들은 답을 구하기 위해서 성서에 질문을 하는 것을 멈추었고, 주석과 함께 성서에 관해 질문을 던지기 시작했다. 그러나 이제 우리는 성서에서 질문들을 들어야 한다. 그 질문들은 하나님이 우리에게 성서를 통해서 묻고 있는 것들이다. 그리스도인은 그런 질문들에 대해 완전히 자유롭게 응답할 수 있어야 한다. 다시 말해서 그리스도인은 하나님에 관한 일정한 이미지들에 대해서 자유롭고, 자신의 삶 안에서 자신의 응답들에 대한 책임을 지는 자세를 갖추어야 한다. 그리스도인은 그 질문들에 응답할뿐더러 책임을 져야 하는 것이다. 그 응답들이 자유롭고 책임 있게 되려면 모든 사회적 결정요소들에서 해방되고 모든 순응주의에서 벗어나 있어야 한다. 그리스도인은 우선 신학자와 주석학자부터 시작해서, 기록된 계시에 대한 만큼이나 세상의 조건에 대해서 자유를 가져야 한다.

그리스도 안에서 자유롭게 된 그리스도인은 자신의 선택과 결정과 행동방식을 어떤 기준에 기초해야 하는가? 사도바울은 우리에게 말한다. "모든 것이 가하나 다 유익한 것은 아니고, 모든 것이 가하나 모든 것이 덕을 세우는 것은 아니다."고전10:23 사실 그리스도인에게 모든 것이 허용되고 금지되지 않는다. 그리스도 안에서 얻은 자유는 한계가 없다. 나는 선택하거나 단절하거나 위반하거나 더럽히거나 순응하거나 순응하지 않거나 참여하거나 이탈하거나 주거나 붙잡거나 할 자유가 있다. 어떤 행동방식을 금하거나 요구하는 기독교적인 행동방식이라고 할 수 있는 것은 없다. 그런 까닭에 그리스도인들은 아주 다른, 심지어 상반되는 행동방식들을 자유롭게 선택할 수 있다. 그런 까닭에 그리스도인들은 서로서로 상대방에 대해 판단하지 말아야 한다. 그렇지만 행동방식들이 정말 자유로우려면, 그 행동방식들의 동기가 순응주의나 모욕이나 도발이나 강제나 습관이어서는 안 된다.

그렇다면 그 행동방식들의 동기는 어떤 것이어야 하는가? 유일한 단 하나의 기준으로 이중의 사랑의 계명이 존재한다. "너는 너의 하나님을 마음과 목숨과 힘과 뜻을 다하여 사랑하라. 그리고 너는 네 이웃을 네 몸과 같이 사랑하라."[70] 자유의 기준은 우리가 하나님과 이웃과 맺는 관계에 달려 있다. 그것은 특별히 엄격한 요구로서 주어진다. 하나님의 영광에 기여하고 하나님을 증거하며 하나님과 이웃을 향한 사랑에 기여하는 것이 자유로운 행동방식으로 인정되는 유일무이한 근거가 된다. 성 아우구스티누스는 말한다. "사랑하라. 그리고 네가 원하는 것을 행하라."

그리스도인의 삶 전체는 자유와 사랑의 변증법으로 요약된다. 사랑은 자유를 유발하고, 자유는 사랑 안에 구현된다. 사랑은 두 가지 자유가 만나는 접점이다. 인간본성에서, 사랑과 자유는 이율배반적인 삶의 양식들이다. 사랑은 애착이므로 속박이다. 자유는 속박이 없으므로 자기중심주의이다. 그러나 기독교는 본성에 반하는 것이다. 그렇기에 기독교는 사랑과 자유의 관계를 끊을 수 없는 관계로 만든다. 그래서 여기서 사랑은 애착이 아니고 자신을 내어주는 것이고, 자유는 자기중심주의가 아니고 자기 자신으로부터 자유롭게 되는 것이다. 과학적이고 기술적인 것은 인간의 영광을 드러내고 하나님의 창조세계를 약탈함으로써 사랑을 소멸시킨다. 모든 것이 나에게 가하나 나는 사람들이 하나님의 모습을 발견할 수 있도록 내 행위를 선택해야 한다.

그리스도인의 자유는 준엄한 책무이다. 그런 까닭에 그것은 특권이 아닌 소명이며 사명이다. 자유의 책무는 책임이 따라야 한다. 자유의 책무는 선택과 결정과 행위에 대한 책임을 지고 그 결과들을 수용하면서 짊어져야 하

---

70) 마태복음 22:37-39/마가복음 12:30-31/누가복음 10:27.

는 것이다. 자유의 책무가 예수 그리스도에 의해 온전히 이행되었다고 해도, 우리가 그 책무를 짊어지지 않는다면, 엄청난 역전이 발생한다. 그 역전은 원상태로 되돌아가서 다시 시작하는 것이 아니라 하나님의 역사를 부정하고 무無로 돌아가는 것이다. 나는 나의 자유를 보전하거나 상실할 자유가 없다. 왜냐하면 그 자유는 다른 존재가 비싼 값을 치르고 나를 위해 얻어낸 것이고 그 목적은 하나님의 영광이기 때문이다. 나의 자유를 상실한다는 것은 근본적으로 하나님의 역사와 그리스도의 희생을 소홀히 여기는 것이다. 그런데 자유의 포기와 상실의 유혹은 두 가지 방면으로 계속된다. 하나는 일반적이든 기독교적이든 도덕을 통해서 규범과 금지에 의해 새로운 속박을 수립하는 것이다. 다른 하나는 부도덕을 통해서 본능적 충동의 노예가 되게 하는 것이다. 인간의 가장 고귀한 소명은 외적 내적인, 이중적 제약이 있는 데에 틈을 만들어내는 것이다.

자유의 자유로운 행사에 대한 조건들 중의 하나는 스스로의 자기비판이다. 그것은 하나님과 이웃을 향한 사랑과 하나님의 영광이라는 이중적 기준에 의해서, 우리가 행한 일이 그리스도 안에서 우리에게 주어진 자유를 발현한 것이었는지, 혹은 우리의 사회적이거나 본능적인 결정 요소들에서 비롯된 결과였는지 어김없이 검토하는 것이다. 자유보다 더 착각을 불러일으키는 것은 없다. 인간은 항상 자신이 자유롭게 행동한다고 스스로 믿지만, 동시에 인간은 실제로 자유롭게 살아가는 것을 질색한다. 인간이 원하는 것은 대가를 치르는 법이 없이 자유로운 것처럼 보이면서 스스로 자유로운 존재로 자처하는 것이다.

그리스도인은 아주 비굴한 순응적인 사회적 행동방식을 그리스도인의 자유로 해석하는 경향이 있다. 그 행동방식은 자신에게 노예상태의 모든 안전보장책들을 제공한다. 그런 경우에 그리스도인은 이중적으로 소외를 겪는다. 그는 모든 인간들에게 공통적인 결정 요소들 가운데 다시 빠져 들어가 있으면서 동시에 스스로 그리스도 안에서 자유로운 존재라고 믿는다. 자유에 대한 그의 환상은 노예상태에 불과하다. 그렇게 되면 그리스도인의 자유는 소외의 원천이 된다. 자유는 노예상태가 주는 모든 안전보장책들과 행복과 상반되는 특별한 그리스도인의 삶의 양식이다. 왜냐하면 행복은 하나님으로부터 멀어지는 삶의 양식이기 때문이다. 행복에 도달하기 위해 모든 노력을 경주한 사람은 행복이 하나님의 선물이라고 말할 수 없을 것이다. 그런데 많은 경우, 교회사를 통해서 그리스도인들은 자신들의 자유를 수용하지 않았다. 그러면서 자유는 파괴적인 무서운 힘이 되었다. 자유는 부정적인 측면에서 거세게 분출되었다. 사람들은 과학적·기술적 진보, 민주국가, 경제적 자유주의 등과 같이 노예상태에 지나지 않는 것을 자유라고 불렀다.

그리스도인들은 그리스도가 자신들에게 주어서 살아가게 한 자유를 수용하지 않은 책임이 있다. 이는 권력들이 맹위를 떨치도록 길을 열어주었다. 개인적으로 자유를 수용한 그리스도인들도 있었다. 그러나 교회는 도덕과 제도와 신비와 세상의 합리화 논리로 자유를 부정했다. 인정이나 용서를 받기 위해서, 교회가 그리스도의 것임을 잊기 위해서, 역사의 흐름에 뒤떨어지지 않기 위해서, 교회는 극단의 순응주의를 채택했다. 모든 시대에 걸쳐서, 더더욱 오늘날에 이르러서도 교회는 그리스도 안에서의 자유를 증언해야 하는 자신의 사명을 배반했다.

『자유의 윤리 1』은 이와 같은 사항들에 관한 고찰을 내용으로 한다. 이제 살펴보겠지만 『자유의 윤리 2』는 정확히 1권의 연장으로서 그 원칙들을 따라 그리스도 안에서의 자유의 근본적인 특성들을 열거한다. 그런 까닭에 『자유의 윤리 2』가 자끄 엘륄의 윤리에 관한 저서로서 영어로 번역되지 않은 것은 커다란 실책으로 보인다.

『자유의 윤리 2』에서 자끄 엘륄은 그리스도 안에서의 자유의 윤리는, 모든 도덕과 또 모든 다른 윤리들과 달리, 아무도, 사회나 심지어 하나님조차 나를 대신해서 결정을 내리지 못하는 것임을 밝히고 있다. 그리스도 안에서의 자유의 윤리는 나로 하여금 책임을 지면서 자유롭게 행동하게 한다. 이미 살펴보았다시피, 선을 행하는 것은 하나님의 뜻을 실현하는 것이다. 그런데 그 하나님의 뜻은 무엇인가? 하나님은 우리가 자유롭기를 원하고 그것이 하나님이 요구하는 유일한 것이다. 그러므로 결정은, 마치 하나님이 존재하지 않는 것처럼 행하는 것이 아니라, 반대로 하나님의 현존 가운데, 하나님과 사람들 앞에서, 우리 각자가 내리는 것이다. 따라야 할 유일한 원칙들은 하나님의 영광과 하나님 사랑과 이웃 사랑이고, 그 원칙들에 의거해서 개개인은 자신이 행동하는 내용을 정하는 것이다. 그래서 우리의 소명은 자유의 소명이다. 우리는 자유로운 존재로 살았는지의 여부에 따라서 하나님으로부터 심판을 받게 될 것이다.

무용성, 일시성, 상대성의 세 가지 기준들이 사람이 취한 방식이 자유에서 나온 것인지 아닌지에 관한 판별을 가능하게 한다. 역으로 유용성을 위해서나, 영원 속에 거하기 위해, 혹은 자신의 행위를 절대화시키면서 행동하는 사람은 자유로운 존재가 아니다. 그러므로 그리스도인은 자신이 행한 일들에 집착하지 말아야 한다. 왜냐하면 그리스도인이 맡은 진정한 일은 믿음으로 전적으로 자신의 삶을 사는 것이기 때문이다. 그러나 믿음은 우리가 가진 것이 아니라 우리에게 주어지는 것이기에 우리에게 달려 있지 않다. 그런 까닭에 믿음으로 사는 삶은 사실상 우리가 하나님의 일에 개입하는 것이다. 따라서 그리스도인은 반反순응적일 수밖에 없다. 그러나 세상에 대한 원칙적인 반순응주의나 기계적인 반대는 또 다른 형태의 순응주의로 이어질 수 있다. 그리스도 안에서의 자유는 순응주의에서 벗어나는 것일 뿐더러 모방적인 반순응주의에서 벗어나는 것이기도 하다. 자유로운 사람은 하나의 모범이나 혹은 하나의 반反모범을 더는 따르지 않는 것이다. 순응주의의 반대는 반순응주의가 아니고 성령의 도움에 따른 분별이다. 그것은 우리가 살아가는 사회의 통념들과 신화들과 집단적 신념들과 판단들을 분리시키면서, 우리 자신 안에서 우리로 하여금 순응주의에 빠져들게 하는 요인들을 분별하여 다시는 그 순응주의를 따르지 않게 하는 것이다.

이러한 자유의 기초들은 그렇다고 그리스도인의 참여 활동을 금지하지 않는다. 다만 그 조건으로 먼저 이탈이 전제되어야 한다. 참여와 이탈은 오직 변증법적인 관계 속에서만 타당성을 갖는다. 자유의 실천은 사회적 흐름들에 일일이 대응하지 않으면서, 참여에서 이탈로, 이탈에서 참여로 나아가는 것이다. 우리는 사회가 그리스도인의 개입을 바라지 않는 곳에는 참여해야 하고, 사회가 그리스도인을 담보로 이용하려고 하는 곳에서는 이탈해야 한다. 시대별로 저항해야 할 당시의 이데올로기적 경향들에 따라 참여 혹은 이탈이 바람직할 수 있다. 이탈적 자유는 결코 집단적일 수 없고 개인적일 수밖에 없지만, 자신의 상아탑 속에 스스로의 세계 안에 안주하는 것이 아니다. 이탈적 자유는 모든 사람들과 대화하고 모든 이념적 진영들에 속하는 사람들과 만나는 것을 내포한다. 이는 서로 다른 사람들에 대한 이해를 가능하게 하는 것으로써 참여하는 사람은 할 수 없는 것이다.

자유로운 사람은 욕심이 없는 사람으로서 다른 사람을 물건처럼 소유하려고 하지 않는다. 또한 그는 유일한 소원이 단지 하나님과 함께 하는 것으로써, 대가를 구하지 않는 무상성gratuité과 누구에게나 도움을 줄 있는 가용성disponibilité 을 유지하며 살아가는 사람이다. 증여는 자유의 척도로서, 그리스도가 우리를 위해 행한 일을 우리가 얼마나 소중히 여기는지 우리 스스로 돌아보게 하는 거울이 된다. 또한 그리스도 안에서의 자유는 좌절감을 근본적으로 치유한다. 왜냐하면 자기 자신으로부터 해방된 그리스도인은 더는 스스로를 남들과 비교할 필요가 없고, 광고 선전의 유혹으로부터 벗어나서 자신의 소비를 줄일 수 있기 때문이다. 그것은 어떤 혁명 운동도 실현시킬 수 없는 이데올로기와의 단절이다. 그리스도인의 자유는 결국 책임으로서 순종과 자발성의 변증법이다. 자발성이 없는 순종은 율법주의로 연결되는 반면에 순종이 없는 자발성은 뛰노는 강아지의 변덕과 같다. 인간적으로 순종과 자발성은 상호대립적이지만, 그리스도 안에서는 상호필수적이다.

이탈적 자유의 조건들을 규정하고 나서, 자끄 엘륄은 윤리 삼부작의 세 번째 저서인 『자유의 투쟁』에서 세상 속 참여의 구체적인 지점들을 개괄적으로 기술한다.

> 중요한 것은 영의 자유도 내적인 자유도 아니다. 키르케고르가 밝혔듯이 영의 자유는 그리스도인들이 찾을 수 있었던 가장 커다란 거짓말이다. 영의 자유는 자유의 위선이다. 오직 자유의 행동, 자유의 구현, 자유의 표명만이 자유인 것이다.[71]

그리스도인은 근본적으로 자신에게 소중한 곳을 떠나있는 나그네요 이방인이다. 그리스도인은 타락의 용도가 아니라면 모든 사물을 이용할 수 있다. 자유는, 사회가 하나님의 심판을 무시한 채로 실천할 가치가 있다고 제시하는 일들에 가담하지 않는 것이다. 참여적 자유의 첫걸음은 타인을 만나는 것이다. 참여적 자유는 자신의 진영을 선택하는 것이다. 단 그 조건은 그 선택과 참여가 그리스도 안에서의 자유에서 비롯되어야 한다는 것이다. 자연적인 유대성이나 선별적인 친밀관계에 부응하지 않으면서 자유롭게 참여할 수 있도록 우리가 속한 진영인 사회계층과 먼저 단절하기 위해서

---

71) Jacques Ellul, *Les combats de la liberté*(『자유의 투쟁』), p. 8.

우리는 우리를 제약하는 조건과 우리 자신으로부터 벗어나야 한다. 그것은 만남을 하나의 선물로 받아들이고 타인에게 자리를 내어주는 것이다. 만남 그 자체는 아무런 의미를 주지 않는다. 그러나 만남이 있기 위해서는, 타인을 자유롭게 사랑하기 위해서는, 먼저 타인과의 단절이 있어야 한다.

　역설적으로 그리스도인의 자유의 조건들 중 하나는 현실주의이다. 사실들을 있는 그대로 명확하게 파악하고 이념적으로 해석한 것들과 혼동하지 않으면서 그 사실들을 넘어서기 위해서 현실주의는 필수적이다. 왜냐하면 사실은 진리의 기준이 아니기 때문이다. 이 점에 관해 자끄 엘륄은 '현실'과 '진리'를 이론의 여지없이 명백히 구별한다. '현실'은 내가 그 자리에서 결정하고 행동해야 하는, 객관적으로 주어진 여건이다. '진리'는 우리를 해방시키기 위해서 결정론적 체계의 외부에서 오는 성서적 계시이다. 그러나 우리가 현실에 승복하지 않는다 하더라도 현실을 있는 그대로 인정하지 않는다면, 우리의 자유는 하나의 꿈이나 위안을 주지만 비현실적인 하나의 환상이 되고 말 것이다. 현실을 인정하는 것은 현실을 부정하는 것도 아니고 현실에 승복하는 것도 아니다. 윤리적인 선택은 우리를 사실에 관여하게 하지만 사실에서 자유롭게 한다.

　그리스도인의 자유는 세상을 거스르고 위험을 감수하고 대립을 부르는 것이다. 자끄 엘륄은 정치적 참여의 예를 구체적인 실천분야로 삼는다. 실제로 그리스도인은 전도하는 것으로 만족할 수 없다. 그리스도인은 정치적으로 참여하고 모든 정당들 가운데 소속해 있어야 한다. 그리스도인은 정치적 동지들에게 자신을 다른 정파의 그리스도인 형제자매들과 연결시키는 그리스도를 향한 신앙은, 자신과 그들을 분리시키는 정치적 이데올로기적 옵션들보다 더 중대한 것이라고 밝혀야 한다. 그리스도인은 모든 사회운동에, 특히 인간적 자유를 위해 투쟁하는 모든 운동에 참여해야 하지만, 그 인간적 자유들에 조금도 가치를 부여하지 말아야 한다. 특히 그리스도인들이 소망을 가지고 적들과 화평을 요구할 수 있는 혁명적 운동들의 경우에 그렇다. 그리스도인들은 심지어 제3세계에서 혁명적 게릴라 운동에 참가할 수도 있다. 그러나 그 조건은 무기를 들지 않고 그 운동의 내부에서 다른 것을 증언해야 한다는 것이다. 여기서 자끄 엘륄의 가장 독창적인 제안이 나온다. "독재를 타도하고 식민주의를 타파하고 난 뒤에는 진영을 바꾸어라!" 예전의 압제자들을 물리친 뒤에 그 압제자들이 새로운 피압제자들이 된다면, 우리는 그들을 옹호하고 권좌에 오른 새로운 압제자들, 즉 예전의 동지들을 물리쳐야 한다.

자끄 엘륄은 그리스도인의 자유의 역설들을 강조하기 위해 또 다른 예를 든다. 그것은 종교적 자유의 예이다. 박해를 당한다 해도 그리스도인은 원천적으로 자유롭다. 종교적 자유와 그리스도 안에서의 자유의 관계는 그리스도 안에서의 자유와 모든 인간적 자유들, 특히 정치적 자유들만큼이나 연속성이 없다. 그러나 그리스도인은 자신이 아니라 다른 사람들을 위해서 초연한 태도로 종교적 자유를 수호하는 운동에 참여해야 한다. 정교분리 원칙은 수호되어야 한다. 기독교가 특혜를 누리게 되면 이교도와 같이 된다. 따라서 종교적 자유는 기독교적 계시의 기반이 된다.

세 번째 적용 범위는 노동이다. 자끄 엘륄은 필연성의 질서에 따라 생존에 필수적인 노동과 하나님의 역사를 위한 하나님의 소명을 혼동하는 것에 이의를 제기한다. 그리스도인의 삶은 범속한 노동의 이행과 참여를 통한 소명의 구현이 변증법적으로 전개된다. 노동의 이행과 소명의 구현은 상호적으로 의미를 주고받는다. 자유는 그리스도인들로 하여금 파멸을 피하기 위해서 이 세상이 필요로 하는 변혁들을 시도할 수 있게 해야 한다. 이는 과학적, 기술적 탐구가 권력보다는 지혜를 향하게 하는 것이고, 경제가 기본 욕구들을 충족시키는 것으로 전환되게 하는 것이며, 총체적인 사회적 소득이 모든 사람들에게 재분배되게 하는 것이다. 이것이 이루어지지 않도록

면, 기술적 수단들을 가진 권력은 우리를 향해 반격을 가할 것이다. "다른 사람들에게 변화시킬 용기를 전해야 했는데 그렇지 못한 책임을 전적으로 져야 할 사람들은 바로 그리스도인들이다."[72] 그러므로 그리스도인의 자유는 우리 사회의 경제적 옵션들 안에 깊이 구현되어 있다.

네 번째로 저자가 다루는 것은 돈에 대한 우리의 관계이다. 있건 없건 간에 돈은 언제나 노예적 구속을 유발하는 원천으로서 우리로 하여금 하나님으로부터 멀어지게 할 수 있는 영적인 권세가 되기도 한다. 그렇다면 어떻게 우리는 그 노예적 구속에서 자유롭게 벗어날 수 있을까? 돈 없이 살아간다는 것은 아니다. 왜냐하면 그것은 불가능하기 때문이다. 오히려 돈을 계속 사용하면서 돈을 우상화하는 것을 멈추는 것이 답이 될 수 있다. 그런데 어떻게 그렇게 할 수 있을까? 자끄 엘륄은 몇몇 실마리를 제공한다. 사람들이 신성화한 어떤 영적인 권세를 숭배하는 것을 멈추려면, 그 대상을 신성화하지 말아야 한다. 돈을 신성화하지 않는 최선의 방법은 금융거래와 상품시장의 세상에 무상無償의 원리를 도입하는 것으로서, 예정된 것과 다르게 돈을 사용하여서 돈이 돈 자체에 반기를 들게 하는 것이다.

그 첫째 방안은 돈을 대여하면서 이자를 거부하는 것이다. 돈을 대여하지만 이윤을 남기지 않고 수익을 얻지 않는 것이다. 이는 사람을 돈보다 더 높이 존중하는 행동으로써 이웃을 사랑하는 것이다. 극단적으로 말하면 채무자가 돈을 갚지 않는 것을 우려하지 말아야 한다. 둘째 방안은 저축을 거부하는 것이다. 저축은 미래를 지배하려는 것으로서 앞으로 일어날 일에 대해 돈으로 미리 대비하는 것이다. 이는 돈을 신뢰하는 것으로서 하나님을 무시하는 것이다. "아무도 두 주인을 섬길 수 없다. 사람이 하나님과 재물을 동시에 섬길 수 없다."[73] 하나에 신뢰를 두는 것은 다른 하나에 대한 신뢰

---

72) 위의 책, p. 283.
73) 마태복음 6:24/누가복음 16:13.

를 거두는 것이다. 하나님의 영광을 향하는 것은 돈에 대한 불신을 뜻한다. 그리스도인은 자신의 삶에서 오직 하나님의 섭리만을 의지한다.

셋째 방안은 둘째 방안에 연결되는 것으로서, 돈을 증여하는 것이다. 이는 근본적인 최후의 한계선을 넘어서서, 돈의 파괴력을 무력화시키고 노예적 구속에서 우리가 벗어나기 위한 최선의 방법이다. 증여의 실천은 돈이 만들어진 목적과는 완전히 다른 행위로서 경쟁과 구매와 판매의 세상 속에 무상의 원리를 도입시키는 결정적인 지렛대가 된다. 증여하는 것은 소비하는 것도, 저축하는 것도, 대여하는 것도 아니다. 그래서 그것은 거래의 논리를 위반하는 것이다. 모든 것을 다 증여하는 것이 아니라, 기본적인 필요를 채우고 나서 남아 있는 것을 증여하는 것이다. 노동을 절대화하거나 성과를 우상화하지 않는다는 것을 전제로, 그리스도 안에서 자유로운 가운데 우리가 계속 직업에 따라 노동하는 것과 마찬가지로 번돈을 나누기 위해 기꺼이 노동할 자세를 갖춰야 한다. 물론 이것은 제시된 하나의 방안일 뿐이다. 당연히 그것을 법으로 바꾸는 것은 합당치 않다. 왜냐하면 그렇게 되면 우리는 더는 그리스도 안에서의 자유 가운데 있지 않게 되기 때문이다.

저자 엘륄이 마지막으로 드는 예는 성에 관한 문제에 관한 것이다. 우리는 거기서 참여와 이탈의 변증법을 다시 발견한다. 교회가 성에 관한 도덕적 기준들을 언명하지 말아야 한다는 것은 확실하다. 개개인은 자신이 책임을 지고 선택해야 한다. 그러나 성적 해방은 자유와는 전혀 관계가 없다는 사실을 분명히 하는 것이 중요하다. 그것은 차라리 동물적 욕구의 발산에 속한다. 자끄 엘륄의 분석에 의하면 그것은 과도한 기술화에 대한 보상작용, 즉 기술 환경, 보편화된 불안, 원대한 사회적 희망의 상실 등의 압박에 대한 보상작용의 산물이다. 성적 자유는 사회적인 어떤 속박들에서 벗어나게 하지만 다시 새로운 속박의 굴레를 씌울 뿐이다. 그 굴레는 충동적 본능들과 어린 시절에서 비롯된 무의식적 억압들과 호르몬 분비에 의해 결정된 것이다. 이는 기술적 산물로 피임이 비롯되었으므로 기술에 의해 가능하게 된 것이다. 성의 혁명보다 더 강력하게 자유를 부정하는 것은 없다. 그런데 우리가 하나님의 영광과 이웃사랑의 기준을 적용하면, 과도한 성생활은 인간의 영광을 향하는 것과 함께 이웃의 파멸을 유도한다. 그러나 그 정반대의 옵션, 즉 쾌락을 정죄하고 순결을 고양하며 성생활을 거부하는 것도 또한 성에 대한 과도한 집착을 나타낸다.

그런데 우리는 그리스도 안에서 성의 우상화, 즉 광적인 집착이나 전적인 억압에서 자유롭게 된다. 우리에게 욕망을 절제하고 헌신하는 길이 열린다. 먼저 우상화나 억압에서 자유로운 이탈이 있음으로써 자유로운 참여가 가능하게 된다. 특히 성문제는 삶 전체와 구별되는 별개의 문제가 되어서는 안 된다. 반대로 성문제는 언제나 생식이 아닌 사랑, 즉 두 자유로운 존재들의 만남과 연계되어야 한다. 다른 모든 주제와 같이 성문제에서도 그리스도 안에서의 자유는, 하나님 앞에서 분별하고 판단하는 과정이 없이, 사회가 우리에게 경험할 만한 가치가 있다고 제시하는 모든 제안들을 받아들이지 않는 데 있다.

『자유의 투쟁』의 결론으로서 자끄 엘륄은 자유의 기능을 새로운 환경을 창조하는 것으로 제시한다. 그것은 개인의 성숙과 타인과의 진정한 만남을 가능하게 한다. 다른 무엇보다도 이 가능성은 여성에게 열린다. 기존의 고정관념과는 반대로 성서에서 여성은 당대의 사회적 구조들에 대해 아주 유리한 지위를 가진다. 가장 오래된 창조의 두 번째 서사 속에서, 아담이 동물들 이후에 창조된 것처럼, 아담 이후에 창조된 이브는 창조의 정점이다.[74] 창조의 첫 번째 서사 속에서는 둘로 된 하나의 존재만 있다.[75] 그러므로 하나는 다른 하나가 없이는 존재가 성립되지 않는다. 예수의 계보를 보면 그

---

74) 창세기 2:22.
75) 창세기 1:27.

시대에서는 드물게 여성들이 존중되고,[76] 예수는 여자들과 남자들을 똑같이 맞이하고 경청하며 치유하고 구원한다. 예수가 제자들로서는 남자들만을 택하지만, 자신이 부활한 모습은 여성들에게 먼저 보여주고,[77] 여성들은 진정한 복음의 전파자들이 된다. 더욱이 예수는 놀랍게도 스스로 여성적인 가치들을 구현한다. 그는 비폭력과 권능의 포기non-puissance로 폭력을 무마한다.

사도바울은 여성에게 남편에게 복종하라[78]는 요구를 하지만, 남자에게는 아내를 위해 목숨을 다하여 사랑하라[79]는 훨씬 더 강력한 요구를 한다. 사람들은 너무나 자주 그 부분을 끝까지 읽지 않고 넘어간다. 초대교회에서 남자와 여자는 동등했다. 2세기부터 기독교 도덕을 만들어 콘스탄티누스 황제의 개종과 함께 체계화시켰다. 그런데 그 기독교 도덕은 극렬하게 반여성적이었다. 터툴리아누스처럼 기독교 도덕에 몰두한 신학자들은 복음과 사도바울의 가르침과는 반대로 아주 남성우월적인 인물들이었다. "이제 더는 남자나 여자가 없다."[80] 교회는 억압과 지배의 영을 택했고 복음을 저버렸다. 그런 까닭에 교회는 여성을 배제했다. 교회는 침묵을 강요하고 순결을 중시하며이는 여성에게서 생명의 담지자라는 정체성을 배제하는 것이다 동정녀 마리아를 이상화하여이는 여성을 이상적으로 고양시키면서 여성을 현실적으로 비하하는 방법이다 여성을 무력화시켰다.

그러나 오늘날 미래는 여성의 것이다. 유념해야 할 사실은, 1960년대와 1970년대의 여성 해방 운동은 대부분 기독교 도덕과 부르주아 도덕에 반대하는 것으로서 여성의 참된 자유, 즉 그리스도 안에서의 자유를 조금도 향

---

76) 마태복음 1:3,5,6,16.
77) 마태복음 28:1-10/마가복음 16:1-11/누가복음 24:1-12/요한복음 20:1-18.
78) 에베소서 5:22.
79) 에베소서 5:25.
80) 갈라디아서 3:28.

상시키지 못했다. 그러나 여성은 현재 우리의 소외현상에 대한 해답을 지니고 있다. 그래서 자유의 윤리는 여성 문제에 집중하는 것이다. 미래의 가능성에 대해 우리가 가진 강력한 패는 남성적인 가치들소유와 행동의 우위성, 능력, 경쟁, 교만, 의지, 합리성, 양적 크기을 여성적인 가치들존재와 대화의 우위성, 용서, 친절성, 겸손, 직관, 감수성, 질적 특성로 대체하는 것이다. 오늘날 그런 여성적 가치들의 존재는 우리에게 사활의 문제이기도 한다.

이 결론에 대한 영어 번역본이 없다는 점이 안타깝다. 이는 영어권 독자들에게서 여성에 관한 모든 발전된 내용을 접할 기회를 박탈한 것이다. 그러나 제일 큰 손해로 보이는 것은 영어권 독자들을 위해서는 『자유의 윤리 2』가 영어로 번역되지 않았다는 점과 우리 모두를 위해서는 『원함과 행함 2』가 출간되지 않았다는 점이다. 자끄 엘륄의 윤리적 신학적 작품을 이해하는 데 있어서 이 두 권은 소중한 잃어버린 연결고리들이다. 그래서 이제 『원함과 행함 2』가 새롭게 기여하는 내용들을 살펴보고자 한다.

『원함과 행함 2』의 새로운 내용들

『원함과 행함 2』는 후속작인 『자유의 윤리』에서 '기독교 윤리'를 '자유의 윤리'로 정의를 내리기 전에 기독교 윤리의 기초들을 수립하는 작업을 계속 이어간다. 『원함과 행함』 1편의 끝부분은 기독교 윤리의 필요성을 밝히면서 동시에 그 불가능성을 규명하려고 했다. 이어서 『원함과 행함 2』의 4부는 '기독교 윤리의 조건과 성격'을 개진하고, 5부는 '기독교 윤리의 내용'을 다룬다.

1편의 첫 장을 따라서, 2편도 첫 장에서 기독교 윤리의 기원과 기준은 성서라고 단언하는 것으로 시작한다. 중요한 것은 우리는 "성서에 의해 인도되어야"하는 것이다. 여기서 '안내'라는 개념이 그리스도인들을 위한 윤리의 가능성에 관한 조건들의 편차를 나타낸다. 다시금 표명된 이 성서중심주의는 자끄 엘륄에게 믿는 사람을 위한 성서의 위상에 대한 이해를 명확하게 해줄 기회를 제공한다. 여러 저서들 중에서 저자 엘륄은 성서를 대답이 아니라 질문을 던지는 책이라고 천명한다. 그러나 여기서 그는 새로운 주장들을 내놓는데 특히 성서를 인간의 질문들에 대한 대답들을 모아놓은 사전으로 인식하는 것은, 성서를 도구화하고, 심지어 하나님의 말씀을 통제하려는 프로메테우스적인 의지를 가지고 인간을 독립시키려는 사고방식이라고 주장한다. 성서를 우리에게 던지는 질문들을 모아놓은 책으로 받아들이는 것은 침묵함으로 시작하는 것이다. 그러므로 인간과 인간의 욕구가 기독교 윤리의 기원이 될 수 없고, 인간은 오히려 그 도달점이 된다. 자끄 엘륄은 우리가 인간으로부터 출발하면 자동적으로 인간에게서 멀어진다고 얄궂게 말한다.

기독교 윤리의 두 번째 조건은 개인을 위한 윤리여야 한다는 것이다. 사실상 키르케고르에게서 영감을 받아 자끄 엘륄은 하나님의 말씀에 의해서 "홀로 선 개인은 단독자가 된다."고 천명한다. 하나님이 인격적인 존재이기에 그리스도인들을 위한 도덕은 "나"라고 말할 수 있는 자유로운 단독자로서의 한 인간을 향할 수밖에 없다. 사회적 윤리를 비판하고, 간접적으로는 폴 리쾨르와 사회적 기독교를 비판하는 저자 엘륄의 공격은 이 인격주의적인 토대에 근거한다. 정치는 자유가 아닌 필연성의 문제인 까닭에 기독교적 정치린 존재하지 않는디는 것이다. 특히 우리는 비그리스도인들을 그리스도인들의 기준에 따라 살게 할 수 없다. 예수 그리스도는 더 좋은 정치를 위해 죽은 것이 아니라 사람들을 구원하기 위해 죽은 것이다. 그래서 자끄 엘륄은 다소 단호하게 천명한다. "기독교 사회 윤리란 존재하지 않는다."

그러나 여기서 강한 역설이 등장한다. 기독교 윤리는 특히 개인주의적이지 않아야 하고, 공동의 윤리가 되어야 한다. 왜냐하면 하나님이 각각의 개인에게 말한다는 것은 하나님은 언제나 인간 전체에게, 즉 하나의 관계적인 존재에게 말한다는 것을 뜻하기 때문이다. 그 역설은, 자끄 엘륄이 교회를 일반적인 사회적 집단과 하나님의 백성으로 둘로 나눌 수 있다고 할 때, 더 강화된다. 엘륄은 이에 따라 "일반적인 한 인간집단으로서 교회는 하나의 도덕을 만들어내고 수립하며 퍼뜨리고", "하나님의 백성으로서 교회는 또한 하나의 윤리를 표명하게 된다." 동의어로 쓰여서 이제까지 없었던 '도덕'과 '윤리'의 대립은 '자유의 윤리'를 공표한다. 그러므로 우리는 사회적 윤리는 도덕에 속하고, 공동의 윤리는 그리스도 안에서의 자유에 속하는 것으로 이해할 수 있다.[81]

이어서 윤리는 '직접적'인 것으로 규정된다. 예수 그리스도는 인간과 하나님 간의 유일한 중재자이면서 또한 인간과 인간 사이의 중재자이기도 하다. 여기서 자끄 엘륄은 '창조질서'와 '위임받은 청지기'에 관한 고전적인 논쟁에 들어가서, '기독교적 가치'의 개념을 과도하게 합의에 의해 정한다고 한다. 가치들은 우상화할 잠재성이 있는 까닭에 무익하고 또 위험하기까지 한 성가신 중재자들이다. 자끄 엘륄은 조금 단호한 어조로 그 문제에 대해 말한다. "성서에는 가치들이 존재하지 않는다. 그게 전부다."

이 '가치' 개념에 대한 판결이 자끄 엘륄로 하여금 '특별한' 윤리를 언급하게 한다. 가치들은 다른 도덕들을 연결해주는 다리들이 되는 반면에, 기독교 윤리는 어떤 다른 윤리에도 연결이 불가능하다. 그래서 엘륄은 다른 학자들, 특히 세상과 너무 타협하는 바르트주의자들과 논쟁을 펼친다. 그러면서 그는 『세상 속의 그리스도인』에서 천명한 내용들을 다시 언급한다.

기독교 윤리는 또한 '모순들'의 윤리이다. 그리스도인은 기독교에 내재적인 모순들을 감내하도록 요구된다. 예수 그리스도 스스로가 모순을 나타

---

81) 그렇지만 '도덕'과 '윤리'는 개념상으로 계속해서 여러 번에 걸쳐서 다시 동의어로 쓰인다. 그 각각의 의미는 유동적이어서 그 두 단어들의 관계는 동의성을 띠거나 대립적이 된다.

내고 인간 본성 속에 있는 모순을 분출시켰다. 그러므로 대립과 역설을 해결하려고 하지 말고, 오히려 반대로 대립과 역설을 떠안으며 불러일으켜야 한다.

기독교 윤리는 '모순들' 의 윤리인 동시에 또한 '수단들' 의 윤리이다. 효율성과 성과에 사로잡혀 있는 기술사회에서 자끄 엘륄은 그 반대로 행하도록 우리를 초대한다. 우리는 하나님 나라를 세우려고 하지 말고 무상으로 주고 목적 없이 봉사하는 것을 늘려가야 한다는 것이다. 이는 은총으로 이루어진 하나님의 역사를 드러내는 수단들을 선택하는 것이다. 효율성을 포기하면서, 우리는 수단들의 선택에 있어서 폭넓은 자유와 많은 책임을 가지게 된다. 그런데 그리스도인의 삶의 독창성을 나타낼 수 있는 것은 이 수단들의 선택에 있다.

끝으로 기독교 윤리의 마지막 조건이자 마지막 특성은 종말론적인 차원에 있다. 우리는 아직 에덴동산에 있는 것도 아니고 벌써 천국에 가 있는 것도 아니다. 우리는 그 둘 사이에 있다. 과거의 추억이나 미래의 대비가 아닌 기독교 윤리는 지금 천국이 예수 그리스도 안에서 우리를 향해 다가오는 것을 증언하는 것이다. 그러므로 기독교 윤리는 마지막 때의 윤리로서 아주 상대적인 것이다. 왜냐하면 이미 그리스도에 의해 얻은 승리보다 더 결정적인 것은 있을 수 없고, 또 그 어떤 것이라도 그 승리를 우리에게서 뺏어갈 수 없기 때문이다.

5부는 기독교 윤리의 내용을 명확하게 제시한다. 여기서 지끄 엘륄은 종교개혁 이래로 이어지는 고전적인 논쟁인 율법과 복음의 관계에 대해 논한다. 그는 그 주제에 관해서 바르트의 근본적인 입장을 옹호한다. 이는 이 단원을 자끄 엘륄의 저서들 중에서 가장 바르트적인 글이 되게 했고, 또한 청년기의 바르트를 포함하여 칼 바르트에게 가장 비판적인 글이 되게 했다. 엘륄은 율법은 이미 복음을 포함하고 있고, 복음은 하나의 율법이라고 밝힌다. 따라서 규범산상수훈의 규범은 레위기만큼 엄격함과 언약이미 계약에서 언명된의 긴장은 그리스도인들이 감내해야 한다. 이와 같이 자끄 엘륄은 율법과 복음의 관계를 변증법적으로 접근한다. 그러나 엘륄은 계명을 내리는 하나님의 성품을 강조하면서 계명에서 모든 억압적인 특성을 배제한다. 그래서 그는 디트리히 본회퍼Dietrich Bonhoeffer의 기독론에 암묵적으로 합류한다.

자끄 엘륄은 십계명과 같은 하나님의 계명들이 의무인 동시에 언약이라고 주장한다. 뒤에 나온 다른 글들에서 그는 언약의 성격을 강조하여 때로는 거기서 규범적인 측면을 아예 지워버리기까지 한다. 그러므로 여기서 우리는 그의 신학사상이 변화하는 기점을 찾아볼 수 있다. 이제 계명과 언약의 변증법은 엘륄로 하여금 규범이나 제재가 없는 윤리를 수립하는 것을 가능하게 한다. 자끄 엘륄은 신자들의 행동방식을 바르게 하려고 심판과 지옥의 설교를 하는 것에 단호하게 반대한다. 교회가 그렇게 할 때, "교회는 예수 그리스도의 교회이기를 그친다."는 것이다. 그는 그리스도인들을 위한 윤리는 어떤 규범이나 제재가 없는 유일한 윤리라고 지적하면서 자신의 입장을 공고히 한다. 행동방식의 동기는 강요나 두려움이 아니라 오직 사랑과 기쁨이어야 한다는 것이다. 모든 율법주의와는 상관없이, 그리스도인들을 위한 윤리는 "'준수해야 하는' 규범이 아니라 '삶을 살아가는' 방식이 될 수밖에 없을 것이다."

몇 년 후에 간행하려고 계획 중이던 '거룩의 윤리'와 '사랑의 윤리'를 알리는 예고로서, 자끄 엘륄은 몇몇 지표들을 제시한다. 그는 거룩함을 특정한 임무를 위해 따로 분리한 것으로 소개하고, 사랑을 그 임무로 소개한다. 그래서 율법은 사랑의 율법인 동시에 거룩의 율법으로서 분리와 연합이 함께 이루어진다. 거룩함은 사랑이 없이 이루어질 수 없고 사랑은 거룩함이 없이 이루어질 수 없다. 사랑과 거룩함은 밀접한 변증법적 관계를 유지한다.

자끄 엘륄은 또한 다른 데서는 다루지 않는 주제도 취급한다. 그것은 교의학과 윤리학의 관계이다. 그는 신학의 하부 분야들인 교의학과 윤리학을 긴밀하게 연결시키지만, 그 둘을 동일시하는 것은 거부하면서, 뜻밖에도 윤리학을 교의학에 종속시킨다. 이는 그로 하여금 칼 바르트와 바르트주의 자들에 대해 전에 없이 강력하게 비판하게 한다. 엘륄은 그들이 윤리학과 교의학을 혼동하여 일반적인 사회적 풍조에 순응적 태도로 일관한 것을 설명한다.

마지막의 두 가지 주제들은 더 전문적인 것으로 '존재의 유비analogia entis' 와 '믿음의 유비analogia fidei' 와 관계된다. 자끄 엘륄은 라인홀드 니버Reinhold Niebuhr와 같이 기독교적 사랑의 관계와 일반적인 사회적 관계의 유비를 주장하게 하거나 칼 바르트와 같이 국가 속에 하나님 나라의 이미지를 수립하는 '존재의 유비' 를 명백하게 거부한다. 그는 "그런 논리는 정말 말도 안된다!"313쪽고 가차없이 단언한다.

반면에 '믿음의 유비' 는 우선시할 중요한 방법론적 법칙이자 윤리적인 의미에서 성서 본문들을 해석하는 데 있어서 유일하게 타당한 해석도구이다. 그러나 자끄 엘륄은 그 성서적인 의미를 명확히 하여, 로마서 12장 6절에 관한 긴 주석을 통해 '믿음의 유비' 는 사도바울이 예언을 위해 권고한 것이라고 규정한다. 그래서 스스로가 예언자라는 것을 언제나 부정하는 엘륄은 여기서 윤리의 임무를 예언적인 것으로 기술한다. 성서의 해석과 윤리의 수립에 있어서 문자주의와 주관주의를 벗어날 수 있도록, 믿음의 유비는 그리스도인이 사회 저변의 순응주의에 대해서 자유롭게동시대의 도덕들에 대해서 성서의 계명들이 거리를 둔 것과 동일하게 거리를 두는 태도를 취할 수 있는 방법을 알아차릴 수 있도록 돕는다. 그러므로 여기서 중요한 것은 단절의 윤리로서 성서에 나오는 삶의 모든 규범들을 진지하게 고찰하여 그대로 동일하게 옮겨 적용하는 것이 아니라, 거기서 동일한 반순응주의를 채택하는 것이다. 이 유비는 교의학에 대한 윤리의 종속을 인정한다. 왜냐하면 윤리의 유일한 규범성은 예수 그리스도 안에서의 구원에 대한 증언이기 때문이다. 기독교 윤리는 결국 구원자이자 주권자인 예수 그리스도 안에서 이 구원을 분명히 알리기 위해 가장 새롭고 가장 적극적인 행위들을 수립하는 데 있다.

자끄 엘륄의 신학적 · 윤리적 저서들 전체에서, 이 『원함과 행함 2』는 다음과 같이 새로운 사항들을 제공한다.

- 율법과 복음의 관계에 대한 변증법적 접근.
- 의무나 제약이 없는 윤리의 주장.
- 윤리를 수립하기 위한 성서 본문들의 해석도구로서 '믿음의 유비' 를 제시.
- 다른 걸출한 철학자들과 신학자들에 대한 비판: 장기적 관계와 단기적 관계의 관계에 대해서는 폴 리쾨르; 율법과 복음의 관계에 대해서는 루터와 칼뱅; 윤리에서 사랑의 위상에 대해서는 라인홀드 니버; 결의론, 순응주의, 교리와 윤리의 관계, 그리스도인과 국가와의 관계, 존재의 유비 등에 대해서는 칼 바르트와 바르트주의자들.

이제까지 없었던 이런 사항들은 엘륄의 저서들 전체의 얼룩덜룩한 퍼즐을 새로운 조각들로 풍요롭게 할 것은 의심의 여지가 없다. 이 새로운 조각들은 엘륄의 저서들에 독특한 빛을 비추어줄 것이다.

편집상의 유의점

이 원고가 결코 출간된 적이 없었다는 사실을 상기하고 싶다. 만약에 출간되었다면, 편집자는 아마도 자끄 엘륄에게 몇 가지 점들을 수정할 것을 제안했을 것으로 우리는 짐작한다. 더욱이 현재의 기술적인 편리성 덕분에 우리는 아무 문제없이 개입할 수 있지만, 1960년대에는 사정이 그렇지 않았다. 그래서 우리는 다음과 같이 수정하는 작업을 이행했다.

- 원고의 밑줄 친 단어들은 외국어 단어들과 함께 이탤릭체로 옮겨졌다.
- 현재의 맞춤법을 지키기 위해서, 어떤 대문자들과 어떤 연결부호들은 제거되었다. ex〉- Monarchie → monarchie, Néo-Platonisme → néoplatonisme
- 오식을 바로잡았다.
- 타이핑된 원고의 복사본에서 빠진 마침표들을 다시 달았다.
- 독서의 편의를 위해서 몇몇 긴 단락들은 다시 세분했다.
- 참고문헌들과 각주들에서 우리는 현재의 기호표기법을 따라서 인용부호를 붙였고, 자끄 엘륄이 1964년에 사용했던 1910년판의 Louis Segond 역본 성서를 사용했다.

우리는 도미니끄 엘륄의 논평들과 신중한 제안들에 감사를 표한다. 또한 이 원고를 정리하는데 있어서 장-세바스티앵과 기욤므 조세프, 제이크 롤리손의 소중한 도움에 고마운 마음을 전한다.

The Ethics of Freedom 영어판 『자유의 윤리』	Ethique de la liberté - tome I 불어판 『자유의 윤리 1』
7–8(Author's Preface)	7–8(Avertissement)
11–19(Introduction)	9–18(Introduction)
20(General Bibliography)	18–19(Bibliographie générale)
21–100(Part I: Alietnated Man and Liberation in Christ)	21–114(Première partie L'homme alién et la libér tion en Christ)
101–219(Part II: The Object of Freedom and the Will of Man)	115–251(Deuxième partie – L'objet de la liberté et la volonté de l'homme)
221–292(Part III: The Assumption of Freedom)	253–330(Troisième partie – Assumer sa liberté)
Ø	*Ethique de la liberté* – tome II 불어판 『자유의 윤리 2』
293–510(Part IV: Implicated Freedom)	*Les combats de la liberté* 불어판 『자유의 투쟁』(부제:자유의 윤리 3)
293–368(Chapter 1: Strangers and Pilgrims)	
301–319(§1. Pilgrimage)	15–35(Chapitre I Etrangers et voyagers)
319–331(§2. Dialogue and Encounter)	36–54(Chapitre II Le dialogue et la rencontre)
332–355(§3. Realism and Transgression)	55–85(Chapitre III Réalisme et transgression)
355–368(§4. Risk and Contradiction) [프랑스어판의 마지막 단원 없음(p. 99)]	86–99(Chapitre IV Le risque et la contradiction)
369–510(Chapter 2: Concrete Implications)	
369–385(§1. Christian Freedom in Politics) [프랑스어판의 마지막 두 단원 없음(pp. 118–119)]	100–119(Chapitre V Les suites concrètes: la politique)
385–398(§2. Dialogue with the Sovereign)	120–133(Chapitre VI Le dialogue avec le souverain)
398–435(§3. Christian Freedom and the Fight for Freedom) [완전히 재구성: 398–401=134–137, 401–408=156–164(1980년의 Lech Walesa에 관한 서술부분)] 409–415=137–144 [144–158의 내용 없음(2. Le problème biblique. L'esclavage), 164–167의 내용 없음(3의 끝부분, La fin et les moyens sur Walesa puis sur le terrorisme)]	134–167(Chapitre VII: La liberté chrétienne et la lutte pour la liberté) +168–208(Chapitre VIII: La révolution) 134–144(1. Les malentendus) 144–156(2. Le problème biblique. L'esclavage) 156–167(3. La fin et les moyens)
	168–208(Chapitre VIII: La révolution)

The Ethics of Freedom 영어판 『자유의 윤리』	Ethique de la liberté – tome I 불어판 『자유의 윤리 1』
415－420＝168－173 422－425＝184－186 [173－182의 내용 없음(2. Les théologies de la révolution et de la libération)] [183－197의 일부분만 있음(3. Annexe bibliographique)]	168－173(1. La révolution) 173－182(2. Les théologies de la révolution et de la libération) 183－197(3. Annexe bibliographique)
425－430＝198－203[단락들을 뒤바꿈]	198－203(4. Qui est libéré?)
430－435＝203－208	203－208(Conclusion)
435－447(§4. Religious Freedom)	209－222(Chapitre IX: La liberté religieuse)
447－482(§5. Freedom in the Family, Work, Sex and Money)	223－257(Chapitre X: La liberté dans ⟨⟨les choses de la vie⟩⟩) 223－235(1. Fausses pistes) 235－257(2. Le sens)
447－449	223－225
452－480[일부분]	226－256
482－495 (§6. Freedom, the Pill and Sex) 482－488 [일부분]	284－318(Chapitre XII: La liberté dans les choses de la vie: le sexe et la liberté) 305－311
495－510－447(§7. Freedom and Vocation) [일부분]	258－283(Chapitre XI: La liberté dans les choses de la vie: travail et vocation)
	319－336(Sans conclusion)
510 [⟨⟨sans conclusion⟩⟩ 단원의 두 가지 주제들을 다루지 않은 간단한 결론: 1. La liberté, un milieu(319－323); 2. La femme et liberté(324－336)]	

제4부 기독교 윤리의 조건과 성격

1장 • 옵션과 길잡이

성서

우리가 의도적으로 떠맡아야 하는 옵션이 하나 있다. 그것은 그리스도인 들을 위한 윤리를 규정할 근거가 되는 기원과 항구적인 준거 기준을 선택하 는 일이다. 여기서 이미 하나의 방법론이 개입된다. 개신교에 속하는 그리 스도인에게 그 기원과 기준은 성서일 수밖에 없다.[1]

그러므로 우리는 고명한 신학자들의 권위나 교회의 결정들을 결정적이 고 충분한 것으로 간주하지 않을 것이다. 그것들은 성서를 준거로 한다는 것을 전제로 해서 성서를 더 잘 이해하는 데 도움과 조명을 줄 수 있을 뿐이 다. 성서는 우리를 위해 우리에게 계시된 하나님의 뜻이기에, 그리스도인 들을 위한 윤리의 의미와 방향과 함께 기준을 제시한다.

요컨대 성서는 그 유일한 근거이다. 그러나 우리는 성서가 우리에게 그 내용을 제시하는 방식과 동일하게 그 내용에 관해 말할 수 없다. 그 부분에

---

1) 윤리의 출발점과 기준이 성서 계시라는 데 대해서는, 자크 엘륄의 『원함과 행함』 1편을 참조 하라. Jacques Ellul, *Le vouloir et le faire*(원함과 행함)(1964), Genève, Labor et Fides, 2013, p. 19. "단지 맨 얼굴로 솔직하게 기술해야 한다. 그러므로 나는 고백하고자 한다. 이 연구에서 내 사상의 기준과 내용은 성서 계시이다. 그 출발점은 성서의 계시로 나에게 주어진 것이다. 방법은 변증법으로서 성서 계시는 이 변증법을 통해서 우리에게 임한다. 이 연구의 목적은 윤 리에 관해서 성서의 계시가 전하는 의미를 탐구하는 것이다." (『원함과 행함』, 대장간 역간, 2018, pp. 21-22.)

서 우리는 아주 신중해야 한다. 우리가 6장[2])에서 살펴볼 계시의 도덕적 구절들의 해석 문제가 제기되는 것은 바로 이 문제에 대한 것이다. 그러나 우리는 도덕적 내용에 대한 우리의 입장이 어떻든 간에 성서를 전체적으로 보아야 한다. 첫 번째로 피해야 할 오류는, 우리가 보기에 본문들 가운데서 원칙들을 제공하는 듯싶은 구절들이나, 찾는 문제들에 대한 준거가 되는 듯싶은 구절들이나, 채택한 계시의 구절과 일치하는 듯싶은 구절들을 선택하는 것이다. 그리고 우리는 우리가 보기에 역사적으로 폐기된 관습, 신화, 시행, 영향 등을 전할 뿐인 구절들을 도외시해버린다. 대부분 부지불식간에 우리는 그와 같은 선택을 한다. 그러한 자세는 용납될 수 없는 것이다.

성서는 그 전체가 주 하나님의 계시를 담고 있다. 그런데 다른 한편으로 성서는 전체적으로 임의적인 것이 된다. 왜냐하면 사람들이 각자 자기 자신이 정한 기준들에 따라서 선택하기 때문이다. 그 기준들은 계시 외적인 것들로서 계시의 형식을 판단하는 기준들이 된다. 불트만[3])이나 트로크메[4])가 본문들을 선택한 기준들은 고겔[5])의 선택 기준들과 동일하지 않다는 것은 명백하다. 마르시온[6]) 이래로 학자마다 각기 자신의 선택 근거들을 제시해 왔다. 사실 순종은 성서의 모든 본문들을 중요하게 받아들이는 것을 전제한다. 우리는 성서에서 일반적인 원리를 끌어내서 기독교 윤리 전체를 추론

---

2) 이 책에 6장은 존재하지 않는다. 어쩌면 우리는 미완성의 원고라는 가설을 옹호하여 이것을 보충을 위한 한 장으로 볼 수도 있을 것이다. 그러나 6장에서 살펴볼 것으로 예고된 문제는 이 책의 5부, II의 3장에서 다루어진다.

3) Rudolf Bultmann(1884 1976), 신약학자로서 변증법적 신학의 칭시자들 중의 한 사람이다. Cf. Rudolf Bultmann, *L'interprétation du Nouveau Testament*, Paris, Aubier(Les religions), 1955; *Jésus, Mythologie et démythologisation*(1926 et 1958), Paris, Seuil, 1968; *Nouveau Testament et mythologie*(1941), Genève, Labor et Fides, 2013; André Malet, *Mythos et Logos. La pensée de Rudolf Bultmann*, Genève, Labor et Fides, 1989.

4) Etienne Trocmé(1924-2002), 신약학자. Cf. *Etienne Trocmé , L'enfance du christianisme* (1997), Paris, Noêsis,, 2004; *L'Evangile selon saint Marc*, Genève, Labor et Fides(CNT II), 2000.

5) Maurice Goguel(1880-1955), 초대교회 역사 연구. Cf. Maurice Goguel, *Introduction au Nouveau Testament*, Paris, Leroux, 5 vols, 1922-1926; *Jésus*(1932), Paris, Payot, 1950.

6) Marcion(85?-160?), 2세기의 신학자로서 구약과 신약의 근본적인 대립을 주장한 이단교파의 수장이다.

할 수는 없다. 그런 식의 체계적이고 철학적인 태도는 하나님이 계시를 위해 선택한 방식에 전혀 적합하지 않다. 그 원리가 정확히 맞는다고 할지라도, 계시 전체가, 윤리라는 제한된 영역에서조차 결코 하나의 원리로 귀결될 수 없다는 것은 확실하다고 볼 수 있다. 만약에 하나의 원리로 귀결된다면, 우리는 하나님의 선물이 갖는 풍성함의 많은 부분을 놓치게 될 것이다. 또한 하나의 원리에 따른 추론은 우리로 하여금 점차 성육신의 현실에서 멀어지게 할 것이 확실하다고 볼 수 있다. 성서에서 끌어낸 하나의 원리를 내포하는 실존 형태는 우리로 하여금 계시에 전혀 부합하지 않을 윤리를 수립하도록 유도할 것이다.

예컨대, 특히 영미권의 사람들이 원한 바와 같이, 모든 성서적 계시를 사랑의 원리로 귀결시키고 그 원리에서 모든 사회적, 개인적 윤리를 끌어내려는 것은 완전히 잘못된 것이다. 여기서 우리는 그 주제에 대한 전체적인 비판을 전개할 수는 없지만, 먼저 첫 번째 오류로서 사랑은 하나의 원리가 아니라는 사실을 지적한다. 그런 추론은 성립될 수 없다. 두 번째 오류는 그 개념은 언제나 아주 애매하여 아무 주제나 다 집어넣을 수 있다는 사실에 있다. 하나님이 계시한 사랑을 강력하고 절실하며 명확하게 하는 것은 하나님이 계시한 방식과 하나님의 역사임이 드러난 사건들과 성육신의 양상들이다. 그런데 사랑을 윤리의 기점으로 삼음으로써 성서가 제공하는 모든 요소들을 다 제거하게 되면, 우리는 그 모든 것을 다 추상적인 것으로 만들어버리게 된다. 사실 우리는 성서에 의해 인도되어, 성서의 안내를 따라서 성서가 우리에게 가리키는 영역들로 들어가고, 성서가 우리에게 말하는 바에 따라서 한 줄 한 줄 점검해야 한다.

성서 전체는 단순히 하나의 기원이 되어서는 안 된다. 이는 우리가 점차적으로 성서에서 멀어진다는 걸 뜻할 뿐이다. 성서는 윤리를 세우는 과정에서 언제나 함께 하는 동반자이며, 우리의 독립적인 행보는 전혀 허용치 않는 완전한 길잡이이다. 요컨대 출발의 옵션이 명시되어야 한다. 이는 단순히 우리가 성서에서 모든 개신교인들이 쉽게 동의할 하나의 윤리, 보편적 행동방식을 끌어낼 것이라는 말로 되지 않는다. 또한 우리는 성서에 대한 우리 자신의 태도를 명시해야 하는데, 거기서 의견의 불일치가 생겨날 위험이 있다. 한편으로 우리는 성서를 전체적으로 보아야 한다. 다른 한편으로 우리는 성서를 하나의 대상으로, 우리 마음에 드는 것을 수립하기 위한 자료로, 우리의 질문들에 대해 응답해주는 하나의 도구로 이용하지 말아야 한다. 우리는 성서를 우리에게 던지는 질문으로 받아들이고, 성서가 우리 자신에 대해 의문을 제기하게 하여서, 우리가 제공할 수 있는 윤리적 응답을 결정하게 해야 한다.[7]

그런데 그 둘은 서로 밀접하게 연관되어 있다. 우리가 성서 전체를 총체적으로 받아들이지 않는다면, 우리는 성서를 해체하여 잘게 나누게 된다. 잘게 나뉜 부분들을 가지고 우리는 우리 자신이 기획한 하나의 체계를 수립하려고 할 것이고, 우리의 생각과 의도와 관심에 들어맞는 것 같은 단편들을 끌어 모을 것이다. 우리 자신이 우리를 가장 중요한 자리에 놓고 능동적인 주체로 삼는다. 그와 반대로, 우리가 성서를 균일한 전체 구조로 받아들인다면, 우리는 성서를 재구성하여 다시 만드는 것을 그만 둔다. 우리가 취할 수 있는 유일한 태도는 뒷전 낮은 곳에 자리 잡고 질문에 귀 기울이는 순

---

7) 자끄 엘륄은 성서를 우리의 질문들에 대한 대답들이 아니라 우리에게 제기하는 질문들이라는 주장을 다음과 같은 저작늘에서 견지한다. Jacques Ellul, *Jacques Ellul, Ehtique de la liberté(자유의 윤리), Genève, Labor et Fides(Nouvelle série théologique 27 et 30), 1973, tome 1, p. 203, tome 2, pp. 164, 181-182* (『자유의 윤리1』, 대장간 역간, pp. 338-339); (『자유의 윤리2』, 대장간 역간, pp. 270, 297-299); *La Foi au prix du doute. «Encore quarante jours...»*(1980), Paris, La Table Ronde(La petite Vermillon 404), 2015, pp. 147-152. (『의심을 거친 믿음』, 대장간 역간, pp. 158-164); «Karl Barth et nous», *Bulletin du Centre protestant d'études*, 37e année, no 4-5, juin 1985, pp. 5-12(특히 p. 7); *Genèse aujourd'hui*(avec François Tosquelles), Le Collier, Editions de l'AREFPPI, 1987, p. 214; Jacques Ellul, *Mort et espérance de la résurrection. Conférences inédites de Jacques Ellul*, Lyon, Editions Olivétan, 2016, p. 53; Gibert Comte, «Entretien avec Jacques Ellul: "Je crois que nous sommes dans une période de silence de Dieu"», *Le Monde*, 8 novembre 1977, pp. 1-2(특히 p. 2).

종의 태도이다. 모든 권위는 주님이 선택한 양식 안에서 계시를 주도한 주님에게 있다.

그러나 우리는 이 옵션이 배제하는 것이 무엇인지 알고 있어야 한다. 성서 전체를 완전히 중요하게 받아들이는 것은 적극적인 행위로만 그치는 것이 아니고, 다른 모든 기원, 기준, 가이드를 폐기하는 단절을 뜻한다.

기독교 영성주의

이 선택으로 배제되는 첫 번째 태도는 기독교 영성주의spiritualisme이다. 우리는 이미 이 영성주의에 대해 거론한 바 있기에 여기서는 길게 설명하지 않겠다. 영성주의는 두 가지 주요한 형태들과 함께 각각의 형태에 따르는 두 가지 다른 양상들을 보여주고 있다. 그 한 가지 형태는 성령이 교회를 통해서, 또는 예정된 사람을 통해서 성서에 담겨진 계시에 새로운 요소들을 첨가하는 것이다. 이는 역사적으로 확인할 수 있고 아주 놀라운 것이다. 그 요소들은 대부분 윤리에 관계된 것이다. 로마 가톨릭교회를 통해서, 또는 요아힘 드 플로르[8]와 같은 성인들을 통해서 성령이 그렇게 역사했다고 한다. 또 다른 한 가지 형태는 각각의 그리스도인이 성령의 직접적이고 즉각적인 영감 아래 행동하는 것이다. 거기에 두 가지 양상들이 따를 수 있다. 하나는 그리스도인이 행동하기 위해서 성령의 특별한 명령을 기다리고, 또 그런 방식으로만 행동하는 것이다. 다른 하나는 그리스도인이 성령이 자신 안에 거하는 것으로 간주하면서 자신의 뜻대로 자발적으로 행동하고 나서 자신이 행한 모든 것을 성령의 영감을 받은 것으로 선포하는 것이다.

---

8) Joachim de Flore(1130-1202), 시토수도회 수도사이자 중세의 신학자로서 다음과 같은 환상들을 받았다고 증언한다. "나 요아힘은 깊은 묵상 중에, 밤의 침묵 속에서, 사자 유다가 죽은 자들 가운데서 다시 살아나고 갑자기 빛이 나의 지성을 밝히는 때에, 구약과 신약의 정신과 그 온전한 지식이 나에게 드러나는 것을 보았다."(*Concordia Novi et Veteris Testamenti*)

기독교 영성주의의 이 네 가지 형태들은 성서를 계시의 유일한 권위로 인정하는 그리스도인에게는 용인될 수 없는 것이다. 이미 말했듯이 성서에 담긴 계시와 성령은 일치를 이룬다. 그 계시에 더는 새로운 요소들이나 덧붙일 것들이 없다. 만약 그렇다면 그 계시는 불완전한 것이 된다. 예수 그리스도 안에서 그 계시는 완전한 것이며, 모든 것은 실제로 다 성취된 것이다. 영성적인 모든 주관주의는 하나님의 말씀의 객관성을 따라 점검되어야 한다. 더욱이 정말 놀라운 것은 예수 그리스도 안에서의 계시를 넘어서는 그 이상이라고 주장하는 그 모든 영성적인 계시들은 모든 점에서 그 이하라는 사실이다. 그런 계시들은 빈약하고 열악하고 황당하여 조소를 부르거나, 또는 성서적 계시에 전적으로 배치되는 내용을 가지고 성서적 계시를 차등적인 위치로 격하시킨다.

영성주의의 모든 구체적인 형태들을 분석해보면, 마리아의 계시부터 모르몬교9)의 계시에 이르기까지 세 가지 범주를 발견하게 될 것이다. 이는 도덕적 영역에서 무질서한 혼란이나 경직된 획일화를 불러올 수밖에 없다. 모든 사람이 통제에서 벗어나 각기 자기주장을 펼치면 무정부적인 혼란으로 이어질 것이고, 특정 집단이 성령의 구체적인 계시를 가지고 있다는 주장을 펼치면, 권위주의적 획일화로 가게 될 것이다. 두 가지 경우는 다 성서에 반하는 것이다.

인간

우리는 두 번째 옵션의 가능성에 대해서 좀 더 살펴보고자 한다. 기독교 도덕을 포함하여 대부분의 도덕들은 사실상 인간에서 출발한다. 물론 여기

---

9) 모르몬교 신자들은 천년왕국설을 믿는 이단교파로서 스스로 말일성도의 예수그리스도 교회라고 칭한다. 이 이단교파는 조셉 스미스(1805-1844)라는 예언자에 의해 전해진 모르몬 경전에 성서와 동일한 권위를 부여한다. *Cf. Le Livre de Mormon. Récit écrit sur plaques, de la main de Mormon d'après les plaques de Nephi*(1830), Paris, Eglise de Jésus-Christ des Saints des Derniers Jours-Mission française, 1965.

서는 그리스도인들이 성찰하는 내용을 다루고 있는 까닭에, 우리는 사람들이 도덕의 수립을 위해 인간 본성을 기준과 기원으로 채택한다는 말은 하지 않을 것이다. 그런데 스스로 자신들의 사상과 신앙을 분리시키고 있다는 사실을 인정하면서, 도덕은 인간 본성적인 요인에 기원한다고 보는 기독교 철학자들이 존재한다. 그러나 일반적으로 사람들이 기원으로 채택하는 것은 인간의 문제들이고 인간의 욕구들이며 인간이 처해 있는 상황들이다. 거기서 인간의 자기실현을 목적으로 삼는 도덕이 수립되기도 하고, 타인을 고려하면서 기독교적 자비의 이름으로 관계적이고 상호의존적인 세상 도덕들과 연합하는 또 다른 도덕이 수립되기도 한다. 그 다른 도덕은 타인에 대한 상호의존성이 우리의 도덕적 행위들을 함양하는 토대라고 언명하며, 윤리적 인간에게 맞는 유일한 사명은 우리 주변의 인간적인 욕구들과 기대들에 부응하는 선택을 하는 것이라고 주장한다. 그 모든 도덕들의 경우에 있어서 유일한 기원은 바로 인간이다.

우리는 먼저 실제로 사람들이 제기하는 질문들에 대한 분석으로 시작하고자 한다. 나는 나의 채권자, 나의 국가, 나의 아버지 등에 대해서 어떻게 행동해야 하는가? 어떤 상황에서는 내가 거짓말을 해도 되는가? 선량한 시민이 되기 위해서는 어떻게 해야 하는가? 어떻게 나는 행복이나 안전에 도달할 수 있는가? 우리는 이런 질문들에 대해 기독교적인 답변들을 찾고자 한다. 우리는 이 질문들을 두 가지 영역으로 구분해야 한다. 하나는 믿음 안에서 형제에게 자신이 무엇을 해야 하는지 묻는 사람에 대한 영적인 돌봄이라는 영역이고, 다른 하나는 윤리적인 성찰의 영역이다.

믿음의 관계 안에서 한 사람이 다른 사람이 제기한 구체적인 질문에 응답하며 취해야 할 결정에 대해 책임감을 가지고 기도하며 관여하는 것은 당연한 일이다. 그런 만큼 현시대의 사람들이 하나의 총체적인 응답을 제공하려고 질문들의 목록을 작성하는 것은 헛된 일이다. 곧바로 그런 방식을 통해서 신학자들의 추상적인 이론들과는 달리 구체적인 현실의 사람에게 다가가고 현시대의 문제에 접근할 수 있다는 주장에 주목해보자. 사실 그 질문들이 개인적이면 구체적인 현실의 것이 되고, 그 답변들이 인간을 향한 것이면 구체적인 것이 된다. 그러나 그 질문들이 일반화되면 추상적인 것이 되고, 그 답변들이 인류 전체를 빼고는 어떤 개인을 향한 것도 아니기에 아무런 의미도 없다. 구체적인 현실의 문제들을 다루는 사람들은 구체적이고 개인적인 현실을 일반화하고 개념화하는 것만큼 추상적이고 비인간적인 것은 없다는 사실을 상기해야 한다.

  그것과 동일한 관점에서 상황에 기원을 두어야 한다는 주장도 있다. 이 주장에 따르면 우리는 인간을 그가 처한 상황 안에서 바라보아야 한다는 것이다. 그래서 인간에게 기독교 윤리를 통해서 그 상황에 직면하고 주어진 도전에 대응하며 그리스도인으로서 대처하는 수단을 제공해야 한다는 것이다. 이는 인간의 상황에 대한 경제적, 사회적 분석을 하는 것이고 철학적 고찰에서 나온 어떤 결과를 당연한 것으로 받아들이는 것이다. 즉, 현상학자들이나 또는 마르크스나 프로이트와 같이 인간을 바라보는 것이다.[10] 인간의 실상에 대한 이런 자료들을 결정적인 것으로 보기에, 인간의 상황들은 거기에 따라 규정된다. 그리고 사람들은 그런 상황들에 따라 구체적인 윤리를 수립하려고 한다. 대부분의 경우 아주 전통적인 이 두 개의 관점들이 윤리에서 다루어야 할 주제와 구도를 결정짓는다. 결혼한 남자, 인간과 노동, 직업, 돈, 이자 대출, 투표권, 파업, 사형, 자살, 안락사 등의 그 모든 진부하고 외적인 주제들에 현재 거론되는 공산주의와의 관계, 식민주의 등의 주제들을 덧붙인다. 바꾸어 말해서, 윤리적 성찰의 대상이 상황들에 의

---

10) 후설(Edmund Husserl, 1859-1938)과 메를로퐁티(Maurice Merleau-Ponty, 1908-1961)와 같은 현상학자들은 인간을 무엇보다 현상들을 인지하는 의식체로 보고, 마르크스(Karl Marx, 1818-1883)는 인간을 자신이 속한 사회계급의 이해에 따라 결정되는 경제적 기능의 담당자로 보며, 프로이트(Sigmund Freud, 1856-1939)는 인간을 자신의 무의식에 따른 본능적 충동들의 주체로 본다.

해서 외적으로 우리에게 주어지고, 우리는 실제적인 여건을 따라간다. 이는 우리로 하여금 수많은 진부한 이론들을 산출하고 아무 출구도 없는 막다른 길에 들어서게 하는, 결정적으로 잘못된 것으로 보인다.

그것에 의거해서 그 문제들에 대해 그리스도인들이 제공하는 답변들은 세상에서 살아가는 사람들에게 언제나 부적절하고 무의미하다. 물론 그리스도인은 자신을 위한 양심을 지킬 수 있다. "나는 당신에게 나의 해결책을 제안했지만, 당신은 받아들이려고 하지 않았다." 그 말은 맞다. 너무도 맞는 말이다. 그런데 그것은 바로 그리스도인 자신의 해결책이지, 하나님의 말씀이 아니다. 그러나 우리가 인간이 제기하는 문제와 구체적인 상황을 기원으로 삼을 때 달리 어쩔 도리가 없다. 왜냐하면 대부분의 경우 그 상황들은 잘못 파악된 것이고 그 문제들은 왜곡된 것이기 때문이다. 거기서부터 우리는 신화들이 자리 잡고 있는 영역으로 진입한다. 우리의 첫 번째 의무는 신화들을 몰아내는 것이다.

우리는 인간의 기본욕구를 기원으로 삼을 수 있다. 이는 선한 의도에서 비롯된다. 즉, 이웃 사랑 안에서 우리는 이웃의 기본적인 필요를 알고 있어야 하고, 다른 측면들뿐만 아니라 윤리적인 측면에서도 그 필요에 응답해야 한다. 그러나 그리스도인들을 위한 윤리가 인간을 향한 하나님의 명령과 하나님의 물음에 대한 인간의 구체적 응답을 표현하는 것이라면, 인간의 기본욕구를 기원으로 삼는 것은 어불성설이다. 우리가 윤리를 제정하려는 목적은 사람을 섬기려는 것이 아니라 하나님을 섬기려는 것이다.

물론 이 말은 윤리가 인간의 기본욕구를 넘어서서 수립되어야 한다는 뜻이 전혀 아니다. 안전과 행복과 같은 기본욕구의 영역은 도덕적 차원이 아니며, 선택의 영역만이 윤리적 차원에 속한다는 식의 구분은 신학적으로 용납될 수 없다. 윤리의 문제가 제기되는 것은 바로 영적이고 지적인 것보다 낮은 차원에서, 즉 구체적인 삶의 영역에서 생겨난 기본욕구를 충족시키려는 데 있다. 거기서 벗어나 달리 윤리를 제정하는 것은 윤리를 하나의 헛된 공론, 아무 근거 없는 이론체계, 하나의 이데올로기로 만드는 것이다.

성육신의 개념은 계시와 받은 은총의 열매가 제일 기본적인 욕구가 충족되는 구체적인 현실의 삶으로 나타나야 한다는 것을 전제로 한다. 이는 사도 바울이 말하는 먹고 마시는 차원의 문제를 가리킨다.[11] 그런 차원을 벗어나 이루어지는 선택들은 지적인 유희에 불과하다.

윤리가 기본욕구, 안락, 안전 행복의 추구라는 영역에 관계하지 않고, 성적 본능, 보존 및 양육 본능과 관련된 결정들을 취급하지 않는다면, 나아가 정말 본성적이고 정말 본질적인 것에 대한 문제를 제기하지 않는다면, 윤리는 결국 어떤 누구와도 상관이 없게 된다. 그러나 윤리가 신뢰성을 지니기 위해서 그 수준을 고수해야 한다고 할지라도, 그것이 윤리의 탐구는 인간의 기본 욕구들에서 출발해야 한다는 걸 의미하는 것은 아니다. 또한 그것이 윤리는 기본 욕구들을 충족하는 것을 목적으로 삼아야 한다는 걸 의미하는 것은 더더욱 아니다. 윤리는 인간의 안전과 행복을 위해서 하나님이 인간에게 내어준 부가적인 수단이 아니다.

위에서 언급한 것들 중에서 하나를 기원으로 삼는 것의 첫 번째 폐해는 필연적으로 하나의 결의론[12]으로 연결된다는 점이다. 물론 현상학자들의 경우[13]와 같이 완전히 추상적이어서 가리키는 대상이 없는, 아주 애매한 제안들을 내놓는 것에 그친다면 결의론을 피할 수 있다. 정직하게 인간의 기본욕구, 상황, 문제 등을 기원으로 삼는다면 하나의 결의론을 수립히는 것

---

11) 고린도전서 10장 31절에 따른 것이다. "그러므로 너희는 먹든지 마시든지 무엇을 하든지 다 하나님의 영광을 위하여 하라."
12) [역주] 결의론(casuistique, 決疑論)은 특정한 구체적인 개인의 행위나 양심에 보편적인 윤리와 종교의 원리를 적용하기 위해 중세의 스콜라 철학을 응용한 일종의 도덕법이라고 할 수 있다. 이는 개개의 도덕문제를 하나하나 조문으로 규정하고, 그 규정에 위반되지 않는 개인의 행위나 양심은 도덕적인 것으로 인정한다.
13) 74쪽의 각주 10을 참조하라.

을 피할 수 없다. 그 목록에 대해 각각의 경우에 따른 선악의 구분과 응답의 목록이 수반되어야 할 것이다. 그렇게 되면 경우에 따른 분석과 가설이 끝없이 줄을 잇게 될 것이다. 신자는 자신의 모든 문제들에 대해 각각 하나의 해답을 찾아야 할 것이다. 상황들은 정말 다양할 것이다. 개신교 신학자들의 현대 윤리조차도 그것을 피할 수 없을 것이다. 사람들은 거기서 필연코 "상황별 대처법"을 발견할 것이다. 칼 바르트의 극단적인 사례들에 대한 세부적인 연구는 사실 하나의 결의론이 된다. 그런데 그리스도인들을 위한 윤리는 하나의 결의론이 될 수 없다. 왜냐하면 결의론은 규범적이고, 응답하는 데 있어서 인간에게 선택의 여지를 주지 않으며, 이미 정해진 태도를 취하는 안일함에 빠지게 하고, 신앙의 창의성을 고갈시키기 때문이다. 역으로 보면 인간에게 제공할 해답들을 내놓지 못한다면, 인간의 문제들을 기원으로 삼는 것이 대체 무슨 소용이 있을까?

두 번째 폐해는 그런 기원을 취함으로써 우리는 세상의 다른 일반 도덕들과 같은 차원에 속하는 하나의 기독교 도덕을 수립하게 된다는 사실에 있다. 이 기독교 도덕은 다른 일반 도덕들 가운데 하나로서, 우리가 지적한 모든 특성들과 함께 하나의 인간적 도덕이 되고 말 것이다. 이는 규범들로 이루어진 인간적인 도덕으로 아리스토텔레스의 윤리와 같은 것이다. 또는 현대인의 경우라면 가치들을 내세우면서 규범적인 관념을 버릴 것이다. 그래서 사람들은 여러 다른 가치들의 숲속에서 기독교적 가치들을 세울 것이다. 기독교적 해결책과 해답은 다른 모든 것들과 동일한 수준에서 경합하게 될 것이다. 다시 말해서 본질적으로 그런 폐해를 초래할 기독교 도덕의 수립은 전혀 무익한 일이라는 것이다. 인간을 만족시키고 안심시키고 인간 스스로의 정의를 확립하는 데는 다른 일반 도덕들로도 충분하다.

세 번째 폐해는 성서를 해답들의 사전으로 보게 한다는 것이다. 어떤 문제가 제기되었다고 하자. 사람들은 성서에서 그 문제에 대해 어떻게 말하는지 『콘코던스Concordance』와 같은 성서 색인사전을 파헤쳐서 그 문제에 다소간 관계가 있는 구절들을 수집하고, 하나님의 말씀이 이리저리 파편화된 그 구절들에서 하나의 해답을 찾을 것이다. 이미 말했다시피 그런 자세는 용납될 수 없는 것이다. 그런 자세는 하나님의 말씀에 대한 인간의 통제와 하나님에 대한 인간의 독립성을 수립하려는 것이다.

우리는 성서를 우리 마음대로 취급할 수 있는 하나의 물건처럼 다룬다. 우리가 유념할 점은 그렇게 함으로써 성서에서 우리가 원하는 바대로 모든 이론을 추론해낼 수 있다는 사실이다. 경험상으로 우리가 잘 알고 있는 것이 있다. 다시 말해서 우리는 성서의 본문들을 증거로 해서 인간이 제시하는 모든 것이 하나님이 원하는 것이 될 수 있다는 사실, 즉 군주제나 민주주의나 연합체제나 강력한 국가나 무정부체제가 하나님이 원하는 것이 될 수 있다는 점을 입증할 수 있었다. 그 이유는 분해된 성서의 파편화된 구절들을 통해서 우리는 우리 마음대로 아무 논리나 수립할 수 있기 때문이다. 성서를 이런 식의 결의론에 따른 하나의 사전으로 판단하는 것은 당연히 우리로 하여금 잘못된 응답에 이르게 할 것이다.

한걸음 더 나아가면 우리는 또 다른 함정을 만나게 된다. 성서를 그런 방식으로 이용할 수 있다는 것을 인지하는 가운데, 한편으로 인간을 기원으로 삼으려고 하면서, 사람들은 성서를 아예 내려놓을 것이다. 그리고 아주 일반적이고 아주 추상적이고 아주 초월적인 신학위에서 언급했던 영성주의는 아니라 할지라도 을 근기로 해서 성서적 해결책들을 벗어나서 철학이나 심리학이나 경제학이나 정치학을 파헤칠 것이다. 그런 데서 사람들은 응답과 해결책을 찾을 것이다. 얼마 지나지 않아서 그런 학문들과 신학의 일치는 정말 미묘하고도 어려운 까닭에 신학은 점점 더 모호해져 하늘로 추방되면서, 사람들은 인간의 학문들로 진일보할 것이다. 그렇게 되면, 뒤에 다시 살펴보겠지만, 사람들은 철학으로 그 사실을 합리화하거나, 다음과 같은 말을 공표하는 것으로 난관을 벗어날 것이다. "우리는 개인적으로는 신앙을 가진 그리스도인이면서 학문으로 철학이나 경제학을 하는 것이고, 우리의 신앙은 있는 그대로의 우리의 존재 안에서 드러날 거야." 그러나 거기서 그리스도인들을 위한 하나의 윤리를 표명하는 것이 문제로 대두되면, 그런 태도는 철저한 기만으로 드러난다. 그런 태도는 결코 신앙을 윤리에 담지 못하고, 다만 위선으로 포장된 인간의 학문들에서 추론된 인간의 행동방식들을 윤리로 제시하는 데 그칠 뿐이다. 그리스도인이 수립하고 창안한 까닭에 그런 행동방식들은 기독교적인 것이 된다. 좀 이상한 점은 개인주의적 영성주의에 적대적이고 신학적인 객관성의 필요성을 주장하는 그리스도인들이 흔히들 그런 태도를 권장한다는 사실이다.

요컨대 지금까지 살펴본 사항들은 그런 일반적인 관점과 기원을 채택할 경우 우리가 다다르게 될 모순과 혼란과 공허를 보여준다.

철학

결정적으로 성서를 선택함으로써 우리가 배제시킨 윤리의 또 다른 관점과 기원은 바로 철학이다. 신학자들은 분명히 철학의 유혹을 받는다. 윤리 문제를 철학적 용어들로 제시하는 것은 좋은 접근방법이지 않겠는가? 요컨대 우리는 철학을 기반으로 그리스도인들을 위한 윤리를 수립할 수 있지 않을까? 그 일은 실제로 끊임없이 반복되었고, 그와 동시에 철학은 신학에 영향을 미치며 신학을 오염시켰다. 아주 잘 알려진 명백한 몇 가지 예를 들자면, 성 아우구스티누스는 신플라톤주의 철학을, 토마스 아퀴나스는 아리스토텔레스 철학을, 19세기 독일 신학은 피히테와 헤겔을, 현대의 신학자들은 현상학과 실존주의를 원용했다. 그런데 우리가 이렇게 간단하게 나열할 수 있는 예들을 통해서 충격과 함께 그런 방식의 첫 번째 약점이 노출된다. 철학은 굉장히 가변적이고 불확실하다. 그 분야에서 진보가 있다고 말할 수 없다. 18세기의 철학이 13세기의 철학보다 더 참되고 더 확실하다고 할 수 없다. 내가 아는 플라톤 철학의 열렬한 애호가는 플라톤 이후의 모든 철학은 데카당스에 지나지 않는다고 말한다.

데카르트나 루소의 경우도 마찬가지이다. 오늘날의 철학이 과거의 철학보다 더 참되고 더 실재적이라고 누가 나에게 보증해줄 수 있는가? 무슨 이유로 내가 과거의 철학 대신에 오늘날의 철학을 채택할 것인가? 오늘날의 것이라는 이유 때문에? 현대의 것이라는 이유 때문에? 그런 이유는 내게는 무의미하게 보인다. 실존주의가 기독교와 아주 가까우니 그 가까운 정도에 따라 내가 결정할 것이라고? 사실 키르케고르는 계시에 근거해서 자신의 철학을 세우면서 기독교적 실존주의를 수립했다. 그 사실은 내가 철학에 근거해야 한다[14])는 이유나, 사르트르의 실존주의가 기독교와 가깝다는 근거가 될 수 없다.[15]) 또한 아리스토텔레스 철학의 예에서도 나타나듯이, 우리는 역사를 통해서 성서와는 거리가 멀지만 아주 혼합적인 철학들을 보았다. 철학의 우수성에 대한 이런 불확실성을 접하면서 우리는 자문하게 된다. 신학은 인간의 연약성, 죄, 반역, 한계 등에 취약점이 있고 윤리는 현대 상황에 연결되어 더 큰 취약점이 있는데, 거기다가 훨씬 더 덧없고 무의미한 기원, 토대, 기준 등에 취약점이 있는 철학을 더해야 하는가? 신학과 윤리의 오류와 쇠락을 초래하는 요소들에다가 철학의 오류와 쇠락을 불러일으키는 요소들을 덧붙여야 할 필요가 있을까? 아주 최근에는 토마스 아퀴

---

14) ▲키르케고르가 계시에 근거한 것과는 달리

15) 자끄 엘륄은 쇠렌 키르케고르(Soren Kierkegaard, 1813-1855)를 충실하게 따른다. Frédéric Rognon, *Jacques Ellul, Une pensée en dialogue*(2007), Genève, Labor et Fides(Le Champ éthique 48), 2013, pp. 169-209.(『자끄 엘륄-대화의 사상』, 대장간 역간, 2011). 그러나 엘륄은 20세기의 실존주의 철학자들, 특히 그리스도인으로 반체계적인 저자인 키르케고르에게 영감을 받은 장-폴 사르트르(Jean-Paul Sartre, 1905-1980)의 실존주의를 비난한다. 사르트르는 키르케고르와는 반대의 사상을 수립하여 키르케고르 사상의 원천인 성서적 계시를 탐구하는 대신에 무신론적 이론체계를 세웠다.

나스의 신학이 아리스토텔레스 철학에 근거한 것 때문에 문제가 제기되었다.[16] 더구나 철학적 관점과 근거는 윤리 안에 이론적인 문제들을 초래하지만, 철학적 시각이 아니라면 별로 큰 의미가 없는 것에 지나지 않는다.

그런데 더 심각한 것은 그것이 성서를 특정한 철학을 따라서 거기에 근거하여 성서를 해석하는 방향으로 유도하는 것이다. 성서와 철학을 종합하여 외적인 형식으로는 성서적이거나 신학적이지만 사실은 하나의 철학에 근거하여 발전시킨 하나의 체계를 수립하려고 할 때, 철학적인 요소들에 맞추려고 성서 본문들을 왜곡시키는 일이 빈번하게 일어난다. 철학적인 사상의 전제들이 이미 분명하게 설정되어 있는 까닭에, 성서적 영역에 왜곡된 관점이 부가되고, 그것은 체계화에 필연적이다.[17] 계시에 접근하는 사람은 조용히 침묵하며 전제의 설정을 피해야 하는 데 결코 그러지 못하고, 철학자는 체계로 무장하고 나아간다. 철학자는 구걸을 위해 허약하고 벌거벗은 채로 나아가는 가난한 사람이 아니다. 그는 언제나 지식의 주인이기에 성서조차도 그에게는 하나의 대상일 뿐이다.

다른 한편으로 그리스도인으로서 철학자는 철학과 신학을 종합하지 않고 자신의 철학과 그 철학이 밝혀내는 인간론에 따른 윤리를 수립할 수도 있다. 그러면 그는 명백하게 철학자로서 행동하는 것이다. 그는 그리스도인인 까닭에 "이것이 어떻게 성서에 부합할 수 있을까?"라고 스스로 자문할 수밖에 없는 순간을 맞이하게 될 것이다. 우리는 최근의 책들에서 그것이 일종의 부록처럼 기재된 것을 발견했다. 그 내용은 철학에 근거를 두고 거기에 맞게 성서를 다시 해석하는 것이다. 그것은 다시 성서를 인간에게서

---

16) 토마스 아퀴나스(Thomas d'Aquin, 1225-1274)는 기독교 전통과 아리스토텔레스(Aristote, B.C. 384-322)의 철학을 절충하여 성서적 계시를 아리스토텔레스의 철학적 용어들로 옮기면서 『신학대전』(1266-1273)을 완성했다. 그러므로 토마스 아퀴나스의 신학은 철학적인 이론체계이자 기독교 교의학이다.

17) ▲물론 사람들은 저마다 성서를 왜곡시킨다. 어느 누구도 성서에 대한 완전하고 참된 이해에 이르지 못한다.

출발하여 만들어진 작품으로 간주하는 것이다. 그래서 그 기원이 인간에게서 출발한 것일 때 비로소 성서는 살아있는 말씀이 된다는 것이다. 그것은 성서를 일종의 시험과 평가로 간주하는 것이다. 그래서 성서는 나 자신을 향한 질문일 수밖에 없다. 요컨대 이미 앞에서 거론한 경우와 같이, 윤리의 기원에 있어서 철학을 그 방법이나 목표로 채택하는 것은, 우리가 성서의 주인이 되고 성서를 우리의 이론체계에 끼워 맞추며 인간에 대한 우리의 선입관을 강요하는 그 무거운 책임을 떠안는 것이다.

현실성

내 말에 대한 반론은 분명히 존재한다. "윤리의 틀로서 현대 철학이나 현대인의 구체적인 상황을 채택하지 않는다면 당신은 또 다시 영원한 것이나 추상적인 것을 통해 말하게 될 것이다. 당신이 말하는 것은 이 시대를 사는 어떤 사람과도 관계가 없고 어떤 관심도 끌지 않을 것이다. 당신은 현실에서 벗어나 있고, 현시대를 사는 사람들이 아니라 추상적인 인류를 향해 말하고 있다. 당신의 노력은 헛수고에 그칠 것이다." 여기서 무엇보다 먼저 현실성에 대해 좀 더 분명히 해야 할 필요가 있다. 신문에서 우리에게 제공되는 일상적인 사건들이 현실성을 갖는다면, 대중의 아주 변덕스러운 감정들과 관심사들, 오늘 저녁이면 사라지고 말 무분별한 열정들과 내일이면 망각되고 말 중대한 문제들, 모나코 공주, 헌법, 알제리 전쟁 등이 현실성을 띠는 것들이 된다. 나는 그런 피상적인 것들은 잘못된 현실성을 나타내고 윤리에 관한 진정한 성찰을 낳는 계기가 될 수 없다고 본다.

진정한 현실성은 일상적인 사건이 아니라 일상적인 사건의 기저에서 일상적인 사건을 초래하고 결정하는 것이다. 진정한 현실성은 신문에 난 사진에 대한 평범한 일반인의 즉각적인 관심보다는 좀 더 깊은 차원에 있다.

그것은 모나코 공주가 아니고, 왜 그녀가 스타, 챔피언 등도 마찬가지로 관심의 중심에 서게 되는지 그 근거이다. 그것은 헌법이 아니고, 우리로 하여금 새로운 헌법을 논의하게 하는, 문명의 변화와 연관된 프랑스의 사회적, 경제적 구조이다. 그것은 알제리 전쟁이 아니고, 그 전쟁이 일어나게 한 이데올로기적이거나 기술적인 하부구조들이다. 진정한 현실성은 기술 발전에 따라서 인간과 사회가 취한 삶의 방식이고, 국가권력의 다양한 확장이고, 경제의 체계화이고, 심리적 수단들에 의한 인간 내면의 장악이고, 새로운 신화들의 창출이다.

이는 물론 인간에게 직접적이고 의식적으로 문제들을 제기하지 않는다. 그러나 인간의 모든 문제들은 사실상 거기서 파생된다. 일상적인 문제들과 감정들을 좇아서 현실성이 있는 기독교적 해답을 제공하려고 하다가, 우리는 언제나 뒷북을 치고 만다. 윤리적 문제의 근본 뿌리에 접근하지 못하는 까닭에, 우리는 언제나 사실상 부적절하게 대응한다. 심층적이고 실제적이고 근원적인 윤리를 필요로 하는데 우리는 피상적이고 대중적인 윤리를 내놓는다. 이는 앞의 반론에 대한 대답이 되지 않는다. 그럼에도 우리가 제안하는 일에 현실성이 빠질 수 없다는 사실을 고려하자. 먼저 사실 이 윤리를 수립하려고 하는 그리스도인은 이 시대에 속하는 사람이다. 원치 않는다 해도 그는 그럴 수밖에 없다. 그는 스스로 인류 전체라고 주장할 수 없다. 그는 쿠랑 계획[18]에 따른 집에 거주하고 통조림들을 먹으며 신문을 읽고 라디오 방송을 듣고 생계비지수의 상승을 감내하면서 이웃들과 얘기를 나누고 기차로 여행을 간다. 그는 필연적으로 이 시대에 속한다. 성서를 읽는 그의 눈은 이 사회에 속한 사람의 눈으로서 이 시대에 속한 모든 사람들과 동

---

18) 1953년에 재건축 및 주택 장관, 피에르 쿠랑(Pierre Courant, 1897-1965)은 토지 및 금융(건축 보조금, 저금리 대출)의 측면에서 주택 건축을 용이하게 하는 원조 정책('쿠랑 계획')을 실현하는 법안을 통과시켰다. 기업들의 의무적인 건축 지원금의 조성은 공영 주택들을 짓는 데 보조적인 재원들을 마련하게 했다.

일한 문제와 불안을 띠고 있다. 서재에 묻혀 사는 사람이라고 해도, 그는 완전히 초연해질 수는 없다.

그러나 여기서 우리는 역할의 한계를 넘어서서 말할 것이다. 그는 초연해서는 안 된다. 성찰을 위해서 모든 상황으로부터, 모든 사회적이거나 사적인 조건으로부터 초연해지려고 노력하던 시대가 있었다. 사람들은 절대적인 것, 초시간적인 것을 구하려고 했다. 그러나 그런 시대는 지나갔다. 우리가 보기에 그런 태도는 잘못된 것으로 보인다. 윤리에 대해 성찰하고자하는 그리스도인은 자신이 속한 사회와 이 세상 속으로 들어가야 하고, 자신의 주위에 있는 사람들의 불안과 추구와 소망과 필요에 참여하고, 자신이 말하는 사람이 겪는 것을 겪어야 하고, 삶의 조건들과 인생을 조건 짓는 것들을 경험해야 한다. 그러므로 그는 자신의 시대에 속한 사람으로서 하나님의 말씀의 충격을 받고 해석해서 전달한다. 그의 중개를 통해서 현실성은 그가 수립하려고 하는 윤리 속에 나타날 것이다. 왜냐하면 그 현실성은 그의 삶에 가득 채워져서 드러나지 않을 수 없기 때문이다.

그런데 거기서 한걸음 더 나아가야 한다. 이미 말했지만 재차 강조할 것은 윤리는 주어진 역사적 시대와 사회와 연관될 수밖에 없다는 사실이다. 그래서 우리가 말한 의미에서의 현실성이 더 체계적으로 나타나야 한다. 그래서 윤리학자는 가능한 한 가장 심오하고 가장 완전하고 가장 예리한 지식을 갖춰야 할 것이다. 그는 지적인 인식보다는 자각[19]을 해야 할 것이다. 윤리학자는 가장 총괄적이고도 가장 세부적인 이해를 갖춰야 할 깃이다. 이것은 윤리의 기원, 목적, 준거를 위한 것이 아니고, 오직 성경만이 그 모든 것을 제공한다 대조적이고 대척적인 자료를 위한 것이다. 하나님의 말씀이 있는데, 나는 그 말씀을 내가 속해있는 사회의 일원으로서 이해한다. 그

---

19) 윤리학자의 자각에 대해서는 다음과 같은 논문을 참조하라. Jacques Ellul, "Conscientisation et témoignage intérieur du Saint Esprit", *Cahiers de Villemétrie* 87, septembre-octobre 1971, pp. 3-28.

말씀은 특정한 구조를 가진 세계에 대해, 또 그 세계 안에서 무엇을 의미하는가? 언제나 계속되어야 하는 질문이 바로 이것이다. 우리는 아무것도 수립되어 있지 않은 최초의 출발점이 아니라 인간적인 노력을 다 경주한 마지막 시점에 가서, 다시 말해서 인간이 처해있는 곳에서 윤리와 충돌하는 지점에서 인간에 관한 현실성을 발견하게 된다. 이 과정은 필수적이다. 우리는, 인간을 기원으로 한다는 다른 모든 유형의 윤리들 속에서, 오히려 인간이 점점 멀어지게 되는 걸 보게 된다. 인간은 그런 윤리를 따라가는 여정 속에서 뒤로 처지게 되어 아예 망각되는 것으로 끝난다. 우리는 실존적이라고 주장하는 윤리들 속에서도 그런 인간을 발견하게 된다.

2장 • 개인을 위한 윤리

개별적인 인격체

우리는 위의 제목을 개인$^{la\ personne}$ 대신 개개인$^{l'\ individu}$을 써서 개개인을 위한 윤리라고도 칭할 수 있을 것이다.[1] 왜냐하면 그리스도인들을 위한 윤리는 언제나 고유성과 개성을 지닌 인간과 관계된 것이기 때문이다. 그 윤리는 오직 개별적인 인간만이 관련된 것으로서 오직 개별적인 인간만이 실천할 수 있다. 그것은 한 인간이 존재하고 살아가고 생각하고 행하는 것과 관계된 문제이다. 성서 속에서는 오로지 인간만이 문제의 대상이다. 성서는 홀로 있는 인간에게 주어진 말씀이다. 그 이유는 먼저 타락의 상황 때문이다. 아무도 사랑하지 않고 누구로부터도 사랑받지 않는 고독한 개인은 결코 이웃을 만나지 못한다. 하나님은 개인을 개인이 처한 자리에 있는 그대로 맞아들인다. 하나님의 말씀이 개인을 향하는 까닭은 죄인들인 인간 대중 속에는 단지 고독한 사람들만이 존재하기 때문이다. 그런데 하나님의 말씀은 또한 그 개인을 하나의 인격체로 세우고 양육하며 완성한다. 인간 대중 속에서 개인은 인격화된다. 개인은 소통능력과 존엄성을 다시 얻게 된

---

[1] [역주] 엘륄은 인격체로서의 개별적인 인간(la personne)과 사회구성단위로서의 개인(l'indivi-du)을 구분해서 사용하지 않는 이유에 대해서 자신의 저서 『자유의 윤리』에서 약술한 바 있다. 참조: 『자유의 윤리2』, 대장간 역간, 2019, pp. 187-189.

다. 고독한 개인은 단독자가 된다.[2]

  "오늘날 자기 자신을 말하는 데는 일인칭 복수형이나 삼인칭 단수형의 두 가지 방법밖에 없다."[3]라는 사르트르의 유명한 독설은 하나님 앞에서 멀리 떨어진 인간의 항구적인 상황을 말한다. 그러나 그 말이 모든 사람으로 하여금 반드시 출구 없는 딜레마에 빠지게 한다는 주장은 거짓말이다. 왜냐하면 하나님의 말씀은 그 딜레마를 깨뜨리기 때문이다. 하나님은 한 인간을 인격체로 세우고 그 인간은 일인칭 복수형인 '우리' 나 삼인칭 단수형인 '그' 가 아니라 '나' 라고 자신을 말할 수 있다. 그 까닭은 하나님이 인격체이고, 애초에 질문이 아니고 하나님의 사랑에 응답하는 인격체로 아담을 지었기 때문이다. 아담이 하나님으로부터 벗어나는 잘못을 범하면서 하나님의 사랑에 응답하는 존재이기를 멈췄고 하나님과 소통할 수 없게 되었다. 그런 때에 하나님이 아담을 다시 찾아와 그의 소명을 되돌려주고 진정한 인격체로서 회복시켜 주었다. 그래서 그때부터 아담은 유일하고 대체 불가능한 단독자로서 자신에게 말씀하는 하나님에게 응답하고 하나님을 사랑할 수 있는 능력을 회복할 수 있었다.

  그런 사유가 있는 까닭에 그리스도인들을 위한 윤리는 하나님이 이미 말씀을 전달한 인격체로서의 개인들만을 대상으로 삼을 수밖에 없다. 그 윤리는 그 자체로 인격체로서의 개인을 육성시키는 것은 아니다. 그 윤리의 대상은 많은 대중이나 집단이나 단체들이 아니고, 오직 개별적인 개인, 하나님이 사랑을 나타내고 은총을 내린 개개의 인간이다. 이미 살펴보았다시피 그 윤리는 예수 그리스도가 구원의 주님이라고 믿는 대상자에 한해서 의

---

2) 하나님의 말씀에 의해 "고독한 개인이 단독자가 된다."는 이 말은 전형적인 키르케고르의 말로서, 자끄 엘뤽이 이 코펜하겐의 철학자에게서 받은 영감을 증언한다. 참조: André CLAIR, *Kierkegaard. Penseur le singulier*, Paris, Cerf(La nuit surveillée), 1993; Vincent DELEC-ROIX, *Singulière philosophie. Essai sur Kierkegaard*, Paris, Editions du Félin(Les marches du temps), 2006.
3) 이 인용문의 정확한 원문은 다음과 같다. "오늘날 자기 자신을 말하는 데는 삼인칭 단수형이나 일인칭 복수형의 두 가지 방법밖에 없다."

미가 있고, 오직 믿음을 통해서만 전해질 수 있다. 믿음으로 살려고 하는 사람만이 그 윤리의 제일 첫 장에 제시된 근거를 받아들일 수 있다. 하나님과의 대화를 통해서 인격적인 개체로서 회복된 사람에게만, 선택과 책임과 결정을 논하는 윤리가 의미를 가질 수 있다.

가인과 같이[4] 개개인이 실천해야 하는 선과 거부해야 하는 악을 눈앞에 둔 상황에 홀로 처해 있는 것은 인간의 고독을 전제로 한다. 그런데 개별적인 인간의 결정이 죄에 구속되지 않고 진정 자유로운 것이 되려면, 그 인간에게 가인과 같이 먼저 하나님의 말씀이 주어지고 "너는 죄를 다스릴지니라"[5]는 언약의 말씀이 임해야 한다. 그렇지 않고서, 목자 없는 양과 같이 방황하며 대중 가운데서 혼란에 빠진 고독한 인간에게 선택과 책임을 논하는 것은 역겨운 조롱에 지나지 않는다. 안타깝게도 우리는 그런 인간의 선택이 항상 어떤 것이 될지 알고 있다. 예수 그리스도 앞에서 그런 인간이 자신의 선택을 보여주었다. 그는 언제나 바라바를 선택할 것이다. 우리는 탐욕에 이끌리고 죄의 지배를 받는 인간의 무책임성을 알고 있다.

다른 말로 하자면, 그리스도인들을 위한 윤리와 관계되는 사람들은 오로지 단독자가 된 인간들과, 하나님의 역사에 의해 자유롭게 해방되고 세워진 사람들과, 어떤 의미에서는 개개인들과, 또 다른 의미에서는 인격체로서의 개인들이다. 그 윤리는 하나님이 그들에게 내린 명령을, 다양한 방식으로 그 확장과 적용을 밝혀가면서, 새롭게 다시 반복해서 전할 뿐이다. 그 명령은 하나님이 그들 중 한 사람과 대면하여 대화를 시작할 때마다 내리는 명령으로서 이사야서사46:8와 고린도전서고전16:13 의 "온전한 인간이 되어라"[6]는 말씀이다. 윤리의 모든 역할은 이 말씀을 설명하고 발전시키는 데

---

4) 창세기 4:7.
5) 창세기 4:7.
6) [역주] 한글 개역성경은 각각 "장부가 되라", "남자답게 강건하라"로 옮기고 있다.

있다. 이 말씀을 시작으로 하나님은 천사나 짐승이 아니라 오로지 자유롭게 응답하도록 하나님이 선택하고 세운 인간이 온전한 힘과 지혜를 가지고 행동하기를 기다린다.

기독교 사회 윤리

앞에서 언급한 말이 맞는다면, 이는 유명한 '기독교 사회 윤리'에 대한 문제를 다시 제기한다. '유명한'이라는 수식어를 붙인 이유는 그 문제가 수많은 논의를 불러일으키는 대상인데다가 실제 문제들을 다룰 때만 등장하기 때문이다. 집단적, 대중적, 제도적 세계에서는 집단적, 사회적 윤리가 있어야 한다는 주장은 아주 잘못된 것으로 보인다. 여기서 사회적 윤리라는 용어는 무슨 의미인가? 이 용어는 그리스도인들이 사회 구성원들로서 공동체를 구성하는 사람들 전체에 적용할 수 있는 윤리를 수립해야 한다는 의미로 쓰일 수 있다. 우리는 이미 비非그리스도인들을 그리스도인들이 정한 규범들[7]에 따라 살아가게 해야 한다는 주장의 오류를 지적한 바 있다. 그런 윤리는 국가, 가정, 민족, 마을, 노동조합, 은행 등과 같은 집단들이 따라야 하는 윤리를 뜻한다. 그것은 그 집단들에게 올바른 행동방식을 적시하는 것이다. 국가가 행해야 할 방식으로 하나의 정치를 적시하는 것이 마땅하고, 기업이 돈이나 경쟁에서 지켜야 할 일정한 도덕적 규범을 정해놓아야 한다.

그런데 그것은 사실상 이중적으로 착각한 것이다. 어떻게 하나의 집단이 하나의 도덕을 실천할 수 있는가? 오직 개개의 인간들이 실제로 관련될 뿐이며, 그 인간들만이 하나님의 요구에 대한 가부를 말할 수 있다. 다음으로

---

7) ▲사람들이 기독교 윤리에 대해 어떤 관념을 가지고 있든 간에, 모든 문구가 그리스도인이 아닌 사람에게는 의무가 되기 때문에 규범들(normes)이 된다.

그것은 그 규범들과 그 내용을 통해서 하나의 기독교 정치나 하나의 기독교 경제를 수립할 수 있다는 말로 다시 돌아가는 것이다. 왜냐하면 이 기독교 사회 윤리에서 문제의 대상은 정치적인 것과 경제적인 것이기 때문이다. 그런데 2천년의 역사를 통해서 그런 모든 시도는 철저한 실패로 끝났다. 기독교 정치는 가능하지 않다. 왜냐하면 정치는 언제나 필연성에 따른 결정이지 결코 하나님의 말씀을 표명하는 것이 아니고, 정치의 수단들은 필연적으로 세상의 수단들이기 때문이다. 기독교 법률이나 기독교 은행 체계와 같은 것은 더더욱 존재하지 않는다. 성서에서 그와 같은 것을 끌어낼 것인가? 그것은 우리가 이미 막으려고 했던 방도를 채택하는 꼴이다.

성서에서 그런 정책을 끌어내려다가 실패한 것으로 유명한 보쉬에[8]처럼 그런 체계를 만들려고 했던 사람들은 구약의 정치적, 경제적 규범들은 다른 민족이 아니라 오직 선택받은 민족, 즉 하나님이 명백한 의지로 이끄는 민족에게만 해당된다는 사실을 망각한 것이다. 마르실리우스[9]와 같은 스콜라 철학자들이 많이 사용하고 바르트[10]가 계승한 '유비analogie'의 방법은, 이미 말했다시피, 성서에서 아무것이나 다 끌어낸다는 점에서 위험하다. 더구나 기독교 사회 윤리를 창안한 사람들은 그 주제에 관해 자료가 부

---

8) 프랑스 Meaux의 주교, 보쉬에(Jacques Bénigne Bossuet, 1627-1704)는 1702년에 다음과 같은 제목의 책을 냈다. *Politique tirée des propres paroles de l'Ecriture Sainte*(성서의 말씀에 따른 정치)(1702), Paris, Dallozm 2003. 보쉬에는 무엇보다 다음과 같이 말한 것으로 유명하다. "이 신분제[노예제]를 정죄하는 것은 다른 모든 법들과 유사하게 보이는 노예제를 인정하는 나라에서 사람들의 권리를 정죄하는 것뿐만이 아니라, 사도바울을 통하여 노예들에게 자신들의 신분을 그대로 지키며 주인들에게 자신들을 해방시키도록 종용하지 말라고 명한 성령을 정죄하는 것이나."(Bossuet, "Avertissement aux protestants", 5e avertissement, §50, in *OEuvres complètes*, Paris, L. Vivès, tome ", 1879, p. 610.)

9) 스콜라 철학가 마르실리우스(Marsile de Padoue, 1284-1342)에 관해 참조할 책들: Georges de Lagarde, *La naissance de l'esprit laïque au déclin du Moyen Age, vol. II: Marsile de Padoue, ou le premier théoricien de l'Etat laïque,* Saint-Paul-Trois-Cha teaux(Dro me B atrice, 1934(특히 pp. 74-77, 93-94); Jeannine Quillet, *La philosophie politique de Marsile de Padoue*, Paris, Vrin, 1970.

10) 바르트(Karl Barth)는 결코 자신의 저서 『교의학 *Dogmatique*』에서 마르실리우스를 인용한 적이 없다. 그렇지만 그는 여러 차례 유비의 방법론을 옹호하면서, 자연 신학에 따른 결함에도 불구하고 고전 신학이 그 방법론에 공헌한 점을 인정한다. Cf. Karl Barth, *Dogmatique*, Genève, Labor et Fides, vol. 6(1939), 1956, p. 228.

족한 성서로부터 아주 급속하게 멀어져 갈 수밖에 없었다. 그래서 그들은 철학자들이 내놓은 수많은 개념들에 의지했다. 예를 들어 공공복지의 개념이나 "개개인의 몫을 개개인에게 돌려주라"[11]는 로마법의 개념은 성서의 계시와는 별로 연관성이 없다.

사람에 따라 기독교 사회 윤리는 사회의 기독교적인 조직화를 의미할 수 있다. 흔히 사람들은 이것을 앞에서 살펴본 사항과 혼동한다. 일반적으로 사람들은 국가가 어떤 특정한 방식으로 행동해야 한다고 주장하는데 그치지 않고, 국가는 어떤 특정한 방식으로 수립되어야 한다고 주장한다. 사람들이 실제로 기독교적으로 행동할 수 있도록 국가는 기독교적인 성격을 표명해야 한다고 본다. 그런 까닭에 과거 그리스도인들은 군주정에 집착했었고, 오늘날은 거의 광신적으로 민주주의에 집착한다.[12] 경제 구조, 소유권, 노동체계 등의 경우에도 마찬가지이다. 그런데 이 모든 것은 그리스도인들이 기독교 세계에 관한 그들 자신의 이데올로기를 포기하지 않았다는 사실을 의미한다. 기독교 세계에서는 요컨대 그 제도들도 또한 성서와 하나님의 뜻에 맞춰져야 한다는 것이다. 기독교 세계는 더는 세상이 아니라 하나님 나라여야 한다는 것이다. 모든 기독교 사회 윤리는 그 안에 기독교 세계, 기독교의 정치적 효율성, 진리의 사회적 실천가능성, 은총의 제도화, 그리스도인들에 의한 사회의 통치 등에 관한 믿음을 내포하고 있다. 그런데 성서의 계시에 따르면 이 모든 것은 완전히 받아들일 수 없는 것이다.

예수 그리스도의 죽음은 더 나은 국가 운영, 더 나은 재화 배분, 더 나은 노동조직, 더 나은 생산성, 더 나은 정치 등을 위한 것이 아니었다. 예수 그리스도의 죽음은 인간을 구원하여 하나님과 화목하게 하고 인간의 죄를 사

---

11) *Suum cuique tribuere*: "개개인의 몫을 개개인에게 돌려주라"는 의미로서 로마법의 오래된 원리이다.
12) *Cf.* Jacques Ellul, *La subversion du christianisme*(『뒤틀려진 기독교』), 1984, Paris, La Table Ronde(La petite Vermillon 145), 2011, pp. 32−33, 194.

하고 하나님이 인간을 통해 영광을 받으시고 사망의 권세들을 이기기 위한 것이었다. 국가나 법이나 사회에 대한 개념을 확립하려고 그 죽음을 기점으로 삼으려고 하는 것은 너무나 멀리 길을 돌아서 아주 좁은 협로로 가려는 것으로서 실제로는 아무 데도 이르지 못하고 만다. 기독교 사회 윤리의 수립은 견강부회의 이론체계라면 모를까 불가능한 것이다. 물론 그 작업에 많은 성서 본문들을 원용할 수는 있겠지만, 예수 그리스도와 그가 성취한 일과 명백하고 긴밀하게 연합된 방식을 유지할 수는 없다. 우리는 성서에 준거하며 기독교적인 개념들이나 원리들을 사용해서 기독교적인 이론체계를 만들 수 있을 것이다. 그러나 그것은 결코 그리스도 중심적일 수 없다. 그리스도 중심이란 예수 그리스도를 중심에 두어 예수 그리스도에 의해 모든 것이 결정되게 하는 것을 말한다. 왜냐하면 예수 그리스도가 성취한 일은 객관적인 사회적 윤리와 전혀 상관이 없기 때문이다.

그 사실이 사회적, 정치적 문제들에 관련되어 있는 사람들이라는 면에서 우리에게 초래될 수 있는 어려움에도 불구하고, 우리는 기독교 사회 윤리란 존재하지 않는다는 것을 받아들여야만 한다. 모든 사회가 각기 그 사회의 사회적 윤리를 세우는 것은 당연한 일이다. 그러나 그 사회적 윤리는 그 사회에 속한 구성원들 전체와 관계된 일이지, 그리스도인들만의 일이 아니다. 그리스도인들을 위한 윤리는 집단적인 차원으로 이룰 수 없고, 군중들을 다룰 수 없으며 개인들로 구성된 군중과 관계가 없다. 그 윤리는 자신의 책임 앞에 놓인 한 개인하고만 관계가 있고, 어떤 의미에서도 집단적인 것이 될 수 없다. 기독교 윤리를 지키는 개인들의 총합을 내세운다고 해도, 그럴 수 없다. 그 개인들은 결코 하나의 집단을 형성하지 않는다. 교회를 통해 그럴 수도 있겠지만 교회를 집단으로 볼 수 있을까? 또한 인간이 지켜나갈 하나의 사회적 사조를 창설한다고 해도, 그럴 수 없다. 그렇게 된다면 그것은 인간을 자유롭게 해방하는 하나님의 뜻 전체를 부정하는 꼴이 된다.

사실 성서는 오로지 개별적인 한 인간에게 말하고, 오로지 개별적인 한 인간을 위해서 말한다. 그럼에도 성서는 아주 다른 문제에 대해 말한다. 성서는 돈, 국가, 도시, 가족, 노동 등에 대해 말한다. 그러므로 성서에는 전형적으로 사회적인 내용이 존재한다. 그 점에서 두 가지를 구분해야 할 것 같다. 성서는 그 모든 것에 대해 교훈을 제공한다. 성서는 돈, 국가 등과 같은 것들에 대해 하나님의 말씀을 담지하고 있다. 그것은 계시의 일부분이다. 계시는 사실 하나님 자신에 대한 하나님의 계시뿐만 아니라, 인간에 대한 하나님의 계시를 담고 있다. 인간에 대한 하나님의 계시는 인간이 행한 행위, 인간이 살아가는 방식 등에 대한 계시를 포함한다. 국가와 재산과 가족이나 또한 자연에 대해서 성서가 중시하는 것은 하나님이 사랑하고 찾는 인간의 구원의 역사에 관한 것이다. 성서가 우리에게 돈, 국가 등과 같은 것들을 언급하는 것은 오로지 타락과 구속, 인간의 반역과 하나님의 사랑에 관한 드라마와 관련된 것일 뿐이고, 그 자체에 관한 내용은 전혀 없다.

그러므로 우리는 바르트가 제시한 것과 같이 국가나 돈 등에 관한 신학적 관점을 제시할 수 있다.[13] 그 신학적 관점은 총체적이고 보편적이고 절대적인 진리의 면에서 진리이다. 그러나 그 진리는 계시를 받아들이고 성서를 하나님의 말씀으로 실제로 수용하는 사람에게만 진리로 인정된다. 그 진리는 성서를 인간의 지혜가 담긴 책들 중의 하나로만 보는 사람들에게는 인정되지 않는다. 다만 그런 견해가 그 진리를 하나도 바꿀 수 없다. 믿건 믿지 않건 간에, 인정하건 인정하지 않건 간에, 그 진리는 그 절대성과 객관성으로 존재한다. 믿지 않는다 하더라도 국가, 사회, 유대민족 등은 실제로 그렇게 되어서, 우리가 말할 수 있는 모든 것은 인간이 배반했고 그 배반으로부터 다른 지적이고 영적인 잘못들이 이어지고, 그릇된 삶이 뒤따른다는 것

---

13) Cf. Karl Barth, *Communauté chrétienne et communauté civile*(1946), Genève, Editions Roulet, 1947; *Dogmatique*, Genève, Labor et Fides, vol. 16(1951), 1965, pp. 110–160.

이다.

사회적, 경제적 현실들에 대한 계시를 예수 그리스도 안에서 하나님의 진리로 받아들이는 사람은 그런 현실들에 대해 어떤 특정한 사회적 태도, 사회적 윤리를 가질 수 있다. 그런데 신학적 진리는 보편적이고 객관적이고 일반적인 반면에, 그 사회적 윤리는 보편적이거나 일반적일 수 없다. 그것은 계시를 믿지 않는 사람에게는 아무런 의미도 없다. 그 사회적 윤리는 실천되지 않는다면 아무것도 아니다. 사회적 윤리와 신학적 진리의 차이는 엄청나다. 믿음으로 받아들이지 않는 신학은 진리의 표현으로 계속 지속된다. 실천되지 않는 사회적 윤리는 지속될 수 없고 아무 쓸데없다. 계시는 불신에도 불구하고 아무 손상도 입지 않는다. 사회적 윤리는 불신 때문에 무용지물이 된다. 그런데 이 사회적 윤리는 예수 그리스도 안에서 계시를 믿는 사람에게만 수용될 수 있다. 그 경로는 수용과 인정으로 시작해서 삶의 방식으로 내려오는 것이다. 믿는 사람들은 국가에 대한 주의 말씀을 받아들이고 나서 국가에 대한 올바른 태도를 취한다. 그러나 사회에 대한 올바른 태도에서 계시로 올라가는 경로는 없다. 이는 진리 전체를 유일하게 담지하고 있는 계시를 떠난 올바른 사회적 윤리란 상상조차 할 수 없는 것과 같다.

따라서 사회적 윤리는 예수 그리스도를 구주로 믿는 사람에게만 의미가 있는 것이다. 결정적으로 중요한 문제는 좋은 사회적 윤리가 아니라 오직 이 믿음이다. 계시는 사람에게 주어진 깃이지 결코 국가, 민족, 노동조합 등에게 주어진 것이 아니라는 사실을 유념하자. 이 사실에서도 우리는 앞에서 언급한 개인주의를 발견한다. 구약에서 아주 충격적인 태도들 중 하나는 바로 선지자들이 왕에게 말할 때 언제나 왕의 신분을 벗게 하고 한 인간으로 축소시켜 그 사회적 지위와 외양 이면의 개인으로, 주님 앞의 죄인으로, 전능자 앞의 죽을 수밖에 없는 피조물로 대한다는 점이다. 계시는 하나님의 말씀을 받아들이는 그 인간에게 그 정치적, 사회적 현실에 대해 주어지는 것이지, 그 정치적, 사회적 현실 자체에 주어지는 것이 아니다. 그러므로 계시로부터 모든 사람들에게 적용되는 사회적 윤리나, 또는 국가나 경제적 실력자들에게 실천을 강제할 수 있는 사회적 윤리를 끌어내는 것은 어불성설이다.

총체적 인간

다른 한편으로 하나님이 인간에게 말할 때, 하나님은 그 인간 전체를 대한다. 하나님은 그 인간의 마음이나 그 인간의 영혼이나 그 인간의 지성만을 대하는 것이 아니다. 하나님은 육신과 함께 하나님 앞에 있는 그 인간을 총체적으로 대하는 것이다. 그 인간에게 말할 때, 하나님은 다른 모든 사람들과 분리시켜 사회적 관계가 다 배제된 인간을 상대하는 것이 아니다. 하나님은 관계된 인간을 총체적으로 대하기에 그가 속해있는 시대, 사회, 가정, 직업, 세대 등도 감안한다. 한편으로 하나님의 말씀이 임한 인간은 파스칼과 키르케고르가 강조하듯이 명실상부한 단독자로서의 인간이다.[14] 아무도 그를 대신할 수 없고, 아무도 그의 조력자가 될 수 없고, 아무도 그를 도울 수 없고, 아무도 그와 동행할 수 없고, 아무도 그의 곁에 있을 수조차 없다. 그러나 그가 자신의 모든 정치적, 사회적, 경제적 관계들을 지니고 있는 것도 마찬가지로 사실이다. 왜냐하면 그는 육체와 분리되어 있지 않고, 육체와 영혼이 함께 결합된 전체로서 존재하기 때문이다. 그런데 그의 존재는 많은 부분이 그 사회적 관계들로 구성되어 있고, 그 관계들은 그

---

14) 파스칼(Pascal)과 키르케고르(Kierkegaard)의 연관성에 관해서는 다음의 논문들을 참조하라. Harald Höffding, "Pascal et Kierkegaard", *Revue de métaphysique et de morale*, 1923, pp. 221–246; H. Fuglsang-Damgaard, "Pascal et Kierkegaard", *Revue d'histoire et de philosophie relgieuses*, 1930/3, mai–juin 1930, pp. 242–263.

의 일부분이기도 하다. 가족이나, 받은 교육이나, 직업이나, 정치적 관념 등이 없이 그의 존재는 성립될 수는 없는 노릇이다. 그런 까닭에 하나님의 말씀이 전해진 그 개별적인 인간은 그 말씀을 가지고 사회를 이끌고 영향을 미친다. 그러므로 우리는 그런 의미에서 그리스도인들을 위한 윤리를 말할 수 있지 않을까? 한편으로 그 개인이 자신이 살고 있는 사회와 분리되지 않고, 다른 한편으로 하나님의 말씀이 그 개인에게 사회를 구성하는 요소들에 대해 조명해준다면, 그것은 사회적 윤리의 기원이자 그 정당한 근거가 될 수 있을 것이다. 다만 그것은 하나님의 말씀을 듣는 사람에게만 의미가 있을 것이다.

이제 우리는 오래 전부터 해온 분류대로 자기 자신에 대한 그리스도인의 윤리, 가족에 대한 그리스도인의 윤리, 사회에 대한 그리스도인의 윤리로 되돌아간다. 또한 이는, 다른 용어들과 함께, 리쾨르가 제시한 대로 가까운 이웃에 대한 사랑에 기초한 '단기적인 관계'와 정치적, 경제적 성격의 '장기적인 관계'로 연결된다.[15] 개인적인 만남에 대한 그리스도인의 태도라는 필수적인 요인을 결합하여 '관계'를 강조한 까닭에, 이 용어들이 더 정확하다는 점은 인정할 수 있다. 그런데 이 용어들은 결국은 예전의 분류와 동일한 것을 말하고 있다. 예컨대 19세기의 기독교 윤리가 개개인의 미덕으로 축소되어 있다고 말하는 것은 좀 부당한 점이 있다. 거기에는 언제나 국가의 의무, 정치적 도의 등에 관한 항목이 있다. 그러나 실제로 그리스도인들이 그리스도인의 삶 전체를 개개인의 미덕으로 축소하고, 사적인 관심의 영역으로 돌리면서 사적인 삶과 공적인 삶을 완전하게 양분시키는 경향이 있다는 점은 사실이다. 상인, 기업가, 시민으로서 우리는 세상의 도덕을 실천하고, 개인으로서 우리는 이웃과의 비세상적인 관계와 양심의 측면에서 기

---

15) Paul Ricoeur, "Le *socius* et le prochain", in *Histoire et vérité*, Paris, Seuil(Esprit), 1953, pp. 99-111(특히 p. 111). 이 논문에서 리쾨르(Paul Ricoeur)는 '단기적인 관계'와 '장기적인 관계'에 대한 이론을 제시한다.

독교 도덕을 실천한다는 것이다. 평일의 인간과 일요일의 그리스도인을 분리시키기는 이러한 구분은 완전한 잘못이고 엄정한 질책을 받아야 한다는 점은 분명하다.

경제나 정치에 있어서 그리스도인이 책임을 다해야 하는 이유는 경제적 발전의 중요성이나, 사회주의가 강조하는 사회 정의나, 우리에게 정치적 역할을 부여하는 민주주의가 아니다. 그 모든 것은 외적인 요인들에 불과하다. 그 유일한 이유는 하나님은 말씀을 전할 때 그 개인의 인격 전체를 상대로 한다는 사실 때문이다. 거기서 인간이 하나님 앞에서 멀리 떠나 하나님이 원하는 것과는 다르게 자신의 삶을 영위할 수 있는 영역으로서 하나님의 힘이 미치지 못하는 유보된 영역이 존재할 수 없다. 그러므로 그것은 결코 집단적 차원의 도덕인 사회적 윤리로 이어질 수 없다. 그것은 결코 개선되어야 하는 정치의 '우리'가 아니고, 하나님에게 붙잡힌 '나'이며, 이 '나'는 동시에 정치적 인간이기도 하다.

그렇다면 단기적 관계와 장기적 관계를 구분하고 이웃을 향한 의무와 사회를 향한 의무를 구분하는 기독교 윤리를 수립하는 것은 세상과 사단이 만든 것을 인정하는 것이다. 그것은 개개인의 덕목들과 사회적 덕목들을 차별화하여 구분하는 것이다. 왜냐하면 오늘날의 개개인의 덕목들에 대한 경멸은 예전의 사회적 덕목들에 대한 경멸만큼이나 해로운 것이기 때문이다. 우리는 개인 인격의 통일성과, 하나님의 말씀에 의한 인격적 변화의 통일성과, 믿음에 따른 행동방식의 전적인 통일성을 기점으로 삼아야 한다. 개인이 속한 다양한 세상의 상황들에 대한 분석과 그에 따라 개인의 행동방식의 다양화를 기점으로 삼는 대신에, 하나님 앞에서 개인의 총체적인 상황의 확실한 통일성을 기점으로 삼아야 한다. 이것은 모든 이분법을 거부한다. 이것은 경우에 따라 몇 가지 실천적인 예들은 제외하고서 누구에게나 일관성 있게 믿음에 따른 행동방식을 설명해주는 것이 중요하다는 걸 의미한다.

하지만 그 실천적 예들의 구분은 결코 그 통일성을 앞서는 것이 아니며, 그 출발점이 아니라 그 결과에 따른 것이다.

예를 들자면, 사도바울은, 그리스도인은 "세상을 이용하지 않는 사람처럼 세상을 이용하는" 전반적 태도를 감정적인 것과 사회적인 것을 구분하지 않고 결혼과 기쁨과 고통과 소유에 모두 다 적용해야 한다는 점을 상기시킨다.[16] 그는 그리스도인의 구체적인 삶 속에서 기도의 중요성을 강조하면서 이웃과 왕과 권세자들을 포함한 모든 사람에게 그것을 적용한다. 사도베드로는 단기적, 장기적 관계를 구분하지 않고 왕, 주인, 남편 등에 대해서 복종과 겸손전반적인 태도으로 대하고, 모든 사람들이 그렇게 해야 한다고 말한다.[17] 그러므로 정말 중요한 것은 하나님의 말씀을 듣고 다양한 관계와 다양한 상황 속에서 행동하는 인간일 따름이다. 중요한 문제는 인간의 됨됨이고 그에 따른 행동들이다. 윤리가 담당해야 할 부분은 하나님의 은총에 의해 개개인에게 각자의 됨됨이와 거기서 나타나는 행위를 상기시키는 것이다.

이것은 개개인의 개인적인 덕목으로 다시 돌아가라는 뜻인가? 그 덕목이 개개인의 인격적 덕목과 개개인의 인격적 행위를 뜻하는 것이라면, 물론 그렇다. 그리스도인의 신앙에서 그 이외의 다른 것은 문제가 안 된다. 그러나 그 덕목이 개개인이 사적인 삶으로 후퇴하는 것을 뜻하는 것이라면, 물론 아니다. 왜냐하면, 우리가 끊임없이 상기시키는 사실로서, 사회, 직장 등에서 하나님이 말씀하는 대상은 바로 인간이기 때문이다. 이같이 국가의 윤리나 경제의 윤리는 존재하지 않기에 우리는 사회적 윤리의 존재를 주장하지 않을 것이다. 그러나 예수 그리스도의 대속을 받은 존재로서 육신을 지니

---

16) 고린도전서 7:29-31. "형제들아, 내가 말하려는 것은 이것이다. 이제부터 아내 있는 사람은 없는 사람처럼 하고, 우는 사람은 울지 않는 사람처럼 하고, 기쁜 사람은 기쁘지 않은 사람처럼 하고, 무엇을 산 사람은 그것을 소유하지 않는 사람처럼 하고, 세상을 이용하는 사람은 이용하지 않는 사람처럼 하라. 이 세상의 형체는 사라지고 말 것이다."
17) 베드로전서 2:13-3:8.

고 가정을 유지하듯이, 국가, 사회, 노동조합, 기술 등의 테두리에서 살아가는 인간에게는 하나의 윤리가 존재한다. 거기에 차이는 없다. 우리가 오늘날 정치와 경제에 대한 그리스도인의 책임과 행동의 중요성을 역설해야 하는 이유로는, 먼저 그 문제가 다른 모든 것보다 훨씬 더 어렵다는 사실과 함께, 한 부류의 경건주의 전통이 개신교인들로 하여금 그것을 망각하게 했다는 사실을 들 수 있다. 그러나 여기서 사회적 도덕과 개인적 도덕 간에는 대상이나 규범들이나 가치들에 대해서 아무런 구분도 있을 수가 없다.

앞에서 우리는 국가, 민족, 돈 등에 관한 하나님의 계시를 언급했다. 그 계시는 이 세계에서 그리스도인으로서 살아야 하는 사람에게 하나의 가능성과 함께 하나의 의무를 초래한다. 그 가능성은 그런 제도들에 관한 깊은 진리를 알게 되는 것에서 출발하여 그런 제도들 속에서 진리를 따라 행동할 수 있는 가능성이다. 계시가 주어진 것은 하나의 프로그램이나 사회 개혁안을 가지고 군중을 모으기 위한 것이 아니다. 더구나 그것은 제시된 계획을 실현시키고 계시된 진리를 구체적인 제도들로 현실화하기 위한 것도 아니다. 현실과 진리의 결합은 하나님 나라에서만 이루어질 것이다. 그것은 단지 그리스도인에게 그 상황에서 하나님이 뜻하는 바대로 행동하는 법을 전하기 위한 것이다. 그러므로 그 상황을 우선적으로는 아니라도 동일한 비중으로 고려해야 한다. 그리스도인의 삶은 내적인 것일 수만은 없다. 그리스도인의 삶은 바로 여기에 현존하고 그 사회적 존재는 그 개별적인 존재와 분리될 수 없으며, 그 개별적인 존재는 영적인 것과 육신적인 것으로 분리될 수 없다.

다만 제도들에 관한 진리의 계시, 하나님의 빛에 의한 조명은 몇 가지 의무를 초래한다. 먼저 그 사회 전체에 대한 올바른 행동방식을 찾아내야 하는 의무가 있다. 이것은 한편으로는 하나님의 역사에 의한 존재의 변화에서 나오고, 다른 한편으로는 이 세상에 관해 계시된 지식에서 비롯된다. 그러므로 결정을 위해 알아야 하는 것은 근본적으로 돈이나 국가나 경제에 대한 자연적인 지식이 [필요한 것이라 할지라도] 아니고, 하나님의 계시에서 오는 깊은 지식이다. 그런 까닭에 그리스도인의 결정은 자연적인 지식만을 가진 사람들이 내리는 결정과는 일반적으로 일치할 수가 없다. 그러나 세상 속에서 그리스도인으로서 선택하게 되는 태도가 자신의 행동방식을 구성하게 되면서, 그리스도인은 그 진리에 대한 증언을 하게 된다. 그런데 계시의 총체적 진리 안에는 국가, 민족 등에 관한 진리도 존재한다. 따라서 그리스도인이 스스로 정한 올바른 행동방식을 취하게 될 때, 그 책임은 끝이 없다.

이제 그리스도인은 사람들에게 세상의 현실에 관해 계시된 진리를 공표해야 한다. 돈이나 권력기관들에 대한 신학[계시]은 이 세상 사람들에게 전해야 할 선교의 한 부분이 된다. 다시 말해서, 그것은 하나의 정치적, 사회적 행동 프로그램이 아니라 하나의 계시로서, 하나님으로부터 온 명령으로 전달되어야 한다. "그대가 생각하는 국가의 현실은 일리가 있다. 그러나 모든 사람들에게 공통적인 그 현실 이면에 하나의 진리가 숨어있다. 그 진리는 바로 이것이다." 그 명령은 모든 사람들이 용납할 수 있는 일반적인, 국가나 자본가나 노동조합의 행동방식에 관한 명령이 아니어서 사람들이 자연적인 이성의 빛으로 동의할 수 있는 것이 아니다. 구체적으로 그것은 그 불신의 국가, 자본가, 노동조합 등이 회개하여 하나님의 말씀을 진정으로 받아들일 때에야 비로소 진정으로 받아들이게 될 하나님의 말씀이 선포하는 명령이다. 그 때에야 비로소 그들은 그것을 제도가 아니라 행동으로 옮기는 일을 할 수 있다. 그리스도인들을 위한 윤리는 우리로 하여금 그 책임을 지나칠 수 없게 한다.

3장 • 공동의 윤리

개인과 공동체

'사회에 속한 한 인간으로서의 개인'을 위한 개인의 윤리는 전혀 개인주의적이지 않다. 개인주의는 기독교 신앙과는 완전히 다른 것이다. 우리는 개인이 관계를 위해 있고, 이웃과의 관계가 없다면 개인도 없다는 관념을 출발점으로 삼을 수도 있을 것이다. 그러나 아무리 기본적인 것이라 할지라도 그 관념은 하나의 철학적인 관념이다. 하나님이 한 민족을 복음을 전파하는 자신의 백성으로 세웠다는 사실을 출발점으로 하는 것이 더 낫다. 이스라엘 백성에 관해 합당한 말은 교회에 관해서도 합당한 말이다. 개별적으로 부름 받은 개개인은 백성을 이루기 위한 것이고, 백성은 부름 받은 개별적인 인간들로서 이루어진다. 성서의 어떤 위대한 영웅들도 홀로 존재하는 것이 아니다. 아브라함은 한 민족의 아비였고, 모세와 사사들은 백성과 관련해서 백성을 위해 하나님이 세운 사람들이고, 스스로 혼자라고 생각한 엘리야는 하나님이 택한 7천명이 존재한다는 사실을 알게 된다. 모든 선지자는 다 백성 안에서 선지자인 것이고, 그 이외의 다른 데서는 선지자가 아닌 것이다. 그리스도인은 누구나 다 그리스도의 몸을 구성하는 지체로서, 건물에서 하나의 살아있는 돌로서 택함을 받은 것이다.

구원의 백성은 실체가 있다. 그 실체가 없다면 윤리도 존재하지 않게 된다. 사랑의 계명은 그리스도인의 삶 전체를 관장하는 것으로서 그 공동체를 전제로 한다. 동시에 그 계명은 공동체를 창출하고 초래한다. 왜냐하면 이 계명을 실천하는 것이 곧 그 백성을 창출하는 것이기 때문이다. 하나님은 요술방망이를 써서 구원의 백성을 만들어내지 않는다. 하나님이 개개인을 선택할 때마다 그 개개인에게 사랑의 응답과 이웃을 향한 사랑의 분출이 생겨난다. 이것은 헛된 감상과 선행으로 그치지 않고 계속되는 견고한 지속적 관계를 형성한다. 그래서 개인과 개인이 맺는 사랑의 관계는 공동체를 만들어낸다. 그런데 한 사람과 다른 한 사람이 맺는 그 관계는 직접적으로 이루어질 수 없다. 그 관계는 하나님의 사랑을 통해서 맺어지고, 예수 그리스도 안에서 예수 그리스도를 통하여 예수 그리스도에 의해 이루어진다. 우리는 오직 예수 그리스도 안에서 이웃을 지속적으로 굳건하게 사랑할 수 있다. 그런 의미에서도 예수 그리스도는 몸의 머리이며, 모든 것은 그 머리를 통해서 이루어지는 것이다. 그러므로 사랑의 계명은 애매하거나 불확실하지 않으며 감정에 그치지 않고, 분명한 한계를 정하고 행동방식과 관계를 정확하게 규정한다.

그리스도인 한 사람의 행동은 그 자신이 알았건 몰랐건 간에, 또 그 자신이 원했건 원하지 않았건 간에, 반드시 그 공동체의 지체로서 행한 행동이 된다. 그는 자신의 행동을 통해서 그 공동체 사람들을 대변하며 동반한다. 그는 그 공동체 사람들로 히여금 자신의 행동에 참여케 하고 그 결과물인 생명 혹은 죽음의 열매를 누리게 한다. 마찬가지로 그는 다른 사람들의 행동에 참여케 되며, 그 행동에 따른 평가를 받고, 그 결과를 감내한다. 하나님에게 적대적인 세상에 홀로 개별적인 증인으로 파송되는 경우에도 그는 여전히 그 공동체와 함께 하는 것이다. 그가 행할 수 있는 최고의 증언은 그 진리의 공동체를 알아본 세상이 "그 공동체 사람들이 서로 사랑하는 것을 보라"[18]는 말을 할 수 있게 하는 것이다. 역으로 그가 다른 사람들을 자신과 같은 개별적인 증인으로 파송하는 경우에, 그는 그 공동체 안에서 파송한 사람들이 행한 일과 그들의 증언의 실효성에 대한 책임을 진다. 왜냐하면 그는 그 공동체를 통해서 행동하는 것이기 때문이다. 사랑의 계명에 복종하고 그 계명대로 살아간다면, 그는 달리 행동할 수 없다.

그 모든 것은 실제로 하나의 윤리를 규정한다. 우리는 그 윤리가 공동의 윤리일 수밖에 없다는 사실을 발견한다. 개인과 공동체의 대립적인 의미를 내포하는 '공동체의' 라는 말이나, 교회가 제정한 도덕 개념의 의미를 내포하기 때문에 너무나 제도적인 '교회의' 라는 말보다 '공동의' 라는 말이 더 바람직하게 보인다. '공동의' 라는 말은 공동으로 함께 한다는 것으로 공동의 삶, 공동의 소속을 뜻한다. 그래서 개인적인 것도 공동체적인 것도 아니고, 공동의 개별적인 것이다. 그런 의미에서 또다시 사회적 윤리를 말할 수 없다. 두말할 것 없이 교회는 하나의 사회이다. 그러나 그 윤리는 교회를 사회로 구성하는 것을 목적으로 하지 않는다. 사회적 관점에서 교회는 정의로운 진정한 공동의 삶에 대한 예언적인 모범을 제시해야 한다고 볼 수 있다. 교회가 특정 수도원 시대에 좋은 모범을 보여준 점은 확실하다. 교회는 세상의 삶의 방식과는 전혀 다른 삶의 방식을 가진 하나님의 백성이라는 이미지를 하나님이 주는 영감에 따라 일시적으로 제시할 수 있다. 그것은 그 시대에 윤리의 중요한 부분으로 작용할 것이다.

그러나 우리는 하나의 종말론적인 표지를 현실의 문제에 불과한 것으로 착각하지 않도록 언제나 유의해야 한다. 그리고 우리는 하나님의 일시적인 개입으로서 시간이 지나면 의미를 상실하게 되는 '주의 오늘' 에 속하는 일을 역사 속에서 영구화하지 않도록 주의해야 한다. 그러므로 기독교 사회윤리는 존재할 수 없다. 왜냐하면 발전하여 점진적으로 모든 민족을 합류

---

18) 요한복음 13:35. "너희가 서로 사랑하면 모든 사람들이 너희가 내 제자인 줄 알게 될 것이다."

시키고 더 많은 사람을 확보하며 세상을 빚어 하나님 나라에 이르게 할 새로운 세상을 교회 안에 구축할 수 없기 때문이다. 그 점진적인 성장과 계속성은 성서의 가르침에 완전히 위배되는 것으로서 복음서(마24, 눅18:8, 19)와 계시록에서 배제된 것이다.

교회공동체

그리스도인들을 위한 윤리는 공동의 윤리이다. 그리스도인들의 공동체인 교회가 이루는 집단과 윤리는 밀접한 관계를 맺는다. 하나님의 백성은 그 자체가 실재하는 하나의 현실이라는 사실을 잊지 말아야 한다. 하나님의 백성이 살아있는 돌들로 이루어지는 것이라면, 그 역도 또한 성립한다. 즉, 그 돌들은 오직 그 건물에 연결되어 있을 때만 살아있게 되는 것이다. 그리스도인은 오직 나무에 매달린 가지처럼 그 주인에게 연결되어 있을 때만 살아있게 된다. 그래서 공동의 윤리는 교회와 긴밀한 관계 안에 있다. 그리스도인을 위한 윤리가 있다면 그 윤리는 교회 공동체의 필요에 따라 교회 공동체에 의해 존재하게 되는 것이다. 그러므로 개인이 그 주인이 아니라는 의미에서 윤리는 개인주의적이지 않다. 개인은 스스로 윤리를 정하거나 선별할 수 없으며 그 내용을 개인적인 선택들로 채울 수 없다. 윤리는 언제나 공동체에서 나오는 것이다.

이는 주목할 만한 것으로서 두 가지 의미로 보아야 한다. 한편으로 교회는 하나의 인간집단으로서 사회학적인 대상이기에 다른 집단들과 같이 사회적 구조와 동향에 따라야 한다. 그렇지만 다른 한편으로 교회는 하나님의 백성이다. 교회에는 인간적 현실과 그 제약에서 근본적으로 벗어나는 기원과 방

---

19) 마태복음 24:36-51. 이 비판은 의심의 여지없이 에큐메니컬협의회의 방향과 강령을 향한 것이다.

향과 능력과 사명이 있다. 특히 교회는 신비한 존재인 주와 맺은 관계를 가진다. 윤리는 두 가지 성격을 나타낸다. 한편으로 여느 인간집단과 같이 교회는 하나의 도덕을 불러오고 생산하며 배출한다. 교회는 그 사회적 필연성에서 벗어날 수 없다. 그러나 다른 한편으로 교회는 하나님의 백성으로서 성령의 감동 하에 성서에 기록된 계시 앞에서 윤리를 수립하게 된다.

　이 이중성은 그리스도인의 이중성을 낳는다. 한편으로 그리스도인은 죄인으로서 전반적인 인간조건에 관여하는 타락한 아담이다. 따라서 그는 선과 악을 선택하고 결정한다. 그러나 다른 한편으로 그리스도인은 계시를 받고 성령이 불어넣어져서 또 다른 선을 알게 되어 새로운 윤리를 따라 살아가게 된다. 다만 그는 옛사람에서 결코 완전히 다 벗어나지는 못하고, 그가 수립할 수 있는 윤리는 언제나 본성적인 자연인으로서의 상태를 환기시키는 것이다. 그래서 이 공동의 윤리는 반드시 교회의 사회적 성격과 성령의 영감 사이의 긴장 관계 안에 들어간다. 이 윤리는 그 둘을 다 내포하고 있다. 우리는 그것이 악하다고 말할 수 없다. 왜냐하면 그것이 배제된 채 수립된 윤리는 실천될 수 없고 현실과 무관하게 되기 때문이다. 그런 윤리는 더는 윤리가 될 수 없을 것이다.

　그러나 새로운 측면에서 교회가 가진 도덕의 상대성을 이해하고 수용하는 것이 불가피하다. 왜냐하면 그렇게 함으로써 우리는 도덕적 판단의 배타성을 피할 수 있기 때문이다. 그리스도인들의 공동체가 세상의 현실에서 벗어나 모든 진리를 소유하며 순수하고 절대적인 불변의 기독교적 삶의 방식을 보여준다고 주장하는 것보다 더 위험한 것은 없다. 사교집단들의 방식과 같은 그런 방식은 타자를 배제함으로써 필연적으로 사랑의 계명을 부정하기에 이른다. 그렇게 되면 우리는 도덕에서 가장 부정적인 양상으로서 심판하고 고립하는 상태로 다시 들어가게 된다. 심지어 우리는 기독교적인 삶과 상반되는 삶을 살게 된다. 반대로 이 윤리를 사회적 법규들에 의해 하나의 집단에서 나온 일시적인 것으로 받아들일 때, 우리는 이 공동의 윤리에서 변화 가능성을 인정하게 되고, 세상의 다른 도덕들에 대해 개방적인 도덕을 유지하게 된다.

주어진 시간에 공동체 전체와 교회의 지도자들 및 신학자들이 실제로 함께 참여하여 공동의 윤리를 조성하는 과정에서 이 이중적인 요소는 다시 발견된다. 우리가 이미 살펴본 바와 같이 윤리학자들과 철학자들이 만든 도덕이 집단에서 자발적으로 나온 도덕과 서로 대립하는 일이 여기서는 없다. 실제로 교회의 지도자들과 신학자들은 그 집단 안에 포함되어 있다. 그들은 다른 사람들과 동등하며 어떤 우월적인 지위도 가지지 않고, 동일한 삶을 살며 동일한 교육을 받고 동일한 주를 의지하고 동일한 성령의 영감과 동일한 규범에 따른다. 여기서는 단 하나의 주와 단 하나의 성령이 존재한다. 교회 구성원들 간의 관계가 그리스도를 따르지 않는 다른 집단에서의 관계와 다르듯이, 교회 신학자와 신자 사이의 관계는 같은 국가에 속하는 시민과 철학자 사이의 관계와는 다르다. 동일한 생명의 원천과 영적 영감이 교회 신학자와 신자 모두에게서 발견된다. 따라서 교회의 신학자가 수립한 도덕은 공동체와 무관할 수 없다. 그런 도덕이 없다면 그 교회에서 무엇인가 잘못 왜곡되어 있다는 현저한 증거이자 증언이 된다. 역으로 신자들이 실제로 실천하는 공동의 도덕은 교회의 신학자에게 자신이 전하는 말씀의 의미와 필요성에 대한 보증이 된다. 교회의 신학자는 그 도덕을 중시하고 경시하지 말아야 하며, 더더욱 단죄해서는 안 된다. 이 이중적인 구조적 요소를 두고서 단순하게 판단하면 안 된다.

신자들의 공동체는 수동적이고 전통적인 요인인 사회적 요소를 나타내며 교회 신학자는 능동적이고 영적인 예언적 요소를 나타낸다고 결론 내려서는 안 된다. 또한 신자들의 공동체는 실존적 가치의 요소를 나타내며 교회 신학자는 규범적 의무의 요소를 나타낸다고도 하지 말아야 한다. 그 둘은 함께 그 전체를 이루고 있다. 신자들의 공동체가 사회적으로 세워지고 전통의 무게를 지면서 완만하게 움직인다는 것은 사실이다. 그러나 그 공동체는 또한 그리스도의 몸으로서 살아가는 삶의 방식에 있어서 전체로서 그 연합Communion, 개별적인 것일 수 없음을 통해 성령의 영감을 받는다. 교회 신학자가 받는 성령의 영감이 교회에 임하는 것과 동일하다는 것은 어김없는 사실이다. 그는 예외적인 개인이 아니라 교회 공동체의 일원으로 주인이 아니라 섬기는 사람으로서 그 공동체를 위해 봉사한다. 교회 신학자는 교회와 마찬가지로 사회적 성격을 갖는다. 이미 말했다시피 그런 점 때문에 교회 신학자는 그 시대의 사람에게 맞는 윤리를 표명할 수 있다. 그는 일정한 사회와 집단들에 속해 있는 존재로서, 스스로 홀로 영적인 사람이 되지 못한다.

마찬가지로 공동체는 실존적 요소와 당위적 요소가 있다. 공동체는 공동체의 삶을 통해서 그리스도인의 삶에 요구되는 당위적인 것과 가능한 것을 증언한다. 그러나 또한 하나님의 말씀의 전파에 의해 야기되는 공동체의 불분명한 시도를 통해서 윤리를 위한 새로운 길들이 발견된다. 어쩌면 공동체는 그 길을 잘 알지 못하고, 그 길이 제대로 밝혀지지 않았음에도 불구하고 그 길을 갈 수도 있다. 교회는 교회 신학자에게 교회가 가는, 옆길도 아니고 주변 숲도 아닌, 바로 그 길을 밝혀주기를 요청한다. 교회 공동체가 주저하고 앞으로 나아가지 못할 막다른 골목에 처할 때, 즉 그리스도인의 삶이 안전을 바라는 형식적이고 단순한 습관이 되어 아무 유익도 없고 세상에 관여하지도 못할 때에도 하나님의 말씀은 계속 전파되고 성령이 역사하기 때문에 공동체가 더는 그 상태를 용인하지 못하고 다른 것을 구하고, 또 다른 윤리, 즉 그리스인의 삶에 관한 또 다른 구체적 방안을 요청하는 시기가 온다.

교회는 또한 교회의 신학자에게 의견을 요청할 수 있다. 그러나 거기서 중요한 것은 교회의 신학자가 굉장한 상상력을 발휘하고 탁월한 지식을 응용하는 것이 아니라, "이것이 성령이 교회에 말하는 것이다"라고 제시하는 것이다. 그렇게 말할 수 있을 때 그는 진정한 교회의 신학자가 될 것이다. 그렇게 되면 그는 하나님 말씀의 명령을 공표하고 진정한 윤리의 명령을 수립하여 교회 공동체의 요구에 응답하고, 교회 공동체를 향한 하나님의 명령을 천명할 수 있을 것이다. 다만 그 자신이 먼저 하나님의 명령에 순복하고 자신이 선포하는 그 명령대로 살아갈 때 비로소 그는 자신에게 맡겨진 일을 할 수 있을 것이다. 물론 여기서 중요한 것은 공동체를 위한 모범을 보이거나 거룩한 성인이 되거나 공동체의 선두로 나아가는 것이 아니다. 다만 그런 삶을 살아갈 때 그 신학자는 비로소 그리스도인의 삶에 관한 참된 하나님의 말씀을 선포할 수 있게 된다.

하나님의 명령 전달자로서 교회의 신학자는 오직 자신의 실존적 삶을 통해서 그 진정성을 증명할 수 있다. 그는 교회의 일인자일 수도 없고 교회와 분리될 수도 없다. 그는 교회가 현존하는 대로 현존한다. 그러므로 그 신학자는 교회 안의 그 누구도 실천할 수 없는 성서 내용으로만 작성된 절대적인 이상적 윤리 체계를 만들어낼 수 없다. 왜냐하면 그 자신도 스스로 그것을 실천할 수 없기에 그 진정성이 인정될 수 없기 때문이다. 그가 윤리를 수립하는 일은 교회의 실존 차원에서, 또한 자신의 실존 차원에서 이루어져야 하며, 그 교회의 필요와 요구를 고려해야 한다. 그것은 실천 가능성과 인간적·영적 현실과 공동체 사람들의 믿음의 분량을 고려해야 한다.

이제 우리는 공동의 윤리와 사회적 집단들에서 나온 윤리가 서로 다른 마지막 차이점을 주목해봐야 한다. 이미 살펴보았다시피, 일반적으로 도덕은 집단으로부터 권위를 부여받는다. 집단의 의지와 압력이 그 집단의 구성원 각자에게 도덕을 의무적으로 만드는 까닭에 도덕은 의무적이다. 도덕은 또한 집단의 제재 권한을 부여받는다. 집단은 부도덕한 행위자에 대한 배척과 심판을 통해 직접적으로 대응할 수 있고, 또 사회의 교육과 금기에서 비롯된 도덕적 양심의 형성을 통해 간접적으로 대응할 수 있다.

그런데 그리스도인들을 위한 윤리는 교회 공동체로부터 권위나 제재 권한을 부여받지 않는다. 그런 측면에서 그 윤리는 교회와 완전히 독립적이다. 윤리가 진정성과 현실성을 가지려면 그렇게 되어야 한다. 공동의 도덕이 교회 기관들에 의해 심판받는다면, 그 도덕은 기독교적인 도덕으로 또 하나의 세상 도덕이 되어 다른 모든 도덕들과 동화된다. 그 도덕은 다시는 교회를 향한 하나님 말씀의 양식들 중 하나가 될 수 없다. 이미 살펴보았다시피 성서적으로 도덕적 양심은 존재하지 않고, 단지 하나님 앞에 있다는 자각만 존재한다. 교회는 도덕적 양심을 빚어내지 말아야 한다. 그 일은 사회가 맡고 있다. 교회는 단지 사람을 하나님 말씀의 거울 앞에 서게 해야 한다.

교회는 심판을 선포하지 말아야 한다. 그리스도인은 개인으로서도 공동체로서도 자신의 형제를 심판할 수 없다. 말과 행위와 삶 전체에 대한 심판은 오직 하나님의 권한에 속한다. 따라서 윤리는 심판으로 보장되거나 수호되거나 강화되지 않는다. 그런 목적으로 심판의 위협이나 하나님의 진노의 표현을 이용할 권리가 교회에는 없다. 교회는 도덕에 복종케 하려고 지옥을 활용할 수 없다. 왜냐하면 지옥은 도덕적인 벌이 아니며, 교회가 심판으로 위협하게 되면 교회는 구원의 복음을 전하라는, 하나님이 부여한 역할에서 벗어나기 때문이다. 교회는 지옥에 대해서 설교할 수도 없고 증언할 수도 없다. 그렇게 하는 경우 교회는 더는 예수 그리스도의 교회가 아니다. 또한 교회는 아이들이 받아들이는 기독교 교육이나 순응주의로부터 도덕을 끌어와서는 안 된다. 그렇게 하는 경우, 교회는 세상의 다른 모든 기관들과 모든 집단들과 똑같이 행동하는 것이 되고, 이 땅에서 전적인 타자인 하나님에 대한 증언자가 되지 못한다. 교회는 일시적 권력과 통치기관과 교회

내 선한 기관들의 명백한 권위를 이 도덕에 부여해서는 안 된다. 또한 교회는 자신들이 택한 도덕을 공고히 하는 신자들이 조성하는 사회적 단체의 권위를 이 도덕에 부여해서는 안 된다. 그 모든 것은 세상의 일시적인 권력과 성령, 그리고 효율성과 진리 사이에 혼동을 일으키는 것이다. 그 모든 방식들은 교회에는 금지된 것들이다.

신앙을 강요할 수 없는 교회는 제재나 권위를 통해 도덕을 만드는 권한도 가질 수 없다. 최근 몇 년간 사람들은 제재가 없는 도덕에 아주 많은 관심을 기울이고 있다. 제재가 없는 도덕으로서 단 하나 유일한 것이 존재하는데 그것이 그리스도인을 위한 도덕이다. 도덕은 지옥의 벌이 있어야 하고 도덕의 권위는 지옥에 대한 두려움에서 온다는 관념을 지녔던 기독교 도덕은 끔찍한 기만이었다. 그리스도인을 위한 도덕은 믿음으로 인정할 수 있는 권위 이외에 다른 권위를 가지지 않는다. 그 도덕은 어떤 외적인 권위도 가지지 않는다. 그 도덕을 보증하는 것은 하나님이 아니다. 성령이 실제로 계시의 진리를 보증하고, 우리로 하여금 어떤 결정이나 어떤 행동을 취하게 하지만, 성령은 도덕을 지도하지 않는다. 우리는 그리스도인들을 위한 도덕의 중의성을 이미 살펴보았다. 주님의 권위와 현존이 그 중의성에 관여된 바가 없다는 것은 명백하다. 그렇다면 스스로의 책임 하에, 우리는 어떤 권위체의 강제도 받지 않고 자유롭게 결정을 내리고 도덕적 선택을 해야 한다. 이는 그리스도인의 삶의 원칙이기도 하다. 우리는 2부[20])에서 그 점을 살펴볼 것이다.

이와 같이 교회가 어떤 시점에서 제시하는 도덕의 권위는 믿음에 연유한다. 이는 하나님이 원하는 일이 도덕에 위배될 수 있다는 사실이 믿음에 연유하는 것과 같다. 마찬가지로 하나님의 심판이 도덕적 이유들에 근거해서 선포되지 않는 까닭에 그리스도인을 위한 도덕은 제재가 없는 도덕이다.

---

20) 여기서 2부는 이 책의 제5부를 말한다.

하나님이 선포하는 심판은 설령 성서의 도덕적 명령을 옮긴 내용이라 할지라도 도덕에 제정된 선악의 기준에 따르지 않는다. 성서에서 "음행하는 자나 거짓말하는 자나 도둑질하는 자는 하나님 나라에 들어가지 못한다."고전 6:9-10는 말씀이 여러 번 나온다 하더라도, 모든 본문들이 명확하게 보여주는 사실은 중대한 심판의 대상으로 간주되는 것은 행위 그 자체가 아니라, 그 행위들이 나타내는 하나님을 향한 영적인 기본 태도이고, 그것이 결정적이라는 사실이다. 요한일서는 이웃을 사랑하지 않는 것은 하나님을 사랑하지 않는 것이라고 천명한다.[21] 그 행위들은 자신의 이웃을 사랑하지 않는 사실을 드러내는 것이다. 그러므로 그 행위들이 믿음의 부재와 하나님을 향한 사랑의 부재를 입증해주는 의심의 여지가 없는 증거들이나 표지들이라는 것 이외에 다른 의미는 없다.

따라서 행위에 의해 구원받지 않는 것과 같이 윤리적인 이유로 정죄하는 도덕에 의해 구원받지 않는다. 구원은 믿음에 의한 것으로서 단 하나의 죄만 용서받지 못하는데, 그것은 성령을 거스르는 죄이다.[22] 그래서 공동체의 도덕은 하나님에게서 그런 권한을 부여받지 않은 공동체로부터 제재와 권위를 받을 수 없다. 그러면 그 공동체는 더는 교회가 아니다. 뿐만 아니라 공동체의 도덕은 하나님으로부터도 제재 권한과 권위를 부여받을 수 없다. 왜냐하면 하나님은 마지막 때에 인간의 다른 행위와 같이 이 도덕을 수용하면서도, 인간의 기준과 결정에 의거해 심판하지 않기 때문이다. 하나님의 심판은 모든 윤리적 문제를 단연코 뛰어넘는다. 따라서 우리가 말하는 도덕은 규범, 금지, 명령 등으로 표명될 때도 반드시 유연성과 개방성을 지니게 될 것이다. 또한 이미 살펴본 바와 같이 이 도덕은 언제나 변화하게 된다.

---

21) 요한일서 4:20. "누구든지 하나님을 사랑한다고 하면서 자기 형제를 미워하면 그는 거짓말쟁이다. 왜냐하면 보이는 자기 형제를 상하지 않는 자는 보이지 않는 하나님을 사랑할 수 없기 때문이다."
22) 마태복음 12:31/마가복음 3:28/누가복음 12:10.

4장 • 직접적 윤리

중간계의 부재

그리스도인을 위한 윤리는 직접적인 윤리다. 다시 말해 이 윤리는 예수 그리스도 이외의 어떤 다른 중재자나 중개자를 거치지 않는다. 이 윤리에 있어 선과 삶의 방식을 결정하는 것은 성령에 의해 조명되는 예수 그리스도 안에서 하나님의 계시가 유일하다. 이 윤리의 수립에 있어 하나님 뜻 외에 다른 확고한 준거는 존재하지 않는다.[23] 이성이나 어떤 다른 방법을 통해 하나님의 눈에 선한 일을 행하고 스스로 길을 만들어나가게 하는 본질적 지식에 이를 수 있는 가치들이나 창조의 질서들, 혹은 중간 공리들로 이루어진 중간계un monde intermédiaire는 존재하지 않는다.

그 모든 논의에서 '중간계'란, 사람들이 그 중간 공리들에 영구적인 가치를 부여하고 하나님의 뜻을 이해하기 위해 따라야 할 필수적인 길로 규정하거나, 그 가치들을 초월적인 영역에 두는 것을 말한다. 물론 여기서 말하는 초월성은 하나님의 초월성과는 무관한 창조세계 내에 있는 것이고, 플라톤의 이데아에 비견할 수 있는 가치들의 영역은 아니라는 사실을 내세울 수도

---

23) 하나님의 뜻이 곧 선이라는 정의에 대해서는 다음의 책을 참조하라. Jacques Ellul, *Le vouloir et le faire*, pp. 21-56(특히 p. 22). (『원함과 행함』, 대장간 역간, 2019, pp. 26-68(특히 pp. 27-28).))

있다. 그럼에도 불구하고 항구적이라는 뜻은 하나님과의 공통된 속성을 공리들에게 부여하는 것이다. 가치들에 관해서 말하자면 그 가치들이 창조세계에 존재한다는 주장은 아무 소용없다. 그러나 초월적인 것과 내재적인 것은 분리되며, 그 분리가 곧 중간계를 형성하는 것이다. 중간계는 하나님이 계시는 하늘도 아니고 인간세계도 아니며, 무명의 위대한 신 아래에 있는 이집트 신화나 신들이 시간의 신Chronos과 운명의 여신Anank에 굴복하는 그리스 신화에 나오는 정령들이나 신들의 세계에 상응하는 세계이다.

그런데 성서에서 이런 중간계는 완전히 금지된다. 그것은 신학적 차원에서가 아니라 실천과 행동과 윤리의 차원에서 중간매개자를 찾는 것이다. 그러나 그런 차원에서도 예수 그리스도 이외의 다른 중간매개자는 허용되지 않는다. 예수 그리스도가 길이라면, 그것은 하나님으로부터 인간에게 오는 길인 동시에 인간으로부터 인간에게 나아가는 길이며, 또한 인간으로부터 세상으로 나아가는 길이다.[24] 예수 그리스도를 하나님과 인간의 중재자로 받아들이면서도, 그에 따른 실천적 행위를 설명하고 촉구하고 명령하기 위해서 다른 대상을 찾는 것은 예수 그리스도를 배반하는 것이다. 왜냐하면 예수 그리스도는 그런 구분을 하지 않기 때문이다. "내 말을 듣고 행하는 자는 복이 있는 사람이다." 윤리를 실천하기 위해서 제3의 권위나 가치들의 준거와 같은 것들을 찾을 필요가 없다.

윤리의 실천을 가능하게 하는 유일한 요소는 말씀을 하나님의 말씀으로 듣고, 우리에게 복이 있는 사람이 될 수 있는 가능성이 주어져 있다는 사실을 받아들이는 것이다. 그 말씀은 우리의 인간적인 삶과 우리의 행동과 우리의 삶과 우리의 도덕에 의미를 부여하는 전적 타자인 하나님의 임재이다.

---

24) 예수 그리스도는 인간과 하나님 사이의 중간매개자일 뿐만 아니라 인간과 그 이웃의 중간매개자라는 관념은 본회퍼(Dietrich Bonhoeffer, 1906–1945)의 성찰을 연상시킨다. Dietrich Bonhoeffer, *De la vie communautaire et le livre de prières de la Bible*(1938), Genève, Labor et Fides(OEuvres de Dietrich Bonhoeffer 5), 2007, pp. 23–40(특히 pp. 28, 40).

엄밀하게 말해서 그 이외의 다른 전적 타자란 존재하지 않는다. 거기서 벗어나게 되면, 우리는 인간이 창조한 대상들의 세계에 다시 빠져 들어간다. 인간이 창조한 대상은 훌륭할 수 있지만, 우리로 하여금 언제나 우리 자신에게로 되돌아가게 할 뿐이다.

인간에게는 스스로를 계시하시는 하나님의 객관성 이외에 다른 객관성이 존재하지 않는다. 다른 모든 것은 인간의 창조물이다. 하나님과 인간 사이에 인간으로 하여금 중간매체를 찾을 수 있게 하는 건 아무것도 없다. 그 중간매체란 실제로는 인간으로 하여금 하나님을 회피하게 하는 데 이용될 것이다. 인간으로 하여금 하나님과 개인적인 대화를 회피하게 할 수 있는 것은 아무것도 없다. 그런데 창조의 질서들과, 중간적 공리들이나 가치들의 고안은 인간으로 하여금 하나님을 회피하도록 유도한다. 신학적인 관점에서 바르트는 이 항구적인 유혹을 정확히 지적했다.[25] 그 점에 관해 여기서 길게 다루지는 않겠지만 3가지 사항은 환기시키고자 한다.

창조의 질서들과 중간적 공리들

먼저 첫째로, 이 창조의 질서들이라는 개념이 누구를 향한 것인가의 문제를 이해하도록 해야 한다. 그것이 자연의 통로를 통해서, 구체적으로 윤리적인 영역에서 하나님의 뜻에 관해 중요한 부분을 이해하여 선을 행하도록 모든 사람들에게 주어진 가능성이라면, 인간이 수립하는 모든 신, 모든 질서, 평화, 정의, 권리는, 하나님이 세우고 세상에 내재된 공리들과 질서에 대한 인지에서 비롯되는 것으로서 인간 정신에 공존한다. 혹은 그것이 계시 속에서 하나님이 원하는 질서에 관한 증거를 발견하는 그리스도인들에게

---

25) Karl Barth, *Dogmatique*, Genève, Labor et Fides, vol. 15(1951), 1964, pp. 18–22, 29, 37–39, 46, 53, 310–312. 바르트는 여기서 에밀 브루너(Emil Brunner), 본회퍼(Dietrich Bonhoeffer), 닐 소이(Niels H. Søe)가 창조의 질서와 위임에 대한 문제에 대해 취한 입장들을 논의한다.

주어진 가능성이라면, 이 질서는 계시의 일부분으로서 따로 분리될 수 없다. 이 경우 창조의 질서들 혹은 중간적 공리들은 더는 중간매개가 될 수 없다. 그것들은 신앙적으로 전해지는 하나님의 말씀이 되고, 어떤 독립적인 객관성도 갖지 않는다. 하나님이 우리에게 국가에 관한 진리를 계시한 것은 국가가 그런 실체로서 하나님으로부터 독립된 진리가 된다는 의미가 아니다. 정반대로 그것은 국가가 얼마나 인간에게 주관적인 실재가 되는지를 우리에게 계시하는 것이다. 질서들이라고 부르는 모든 것도 마찬가지이다.

반대로, 그것이 하나님이 세상에 내어준 일종의 객관적인 실체로서 자연적인 인간이 그것을 이용하여 하나님의 뜻에 맞추어서 스스로 살만한 세상을 세우는 것이라면, 이는 아주 심각한 것으로 용납할 수 없는 길로 접어드는 것이다. 이는 실제로 세상의 역사와 구원의 역사, 그리고 인간사회와 교회를 곧바로 분리시킨다. 인간이 자신이 갖는 자연적인 수단들을 사용하여 중요한 하나님의 뜻을 분간하고 세상의 보존을 위해 하나님의 뜻에 맞추면서 하나님 뜻에 따른 세상의 질서를 정말로 세운다면, 그것은 하나님의 역사를 보존의 역사와 구원의 역사로 분리된 것으로 보는 것이다. 그것은 피조세계에 독립적인 역사 및 운명을 부여하는 것이고, 그 역사와 운명은 하나님의 뜻에 일치하기에 너무도 당연히 계속될 수 있을 것이다. 또한 그것은 예수 그리스도를 대속이라는 별도의 사례로 국한시켜서 더는 세상의 구주가 되지 못하게 하는 것이고, 인간 자신의 수단으로 하나님의 뜻에 맞추어 보존을 확보할 수 있는 인간의 역사와, 구원이라는 특별한 하나님의 역사를 따로따로 구분하는 것이다. 결국 그것은 '자연'과 '초자연'으로 나누는 것인데, 이는 성서 전체에 반하는 것이다. 보존은 오로지 예수 그리스도 안에서 이루어지고, 하나님이 행하는 역사들은 분리되지 않는다. 세상의 역사는 그 자체적으로는 어떤 가치도 없고, 구원의 역사에 통합되어있는 것이다. 그러나 그 통합이 진정으로 이루어지고 인간의 구원이 긴급하게 실현

되려면, 인간이 하나님의 뜻을 조금이라도 자신의 고유한 수단들로 실현하지 않는 것을 전제로 한다.

인간이 하나님의 정의와 같은 정의를 따라, 하나님의 것인 평화 가운데, 하나님의 뜻에 맞는 선을 행하면서 이 세상을 만들어갈 수 있다는 확신만큼 종말론적 긴장을 크게 이완시킬 수 있는 것은 없고 또 이미 크게 이완시켰다. 인간이 구원의 긴급성을 거부한 채로 이 땅위에 편안하게 정착할 수 있는 그 이외의 어떤 것도 없다. 그 이외의 어떤 것도 그만큼 그리스도인들로 하여금 사회적 순응주의와, 이 땅위의 안정과, 하나의 조직에 잘 안착하게 하여 예수 그리스도를 하늘나라로 올려 보내며 심판을 영원히 사라지게 할 수 있는 것은 없다. 창조 질서들, 공리들과 같은 개념은 기독교 세계나 유사 기독교 세계를 조성시키고, 투쟁과 소망의 윤리를 붕괴시킨다. 세상이 자신의 보존을 위해서라도 구원의 여정에 통합될 수 있는 것은 세상이 심지어 자신의 보존을 위해서라도 오로지 하나님의 뜻을 전혀 실현시키지 못하는 경우에만 가능하다.

둘째로, 중간적 공리들 및 가치들의 표명은 아담의 범죄로 인한 인간의 타락의 영향을 받지 않고 창조의 원래 상태 그대로 남아있는 부분이 존재한다는 것을 전제로 한다. 그 가치들이 우리를 자연적으로 하나님의 뜻에 따르게 할 수 있다면, 그 중간적 공리들이 우리로 하여금 하나님이 원하는 세계를 이룰 수 있게 한다면, 그것들이 진정 '창조의 질서들'이라면, 아담의 타락은 전적인 타락이 아니고 에덴동산에서 원래 창조된 속성이 인간에게 부분적으로 전달된 것이라고 볼 수 있다. 그러나 이는 완전히 불가능한 일이다. 그룹들cherubins이 에덴동산과 타락한 세상 사이에 결코 넘을 수 없는 완전한 장벽을 세워 지킨다는 사실을 상기하자. 거기서는 어떤 소통도 불가능했고, 아담은 에덴동산에서 이 세상에 도움이 될 만한 어떤 수단도 가져오지 못했다. "모든 피조물이 이제까지 함께 탄식한다"롬8:22는 말씀을 상기하자. "모든 피조물"이라는 말은 피해를 입지 않고 원래 상태로 남아있는 것은 아무것도 없다는 말이다. 전체 창조세계의 질서가 무너졌다. 모든 피조물이 헛된 것과 죄에 복종한다. 인간의 유한성^{피조물의 표지로서 당연하고 알맞은}과 죄를 아주 명백히 구별하는 것은 타당성이 있다. 그 유한성을 부정하려는 것은 죄라는 주장도 또한 타당성이 있다.

그러나 그 유한성 자체가 이제는 죄의 세상에 속해 있으며 죄에 종속되는 까닭에, 정당한 유한성의 영역과 죄의 영역을 구분해야 한다는 주장은 윤리적인 관점에서 정말 위험하고도 완전히 무의미하다는 사실을 상기해야 한다. 유한성과 죄를 구분해야 한다는 주장은 창조세계의 상태는 원래 그대로 남아 있다는 말이 된다. 그러나 창조세계는 원래 그대로 남아 있지 않으며 그렇게 될 수도 없다. 오로지 예수 그리스도 안에서 나타난 하나님의 사랑의 계시 앞에서 인간은 피조물인 자신의 신분을 인정하여 진정한 피조물이 될 수 있는 동시에 죄인의 속성을 인정할 수 있게 된다. 창조의 질서들과 중간 공리들이 부분적으로 남아있다고 주장하는 것은 예수 그리스도의 희생을 무용한 일로 만드는 일이다. 어떤 수단이나 방식을 통해서 인간이 하나님의 뜻을 알고 행할 수 있었다고 한다면, 구원은 하나님 아들의 희생 없이도 이루어질 수 있었을 것이다. 예수 그리스도의 십자가 앞에서 하나님의 완전한 희생이 있기 위해서 하나님과의 관계단절 또한 완전한 것이었다는 사실을 우리는 인정할 수밖에 없다.

깨어있는 그리스도인이라면 이 기본적인 사실을 부정할 수 없기에, 우리는 우리가 살고 있는 세상이 어떤 독립성도 없고, 시작과 끝이 있으며, 결코 창조의 주체가 될 수 없다는 사실을 알게 된다. 세상은 피조된 것으로 나타나지만, 하나님이 창조한 원래의 모습이 아니라는 의미에서 원래의 창조세계가 아니다. 우리가 세상에서 목격하는 것은 창조주 하나님의 손에서 나온 것과는 비할 바가 못 된다. 이 세상에 존재하는 질서는 창조세계를 위해

에덴동산에 수립되었던 질서인 창조세계의 질서가 아니다. 그것은 다른 것이다.

타락한 세상에서 하나님은 인간을 포기하지 않았고 무방비상태로 광란과 어둠의 밤 가운데 내버려두지 않았다. 그래도 이 세상에는 낮이 존재하고 태양은 빛을 발한다. 그래도 가인을 보호하는 표지가 은총으로 주어진다.[26] 그래도 인간에게 계속 전해지는 하나님의 말씀이 존재한다. 그래도 하나님의 사랑이 가로막아서 혼돈과 공허로 다시 돌아가지 않은 이 타락의 세상에는 하나님이 부과하는 새로운 질서가 존재한다. 인간이 주인이 되기 원한 세상, 즉 죄와 반역의 세상에 맞춘 이 질서는 생존을 위한 최소한의 질서이다. 그것은 내가 『법의 신학적 기초』에서 밝히려고 했던 제도들[27]과, 본회퍼가 규명했던 위임들[28]로 구성되어 있다.

제도는 현존하는 주어진 여건으로서 인간이 표출하는 삶의 일부분을 구성한다. 인간은 남성과 여성의 관계, 살아있는 존재와의 관계, 물질과의 관계, 즉 결혼, 생명의 존중, 권위, 소유를 이루는 이 질서가 작용하지 않으면 살아갈 수 없다. 그러나 이 제도들의 형식은 미리 예정되어 있는 것이 전혀 아니다. 인간이 이 제도들을 만들고 거기에 다양한 형식을 부과한다. 윤리적 영역에서 하나님이 인간에게 전하는 위임사항들이 이 제도적인 여건에 대응한다. 제도는 제도에 대한 인간의 도덕적 태도를 전제로 한다. 인간이 만든 모든 도덕은 언제나 이 제도들의 형식 및 이 제도들과 인간 간의 관계에 대해 하나의 입장을 취한다. 그와 같은 입장들 가운데 인간을 향한 하나

---

26) 창세기 4:15. "하나님께서 '가인을 죽이는 자는 일곱 배로 벌을 받을 것이다.'라고 말씀하시고, 가인에게 표지를 주셔서 그와 마주치는 어떤 사람도 그를 죽이지 못하게 하셨다."

27) Jacques Ellul, *Le fondement théologique du droit*(1946), Paris, Dalloz-Sirey(Bibliothèque Dalloz), 2008², p. 9.(『자연법의 신학적 의미』, 대장간 역간, 2013) "하나님과 세상 제도들 간의 관계는 제도들과 인간 사이에 존재할 수 있는 관계들에 우선한다."

28) Dietrich Bonhoeffer, *Ethique*(1949), Genève, Labor et Fides(Le Champ éthique), 1997³, pp. 167-172.

님의 뜻에 부응하는 것이 존재하고, 그러면 인간은 하나님이 자신에게 부여한 위임에 복종한다. 그러나 결국 오로지 계시를 통해서 인간은 위임의 존재를 알게 된다.

그런데 그런 위임들에 관해서는 두 가지 사항을 명시해야 한다. 첫째로 그런 위임들은 선을 나타내지 않고, 영원한 것이 아니며, 일반적인 의미에서 보존이나 구원의 가치를 전혀 가지지 않고, 단지 먹고 자는 것과 같이 최소한의 생명 유지의 차원에 해당한다. 거기에 따라 활동을 체계화하지 않으면 인간은 죽는다. 둘째로 그런 위임들은 인간이 달성할 목적이 되는 완전한 하나님의 뜻을 나타내는 것이 아니다. 반대로 그것들은 성서가 우리에게 종종 제시하는 바와 같이 인간이 만든 상황에 하나님의 뜻을 맞추어가는 일종의 적응방안에 해당한다.

피조물을 향한 사랑으로 하나님은 인간의 결정을 수용하고 인간의 독립을 존중한다. 하나님은 피조물의 결정에 응하고 피조물이 스스로 개입한 가장 어리석은 상황들을 받아들인다. 이스라엘의 왕정 수립^{사무엘상}이나 모세의 이혼법[29]의 경우에서와 같이 하나님은 그런 상황들을 어찌됐든 지속할 수 있게 한다. 하나님은 인간이 방화를 저지를 때마다 화재의 일부분을 복구한다. 이와 같이 하나님의 뜻을 조정해가는 것은 하나님의 사랑을 한층 더 입증하는 것이다.

그러나 그와 같은 방식으로 하나님의 아들 안에서 하나님 아버지의 영원한 뜻인 선이 달성될 수 있다고 말할 수 없다. 그런 차원에 속하는 것이 제도들과 위임들이다. 그래서 그리스도인들로서 우리는 그런 위임들의 타당성을 그 상대적인 속성 안에서 인식해야 하고, 윤리는 그것을 뛰어넘어야 한다는 사실을 알아야 한다. 그런 위임들은 윤리의 하한이라고 할 수 있다. 그 이하가 되면 인간은 짐승과 같이 되거나 죽을 것이다. 그 위임들은 윤리

---

29) 신명기 24:1-4/마태복음 19:8.

의 존재이유 및 내용이 아니다. 아무튼 우리는 거기서 제도들의 유일한 형식이 될 기독교적 형식을 끌어낼 수 없다. 거꾸로 그런 위임들은 제도들의 가능한 어떤 형식에 대해서도 이행해야 할 책임을 우리에게 지운다.

다른 데서 수도 없이 논의된 창조의 질서들과 중간 공리들의 문제에 대해 더 길게 부연할 필요는 없는 것 같다. 반대로 최근에 다시 새롭게 제기된 가치들의 문제를 더 자세하게 살펴보는 것이 필요할 듯하다.

규범론과 가치론

오랫동안 사람들은 기독교 도덕을 일련의 규범들로 내세웠다. 그런 관점에 이르기 위해서는 계명의 개념을 객관화하는 것으로 충분했다. 그것은 전통적인 도덕 철학의 맥락에서 이루어졌다. 오늘날 사람들은 그런 식의 관점을 거부하고, 기독교 도덕에는 규범들이 없고 가치들이 있다고 천명한다. 가치의 철학에 따라 가치는 기독교 도덕의 중요한 요소가 되고, 사람들은 명령적 규범과 가치를 엄격하게 대립시킨다. 철학 사조의 변화를 그 원인으로 보려는 시도가 있다. 사실 계명을 도덕적 규범으로 해석했던 것이는 잘못된 것이다은 하나의 철학이 원인이었듯이, 율법을 가치로 보는 것이것도 잘못된 것이다은 또 다른 철학이 원인이었다. 또한 우리는 규범과 가치가 언제나 대립되는 것은 아니라는 점을 돌아보아야 한다. 예컨대 시편 119편에 근거하여 훌륭하게 복합적으로 수립한 구성체인 유대사상 안에서 율법에 관한 신학을 인정한다면, 우리는 율법이 철학적 경계를 넘어 규범인 동시에 가치라는 사실을 알게 된다.

우리는 확실히 가치 신학이 두 가지 목적을 달성하려고 한다는 점을 쉽게 알아볼 수 있다. 하나는 성서에 근거한 신학과 사람들이 정설로 인정하는 철학을 연계시키려는 것이고, 다른 하나는 그리스도인들과 비그리스도인들이 가진 핵심적인 공통점을 발견하여 그들 사이에 연관성을 수립하려는 것이다. 그 둘 사이에 결정적으로 분리되는 부분이 존재한다는 사실을 받아들이는 것은 정말 어렵고 충격적인 것이다. 그런데 밝혀진 바와 같이 윤리적 행위도 동일한 것이어서 윤리적 주체는 동일하게 책임과 선택을 스스로 자임한다. 신학 안에서 가치들을 받아들인다면, 우리는 동일한 가치들에서 일치를 이룰 수 있다. 그래서 그 결과로 그리스도인들과 비그리스도인들이 동일한 행동을 취할 수 있다. 우리는 르 센느의 이론[30]과 같은 가톨릭적인 가치 이론에 동의하지 않는다. 이에 대한 메흘의 비판[31]은 우리에게는 결정적인 것으로 보인다. 그러나 우리는 우리와 보다 직접적으로 연관되는 가치들에 관한 개신교의 이론을 살펴볼 것이다.

물론 그런 관점에서 가치들은 단지 창조세계에 한정되는 것으로서 영원한 본질은 아니며, 하나님의 피조물로서 인간이 윤리적인 주체가 되어 자유롭게 선택을 행할 수 있도록 인간에게 맡겨진 것이다. 그렇기는 하지만 가치들은 월등한 것이 아니고 피조물임을 나타내는 표지들이다. 가치들은 우리의 실존적인 삶에서 결정적인 역할을 한다. 가치들이 없다면 우리는 살아갈 수 없다. 가치들은 우리에게 선택을 가능하게 하고 행동을 제한하고 행동에 의미를 부여한다. 가치들은, 인간으로 하여금 초월적으로 하늘에 닿

---

30) 르 센느(René Le Senne, 1882-1954)의 이론은 그의 두 저서들에서 제시된다. René Le Senne, *Obstacle et valeur*, Paris, Aubier(Philosophie de l'esprit), 1934(특히 pp. 175-192, cf. p. 181: "가치는 절대적인 것을 인식하는 것이다"); *Traité de morale générale*(1942), Paris, PUF(Logos), 1967⁵(특히 pp. 685-734).

31) 메흘(Roger Mehl, 1912-1997)은 그가 쓴 세 개의 글을 통해 가치들에 관한 이론을 비판한다. Roger Mehl, "Ethique et théologie",in Jacques Bois et al., *Le problème de la morale chrétienne*, Paris, PUF(Les Problèmes de la Pensée Chrétienne), 1948, pp. 25-75(특히 pp. 55-60); "Ethique des valeurs ou éthique de la Parole de Dieu?", *Revue de Théologie et de Philosophie* 89, 1956, pp. 81-92; *De l'autorité des valeurs. Essai d'éthique chrétienne. Thèse présenté à la Faculté de théologie protestante de l'Université de Strasbourg*, Paris, PUF, 1957. 그러나 르 센느는 두 번째 글에서는 인용되지 않고, 첫 번째 글(pp. 32-33)과 세 번째 글(pp. 100, 113)에서 인용된다. 그것은 오히려 긍정적으로 보인다. 자끄 엘륄과 로저 메흘의 유사점은 메흘이 첫 번째 논문에서 "자유의 윤리"(p. 64)를 언급하며 하나님은 "우리 안에서 원함과 행함을 새롭게 일으킨다"(p. 65)는 말씀을 상기시킬 때 명확하게 나타난다.

게 하는 것과는 거리가 먼 것으로서, 오히려 인간을 제한한다. 인간은 자신이 가진 힘으로는 가치들을 뛰어넘을 수 없으며, 가치들은 창조세계 내에 속해 있다.

가치들은 죄의 표지는 아니고 인간의 유한성을 나타내는 표지이다. 인간은 가치들을 수용해야 한다. 그렇지 않고 가치들을 폐기하는 것은 자신의 유한성을 폐기하는 것이다. 그것은 죄에 빠지는 것이다. 그래서 가치들은 피조물의 조건을 표시한다. 가치들을 수용하는 것은 스스로 피조물임을 받아들이는 것이다. 확실히 도덕적 선택은 언제나 가치들에 귀결된다. 그것은 가치들 중에서 선택하고 조합하여 정당성이 있는 하나의 전체를 이룩하는 것이다. 윤리적인 결정은 그리스도인이 그리스도인으로서 그리스도인의 자유 안에서 믿음으로 내리는 것이다. 그러나 그렇게 하면서 그리스도인은 비그리스도인과 마주할 수 있다. 왜냐하면 가치들은 둘에게 공통의 것이기 때문이다.

그 모든 것은 정말 그럴 듯하다. 그러나 그렇게 구성된 가치 철학은 처음부터 함축된 신학적 전제에 의해 약간 경도되어 주변적이 된다. 그런 가치 체계와 그 영향력의 규정과, 가치와 창조의 관계와 다른 많은 문제들은 부득불 그리스도인에게는 용납될 수 있겠지만, 곧바로 잠재적인 기독교의 특성을 알아채는 비그리스도인이 동의하기에는 어려운 것이다. 그러나 더 심각한 것은, 기독교적 관점에서 그 가치들에 대해 펼칠 수 있는 모든 반론들을 피하기 위해서, 아주 유연하고 아주 완곡한 묘사를 하는 바람에, 한편으로는 동의를 할 수밖에 없지만, 다른 한편으로는 그 가치들이 너무나 불명확하고 애매하며 가변적이어서 그 정체성을 알 수 없게 되는 불확실성에 빠지게 된다. 이는 아주 불확실하고 모순적인 것에 동의하는 꼴이 된다.

물론 가치는 언제나 반대되는 것을 낳는 것이 정해진 일이지만, 우리가 말하려는 것은 그런 모순성에 관한 것이 아니다. 가치는, 때로는 주체 혹은 대상으로, 때로는 객관적 혹은 주관적인 것으로[32], 때로는 인간이 단지 선택한 것이거나 고안한 것으로, 때로는 능동적이고 참여적인[33]거나 인간이 주인이 되어 선택하는 대상으로서 수동적인 것으로, 때로는 주체를 포함하는 것, 혹은 주체에 내재하는 것으로, 때로는 조직화된 독립적 체계, 혹은 그 자체로 실재성이 없는 분산된 파편[34]으로 우리에게 소개된다. 물론 변증법이 모든 것을 해결하지 못하고, 배경의 차이가 모든 것을 설명하지 못한다. 그런 모순성에 다시 접하는 것은 어려운 일이다. 그러나 그런 모순성은 가치 철학과 성서적 신학의 절충을 위해서는 반드시 필요하다.

가치 신학에 대한 반론

그러나 그 이론체계는 아주 중대한, 우리가 보기에는 결정적인 세 가지 반론에 부딪친다. 첫 번째 반론을 보자. 가치 철학을 신학에 연결하며 사람들은 하나님이 세운 율법이 인간이 경험한 가치들과 일치한다고 할 뿐 아니라 그 가치가 하나님이 계시한 율법의 내용이라고 주장했다. 율법은 그 구체적인 계명들을 통해서 가치를 제시한다. 참된 가치란 유일하게 진정한 가치들로서 하나님이 인정하고 수용한 가치들이다. 그 이외에 다른 가치들은 존재하지 않는다. 인간이 다양한 사회들 안에서 가치라고 부르는 모든 가치들 가운데 하나님이 참된 가치들을 선택한다. 이는 2장[35]에서 제기한 문제에 대한 대답이 된다. 무엇을 근거로 삼아 참된 가치나 혹은 반反가치를 결정하는가? 여기서 그 대답은 분명하다. 그것은 하나님이 수용한 가치들

---

32) ▲가치들의 주관성의 근거가 되는 것은 가치들의 객관성이라는 전혀 설득력이 없는 주장과 함께

33) ▲인간의 복종과 순종을 전제로 한다

34) ▲Membra disjecta: 라틴어로서 '분산된 파편'을 의미한다.

35) 사실 이것은 『원함과 행함』 1편의 2부 3장에 해당한다. Jacques Ellul, *Le vouloir et le faire*, pp. 165–181(특히 p. 171). (『원함과 행함』, 대장간 역간, pp. 196–215(특히 p. 203))_

이 유일하게 가치 있는 것으로서 가치들의 진정한 역할을 담당한다는 것이다.

그러나 이는 두 가지 결과를 초래한다. 인간이 윤리적 행위의 중심으로 삼는, 가치들 가운데서 선택하는 행위는 아주 과소평가된다. 실제로 선택은 인간에 앞서 하나님이 한다. 하나님이 가치들 가운데서 선택한다. 물론 인간은 하나님과 반대로 선택할 수 있다. 그러나 이는 오직 기독교 가치만이 도덕적인 가치고, 불신앙의 세상은 기독교와 동일한 가치를 인정할 경우에 한해서만 도덕적이라는 주장으로 귀결된다. 나머지 세상은 반反가치적이고, 반反도덕을 낳는다. 이것은 우리가 앞서 부정한 예전의 전통적 입장이다. 이 입장에 따르면 오직 기독교 도덕만이 참된 도덕이다.

둘째로 이는 다음과 같은 관점에서 우리가 비판하는 이론 가운데 아직도 견지되고 있다. 가치들 가운데 선택하는 윤리적 결정은 오직 자유 가운데서만 인간에게 가능한 일이다. 그런데 사람들은 신학적인 부분에서 그 가치들에 유연해야 하고 그 선택에 자유로워야 한다고 말한다. 본성적 인간은 자유를 빼앗겼으며, 오직 예수 그리스도를 통해서만 해방되어 자유롭게 된다. 가치들이 제 역할을 하려면 먼저 인간이 예수 그리스도를 통해서 해방되는 것이 전제되어야 한다. 그런데 이는 더 나아가 예수 그리스도에 대한 믿음이 없이는 도덕적인 삶은 불가능하고 윤리도 없으며 가치들을 따를 수도 없다는 말이 된다. 불신자에게는 도덕적 삶이 없는 것이다. 이는 결코 용납할 수 없는 것이다. 이는 가치들과 계시된 율법의 내용을 혼동한 결과이다. 그러나 그런 결론에 이르기 위해서 하필이면 왜 가치들의 객관적이고 세속적인 철학적 이론체계를 구성하는 것에서 시작하는지 그 이유를 알 길이 전혀 없다.

두 번째 반론은 그 이론체계와 성서의 관계와 연관된 것이다. 단순하게 성서를 읽어보면 가치라는 개념이 제시되지도 않으며 전혀 도출되지도 않는다는 사실에 주목해야 한다. 먼저 가치라는 개념이 전제되어 있어야 성서에서 그것을 발견할 시도를 할 수 있을 것이다. 그런데 그 개념은 성서에 나오지 않는다. 사람들이 가치들이 하나님이 기뻐하는 것을 규정한다거나 십계명의 구체적인 내용이라고 말할 때, 그것은 외부의 것을 성서에 주입하는 것으로 전혀 필연적이거나 내재적이지 않은 체계와 의미이다. 그런데 그것이 성서 본문에 관해서는 용납하기 제일 어렵고 위험한 작업인 것은 확실하다.

철학자들이 일반적으로 가치들이라고 부르는 것은 더더욱 성서 속의 가치들이 아니라는 사실을 알아야 한다. 선, 정의, 자유, 평화, 기쁨 등 그 모든 것은 가치들이 아니다. 선이 하나님의 뜻이라면, 선은 하나의 가치가 아니다. 단지 그 사실만으로도 가치들에 관한 성서적 준거는 아무리 그럴듯한 설명들이 있어도 완전히 무너지고 만다. 하나님의 뜻을 추상적인 선으로, 가치들을 구체적인 선으로 아주 간단히 구분할 수는 없다. 하나님의 뜻이 계시된 인간이 가치들을 준거로 삼는다는 것은 전혀 성서적이지 않다. 왜냐하면 하나님의 뜻은 결코 추상적이지 않고, 언제나 구체적인 내용과 함께 우리에게 계시되기 때문이다. 하나님의 뜻은 추상적인 선 그 자체인 것은 아니지만, 구체적인 선으로서 우리에게 어떤 일을 지시한다. 하나님은 선을 계시하지 않지만, 구체적인 결정을 요구한다. 그 구체적인 결정은 하나님의 뜻에 부합하는 선이다. 그렇다면 우리는 하나님의 뜻에 속하는 그 구체적인 내용이 하나님의 뜻이 되는 까닭에 그것은 가치가 될 수 없다거나, 아니면 추상적인 선은 가치이며 성서적인 것이 아니라고 할 수밖에 없다. 또한 우리는 다음 장에서 기독교적 삶의 표현으로서 가치들의 선택에 관한 이론을 살펴볼 것이다.

사람들은 가치들에 대한 성서적 근거를 찾기 위해서 정사들과 권세들과 가치들을 치환하는 시도를 한다.[36] 이는 아주 모호하다. 우리는 그런 시도에 대한 비판을 세 가지로 제시할 것이다. 첫째로, 사람들은 그런 치환을 위해 비신화화에 대한 불트만의 이론[37]을 채택할 수밖에 없다. 우리는 그 논쟁 속으로 들어가지는 않겠지만, 단지 다음과 같은 사실을 지적하고자 한다. 즉 사도바울이 정사archai와 능력dynameis [38] 등을 언급하는 이유는 단지 그것들이 그 당시의 신념들이고 신화들이었기 때문이다. 그가 지적한 현실은 그런 신화적 용어들 속에 가려져 있고, 그 용어들을 '가치'라는 단어로 대체하는 것은 아무것도 밝혀주지 않고 다시 신화화하는 것이다.[39] 왜냐하면 우리가 가치 철학에 부여하는 중요성은 우리가 그것에 대해 가진 신념에 연결되기 때문이다. 가치라는 단어는 불트만적인 의미에서 또 하나의 신화가 된다. 우리가 보기에, 권세들이라는 하나의 신화를 가치들이라는 또 다른 신화[40]로 대체하는 것은 아무 유익이 없다.

둘째로, 철학이 가치들에 부여한 역할, 기능, 지위 등은 권세들의 역할, 기능, 지위에 전혀 부합하지 않는다는 사실이다. 그것들을 견지하려고 한다면, 철학적인 관점에서 가치들에 관한 모든 주장을 더는 집착하지 않고 수정해야 한다. 가치 철학을 그대로 유지한다면, 가치는 권세들에 비견할 수 없다. 그 둘의 역할들을 표로 만들면 쉽게 그 상이점들이 발견될 것이다. 셋째로, 부차적인 것이지만, 우리는 가치들에 의해서 자연법에 자리를 되돌려주게 된다. 우리가 보기에, 그것은 기독교적인 근거가 없다.[41]

---

36) 사도바울의 서신들 속에서, '아르카이 archai'는 정사들을 가리키고, '엑수시아이 exhousiai'는 권세들을 가리킨다. 에베소서 1:21;6:12, 골로새서 1:16;2:15.

37) 68쪽 각주 3의 R. Bultmann에 관한 내용을 참조하라.

38) 신약성경의 서신들 속에서, '뒤나메이스 dynameis'는 능력들을 가리킨다. 에베소서 1:21; 베드로전서 3:22.

39) ▲그 누구에게도 가치라는 단어가 권세, 능력이라는 단어보다 더 큰 의미가 아니다.

40) ▲현대인으로서는 더는 접근할 수 없다.

41) Jacques Ellul, *Le fondement théologique du droit*(1946), Paris, Dalloz-Sirey(Bibliothèque que Dalloz), 2008², pp. 45-56.

세 번째 반론으로 우리는 제일 중대한 문제에 봉착한다. 노골적으로 말해서 사람들이 오직 하나님에게만 해당되는 역할을 가치에 부여하는 일이 빈번하다. 사람들은 말한다. "나에게는 모든 것이 가치 덕분이다." "가치는 인간에게 인간의 자유를 밝히고 부여한다." "가치는 내가 살아가도록 지켜주고, 머리를 수면 밖으로 내놓게 해주며, 살아갈 가치가 있다는 걸 나에게 확신시켜 준다." "가치는 세속적인 결정을 중단시킬 수 있을 만큼의 충분한 권위를 나에게 준다." 가치를 통해서 "필연성이 숙명적인 것이 되기를 그친다." "가치는 삶에서 마르지 않는 영감의 원천이다." "가치들은 우리에게 의지처가 되어 결코 우리를 저버리는 법이 없다." "믿음의 순종이 세상에서 가능하다면, 그 이유는 세상이 가치들을 통해 계속 새롭게 되는 가능성을 제공하기 때문이다." 가치들은 믿음의 순종으로 살아가는 걸 가능하게 해준다, 등.

그 모든 것은 아주 명백히 오직 하나님의 역사이다. 우리는 가치에 아무것도 빚지지 않았고, 하나님에게 모든 것을 빚졌다. 모든 결정론들로부터 자유롭게 해방된 우리의 자유는 예수 그리스도가 행한 일이다. 우리를 살아가도록 지켜주는 것은 하나님의 사랑이다. 내가 살아갈 가치가 있다는 걸 납득시키는 것은 성령의 역사이고, 우리가 의지할 유일한 것은 하나님의 인내와 자비이다. 세상에서 믿음의 순종이 가능하게 되는 것은 성령의 기적을 통해서다. 그 모든 것은 성서가 우리에게 전하는 가르침이다. 가치들은 그 모든 것과 전혀 무관하다. 그런데 사람들은 오직 하나님에게만 돌려야 할 영광을 가치들에 돌리는 것이다.

그렇다면 가치들에 관한 철학이론을 지키기 위해서는, 믿지 않는 본성적인 인간은 자신을 살게 하고 자유를 주며 삶에 의미를 부여하는 것은 가치라고 믿고 생각한다고 말해야 할 것이다.[42] 사실상 가치체계는 비그리스도

---

42) ▲그것은 착각일 뿐이다. 그리스도인으로서 우리는 오직 하나님만이 그 모든 것을 행한다고

인이 도덕적 현상을 이해하는 데는 유용하다. 그러나 여기서 우리는 난제를 만난다. 진정한 가치들은 하나님이 승인한 것이 되거나, 아니면 두 가지 다른 체계들의 객관성을 인정해야 할 것이다. 두 가지 다른 체계들이란, 비그리스도인은 앞에서 기술한 기능들을 충족시키고, 객관적으로 존재하는 가치들을 따르며, 하나님의 자리를 대신하는 반면, 그리스도인에게는 모든 것이 하나님의 역사에 달려 있는 것을 말한다. 그러나 그것은 신학적으로 인정하기가 불가능하다. 성서가 명백하게 하나님의 속성으로 전한 것을 가치에 부여하는 것은 더더욱 불가능한 일이다. 사람들은 가치는 덫이 될 수 있고 우상이 될 수 있으며 유혹하는 마력을 지니고 있다고 경고한다. 그런데 그게 정말 너무도 확고하기에 아무도 거기서 피할 수 없는 것 같다. 그래서 가치의 개념은 아주 위험하고 무익하다. 모든 기독교 윤리는 직접적인 것이어서 가치 개념에 의지하지 않고 성서적으로 이해될 수 있는 것이다. 가치 개념은 그리스도인의 삶에서 성가시고 혼란스럽고 부적절한 중재자가 될 뿐이다.

말해야 한다.

5장 • 특별한 윤리

세상에 대한 순응주의

오랫동안 사람들은 그리스도인의 삶이 어떤 다른 것과도 비교할 수 없고 모든 점에서 뛰어나며 더 진정성 있고 더 의롭고 더 선하고 더 효과적이라고 선포했다. 사람들은 그리스도인의 삶과 다른 모든 유형의 삶을 비교할 수 없었다. 기독교 밖의 사람들은 선에 도달하기 위해서는 기독교 도덕을 따라야 했다. 이것은 기독교 진영과 폐쇄적인 교회의 관점이었다. 그리고 세상이 개방되었다. 사람들은 믿지 않는 사람들도 선한 일을 하고 종종 정의에 대해 숭고한 관념을 가지고 다른 사람들을 향한 사랑을 드러내며 품위 있는 삶을 살 수 있다는 사실을 인지하게 되었다. 그와 동시에 사람들은 그리스도인들이 많은 경우 위선자들이고 다른 사람들보다 더 선하지 않다는 사실 또한 알게 되었다. 이는 그리스도인들에게 상당한 혼란을 일으켰다. 또한 우리가 잘 아는 아주 진보적인 그리스도인들은 정말 올바르고 순수하고 정직한 도덕적 삶을 향한 모든 바람을 깊이 비판하는 경향이 있는가 하면, 죄를 공개적으로 드러내지 않는 것을 위선이라고 부르는 사르트르적인 실존주의에 동의하고, 그리스도인들을 신랄하게 공격하며, 우리에게 평화와 사랑이 무엇인지 그리스도인들보다 더 잘 보여준 간디와, 정의가 무엇인지 또 사랑이 무엇인지 우리에게 가르쳐준 공산주의자들을 끝없이 숭배했다. 이는 약간 풍자적인 얘기들을 옮긴 것이다.

좀 더 심사숙고한 반응들이 뒤를 잇는다. 사람들은 영적인 가치나 신학적인 엄격성으로 기독교를 특징지었다. 기독교의 특성이 그런 것으로 귀결되면서 그리스도인의 행동은 좀 부수적인 것으로 돌려졌다. 여기에 초월성의 신학이 도움이 되었다는 점은 명백하다. 이를 강력하게 표현한 글이 있다. "그리스도인의 삶의 방식은 가시적인 차원의 특성이 덜해질수록, 초월적인 차원의 특성이 더욱더 커진다. 그리스도인의 삶의 방식은 더 확산될수록 세상과 구별되지 않은 채로, 더욱더 개인적으로 하나님과 연결되어야 한다."[43] 바꾸어 말하자면, 그리스도인은 모든 세상 사람과 같이 행동할 수 있으며, 그리스도인들을 위한 도덕은 존재하지 않는다. 그리스도인이 강한 믿음과 정확한 지식을 가지기만 한다면, 다 문제될 게 없다.

사실 우리는 이것이 끔찍한 '지불불능 조서'라는 사실을 인정해야 한다. 이 개념에는 두 가지 뿌리가 있다. 하나는 구체적인 것으로서 점점 더 순응적이 되는 세상 속에서 독특한 삶을 영위해갈 힘을 잃어간다는 사실이다. 우리가 살아가는 사회에 있는 과다한 노동, 활동들의 기술화, 조직, 심리적 기술의 발전, 사회적 풍조의 위력, 정보수단의 확산 등 이 모든 것은 거의 전체적으로 인간을 순응적이게 만든다. 어떤 행동이나 감정도 사회적 변화와 무관하지 않고 어떤 것도 자발성에 내맡겨서는 안 된다. 또한 대중들은 너무도 거대해서 그들의 여론에 저항하는 것은 거의 불가능한 일이다. 그래서 그리스도인은 모든 세상 사람과 같은 삶을 영위할 수밖에 없게 되고, 세상 사람과 구별되지 않는다. 그는 "힘들어도 필요한 일을 하는 것은 미덕이

---

43) André Dumas, "La quête des hommes", *Le Semeur*, 1958/3, p. 6. "그리스도인의 삶의 방식은 가시적인 차원의 특성이 적어질수록, 초월적인 차원의 특성이 더욱더 커진다. 그리스도인의 삶의 방식은 더 확산될수록, 더욱더 개인적으로 하나님과 연결되어야 하고, 하나님의 보이는 형상인 예수 그리스도와 연결되어야 한다." 여기에는 개신교 신학자인 뒤마(André Dumas)에 대해 자끄 엘륄이 부정적으로 비판하는 내용이 담겨 있다.

다faire de nnécessité, vertu"44)라며 그것이 아주 좋다고 말하는 위선자가 된다. 그것이 그리스도인이 세상에서 잘 살고 있는 증거라는 것이다. 이는 잘못된 것이고 세상에 속한 것이다. 그게 전부다.

다른 하나의 뿌리는 신학적인 것이다. 이것은 수십 년 이전부터 강력하게 다시 주장된 '초월성의 철학'45)의 혜택을 입었다. 신학이 그 목적들을 강요하고 그 영역을 총괄하며 그 설명을 완전하게 하면 할수록, 지적으로는 더욱더 만족스럽게 되지만, 인간의 행동을 유도하는 데는 더 부적절하게 된다. 그것은 실제 세상과는 아무 상관이 없는 초월성에 대해서 인간을 완전히 무방비 상태에 두면서, 유일하게 중요한 것은 하나님과의 의롭고 바른 관계이며 나머지 것은 무시해도 좋은 것이라고 본다. 여기서 인간은 초월적인 것과 내재적인 것의 과도한 단절 탓에 자신의 삶을 고무시키는 어떤 힘도 공급받지 못한다. 이것이 바로 그 위험성이다.

이는 오직 영적인 가치들만이 중요하다는 영성주의로 흐르거나, 모순적이고 분별없이 세상 속으로 빠져들게 한다. 대부분의 바르트 추종자들이 그런 경우에 해당한다.46) 그들은 사회적 풍조와 언론에 따르면서 순전히 실용적인 동기들로서 행동을 취했다. 사람들은 그들의 행동에서 그리스도인다운 점은 하나도 발견할 수 없었다. 그리스도인이라는 사실은 오직 신학에 한정되었다. 그렇지만 어떻게 그것이 사실은 그들이 혐오하는 영성주

---

44) 이 격언을 비판하는 것으로 다음의 글들을 참조하라. Jacques Ellul, *Exégèse des nouveaux lieux communs*(Paris), La Table Ronde(La petite Vermillon 38), 2004³, pp. 170-177; "Contre les violents"(1972), in ID., *Le défi et le nouveau. OEuvres théologiques 1948-1991*, Paris, La Table Ronde, 20073, pp. 501-639(특히 pp. 568-575, 600-615); ID., J.-P. Abribat, Hem DAY, Jean Lasserre, Joseph Pyronnet, "Table Ronde: Violence, non-violence et révolution", in Roland Baros et al., *Violence humaine, violence libératrice?*, Paris, Le Centurion(Approches), 1968, pp. 101-126(특히 p. 115).

45) '초월성의 철학'은 의심의 여지없이 칼 바르트의 사상에 준거하고 있다. 그는 하나님을 향한 중심 이동을 개시하여 자유주의적인 인간중심주의에서 신중심주의로 나아간다.

46) 뒤마(André Dumas)가 이런 부류로 다시 재단되는 것은 의심의 여지가 없지만, Georges Casalis(1917-1987)도 마찬가지이다. 이 둘은 1961년부터 파리의 개신교 신학 대학에서 가르쳐왔다.

의와 내면의 기독교로 돌아가는 것임을 알지 못했을까? 모든 정신적 유보의 신학이 정확히 여기에 들어가 있다. "기독교적인 동기에서 행동하는 것이라면, 모든 세상 사람과 같이 행동하자." "전쟁에 참전하여 훌륭한 병사들이 되자. 그러나 우리는 다른 사람들과 같은 동기에서 참전하는 것은 아니다.[47] 적을 죽이자. 그러나 우리는 우리가 죽이는 적을 사랑하자."[48] 바로 이렇게 해서 기독교는 진정성을 잃고 인정받지 못하게 된다.

성서 전체가 우리에게 전하는 것은 진정한 믿음의 기준은 믿음에 의해 영감 받은 특별한 행동이다. 세상을 향한 순응적 태도는 결코 그리스도인의 태도가 아니다. 그런 태도를 통해서 우리는 세상과 같은 사람이 되어서 '세상 속의 그리스도인'[49]으로 살아갈 수 없고, 그리스도의 대사들이나 증인들, 즉 순교자들이 될 수 없다. 여기서 우리는 예수 그리스도의 성육신을 앞서가지 않는다. 확실히 예수 그리스도는 모든 점에서 죄가 없는 것을 빼놓고는 우리와 똑같은 한 인간이었다.[50] 그렇지만 그는 구체적으로 누구나 하는 대로 행동하지 않았다.

---

47) ▲스스로 자문하게 되는 질문 하나: 만약에 이 그리스도인이 동원명령서를 받지 않았다면 자발적으로 참전했을 것인가?

48) 증오심이 없이 치르는 전쟁에 대한 이 비판이 루터가 쓴 몇몇 글들을 향한 것이라는 데는 의심의 여지가 없다. 루터의 글들은 이어서 무기를 사용하는 분쟁들에 그리스도인들이 참여하는 것을 정당화하고, '정당한 전쟁'이라는 개념을 옹호하기 위해 원용되었다.Martin Luther, "De l'autorité temporelle et des limites de l'obéissance qu'on lui doit"(1523), in ID., OEuvres tome IV, Genève, Labor et Fides, 1958, pp. 9-50(특히 p. 47: "신민들은 자신들의 군주를 따라야 하고 자신들의 생명과 재산을 잃을 각오를 해야 한다. 각자는 다른 사람에 대한 사랑을 통해서 자신과 자신의 재산을 밝혀야 한다. 그러한 전쟁에서 그는 그리스도인으로서 사랑의 정신에 따르면서, 전쟁의 숙명에 따라서 적들에게 승리를 얻을 때까지 적들의 목을 베고 약탈하고 방화하며 적들에게 해를 끼칠 수 있는 모든 일을 다 행한다."; "병사들은 은총의 상태에 있을 수 있는가?"(1526), in ID., pp. 223-262(특히 p. 262: "네가 사도신경과 주기도를 암송하고 싶다면 그렇게 해도 좋다. 그것으로 충분하다. 네 몸과 영혼을 주의 손에 맡기고 너의 칼을 들어 하나님의 이름으로 공격하라.").

49) Jacques Ellul, "Présence au monde moderne. Problèmes de la civilisation post-chrétienne"(1948), in ID., Le défi et le nouveau, pp. 19-116, (『세상 속의 그리스도인』, 대장간역간, 2010); Fausse présence au monde moderne, Paris, les Bergers et les Mages(Tribune libre protestante), 1963.

50) 히브리서 4:15. "우리의 대제사장은 우리의 연약함을 긍휼히 여기지 않은 분이 아니니, 모든 면에서 우리와 마찬가지로 시험을 받으셨지만, 죄는 없는 분이다."

가치들의 선택

그러나 그리스도인의 삶의 특수성에 대한 거부는 가치 철학[51]과 함께 더 미묘한 형태를 띤다. 인간은 가치들에 의존해야만 윤리적 행동을 취할 수 있다. 윤리적 결정은 가치들을 선택하여 최고의 가치들을 배합하는 것이다. 그런데 이 가치들은 모든 인간들의 가치들이며 모두에게 같은 것이다. 그러므로 그리스도인의 문제는 그리스도인이 예수 그리스도에 속하는 까닭에 믿음에 따라 성령의 판단을 통해서 특정한 가치들을 결정하고 수용하여 실천하는 문제가 될 것이다. 따라서 그리스도인의 윤리 활동은 모든 사람과 동일한 메커니즘을 따를 것이지만, 자신의 선택 행위에 의해 자신의 고유한 동기들을 나타낼 수 있을 것이다. 그러나 그 선택 행위는 그 주어진 문명과 그 사회에서 창출되는 공동의 가치들을 대상으로 이루어지는 까닭에 그리스도인은 다른 모든 사람들과 분리되지 않는다. 사실 그리스도인은 다른 모든 사람의 언어로 자신을 표명해야 한다.

가치들의 선택에 의해서 세상은 우리에게 악마적인 장소가 아니라 "성취해야할 임무와 세상에서 나의 존재를 확증할 가능성"[52]이 있는 곳이 된다. 그런 점에서 그리스도인의 역할은 삼중적인 것이다. 그것은 가치들의 권위를 인정하는 것과, 세상이 우리에게 제공할 수 있는 복합적인 가치들 가운데서 선택하는 것과, 가치들을 배합하여 그리스도인들의 고유한 것으로 보일 수 있는 가치들의 결탁을 수립하는 것이다. 그것은 그리스도인으로 하여금 역사의 흐름에 진입하여, 긴급성을 띠는 상황과 시점과 역사적 계기와, 또한 하나님이 우리에게 계시하는 역사의 종말을 참작케 하는 것을 가

---

51) 가치 철학에 대한 엘륄의 비판은 의심의 여지없이 뒤프레엘(Eugène Dupréel, 1879–1967)의 저서를 겨냥한 것이다. Eugène Dupréel, *Esquisse d'une philosophie des valeurs*, Paris, Librairie Félix Alcan(Bibliothèque de philosophie contemporaine), 1939.

52) Roger Mehl, De l'autorité des valeurs. Essai d'éthique chrétienne, Paris, PUF(Etudes d'histoire et de philosophie religieuses 48), 1957, p. 91. "세상의 결정론적 요소들과의 분리는 세상의 무력화에 의해서가 아니라 성취할 임무로, 세상에서 나의 존재를 확증할 가능성으로, 가치 고양의 장으로 세상을 바라보게 하는 선택에 의해 이루어진다."

능하게 한다. 그리스도인은 가치들에 의거함으로써 사람들과 공통적인 가치들의 틀에 들어가게 되지만, 자신이 가치들을 선택함으로써 자신이 그리스도와 연합된 감추어진 관계를 드러낼 것이다.

주어진 역사적 상황 안에서 그 가치들의 긴급성과 자신이 주님과 맺고 있는 개인적인 관계 때문에, 그리스도인은 가치들 중에서 특정한 가치들을 받아들이고 표명하는 것을 선택한다. 그런데 그 가치들의 선택이 모든 인간의 소명이라면, 그리스도인은 특별히 우호적인 상황에 처하게 된다. 사실 기독교는 이 가치들의 선택에 유리하게 작용하는 데, 그 이유는 먼저 예수 그리스도 덕분에 가치들이 인격에 종속되기 때문이다. 또한 가치들의 선택은 자유롭게 해방된 주체를 전제로 하고 그 해방은 예수 그리스도가 행한 일이다. 이와 같이 행할 때 그리스도인은 영성주의와 율법주의를 피할 수 있게 된다. 성령은 하나의 행동방식을 강요하지 않는다. 성서는 도덕법전으로 전환되지 않는다. 성령은 인간을 진정으로 선택할 수 있는 존재로 만든다. "나에게는 정해진 행위들을 행하는 일이 아니라 창조세계에서 나에게 제공되는 모든 가치들을 숙고하는 일이 맡겨져 있다."[53] 이는 인간으로 하여금 스스로 피조물임을 인식하게 한다.

더욱이 그 가치들 중에는 그리스도인의 삶이 세상에 철저하게 맞서기 위해 필요한 모든 것이 있다. 가치들의 양가성과 다면성과 복합성 가운데 그리스도인은 다른 가치들을 극복할 가치들을 발견할 수 있다. "그리스도인은 이 세상에서 이 세상 자체에 대해 항의할 수 있는 가능성들을 발견한다. 창조세계에 내재된 객관적인 가치들을 발견하는 것은 이 세상의 형식과 이 세상 속의 우리 존재의 형식에 문제제기를 할 수 있는 모든 가능성들믿음을 통해 새롭게 되지 않은 지성에는 인지되지 않고 그냥 넘겨버릴 수 있는을 발견하는 것

---

53) 위의 책, p. 229.

이다."[54] 원하건 원하지 않건 간에, 이것은 이 세상 안에 죄의 영향을 받지 않고 창조 상태 그대로 온전히 남아있는 부분이 존재한다는 주장으로 돌아가는 것이다. 그래서 그리스도인은 이 세상에 속한 것 덕택에 살아가면서, 이 세상에 속하지 않는 삶을 살 수 있게 된다는 것이다. 그러므로 특별히 기독교적인 삶의 방식을 찾을 필요가 없다.

그리스도인이 소위 말하는 기독교적인 가치들형이상학적인 가치들 이외에는 기독교적인 가치들이란 더는 존재하지 않는다을 발견하려고 애쓸 필요가 전혀 없다는 말에 우리는 쉽게 동의한다. 그렇지만 그 이유를 말한다면 그리스도인의 삶이 가치들이나 가치의 준거들을 찾는 것하고는 다르다고 생각하기 때문이다. 요컨대 그것은 가치 신학의 관점에서 그리스도인의 삶은 고유한 특성이 없다는 주장으로 돌아간다. 우리가 가치들과 그리스도의 삶의 방식 간에 있는 명백한 모순을 확인했을 때 이미 그것을 경계해야 했을 것이다. 예컨대 가난과 질병은 가치들이 아니라고 한다. 왜냐하면 가난과 질병은 가치들에 따른 행동의 특징인 확장성에 반하기 때문이다. 그리스도인의 삶이 가치들의 선택으로 귀착된다면, 우리는 결코 가난을 선택하거나 질병을 받아들이지 않게 될 것이다. 그런데 가난은 그리스도인의 삶의 제일 확실한 방식들 중의 하나이고 선물들 중의 하나라는 것은 기독교의 특성으로 성서적인 것이다.[55] 이것은 근본적으로 중대한 문제로 보인다.

마찬가지로 우리에게 제시되는 가치들의 선택의 폭은 우리 시대와 문명에 얽매어 있다. 이것은 그리스도인이 세상 속에서 살아가는 조건이기도 하다. 그러므로 마치 가능한 모든 가치들 중 우리가 자유롭게 선택할 수 있는 것처럼 '창조의 가치들'을 말해서는 안 된다. 현재의 사회는 세상이 시작된 이후로 모든 가능한 가치들이 아니라 제한된 목록을 제시하는 것뿐이

---

54) 위의 책, pp. 249–250.
55) Jacque Ellul, "L'homme et l'argent(Nova et vetera)"(1954), in ID., *Le défi et le nouveau*, pp. 199–345. (『하나님이냐 돈이냐』, 대장간 역간, 2010.)

다. 바로 이 제한된 목록 가운데서 우리는 선택하는 것이다. 그것은 우리의 선택에 앞서서 역사적 상황, 사회 풍조, 정치적 세계, 이데올로기 등에 의한 선별과정이 선행된다는 것을 의미한다. 그 테두리 안에서 우리는 세상에 의해 걸러진 가치들을 위해 우리 스스로 결단한다. 그렇게 해서 우리가 세상 안에서 세상에 속하는 존재가 되는 것을 수용하게 된다는 사실을 어떻게 모를 수 있는가?

우리는 이제 전적인 타자인 하나님을 전혀 대표하지 않는다. 그러나 그 사실을 간파하려면 우리는 구체적으로 상황을 검토하기 위해 추상적인 것에 빠져들지 말아야 한다. 제도, 이데올로기, 심리적 장치 등으로 자유 및 진리를 철저하게 배척하는 사회 안에서, 우리는 그리스도인으로서 자유 및 진리의 존재와 필요성을 천명하고 삶으로 실천하는 것을 포기할 것인가? 그런데 이는 아무 근거 없는 억측이 아니다. 실제로 그 이론은 정부에 대한 표면적인 순응주의아직도 대부분이 그렇다가 아니라 사회의 본질적인 성향에 대한 순응주의, 즉 사회적 여건에 대한 순응주의를 정당화하는 것이다. 왜냐하면 거의 필연적일 정도로어찌됐든 실제 경험이 밝혀주듯이, 사람들은 사회가 제시한 가치들인 특정한 가치들을 선택할 것이기 때문이다. 그래서 오늘날 그 이론을 채택한 그리스도인들은 민주주의, 평화, 모든 민족들의 독립, 기술, 생산성 등과 같이 우리 사회가 내놓는 모든 특정한 가치들에 동의한다.

중생과 새로운 삶

우리는 그리스도인의 삶은 세상과 그 구체적 구조들에 부합하지 않는 독창적이고 특유한 삶[56]이라고 주장한다. 이 삶은 세상의 다른 어떤 것에 비

---

56) 로마서 12:2. "너희는 이 세대를 본받지 말고, 마음을 새롭게 함으로 변화를 받아서, 하나님의 선하시고 기뻐하시고 온전하신 뜻이 무엇인지 분별하도록 하라."

견할 수 없고, 세상이 알고 있는 바로는 이전에 전혀 존재하지 않던 새로운 것을 가져다준다. 우리는 중생과 새로운 삶을 너무 가볍게 취급한다. 그런데 성서는 끊임없이 이 새로운 삶을 말한다. 새로운 중생은 진정으로 새로운 존재와 '새로운 피조물' [57]이 모습을 드러내는 것이다. 그렇지 않다면 이 새로운 피조물이 참으로 옛 세상인 타락한 창조세계에 더는 속하지 않는다는 말씀이 무슨 의미가 있겠는가? 그러므로 이 새로운 피조물은 다른 사람과 같은 방식으로 살아갈 수도 없고 세상에 속한 것들 중에서 자신에게 맞는 것을 선택할 수도 없다.

새롭게 거듭난 사람[요3:7]은 이제 육에 속한 사람이 아니다. 그 사람은 그것을 모르는 사람은 듣지도 받지도 못하는 '새로운 계명'을 받을 수 있다. "너희는 서로 사랑하라."[58] 그 모든 것이 순전히 내면적인 것이라고 믿어야 하는가? 그 모든 것은 구체적으로나 실제적으로는 아무런 변화가 없는 영적인 중생에 그치는 것인가? 여기서 말하는 새로운 것은 철저하게 잘 감추어져서 전혀 드러나지 않는 하나님의 신비한 비밀이고, 행동으로는 인지될 수 없는 것인가? 확실히 '새로운 계명'은 그런 생각을 가능하게 한다. 기독교적인 특수성은 사랑이지 어떤 행동이 아니라고 사람들은 말할 것이다. 그 문제는 나중에 다시 살펴볼 것이다. 여기서 우리는 곧바로 성서 본문들에 담긴 명확한 메시지를 발견할 수 있다. 즉, 새로운 중생은 삶 전체에 영향을 미치는 것으로서 세상 사람들과 세상의 가치들에 속한 삶의 방식과는 다른 삶의 방식으로 이행되어야 한다. 이것은 바로 세상 사람들의 '누룩' [59] 소위 말하는 가치들을 버리고, 새롭게 반죽된 빵, 즉 총체적으로 새로운 존재가 되는 것이다.

---

57) 고린도후서 5:17.
58) 요한복음 13:34.
59) 고린도전서 5:7.

중생을 내면적인 현상으로만 치부한다면, 과거에 영혼과 육체를 이원법적으로 구분하는 것으로 되돌아가는 것이다. 영혼은 그리스도 안에 있고 육체는 세상을 따라 움직인다면, 세상의 가치들은 어떻게 되는가? 새로운 피조물이 과거의 가치들을 통해서만 자신을 물질적으로 나타낸다면, 인격의 통일성은 파괴된다. 이것은 바로 새 포도주를 낡은 가죽부대에 넣을 수 없다는 말씀[60]으로 그리스도가 우리에게 하지 말라고 한 것이 아닌가? 영적인 새 포도주는 세상의 사회적 가치들과 함께 세상의 기준들에 따라서 계속 살아가는 사람 안에 담을 수 없다. 생베 조각을 낡은 옷에 붙일 수 없다는 말씀[61]도 마찬가지다. 이는 중생은 총체적인 것이므로, 예전의 사고방식, 가치, 사회적 정치적 경제적 판단 등과 우리의 개인적인 행동방식을 다 무너뜨린다고 이야기 한다. 그렇게 해서 우리는 불가항력적으로 새로운 길로 나선다. 그 길은 과거의 것과는 무관한 길로서 우리 스스로 개척해야 한다.

그것을 확증하는 말씀이 곧 "우리도 또한 새 생명 가운데서 살아가게 하기 위함이다"롬6:4라는 말씀이다. 그것은 영성적인 것도 내면적인 것도 아니다. 그것은 아주 구체적인 양상을 말하는 것으로서 걸어가고 나아가며 삶으로 살아가는 것이다. 그것은 근본적으로 새로운 것을 따라야 하는 것이다. 여기서 '근본적으로'라는 말을 덧붙일 수 있게 하는 것은 누군가? 이 새로운 것은 우리가 예전에 선택하지 않았다는 의미에서 새로운 가치들의 범위 안에서 선택하는 것일 수 있지 않을까? 그러나 사도바울은 여기서 죽음을 언급한다. "우리는 그리스도와 함께 죽어 장사되었다."[62] 죽은 사람

---

60) 마태복음 9:17/마가복음 2:22.

61) 마태복음 9:16/마가복음 2:21. "아무도 새 생베 조각을 낡은 옷에다 대고 깁지 않는다. 새로 댄 조각이 그 옷을 당겨서 더 크게 찢어지게 되기 때문이다."

62) 로마서 6:4. "그러므로 우리는 세례를 통하여 그의 죽으심과 연합함으로써 그와 함께 장사되었던 것이다. 그것은 그리스도께서 아버지의 영광으로 말미암아 죽은 사람들 가운데서 살아나신 것과 같이, 우리도 또한 새 생명 안에서 살아가게 하기 위함이다." 골로새서 2:12.

에게 가치는 더는 존재하지 않는다. 그의 죽음은 가치들을 소멸시킨다. 그 과정을 거쳐 다시 살아난 뒤에 그는 죽음으로 끊어낸 가치들을 다시 찾지 않는다.

부활은 진정 총체적으로 혁신적인 삶의 방식으로 들어가게 한다. 이는 "너도 가서 이와 같이 하라"[63]는 예수 그리스도의 말씀이 뜻하는 것이다. 이웃을 알아보고 사랑하는 것은 세상의 방식과는 다른 삶의 방식을 불러온다. 새롭게 창조하는 것은 사랑의 표지들 중의 하나이다. 사랑은 새로운 형식들을 창조하고, 전통과 기존의 가치들과 주어진 여건을 답습하지 않는다. 우리는 그리스도를 향한 사랑으로 응답하면서 그리스도가 우리에게 전한 사랑으로 살아가야 한다는 점에서, 새로운 것의 창조는 계속 새롭게 갱신되어야 한다. 아가페는 삶의 방식으로 표현되어야 비로소 존재하게 되는 까닭에 우리는 결코 삶의 방식과 아가페를 분리시킬 수 없다. 이 삶의 방식은 사랑에 기인하는 까닭에 전적으로 새로운 것이다. 사랑이 창조세계의 가치들에 포함될 수 있다고 믿는 것은 낡은 가죽부대로 되돌아가는 것이다. 성서에서 언급되는 이 새로운 것은 그 방법과 기원과 내용, 그리고 그리스도 안에서 삶의 방식과 근거를 다 포괄한다. 성령의 능력은 모든 것을 있는 그대로 내버려두지 않고 우리로 하여금 기존의 것에 결코 의존하지 않게 한다.

신앙과 그리스도와의 관계

이 새로운 것은 그리스도인의 삶과 윤리의 고유성과 특수성을 확고하게 한다. 성서 전체는 그리스도인의 삶이 직접적으로 신앙에 기인한다는 사실

"너희는 세례를 통해 그리스도와 함께 장사되었고, 죽은 자들 가운데서 그분을 살리신 하나님의 능력을 믿음으로 그리스도 안에서 그리스도와 함께 살아났다."
63) 누가복음 10:37.

을 우리에게 보여준다. 신앙은 삶을 통해 표현되고, 삶은 예수 그리스도와의 인격적 관계가 직접적으로 연장된 것이다. 어떤 다른 신앙이 아닌 예수 그리스도에 대한 신앙이라는 점에서 우리는 그 신앙을 표명하려는 삶과 윤리가 다른 어떤 것이 될 수 없으며, 세상의 가치들에 근거한 여느 세상 사람의 삶과 동일할 수 없다는 사실을 분명히 확인하게 된다. 이 삶의 방식과 윤리는 직접적이고 구체적으로 예수 그리스도에 준거를 두어야 한다. 그런 삶의 방식과 윤리를 목격하면서 사람들은 주님의 역사를 인지하는 것이다.

그리스도인들이 다른 모든 사람들과 동일한 삶을 살고 동일한 가치들을 채택한다면 어떻게 되겠는가? 복음의 전파가 효과가 없는 이유를 아주 멀리서 찾을 필요가 없다. 그것은 돈의 문제도 아니고, 기술과 선전[64]의 문제도 아니고, 언어의 문제도 아니고, 노동계급과의 단절의 문제도 아니고, 조직의 문제도 아니다. 그것은 그리스도인들이 다른 모든 세상 사람과 같은 삶을 살고, 다른 모든 세상 사람의 가치들을 준거로 삼으며, 다른 모든 세상 사람과 똑같이 처신하기 때문이다.[65] 그런 상황 속에서 어떻게 사람들이 주님의 권능과 구원에 대한 증언을 받아들이겠는가?

그리스도인들이 세상 사람과 같은 삶을 산다는 사실은 안타까운 일이다. 그러나 "그것은 사실이지만 용납할 수 없다"라고 말할 수 있는 한, 거기에 해결의 가능성과 긴박감이 존재한다. 반대로 우리가 반대하는 신학적 이론은 실제적으로 그리스도인의 삶이 그렇게 무기력해진 것을 정당화하고 합리화한다는 점에서 심각하다.[66] 그 신학적 이론은 그리스도인들에게 말한

---

64) Jacques Ellul, "Evangélisation et propagande", *La Revue de l'Evangélisation 83*, 15e année, mai–juin 1959, pp. 146–162.

65) 자끄 엘륄은 그리스도인들을 가장 순응적인 사람들로 소개한다. Jacques Ellul, "Présence au monde moderne", pp. 42–49. (『세상 속의 그리스도인』, 대장간 역간, pp. 76–86.)

66) 여기서 자끄 엘륄이 언급하는 것은 의심의 여지없이 죽음의 신학으로서 그 신학자들은 John A.T. Robinson(1919–1983), William Hamilton(1924–2012), Thomas J.J. Altizer(1927–) 등이다. Cf. Frédéric Rognon, "L'identité théologique de Jacques Ellul", in Bernard Rordorf et al., *Jacques Ellul, une théologie au présent. Actes du colloque du 3 octobre 2014 organisé par la*

다. "당신들의 행동이 특별하지 않은 것은 당연하다. 당신들은 사회가 당신들에게 제공하는 가치들 중에서 당신들이 삶으로 살아갈 것을 선택해야 한다." 안일함 속에서 그리스도인들은 아주 재빨리 그런 말에 귀를 기울이며, 세상 속에서 안락을 확보하는 삶과 영적인 삶을 연결시킨다.

그러나 그것은 성서적으로 전혀 확실한 근거가 없다. 예를 들자면, 본문 전체가 삶의 방식에 관련된 내용을 담은 산상수훈에서 우리는 세상이 말했고 또 말할 수 있는 모든 것에 완전히 반대되는 삶의 규범[67]을 발견한다. 산상수훈에 기술된 삶의 방식에서 가치들은 전혀 등장하지 않고 세상의 가치들에 대해서는 더더욱 언급되지 않는다. 산상수훈은 "선은 하나님의 뜻이지만, 선을 행하고자 할 때 우리는 기존의 가치들에 의존해야 한다."는 명제에 대한 반명제이다. '행함'에 대해 기술된 내용 속에서 우리는 가치들에 대한 언급이 없이 구체적으로 표현된 하나님의 뜻으로서 선을 발견한다.

그런데 예수 그리스도의 공생애 사역 초기에 선포한 가르침 전체가 삶의 방식과 실천과 윤리에 할애되어 있다는 사실은 우리에게 아주 중요한 교훈을 준다. 그것은 결정적인 가치를 지닌다. 그것은 둘도 없이 소중한 그리스도인의 삶의 방식의 특수성과 그 고유한 특성을 말한다. 전반부에서 예수 그리스도는 하나님이 요구하는 실천과 유대인들이 요구한 실천의 차이를 지적한다. "너희는 들었으나… 나는 너희에게 말한다."[68] 후반부에서 우리는 계속해서 이방인들의 삶의 방식과 차별화하는 것을 보게 되고마 5:46,47;6:7,32 그 내용의 중심축으로 "남보다 나을 것이 무엇이냐?"[69]는 질

Faculté de Théologie de Genève, Le Mont-sur-Lausanne(Suisse), Editions Ouverture(Théologie et Spiritualité), 2016, pp. 7-36(특히 pp. 12-14).

67) ▲우리는 산상수훈이 단순히 규범이 아니라는 사실을 알면서도 의도적으로 이 단어를 사용한다.

68) 마태복음 5:21-45.

69) 마태복음 5:47. "또한 너희가 형제들에게만 인사를 하면서 지내면, 남보다 나을 것이 무엇이냐? 이방인들도 그만큼은 하지 않느냐?"

문을 발견하게 된다.

어떻게 그리스도인의 삶이 평범한 일상을 구성하는 세상의 구조들과 가치들에 의거해야 한다고 말할 수 있겠는가? "사랑은 특별한 것으로서 우리의 평범한 행위들을 윤색해준다."는 말로는 충분치 않다. 왜냐하면 예수 그리스도는 "너희는 무엇을 행하느냐?"고 분명히 지적하기 때문이다. 특별하다고 칭해지는 것은 미묘한 표현이나 의도가 아니라 행위 자체이다. 그런 뜻에서 우리는 그리스도인의 삶은 다른 사람들의 삶과 다르고 특별한 것이라고 말할 수 있고 또 말해야 한다. 산상수훈에 유의한다면, 다른 사람들의 삶과 반대되는 삶을 살아야 한다. 사실 천국의 법은 세상의 법과는 정반대인 것이다. 이 세상, 이 사회, 이 타락한 창조세계 안에 존재하는 그 어떤 것도 우리에게 요구되고 허용된 삶의 방식이 긍정적으로 참고할 만한 것이 없다.

그러나 거기에 심각한 문제가 하나 남아있다. 사도바울의 도덕적인 본문들은 이교도적 세계에 존재한 가치들의 목록을 다시금 원용하는 데 만족했다고 할 수도 있다. 사도바울이 전한 모든 윤리적 교훈이 직접적으로 신앙에서 비롯된 그리스도 안에서의 삶과 그가 표명한 신학을 반영하고 나타낸다는 사실은 부정될 수 없다.[70] 그렇지만 그 구체적인 실천 문제에서 사도바울은 이교도적 가치들, 즉 "이교도 자신들이 수립하여 잘 알고 있는 것이었지만 구체적으로 그 저작권자를 알 수 없었던 가치들의 목록"을 준거로 삼는다.

　　"그리스도로부터 받은 선을 알고 행하려고 하자마자 곧바로 인간은 가치들을 접하게 된다. [⋯] 사도 베드로와 같이 사도바울은 아무 어려움 없이 이교도들의 윤리가 설정한 가치들의 목록을 준거로 삼았다. [⋯] 그 가

---

70) ▲로마서 12장 1절의 '그러므로'라는 유명한 말은 아주 명확하다.

치들은 인간이 오랫동안 알고 있었지만, 알고 있다는 사실만으로 그 가치들을 실현하는 데는 충분치 않았다. 그것을 위해서, 인간은 그리스도에 의한 하나님의 자비인 사랑이라는 선물을 받아야 했다… 인간이 행하기 원하여 나아가는 과정에서 이 사랑은 이교도적 고대 문명이 알고 있었지만 그 깊은 필요성을 감지하지는 않았던 가치들을 접하게 한다. – 기독교는 새로운 가치들을 창조하지 않는다. 기독교 윤리는 인간 문명의 공통 자산에 속하는 가치들을 활용함으로써 제시될 수 있다. 그러나 기독교 윤리는 그 가치들을 새로운 관점에서 재발견한다. 그 관점은 사랑이 제공하는 관점으로서, 새로운 의도와 함께…."[71]

이 신학적 이론은 엄청난 난제들을 초래했다. 동일한 준거체계가 없는 중국, 인도, 잉카, 이슬람 등은 배제된 채로 바울신학적인 가치들에 의해 규정되는 '문명화된 인류' 라는 문제에 대해서는 그냥 넘어가기로 하자. 그러나 사도바울이 이교도적인 고대 문명이 세운 가치들을 준거로 삼는다는 주장은 네 가지 난제들을 불러일으킨다.

여기서 이교도적인 고대 문명은 어떤 문명을 말하는가? 만약에 아리스토텔레스와 플라톤과 스토아철학자들과 그들의 도덕적 가치들을 준거로 한다면, 그것은 이 고대 문명에서 알아보기 힘든 아주 미세한 부분을 지칭하는 것에 불과하다. 그러나 그 철학자들은 헤라클레이토스가 말한 가치들이나 티르타이오스, 소피스트들, 견유학자들이 말한 가치들과 어떤 연관성을 갖는가?[72] 어째서 특정한 철학자들을 다른 철학자들보다 중시하는가? 사도바울이 인정할 만한 가치들을 그 철학자들이 발견했기 때문인가? 그러

---

71) 우리는 이 인용문의 출처를 확인하지 못했다.

72) 이 고대의 도덕들은 플라톤과 아리스토텔레스와 스토아철학자들의 사상들에 정반대가 되고, 따라서 성적적 원리들에도 정반대가 된다. 그래서 예컨대 견유학자들은 가장 바람직한 것은 자신의 어머니를 강간하고 죽여서 먹는 것이라고 보았다. 그들은 하나의 공식으로 근친상간, 살인, 식인 등 세 가지 금기사항들을 위반할 것을 권장한다.

나 그걸 일반화하는 것은 신중하지 못한 일이다. 더더욱 그들이 말하는 가치들은 그들이 살아가는 사회의 가치들이 아니다. 디오니소스, 오르페와 이시스를 숭배하는 종교의식들의 가치들73)과 그리스 로마의 가치들은 사도바울이 말하는 가치들과 무슨 연관성을 갖는가? 그러니 일괄적으로 이교도들과 고대 문명에 대해서 논하지 말자. 좋게 말해서 몇몇 이방인들의 도덕 사상들과 사도바울의 도덕 사상에 어떤 일치점이 존재한다고 하자. 또한 그것은 '쿰의 무녀' 74)와 '베르길리우스의 목가시 4' 75) 안에 예수 그리스도에 관한 명시적인 예언들이 있다는 주장에 승복하는 것이 아니다. 이것이 첫 번째 난제이다.

두 번째 난제를 보자. 아리스토텔레스와 플라톤과 스토아철학자들이 말한 모든 가치들이 사도바울의 서신들에서 발견되는가? 또한 역으로 사도바울이 말한 모든 가치들이 그 철학자들의 글에서 발견되는가? 만약에 그렇지 못하다면 사도바울이 이교도의 가치들을 답습했다고 말할 수 없다. 그런데 사실 그렇지 않다. 우리는 거기에 필요한 세부적인 목록들을 작성했지만 여기에 그 목록들을 기록할 수는 없다. 그 목록들에 따르면 그 둘의 일치점은 30%를 넘지 않는다. 예컨대 아리스토텔레스와 플라톤에게 아주 중요한 모든 시민적 가치들은 사도바울의 서신들에는 나오지 않는다. 그리고 기쁨, 관대함, 겸손, 섬김의 정신서로 섬기는 종이 되라, 여성의 신의 등은 그 철학자들의 글에 아예 없다. 기독교적인 관점에서는 가치들이라고 할 수 없는 선, 진리, 정의 등을 제외한다면, 그 일치점은 더욱더 축소된다. 그러므

---

73) ▲플라톤이 말하는 가치들보다 훨씬 더 높게 평가되고 잘 지켜졌다.

74) '쿰의 무녀(La Sibylle de Cumes)'는 12 무녀들(예지력이 있는 고대 라틴의 예언자들) 중에서 첫째 무녀로서 베르길리우스의 작품을 기점으로 점차 기독교적 전통을 이루어간다. 그녀는 특히 아에네아스(Enée)의 신화에 등장한다. 아에네아스는 지옥으로 내려가기 전에 그녀에게 문의한다.

75) '베르길리우스의 목가시'는 기원전 37년에 나온 것으로 라틴계 시인 베리길리우스의 10개의 긴 시들을 모은 시집이다. 그 중에서 4번째 목가시는 한 아이의 탄생에 따른 황금 시대의 도래를 선포한다. 그 얘기를 그리스도의 성육신의 예고로 보는 사람들이 있었다.

로 우리가 기껏 말할 수 있는 바는 아주 작은 일부분에서 그 철학자들이 말한 가치들과 사도바울이 말한 가치들의 일치점이 존재한다는 것이다.

세 번째 난제가 있다. 동일한 단어들을 썼다고 해도, 과연 사도바울이 플라톤과 아리스토텔레스와 같은 의미로 썼을까? 바꾸어 말해서 동일한 단어들로 다른 실체들과 다른 행동방식들을 말하고 결국 다른 윤리를 전한 것이 아닐까? 그런데 어휘에 대한 연구결과들은 그게 사실이라는 것을 밝히고 있다. 사도바울이 쓰는 고유한 어휘가 있다는 건 다 알고 있는 사실이다. 탐욕, 절제, 우상숭배, 미덕 등은 사도바울과 플라톤에게는 동일한 의미로 쓰이지 않는다. 그렇다면 그 단어들을 동일한 것으로 보는 근거가 대체 무엇인가?

끝으로 네 번째 난제는 신학적인 것이다. 은총의 개입이 삶의 방식에 미치는 영향은 단지 가치들의 구속력을 인식시키고[76], 오래전부터 알고 있는 가치들을 실천할 수 있게 하고, 가치들을 새로운 관점과 새로운 뜻으로 평가하게 하는 것이다. 그러면 우리는 은총을 자연적인 본성의 연장으로 보는 신학으로 되돌아간다. 이 신학은 타락이 영향을 미친 것은 단지 의지일 뿐이고 기독교의 특성은 그 의지에 있다고 천명한다. 이것은 토마스 아퀴나스의 신학에 아주 가깝다.[77] 누군가 그 가치들은 자연적인 본성에서 나온 가치들이 아니고 하나님이 수용하는 가치들로서 십계명에서 이미 발견된다고 주장한다면, 그 이유는 기독교 윤리가 이교도적 가치들로 이루어진 것이기 때문이 아니라, 인간을 향해 하나님이 요구하고 제시한 행동, 행위, 태도 등에 대해 이교도들이 비상한 지식과 함께 특별한 지각을 가졌기 때문일 것이다. 거기서 더 넘어가지는 말자.

---

76) ▲이교도들은 할 수 없었던 것이다. 아, 그러고 보니 플라톤은 그렇게 했다.
77) 토마스 아퀴나스(Thomas d'Aquin)는 자연적인 본성과 은총의 연속성을 주장한다. 반대로 대부분의 개신교 신학들과 특히 칼 바르트의 신학은 은총과 본성의 단절성을 설파한다.

그리스도인의 삶의 특성

그런데 알다시피 본성적인 인간과는 행위와 행동방식과 사고방식이 다른 그리스도인의 삶의 고유하고 특별한 성격을 말할 때 배제시켜야 할 오해들이 존재한다. 먼저 자신을 천사로 믿고 행동하는 천사증angélisme이 도마 위에 오를 것이다. 사람들은 구원받은 인간은 초자연적인 존재가 아니고, 구원은 신격화하는 것이 아니며, 중생한 인간도 언제나 인간일 뿐이라고 말한다. 죄로부터의 해방을 유한성에 대한 해방으로 착각하지 말아야 한다. 신앙적으로 존재의 갱신에 참여하기 위해서 세상 바깥으로 나가지 말아야 한다. 물론 이 모든 말은 맞는 말이다.

그러나 구원받은 인간이 초자연적인 인간은 아니지만, 그는 자신의 자연적인 본성에 속하지 않는 의와 거룩함에 참여하는 사람이다. 구원이 신격화하는 것은 아니지만, 하나님을 대적하는 피조물 가운데서 하나님이 양자로 채택하는 것이다. 중생한 인간은 계속해서 인간이긴 하지만 동일한 인간인 것은 아니다. 인간성에 죄성이 없기에 예수 그리스도가 자신의 인간성을 부정하지 않았다는 것은 잘못된 말이다. 세상 바깥으로 나가지도 말아야 하지만, 세상에 속하지도 말아야 한다. 구원이 인간의 인간적 교화를 초래한다는 것은 진정 사실이다. 하지만 거기에는 죄에 대한 단절이 존재하는 까닭에, 그 사실은 본성적인 인간은 죄인이므로 참 인간이 아니라는 것을 의미한다. 중생한 인간은 하나님의 마음에 맞는 인간으로서 다른 존재이고, 그것은 새로운 행동방식, 새로운 선택, 본성저인 인간과 세상과 사회에 대한 불일치 등으로 나타난다.

물론 중요한 것은 이 새로운 존재가 세상 안으로 깊숙이 들어가야 한다는 것이다. 그래서 그리스도인의 삶과 행동방식의 특수성에 대한 천명은 어떤 도덕적 거룩함이나 세상과의 분리나 세상의 신격화를 뜻하지 않는다. 그러나 구원받은 인간의 인간성만을 너무 고집하려고 하다가 사람들은 은총을 아무것도 아닌 것으로 축소시켜 단순히 영적이고 결국 덧없는 것으로 치부하게 된다. 그러나 그리스도인들이 특별한 행동방식을 취하는 것은 정말 중요한 것이다. 그것은 하나님의 뜻에 순종하여 우리가 하나님의 사랑과 자유의 대사가 되어 세상에 은총을 전달하기 위한 것일 뿐만 아니라, 세상에 대한 봉사와 유익을 위한 것이기도 하다. 예를 들어 악한 종의 비유[78]를 떠올려보자. 그에게 주어진 은총은 그 자신의 삶의 방식의 변화를 통해서 다른 사람들에게 전달되어야 한다. 그것은 무상의 선물인 까닭에 어떤 세상의 도덕에서도 발견되지 않는 것이다. 그리스도인들은 구체적으로 고유한 삶의 방식을 취함으로써, 비록 사회가 그리스도인들을 알아보고 인정하지 않더라도, 사회를 위한 유익하고 훌륭한 존재들이 된다. 이 단원에서 우리는 그 삶의 방식의 특성을 기술할 수는 없다. 그것은 이 책 전체의 목표가 될 것이다. 여기서는 다만 몇 가지 예를 제시한다.

고유하고 특별한 방식이 세상에서 행해지는 모든 것에 언제나 대립하거나 배척적인 것이라고 생각하지 말아야 한다. 그것은 세상에 대한 부정이 아니라 세상과 다른 것을 표명하는 것으로서 새로운 다른 영에 인도되어 문제들에 대한 새로운 접근방식과 근본적으로 새로운 대응방안들을 찾는 것이고, 일반적인 삶의 여정을 새롭게 조명하는 것이다. 정치적, 경제적 측면에서 가장 실망스러운 것은 그리스도인들이 놀라울 정도로 수동적인 자세로 특정 정당이 내세우는 문제들에 초점을 맞추고 특정한 정치인이나 기술 전문가가 제시한 해결방안을 채택하는 것이다. 그리스도인은 인간의 다양한 해결방안들 가운데서 선택하도록 부름 받은 것이 아니라 사회 가운데, 현재 진행되는 활동 가운데 전적인 타자인 하나님의 임재를 보이도록 부름 받은 것이다. 그것은 운용방식, 조건, 규범, 관행, 고정관념 등에 대혼란을 일으킬 것이다.

78) 마태복음 25:14-30/누가복음 19:12-27.

그리스도인은 어느 누구보다도 훨씬 더 담대하게 그 일을 행할 수 있다. 왜냐하면 그는 세상을 다스리는 주님과 함께 하기 때문이다. 인간들이 촉발한 모든 혁명은 잘못된 혁명들이어서 어떤 효력도 미치지 못한다는 사실을 알아야 한다. 그러나 그것은 어떤 혁명에도 참여하지 말라는 의미가 아니고, 모든 정치적, 경제적 활동을 철저하게 상대화하라는 것이다. 그것은 세상의 원리들은 근본적으로 똑같다는 사실을 상기시키는 것이다. 귀족 출신 장군이나 공산당 당원 출신 장군이나 다 똑같고, 소비에트 국가자본주의이나 미합중국과 같은 큰 연합국가의 자본주의나 다 똑같다.[79] 그것은 정치적, 경제적 판단과 선택이 아주 상대적인 타당성을 갖는 데 불과하다는 사실을 고수하고 변화의 총체적인 요구를 언제나 내세우는 것이다. 우리는 혁명적인 기독교 안에 그 사실을 기술했다.[80]

그러므로 그리스도인의 삶의 방식의 특성에서 첫 번째 측면은 어떤 사람보다도 훨씬 더 극단적이고 철저하게 혁명적으로 살아가는 것이다. 예를 들어 그리스도인은 공산주의자들을 가장 위험한 반동분자들이라고 평가하기에 이른다. 왜냐하면 그들은 과거의 사회에 대한 가장 논쟁적인 모든 원리들을 절대화하여 주장하기 때문이다.

이어서 두 번째 측면은 전적으로 현실주의적인 태도라고 할 수 있다.[81] 현실은 견디기 힘든 까닭에 세상에서 진정한 현실주의자는 존재하지 않는

---

79) 자끄 엘륄은 두 체제 유형에 공통적인 기술의 다양한 특성들을 열거하면서, 공산주의체제와 자본주의체제의 유사성을 이미 밝혀주었다. Cf. Jacques Ellul, *La technique ou l'enjeu du siècle*(1954), Paris, Economica(Classiques des sciences sociales), 2008³, pp. 74-135; "Présence au monde moderne", pp. 19-116(특히 p. 38); *Le système technicien*(1977), Paris, Le Cherche Midi(Documents), 2012³, pp. 131-211(특히 pp. 148, 164, 196-197). (『기술체계』, 대장간 역간, pp. 231-353(특히 pp. 258-259, 283, 329-332))

80) 자끄 엘륄은 여기서 『세상 속의 그리스도인』(대장간 역간, pp. 61-95.)의 2장 "혁명적인 기독교"를 암시하고 있다. Cf. Jacques Ellul, "Présence au monde moderne". pp. 19-116(2장은 pp. 34-54). (『세상 속의 그리스도인』, 대장간 역간, pp. 61-95.)

81) 자끄 엘륄이 비관주의와 낙관주의를 배제하면서 내세우는 그리스도인의 현실주의에 대해서는 다음의 글을 참조하라. Jacques Ellul, "Sur le pessimisme chrétien", *Foi et Vie 52*, mars-avril 1954, pp. 164-180(특히 pp. 172-173).

다. 아무도 현실을 있는 그대로 정확하게 총체적으로 바라볼 수 없다. 일반적인 관행은 현실의 작은 부분을 보고서 나머지 전체가 다 좋다고 단언하거나,[82] 또는 현실을 바라보고서 비약하여 이상주의와 무조건적 낙관주의로 가는 것이다. 사르트르는 아주 암담한 세계를 묘사하고서는, 사람들이 의식적인 활동에 의해 누구나 자유롭게 될 수 있다고 밝히면서 곧장 이상주의로 비약한다.[83] 일반적인 관행은 현실을 보지 않으려는 타조의 행위와 같다. 그와 같은 인간의 태도는 당연하다. 왜냐하면 인간은 절망을 받아들일 수 없으므로 언제나 비현실적 희망에 매달리며 현실을 파악할 수 없게 되기 때문이다.

모든 사람들 중 오직 그리스도인만이 현실을 있는 그대로 바라볼 수 있다. 그리스도인은 또 다른 소망이 있고, 죽음을 넘어 부활이 존재하기에 아무것도 잃을 것이 없고 하나도 끝난 것이 없다는 사실을 안다. 정치적, 경제적 권세들은 예수 그리스도의 주권에 굴복하게 된다. 그래서 그리스도인들은 현실을 있는 그대로 바라볼 수 있다. 구원받은 죄인인 인간에 대한 지식을 통해 인간 얼굴의 실상을 보여준 렘브란트와 뒤러와 반 고흐와 같이 인간 얼굴의 실상을 잘 그려낸 화가는 일찍이 없었다. 다른 모든 화가들은, 아

---

82) ▲이것이 경제학자, 기술전문가, 정치학자, 사회학자, 인간관계전문가 등이 갖는 관습적인 행태이다.

83) *Cf.* Jean-Paul Sartre, *L'existentialisme est un humanisme*(1946), Paris, Les Editions Nagel(Penses), 2000, pp. 36-37: "도스토엡스키(*sic*)는 '하나님이 존재하지 않았다면, 모든 것이 허용되었을 것이다.'라고 말했었다. 그것이 실존주의의 출발점이다. 하나님이 존재하지 않는다면 실제로 모든 것이 허용된다. 따라서 자신 안에서나 자신 밖에서나 매달릴 존재를 발견하지 못하는 까닭에, 인간은 내버려진다. 먼저 인간은 변명거리를 찾지 못한다. 주어진 확고한 인간 본성에 준거해서는 실존이 본질에 앞선다는 것을 결코 설명할 수 없다. 바꾸어 말해서 결정론적으로 결정된 것은 없고 인간은 자유로운 존재로서 자유 그 자체이다. 다른 한편으로 하나님이 존재하지 않는다면, 우리 앞에는 우리의 행위를 정당화하는 가치들이나 질서들이 없을 것이다. 그래서 우리는 가치들의 명백한 영역 속에서는 우리 뒤에서나 앞에서나 정당화의 근거들이나 변명거리들을 갖지 못한다. 우리는 아무 변명거리도 없이 홀로 있다. 나는 이 사실을 인간은 자유로운 존재로 정해져 있다는 말로 풀이할 것이다. '정해져 있다'는 말은 인간이 스스로를 창조하지 못하기 때문이고, '자유로운 존재'라는 말은 일단 세상에 던져지고 나서 그 후로 인간은 자신이 행하는 모든 것에 대해 책임을 떠맡기 때문이다."

주 초보적인 피상적 수준에 머물거나, 거기에 당치 않은 망상이나 이상주의적인 형상을 집어넣는다. 아무도 그리스도인들과 같이 가장 두려운 현실로서 있는 그대로 죽음의 공포를 바라볼 수 없었던 것이다. 다른 모든 사람들은 거기에 의식적인 것을 덧붙이거나 인간과 죽음 간의 거리를 설정하거나 가식적인 것으로 덮어버릴 것을 찾았다. 그런데 현실을 정확하게 바라보는 것은 사적이건 공적이건 간에 삶의 모든 영역에서 필수적인 것이다.

세 번째 측면은 탈신화화démystification이다. 인간은 끊임없이 신화, 이데올로기, 환상 등을 만들어낸다. 마르크스는 그렇게 함으로써 인간은 자기 자신을 상실하고 스스로 소외된다는 사실을 잘 밝혀주었다. 그러나 마르크스주의는 현대의 신화들 중에서 가장 거대한 신화가 되어서 인간을 아주 총체적으로 현혹시켰다.[84] 어떤 인간도 집단적인 신념체계가 없이는 살아갈 수 없다. 거기서 벗어났다고 제일 크게 주장하는 사람이 결국 제일 많이 현혹된 사람이다. 탈신화화가 되려면 진리와 연관성을 지녀야 하고, 그 진리는 관념, 물질, 대상이 아니라 그 자체가 전적으로 초월적인 능동적 힘을 지니면서그렇지 않으면 신화에 굴복하게 된다 인격적인 행동으로 인간의 삶에 개입하는 것이어야 한다.

오직 예수 그리스도만이 우리를 신화적 현혹에서 구원하며 사회, 세상, 인간, 거짓 소망, 덧없는 망상, 사단의 신기루 등에 대적하게 한다. 그 모든 것은 인간을 근본적으로 파멸시키는데, 예수 그리스도가 자유롭게 했기에 오직 그리스도인만이 거기에 대적할 수 있다. 진보나 기술의 신화, 자유주

---

84) Eric Voegelin, Jacob Schmutz, Louis Rougier, Raymond Aron 등은 이미 마르크스주의를 신화와 현대의 신성화된 우상으로 밝혀냈다. *Cf.* Eric Voegelin, Jacob Schmutz, *Les religions politiques* (1933), Paris, Cerf, 1994[2]; Louis Rougier, *Les mystiques politiques contemporaines et leurs incidences internaitonales*, Paris, Librairie du recueil Sorey, 1935 (특히 pp. 57−75); Raymond Aron, "L'avenir des religions séculières"(1944), in ID., *L'âge des empires et l'avenir de la France, Paris, Editions Défense de la France*, 1946, pp. 287−318(특히 p. 288). 자끄 엘륄은 이러한 연구결과들을 계승하고 발전시켰다. *Cf.* Jacques Ellul, "Le sacré dans le monde moderne", *Le Semeur*, 1963/2, pp. 24−36(특히 pp. 29−31); *Les nouveaux possédés*(1973), Paris, Mille et une Nuits, 2003[2](특히 pp. 257−310).

의의 환상, 공산주의의 기만적인 소망 등을 비판하는 일은 부정적인 것이라고 하지 말라. 그렇다면 묶여있는 사람의 사슬을 끊어주는 인간은, 사람들의 근면과 노동과 수고와 창작의 훌륭한 산물인 그 사슬을 부숴버리기 때문에 부정적인 일을 하는 것이라고 해야 할 것이다. 또한 출구 없는 막다른 길을 미리 경고하는 안내판은, 사람들에게 그 길을 가는 걸 가로막고 개인적으로 경험하지 못하게 하는 까닭에, 부정적인 것이라고 해야 할 것이다.

끝으로 네 번째 측면은 기도이다. 무엇보다 먼저 기도하라. 하나님이 행하지 않으면 아무것도 이루어지지 않는다는 사실을 기억하라. 교회와 그리스도인들의 기도는 그들의 행위와 삶의 일부분을 구성하는 것이다. 진지하고 적극적이며 지속적이고 살아있는 기도는 세상을 위해서도 사람들의 모든 행동보다 훨씬 더 중요한 것이다.[85] 기도로 시작하지 않으면, 세상에서 그리스도인들의 참여는 완전히 헛되고 무익한 것이 된다. 기도는 그 자체로 사회적 행동이자 정치적 행동이다. 한 국가의 장래는 그 구성조직들이나 무기들보다 그 안에서 기도하는 그리스도인들에 의해 훨씬 더 크게 좌우된다. 권력을 확보하는 사람들이 재원들이나 청원들보다 하나님에게 속한 권위자들의 지지와 자신들에 대한 하나님의 심판의 경고를 받는 것이 훨씬 더 중요하다. 이는 오직 기도를 통해서 온다. 다른 누가 이 일을 담당할 것인가?

그리스도의 삶의 특성에 관해서 이제까지 본 몇 가지 측면들을 통해물론 덧붙여야 할 것이 아주 많겠지만 우리는 그리스도인들이 사회, 공동체, 정치적 삶, 그리고 사회적 투쟁에서 아무도 감당할 수 없는 특별한 역할과 고유한 기능을 맡고 있다는 사실을 발견한다. 그 역할과 기능은 아주 핵심적인 것이어서 결여될 경우 아무것도 할 수 없게 된다. 그 역할은 중차대한 것이어

---

85) *Cf.* Jacques Ellul, "L'impossible prière"(1970), in ID., *Le défi et le nouveau*, pp. 641-751. (『우리의 기도』, 대장간 역간, 2015.)

서 잘 감당하기 위해서는 모든 그리스도인들의 역량을 필요로 한다. 그리스도인들은 다른 나머지의 일에 소비할 시간이나 힘이 많지 않다.

그런 까닭에 그리스도인들이 사람들의 모든 활동에 닥치는 대로 생각 없이 다 참여하는 것을 보는 것은 정말 안타까운 일이다. 다른 사람들과 같이 그 모든 활동을 다 한다. 경제 발전에 대한 연구들에 참여하는가 하면, 노동조합 활동에 참여하고, 선거운동에 참여한다. 그 모든 일은 사람들이 그리스도인의 미세한 도움 없이도 스스로 아주 잘 할 수 있다. 거기서 그리스도인은 모든 일에 부화뇌동하는 데 그친다. 그러나 나머지 다른 일들이 열매를 맺고 올바른 방향에 놓이기 위해서 필수불가결한 그리스도인들의 고유한 활동은 그리스도인들로부터도 내버려지고 등한시되며 하찮게 여겨지고 방치된다. 그런 그리스도인들은 오직 자신들의 사적인 생활과 개인적인 구원만을 고려하고, 다른 사람들과 분리되는 가장 완전한 도덕적 삶을 영위하려고 한다. 그것은 그리스도인의 삶의 특성을 지닌 삶이 아니고, 단지 다른 세상 사람들과 같은 삶에 지나지 않는다.

6장   모순의 윤리

신앙의 모순과 역설

그리스도인의 신앙 내용을 지적으로 규정하려고 할 때마다 접하게 되는 모순과 역설을 끊임없이 다시 돌아보는 것은 유익한 일이다. 그 모순과 역설은 하나님 자신이 선포하는 죄의 선고를 집행하면서 하나님 자신이 그걸 수용하고 그 벌을 자기 자신에게 가하게 하는 것이다. 그 모순은 영원한 하나님이 시간 안으로 들어와 세상의 모든 고통을 담담하게 지고, 주인으로서 섬기는 종이 되고, 십자가에서 죽음을 당한 불멸의 존재가 되며, 피조물에게 행동을 강제하지 않는 전능한 존재라는 것이다. 그 모든 것에 대한 충분한 해답이나 설명은 존재하지 않는다.

그 모순은 하나님의 아들의 두 본성, 즉 참 신성과 참 인성의 불가해한 언어도단의 만남으로서 각각의 본성은 완전하고 총체적인 동시에 하나의 인격으로 통합된다. 그 역설은 하나님이 죄 없는 자신의 아들에게 죄를 덧씌워서 자신의 공의를 이행함으로써 죄인인 사람들을 구원하는 것으로 자신의 사랑을 충족시키는 것이다.[86]

그 역설은 구원자가 의인이 아니라 죄인을 구원하기 위해 왔다고 선포하

---

86) ▲이는 자신의 아들에 대한 사랑의 부족이자 주권자의 불의가 되지 않을까?

는 것이다. 그 모순은 신앙을 통한 은총으로 의롭게 된 인간이 그럼에도 죄인으로 계속 남아있고, 그가 받은 용서와 칭의는 그의 죄를 없애거나 과거 속으로 던지지 못하며 인간의 본성을 변환시키지 못한다는 사실이다. 그 모순은 주님이 세상의 권세들을 물리쳤지만 세상은 진리에 거스르는 역사의 진행에 따라 점점 더 맹위를 떨치고 위험하며 공격적이 되는 것이다. 그 역설은 비록 이 세상이 철저하게 죄로 가득하고 사악하고 반역적이며 정죄를 받아 무로 돌아갈 것이라고 해도, 자신의 구주와 결속된 그리스도인은 이미 영생이라는 보상을 받았지만, 도망하거나 단절하지 않고 이 세상에서 계속 살아가야 하는 것이다. 그런데 바로 이 세상에 대한 말씀이 곧 "하나님이 세상을 그토록 사랑하여…"[87]라는 것이다.

이러한 모순들과 역설들에는 어떤 만족할만한 설명도 없고, 모순적인 요소들 사이에 어떤 통합도 시도할 수 없고, 어떤 방법을 동원해도 둘 중 하나를 제거하거나 둘 중 하나에 초월성을 두는 것 등등 이론적인 통일을 가져올 수 없고, 어떤 해법도 얻을 수 없다. 변증법적 표현으로는 기독교의 근본적인 구조가 자체적으로 모순적이며 두 개의 대립적인 명제들을 그대로 유지시켜야 한다는 것이다. 지적으로 만족할만한 해법은 전혀 없지만, 우리는 진리가 그러하다는 사실을 인지하는 수밖에 없다.[88]

모순과 역설은 살아가는 삶을 통해서 해결된다. 예컨대 두 본성의 모순은 우리의 지성에 감지된다. 그러나 예수 그리스도라는 인간 안에 담긴 두

---

87) 요한복음 3:16. "하나님이 세상을 그토록 사랑하여 독생자를 주셨으니, 이는 곧 그를 믿는 자마다 멸망치 않고 영생을 얻게 하려 함이라."

88) 이 구절들은 자끄 엘륄의 저서에 키르케고르(Søren Kierkegaard)의 글이 깊은 영향을 끼쳤다는 사실을 증언한다. 헤겔의 주지주의적인 해법에 반기를 들면서, 이 덴마크 사상가는 본질적으로 역설적인 기독교라는 사상을 옹호했다. 그 내적인 대립관계들(유한성과 무한성, 상대성과 절대성, 영원성과 시간성, 초월성과 성육신)은 조화로운 종합 속에서 그 명제들을 화합시키려고 시도하는 대신에 그대로 수용되어야 한다는 것이다. Cf. Søren Kierkegaard, "Post-Scriptum définitif et non scientifique aux Miettes philosophiques"(1846), in ID., Œuvres complètes, Paris, Editions de l'Orane, vol. 10 et 11, 1977. Cf. Jacques Ellul, "Préface", in Nelly Villaneix, Ecoute Kierkegaard. Essai sur la communication de la parole, Paris, Cerf(Cogitatio fidei 94 et 95), 1979, vol. 1, pp. i–xviii.

본성은 완전한 화합을 이루었다. 그는 두 본성을 모두 삶으로 살았다. 그를 아는 사람들은 거기서 눈에 띄는 어떤 모순도 보지 못했다. 우리가 강조했던 모든 대립적인 요소들이 다 이와 같다. 예를 들어, 은총을 받은 사람은 자신이 계속해서 죄인인 것을 알고, 동시에 그 두 가지 정체성을 삶으로 살아간다. 그는 지성적으로는 모순적인 그 두 가지를 조화롭게 삶으로 살아가는 것이다. 이것이 가능한 이유는 기독교는 본질적으로 살아가는 삶의 차원에 속하고 이론적인 것은 부차적이기 때문이다.

그런데 이것은 그리스도인들을 위한 윤리 영역에서도 명백하다. 윤리는 우리가 지적한 이 원리들의 연장선상에 위치한다. 그러므로 윤리는 그 안에 모순과 역설을 담고 있지만, 살아가는 사람의 사상이 아니라 삶을 통해서 그 모순과 역설은 해결된다. 우리가 이미 보았던 명백한 첫 번째 모순은 하나님의 뜻을 나타내는 동시에 현재 세상의 구체적인 현실에 관계되어야 하는 이 윤리의 구성적인 차원에 존재한다. 이 윤리의 표명은 인류 전체에 작용하면서 어떤 유보나 완화도 없이 하나님의 요구를 제시하고 모든 사람들에게 영향을 미치는 결정적이고 영원한 불변의 하나님의 말씀에 근거하는가 하면, 동시에 사회적·심리적 여건과 문명적 배경과 역사적·사회적·경제적 상황에 근거한다. 이 윤리의 표명은 상대적이고 유동적인 이 세상의 지식을 담으며, 가능한 것을 고려해야 한다. 그런데 이 모순은 완전히 해결되지 않는다.

응용된 이론체계들[89]은 전부 다 기만일 뿐이다. 예컨대 스콜라학파의 이론체계는 계명은 모든 사람들에게, 규율과 명령, 규범과 특례 등은 성도들에게 적용시키는 이중성이 있다. 중요한 것은 하나님의 말씀을 상황에 맞

---

89) 중세 신학은 사제들과 수도사들에게만 적용되는 복음적 권고들(산상수훈의 명령들)과 평신도들에게도 부과되는 규범들(십계명과 율법 약식들)을 구분한다. 루터(Martin Luther)는 이런 도덕적 이중성에 반기를 들었고, 종교개혁으로 돌아선 지역들에서 이런 이중성을 철폐했다.

추거나 완화[90]시키는 것이 아니고, 절충 "부자들에게 화가 있을 것이다"[91]라는 예수 그리스도의 말씀과 "재물의 부는 복이다"[92]라는 구약의 구절과 같은, 표면적으로 모순적인 성서 구절들을 다시 꺼내서 하는 것도 아니다. 더군다나 우리가 살아가는 현실의 세상을 부정하는 것도 아니다. 즉, 이 세상이 존재하지 않는 것처럼 하면서, 사회와 역사를 배제하고 하나님의 말씀 전부를 문자 그대로 살아가는 것은 아니다. 그것은 세상에 속한다는 이유로 언제나 세상 사람을 부정하게 하고, 그래서 오로지 사랑을 발현하는 데서 의미를 갖는 그리스도인의 삶을 부정하기에 이른다.

우리는 정말 해결이 불가능하고 불가피한 모순을 이루는 완전한 성결과 사랑에 직면한다. 철저하게 계명을 지키려는 것은 이웃과의 관계를 단절하기에 이른다. 사랑을 전하려는 것은 이웃의 부정에 참여하고 계명의 절대성을 굴절시키기에 이른다. 레지스탕스의 경우를 예로 들어보자. 사랑으로 유대인들을 도우려고 국가에 복종하지 말아야 하는가? 그런데 하나님은 국가에 복종하라고 하니[93] 거짓말을 해야 하는가? 아니면 권세자들을 존중하고 진리의 의미를 지키기 위해서 유대인들이 박해 당하게 내버려두어야 하는가?

그리스도인들을 위한 윤리는 현재와 영원, 시간성과 절대성, 상황들과 계시 등의 모순성 안에서 이해되어야 한다.[94] 왜냐하면 중요한 것은 이 현재의 세상과 이 시간적인 육신 안에서 완전한 계시된 말씀을 삶으로 살아야

---

90) ▲예를 들자면 예수 그리스도가 산상수훈에서 그토록 강경했던 이유가 하나님 나라가 곧 임할 것이라고 보았기 때문인데, 실제로는 그것이 지금까지 지체되는 걸 보니 계명들을 완화시켜야 한다는 식의 주장.

91) *Cf.* 누가복음 6:24. "너희 부자들에게는 화가 있을 것이다. 너희는 이미 위안을 받고 있기 때문이다."

92) *Cf.* 욥기 42:12. "하나님께서 욥의 말년에 이전보다 더 많은 복을 주셔서, 욥은 양을 만 사천 마리, 낙타를 육천 마리, 소를 천 겨리, 나귀를 천 마리나 거느리게 되었다."

93) *Cf.* 로마서 13:1-7.

94) 앞의 각주 187을 참조하라.

하는 것이기 때문이다. 그러므로 윤리의 표명은 필연적으로 그 자체가 모순적인 것이고, 해결책을 내세우려는 것은 불순종이고 기만이다. 이 윤리에 관해 숙고하는 사람의 역할은 그 모순점들을 제시하는 것이지 만족스러운 해결책을 내어놓는 것이 아니다. 그 모순점들을 명백하게 드러내는 것은 그리스도인으로 하여금 올바르게 자신의 삶과 행위에 문제를 제기하도록 돕는다.

그러나 일단 자신에게 자료들이 주어지면 그리스도인은 스스로 자신의 고유한 책임 하에 자신이 응답해야 할 것이 무엇인지 찾아야 한다. 그가 하나님의 심판을 피하기 위해 신학박사의 권위와 같은 것을 통해서 자신을 지킬 수는 없는 일이다. 더욱이 모든 조건들을 다 고려하여 하나님 앞에서 의롭게 되는 만족스러운 해결책은 불가능하다. 그렇다면 다 불완전하기 마련인 응답들을 많이 표명하는 것이 대체 무슨 소용이겠는가? 그것은 아무 의미가 없다. 반대로 각자가 자신의 응답을 스스로 정하는 것이 자유를 누리는 은총 받은 사람인 동시에 자신의 순수한 믿음으로 내린 결정에 대해 용서를 구해야 하는 죄인인 상황에 적합한 것으로 보인다. 따라서 그리스도인들을 위한 윤리는 그 모순점들을 드러내는 것이지 미리 수립한 해결책들을 내놓는 것이 아니다.

세상과 그리스도인의 삶

커다란 모순들 중 하나는 그리스도인의 삶과 하나님을 거역하고 대적하는 권세로서 이미 패한 세상 간에 일어나는 모순이다. 이 세상에서 살아가고, 세상에 속한 것들을 사용하며, 세상의 일과 정치와 경제 발전에 참여하라는 명을 받은 그리스도인은 이 모든 것이 하나도 합당하거나 선하거나 정의로운 것은 아니라는 사실을 항상 인지하고 있어야 한다. 그런데 그리스도인은 사람들이 사는 이 세상에 대해서 신발의 먼지를 떨어버릴 수는 없는 노릇이다.[95] 하나님은 이 세상을 그토록 사랑하고, 그래서 마지막 때에 수용할 것이다.[96]

이 세상을 떠나서 그리스도인의 삶을 산다는 주장은 틀린 것이고 헛된 것이다. 헛된 것인 까닭은 원하건 원치 않건 우리는 이 세상에서 살아가는 것을 피할 수 없기 때문이다. 가장 은둔적인 수도사라도 세금을 지불하고 인구조사와 경찰의 통제에 응해야 한다. 아무리 로빈슨 크루소처럼 산다고 하더라도 우리는 제조된 상품을 구매하지 않을 수 없고, 그것으로 세상의 모든 활동에 연계되는 것이다. 또한 이 세상을 떠나서 그리스도인의 삶을 산다는 주장은 기만적인 것이고, 신앙의 관점에서도 틀린 것이다. 우리가 세상과 단절되어 있다면 어떻게 삶을 통해서 하나님의 사랑을 증언할 수 있겠는가? 예수 그리스도는 우리를 세상 속으로 보낸다.[97]

그러나 그리스도인의 삶과 세상 사이에는 완전한 모순이 있다. 그리스도인의 삶은 세상에서 행해지는 일을 당연하고 정당한 것으로 결코 받아들일 수 없고, 이런 전쟁은 의로운 전쟁[98]이기에 참여한다든가, 혹은 저런 정부가 의롭다든가, 혹은 그런 자산 분배가 의롭다든가 하는 말을 할 수 없다. 그리스도인은 결코 그렇게 말할 수 없고, 어떤 세상의 사업이라도 축복하

---

95) Cf. 마태복음 10:14/마가복음 6:11/누가복음 9:5.

96) 마지막 때에 인간의 역사 전체와 모든 행위들을 하나님이 수용한다는 데 대해서는 다음의 책을 참조하라. Jacques Ellul, *Sans feu ni lieu. Signification biblique de la Grande Ville*(1975), Paris, La Table Ronde(La petite Vermillon 191), 2003², pp. 308-324. (『미리 돌 곳 없던 예수』, 대장간, 2013).)

97) Cf. 요한복음 17:18("아버지께서 나를 세상에 보내신 것과 같이 나도 그들을 세상으로 보냈습니다."); 20:21(아버지께서 나를 보내신 것 같이, 나도 너희를 보낸다.").

98) '의로운 전쟁'이라는 개념에 대한 비판에 대해서는 다음의 글들을 참조하라. Jacques Ellul, "Contre les violents"(1972), in ID., *Le défi et le nouveau*, pp. 501-639(특히 pp. 508-510); "En toute liberté: violence et non-violence", *Réforme* 1383-1384, 18 août 1973, p. 3(엘륄은 '덜 해로운 악(le moindre mal)'이라는 기준을 주장한 토마스 아퀴나스의 말을 해학적인 농담으로 규정한다. '오직 하나님만이 그런 판단을 내릴 수 있다'는 것이다.); Jacques Ellul et Patrick Chastenet, *A contre-courant. Entretiens*(1994), Paris, La Table Ronde(La petite Vermillon 392), 2014², pp. 94-95.

고 정당화할 수 없다. 어느 때고 그리스도인은 주택 건설과 빈민 구제와 같이 실현가능한 어떤 사업이 신앙의 요구를 정확히 이행하는 것이라고 내세울 수 없다. 기껏해야 그것은 그리스도인의 삶에서 아주 부차적이고 제한적인 사소한 측면에 지나지 않는다. 어느 때고 그리스도인은 세상이 그리스도인의 삶에 동조했거나 동조하거나 동조할 것이라고 결코 믿을 수 없고, 군주정이 참된 기독교적 정체라거나 공산주의 사회가 기독교적 정의를 실현시킬 것이라고 결코 말할 수 없다.

그렇다고 이것이 회의와 포기로 이어져서는 안 된다. 세상을 피할 수도 없고 피해서도 안 되는 까닭에 그리스도인은 사회 활동에 실제로 참여하도록 요구된다. 당연히 그는 하나의 직업을 가지고 시민으로서 살아간다. 그러나 그렇게 함으로써 그리스도인은 자신이 사회 활동에 참여하지만 그 필연적인 결과로 자신이 정당하게 되거나 하나님의 뜻에 부합하여 의롭게 되지 않는다는 사실을 알아야 한다. 한편으로 그리스도인은 끊임없이 자신과 남들에게 그 모든 일은 극히 상대적이라는 사실을 상기시켜야 한다. 의심의 여지없이 모든 정치 제도들은 공평하지 않다. 그 제도들이 인간의 행복에 관한 몇몇 측면에서 어느 정도 중요한 역할을 담당할 수 있지만, 결코 하나님이 원하는 공의를 이루지 못할 것이다. 그러나 거기에 참여하는 것은, 사랑과 책임과 진리를 증언하는 데에 아주 무익하지 않다. 그러나 그 전제조건으로 거기에 휩쓸리지 말고 대부분의 경우처럼 정의를 이루기 위해서 하나님보다 정치를 더 신뢰하는 일은 없어야 한다.

또한 세상에서 최선의 사회적 활동들도 여전히 죄에 속하기에 단죄를 받을 것이다. 예컨대 어떤 직업도 깨끗하지는 않기에 '그리스도인의 소명'에 대가가 따르게 된다. 이것 때문에 물론 아예 상관하지 않는 태도를 가져서는 안 되며, 모든 직업들이 동등한 가치를 지니는 것은 아니다. 제빵업자와 사설알코올증류업자, 의사와 매춘부 등이 대등하다고 할 수 없다. 그러나 직업들에 대한 도덕적 판단은 경계해야 하고, 최선의 직업이라도 죄악의 세상에 개입되어 있다는 사실을 알고 있어야 한다.

의사를 예로 들어보자. 의사는 환자를 돌보고 치료하는 선하고 의로운 직업이다. 한 그리스도인 의사가 극도로 주의해서 모든 직업적 유혹들을 피한다고 하자. 그러나 그 의사가 객관적으로 노인의 수명을 연장시킬 때 그는 프랑스에서는 재앙이 되는, 인구의 평균수명 노령화에 기여하는 것이다. 그가 아이들을 낳는 정신박약자들의 생명을 구할 때 그는 인종의 하향 평준화와 정신박약 영속화에 기여하는 것이다. 그가 유아 사망률을 낮출 때 그는 더 많은 인구증가를 불러일으켜서 일본, 알제리 등과 같은 비극을 촉발시킨다. 그는 공산주의든 자본주의든 체제에 상관없이 경제적 자원이 인구증가에 보조를 맞추어 확대될 수 없다는 사실을 알아야 한다. 물론 그 모든 것이 그 의사의 잘못은 아니지만, 그가 취한 행동에서 비롯된 결과이다. 그리스도인 의사는 그 사실을 알고 있어야 의사로서 돌본다는 순수한 행위가 죄악의 세상에 속해 있는 것으로서 그 자체가 선한 것은 아니며, 안 좋은 영향을 미친다는 점을 이해하게 된다. 다시 한번 말하지만 이것이 의사로서 돌보지 말아야 한다는 것을 의미하는 것이 아니다. 하지만 우리는 이 모순성을 받아들이고 이 세상의 참여자로서 우리가 행하는 아주 선한 행위들이 초래하는 해악을 인식해야 한다. 그래서 우리는 우리 자신이 직업적이거나 시민의 권리로서 행하는 일을 통해서 스스로를 의롭게 여기지 말아야 하고 이 세상에서 하는 모든 활동에 대해서 하나님에게 용서를 구해야 한다.

따라서 우리가 행하는 선택들은 상대적이지만, 그리스도인의 삶을 구현하는 것이기에 결정적이기도 하다. 그 선택들은 결코 순전히 선하고 의로운 결과를 초래하지 않지만, 하나님의 사랑에 대한 순종에서 나온 것이다. 그 모순성은 우리에게 절충의 문제에 부닥치게 한다. 이 세상에서 살아가는 까닭에 우리는 절충을 피할 수 없다. 모든 행위는 우리의 존재 자체의 압력과 함께 사회적 맥락의 압력을 받게 되며, 순전히 하나님의 뜻을 그대로 따를 수는 없다. 모든 윤리가 행동의 문제이고, 우리는 손을 더럽히지 않은 채로는 행동을 취할 수 없다. 손을 더럽히는 것을 피하며 순수성을 지키려고 하는 사람은 행동을 멈추게 되고 세상에 참여하는 일을 멈추게 될 것이다. 하지만 그렇게 함으로써 그는 하나님에게 불순종하는 것이다.

하나님의 명령에 순종하여 세상에 참여하는 사람은 세상과 접촉함으로써 필연적으로 손을 더럽히게 된다. 모든 행동은 하나님의 뜻과 실행의 가능성을 절충해서 행해질 것이다. 실행의 가능성은 행동하는 사람의 믿음의 분량, 경제적 자원 등과 같은 많은 요소들과 연관된다. 우리는 사실이 그렇다는 것을 알아야 한다. 하나님의 기적으로 바알 선지자들을 물리친 엘리야는 그들을 몰살시키게 되고, 그래서 살인하지 말라는 하나님의 명령을 어기게 된다. 생명의 선지자는 그 손을 피로 물들게 된다. 그런 것을 알아야 하지만 그걸 용납하지 않을 줄도 알아야 한다. 모든 어려움이 거기에 있다. 그것이 불가피하다고 해서 우리가 그것을 용납할 만한 합당한 것으로 여기고 믿음 안에서 정당화되는 것으로 인정하기 시작한다면, 우리는 모든 것을 다 잃은 것이다. 왜냐하면 타락한 죄인인 인간의 조건이었던 것이 교만과 자기의自己義의 주장이기 때문이다.

필연성이었던 것이, 우리의 노력에도 불구하고 다시 우리에게 엄습하여, 그리스도인의 삶, 즉 은총의 삶 속에 필연성으로 진입하는 것이다. 더럽혀도 되는 한도가 손목까지일까 혹은 팔꿈치까지일까 하며 수용할 수 있는 절충의 한도를 계산하기 시작하는 순간부터 우리는 모든 것을 다 잃은 것이다. 그것은 손이 더러워지는 것을 받아들이는 순간부터 우리는 발부터 머리끝까지 더러워지고 가슴은 타락하게 된다는 것을 의미한다. 절충은 불가피한 것이지만, 언제나 패배하는 것이다. 절충은 결코 용인될 수 없고 수용될 수 없는 것이다. 절충을 피조물의 유한성의 질서에 속하는 것으로 보아서 용납될 수 있는 것으로 인정하는 것은 심각한 이단사설이다. 내가 가진 수명, 인식능력, 발원, 육체적 힘, 사랑 등에 한계가 있다는 사실은 결코 절충과 타협의 근거가 될 수 없다. 절충은 존재의 한계에서 비롯되는 것이 아니라 존재의 한계 내에 있는 악의 현존에서 나오는 것이다.

절충은 한편으로 하나님의 뜻과 성령의 역사, 그리고 다른 한편으로 세상과 개개인의 부패 사이에서 이루어진다. 절충이 이루어질 때마다 우리는 그것이 하나님에 대한 불순종이고 그리스도인의 삶이 실패한 것이라는 사실을 알아야 한다. 역사와 사회에서 그런 것처럼 개인의 삶에서도 마찬가지이다. 기독교권 국가는 전부가 총체적인 절충에 기반을 둔다. 특히 국가와의 관계에서 그렇다. 그러므로 중요한 것은 절충의 성립에 끝까지 저항하는 것이다. 자유의 행위로 이루어지는 그리스도인의 삶은 필연성에 굴복하는 것을 거부하는 것이다. 우리는 절충은 필연적인 것이라고 말했다. 그런데 절충은 항상 필연성에 굴복하는 것이다. 따라서 우리는 절충은 결국 그리스도인의 삶을 부인하는 것이라고 말할 수 있다.

그리스도인의 삶은 거룩한 것과 부패한 것을 조금씩 교묘하게 배합하는 것이 결코 아니다. 하나님의 뜻의 요구는 총체적이고 절대적이다. 하나님은 질투하는 하나님이라는 말은 하나님은 그런 배합과 절충을 받아들이지 않는다는 말이다. 이는 두 개의 길을 가는 것은 금지된다는 말이다. 아주 작은 계명이라도 어기는 사람은 모든 율법을 다 어기는 것이라고 선포한 예수 그리스도의 말씀[99]도 같은 말이다. 그 모든 것은 어떤 유보도 없고 변통이나 완화의 가능성이 없는 하나님의 뜻을 말한다. 하나님의 말씀이 우리에게 거룩함을 명할 때, 그것은 어떤 도덕적 미덕이 아닌 거룩함을 말하는 것

---

99) Cf. 마태복음 5:19. "그러므로 누구든지 이 계명 가운데 아주 작은 것 하나라도 어기면서 사람들을 그렇게 가르치는 사람은 하늘나라에서 아주 작은 자라고 일컬어질 것이요, 또 누구든지 그것을 행하며 가르치는 사람은 하늘나라에서 큰 사람이라고 일컬어질 것이다."

이다. 그러므로 그리스도인의 삶은 하나님의 뜻에 어떤 제한도 경감도 없이 완전히 비타협적으로 철저하게 순종하는 것이다. 따라서 절충을 인정하는 것은 그리스도인의 삶을 전적으로 부인하는 것이다.

다만 착각하지 말아야 한다. 우리는 하나님 나라에 들어가 있다고 오해하지 말아야 하고 자신을 천사로 착각하지 말아야 한다. 결국 우리는 하나님의 말씀에 따라갈 수 없는 우리의 무능력을 인정해야 한다. 우리는 아주 강력히 비타협적으로 아주 엄격하게 현실에 입각해야 한다. 거기서 우리는 부패와 난관에 접하게 된다. 중요한 것은 마치 그런 것이 존재하지 않는 듯이 하지 말아야 한다는 것이다. 그것은 믿음의 진리에 치명적인 이상주의가 될 것이다. 하나님의 명령을 그렇게 실천하는 것이 가능하다는 주장은 유치한 것이고, 또한 인간의 유한성을 부정하는 것이다. 우리 삶의 모든 여정은 그러한 모순성 속에서 진행되며 결코 하나의 해답이나 하나의 만족스러운 상황에 이르지 못할 것이다. 완전히 순수하고 선한 상황은 존재하지 않는다.

그러나 우리가 그 사실을 고하고, 결국은 굴복하여 절충을 도모할 수밖에 없게 될 것을 알면서도 투쟁에 나설 때, 그것이 우리의 역량을 위축시키거나, 또는 "절충은 불가피한 것이기에 그것을 받아들이는 나는 정당하다"[100]는 식으로 우리를 정당화하는 방편이 되게 해서는 안 된다. 나로서는 피할 수 없는 것이지만 하나님은 그것을 용인하지 않는다. 이는 우리로 하여금 하나님의 엄정한 뜻과 우리가 살아가는 세상의 근본적인 악함 사이에 유지되는 모순절충과 반대되는 것은 그리스도인의 삶에 필수적인 요소라는 사실을 깨닫게 한다. 이는 미묘하고 힘든 상황이다. 사람들은 수많은 그리스도인들이 거기서 도피하려고 한다는 사실을 이해한다. 이 도피의 현대적

---

100) 우리는 여기서 "힘들어도 필요한 일을 하는 것은 미덕이다(faire de nécessité, vertu)"는 격언과 같은 말을 다시 발견한다. 이 격언에 대해서는 앞의 각주 143)을 참조하라.

양상들의 하나는 타락을 최소화하고[101], 죄의 영향을 제한하고, 세상을 이 세상의 속성이 이행되는 영역이 아니라 인간이 덕을 펼칠 수 있는 영역으로 소개하는 것이다. 이는 성서를 잘못 이해한 것이고 현실을 잘못 파악한 것이다. 그것은 주기적으로 그 독을 교회에 주입하는 기독교적 이상주의의 새로운 방식이다.

하나님의 뜻을 스스로 주변 사회에서 이행하고자 총체적인 투쟁을 벌이고 나면, 사람들은 절충에 이르게 된다. 앞에서 언급했다시피 그것은 우리로 하여금 뜻을 굽히게 한다. 그래서 우리는 그때 무릎을 굽히고 우리의 행위에 대해 하나님의 용서를 구해야 한다. 그때 종은 해야 할 모든 일을 다 한 뒤에 "나는 무익한 종입니다."[102]라고 고백하며 자신의 주인 앞에 스스로를 고해야 한다. 그 고백은 해야 할 일을 행하기 이전이 아니라 행하고 난 이후에 해야 한다. 그 고백은 "나는 무익한 종이니 힘을 다하여 수고할 필요가 없습니다. 나는 절충을 할 것이니 투쟁할 필요가 없습니다."라는 것이 아니다. 우리는 하나님의 진노를 두려워해야 한다. 그러나 역으로 우리는 우리가 무릎을 꿇은 뒤에 하나님의 은총으로 절충이 무력화되고 하나님이 우리가 행한 일을 수용하면서 우리의 일을 정결하게 다시 회복시킨다는 사실을 알아야 한다.

또한 우리는 하나님의 뜻에 순종하는 데서도 절충이 아예 없어지는 것은 아니라는 사실을 알아야 한다. 단순한 예로 국가를 들어보자. 국가는 종교와 부관해야 한다는 말은, 윤리가 종교와 무관해야 한다는 말과 같이 성서적인 관점에서 정확히 맞는 말이다. 그렇지만 종교와 무관한 국가의 수립은 그 국가가 하나님의 뜻을 인정하지 않는다는 것이고, 그것은 국가의 커

---

101) 자끄 엘륄은 『원함과 행함』에서 타락의 범위와 현실을 최소화하려는 폴 리쾨르의 입장을 비판한다. Cf. Jacques Ellul, *Le vouloir et le faire*, pp. 57–59. (『원함과 행함』, 대장간 역간, pp. 69–72.)
102) Cf. 누가복음 17:10. "이와 같이 너희도 명령받은 모든 일을 행한 후에 '우리는 무익한 종입니다. 우리가 마땅히 해야 할 일을 했을 뿐입니다'라고 하여라."

다란 악마적 유혹이 된다는 걸 의미한다. 그리스도인은 양심상으로[103] 국가의 권위에 복종해야 한다는 주장은 의심의 여지없이 성서적으로 맞는 말이다. 하지만 그리스도인은 또한 정치적인 순응주의나 경찰에 대한 두려움이나 혹은 편의상의 이유로도 복종하기 때문에 그것은 절충을 배제하기에는 부족하다. 국가에서 하나님의 수단을 인지하고, 순수하고 양심적인 동기로 순종하는 것은 계시록에 나오는 짐승으로서의 국가[104]를 강화하는 것이 아니겠는가? 바꾸어 말하자면, 주관적으로 가능할 때조차도, 하나님의 계명에 대한 순수한 순종은, 세상의 모순적인 구조를 향하는 한, 그것이 표명될 때 그 자체가 모순적인 것이 된다.

국가는 바다의 짐승인 동시에 이 땅에서 하나님의 대리자인 까닭에, 계명에 대한 순종은 한쪽에 대한 순종인 동시에 다른 쪽에 대한 순종이 된다. 마찬가지로 또한 현대사회에서 빈곤한 사람을 향한 진정한 사랑의 실천은 분명코 그리스도인의 삶의 한 형태이다. 그러나 그 빈곤의 원천이 오늘날 집단적이고 사회적인 까닭에, 그 고통을 사랑으로 완화시키는 것은 고통당하는 사람으로 하여금 그 부당한 사회 체제에 저항하는 것을 가로막고, 그 사회 체제를 용인하게 한다. 그렇다고 불의에 저항하도록 그 사람을 부추기기 위해 그 사람을 위한 사랑의 도움을 그만두어야 할까? 이 해결 불가능한 딜레마는 사회복지사들의 핵심적인 문제이다. 실제로 이웃 사랑은 우리사회에서 여타의 혜택만큼이나 절충을 초래한다.

예수 그리스도

그리스도인이 살아가는 삶의 상황이 모순적인 상황이고 예수 그리스도

---

103) *Cf.* 로마서 13:5. "그러므로 진노 때문만이 아니라 양심 때문에도 복종해야 한다."
104) 자끄 엘륄은 계시록의 짐승을 국가와 동일시한다. Cf. Jacques Ellul, *L'Apoclypse. Architecture en mouvement*(1975), Genève, Labor et Fides(Essais bibliques 44), 2008^2, pp. 111–119.

자신이 모순의 표지라는 것과 같은 모순적인 사실들에 대한 인식은 그리스도인으로 하여금 신앙적으로 세상에 내재된 모순들을 이해하게 해준다.

예수 그리스도는 모순의 표지이면서 모순을 유발하고 이 땅에 검을 주러 왔다.[105] 물론 이 모순은 예수가 하나님의 아들인지 아닌지 그 정체성에서 명백히 나타난다. 그러나 그 정체성에 대한 사람들의 대립은 단지 영적이고 내면적인 것만이 아니다. 경건주의는 보통 이 대립을 순전히 종교적인 성격을 가진 것으로 해석한다. 그런 해석에서 더 나아가 그 대립의 표지는 사람들의 삶과 존재 전체에 영향을 미친다는 점을 인정해야 할 듯싶다. 예수 그리스도의 지상 강림은 인간과 사물의 중심에 있는 것을 명백히 드러나게 한다. 예수 그리스도는 인간의 마음과 사물의 본질에 내재하고, 역사의 흐름과 사회의 구조들 안에 존재하는 모순을 밝혀준다. 잠재적이었던 것이 명백하게 드러난다. 예수 그리스도의 존재는 진정한 갈등과 대립을 보여주고 그 모든 것들은 그리스도에 기인한 모순의 연장선상에 있다.

한편으로 그리스도인으로서 세상에 살아가면서 우리는 이 세상의 모순들을 인식해야 한다. 이는 그리스도인의 신앙과 사상의 현실주의적인 태도이다. 다른 한편으로 이 세상에 비추어진 복음의 빛은 그 모순들을 드러나게 한다. 복음의 빛은 탐조등과 같이 평평해 보이는 땅을 순식간에 비추어서 장애물과 균열된 부분들을 노출시킨다. 세상 사회가 계속 요구하는 것들 중의 하나는 통일성과 종합성으로서 아무 흠결 없는 하나의 일체성을 띠는 것이다. 그런데 반대로 세상의 심층적인 현실은 모순 덩어리이다. 그리스도인의 신앙은 우리로 하여금 그런 상황을 파악하여 통일성에 대한 모든 주장을 부정하게끔 인도한다. 예컨대 마르크스와 프루동은 두말할 것도 없이 자본주의 세계의 모순점들을 잘 파악하여 강조하였다. 그러나 우리는

---

105) Cf. 마태복음 10:34. "내가 땅 위에 평화를 주려고 온 줄로 생각하지 마라. 평화가 아니라 검을 주려고 왔다."

또한 자유주의 국가와 민주주의체제 혹은 공산주의 사회의 모순점들도 알아야 한다.[106)]

민주주의가 자유를 보장한다고 주장할 때, 우리는 민주주의가 다른 제도들과 같이 국가를 탄생시키고 그 국가가 다른 제도들과 함께 자유를 억압하고 배척하며, 그 안에 근본적인 모순을 지니고 있다는 사실을 파악할 수 있어야 한다. 마르크스주의가 사회정의를 보장한다고 주장할 때, 우리는 마르크스주의 자체가 그 안에 또 하나의 근본적인 새로운 불의를 지니고 있다는 사실을 알아야 한다. 마르크스주의가 국가와 개인 간의 모순에 대한 해결책을 가져온다고 주장할 때, 우리는 그것이 개인과 전체 사회 간의 새로운 모순을 대가로 한다는 사실을 알아야 한다. 기술적 진보가 인간에게 유익을 준다고 주장할 때, 우리는 그 기술적 진보가 인간과의 관계에서 갖는 모순을 파악해야 한다. 그러나 그 정반대도 사실이다. 우리가 기술이 인간에게 초래하는 모든 해악을 파악했다고 해도, 단순한 부정적인 태도 하나로 그 모순을 해결하지 못한다. 우리는 기술적 진보의 공헌과 긍정적인 측면도 알아야 한다.[107)]

그러나 한쪽이 다른 한쪽을 가리지 못하게 해야 한다. 모순을 철저하게 이 측면 저 측면으로 추적해야 한다. 늘 하듯이 한 방향을 택해 진행하면서 반대되는 것을 부정하거나 최소화하지 말아야 한다. 이것은 사회적 경제적 정치적 영역에서 아주 적용 범위가 넓은 방식이 된다. 대가 없는 진보는 없고, 부정적인 요소가 없는 긍정적인 요소는 결코 존재하지 않는다. 분야를 막론하고 획득한 모든 것은 일정한 대가를 치르게 된다. 중요한 것은 각각의 경우에 따라 정확하게 치러야 할 대가를 찾는 것이다. 그런데 그 대가는

---

106) Cf. Jacques Ellul, *Histoire des institutions*, t. V: *Le XIXe siècle*(1957), Paris, PUF−Themis(Quadrige), 1999³, pp. 354−376.

107) 자끄 엘륄은 기술이 가지는 양면적인 성격을 설명한다. Cf. Jacques Ellul, *La technique ou l'enjeu du siècle*, pp. 87−102; *Le sytème technicien*, pp. 133−162. (『기술체계』, 대장간 역간, pp.233−280.)

결코 문제된 현상의 외부에 있지 않고 내부에 있으며, 그 현상의 일부분을 구성한다. 공산주의체제는 개인의 경시, 집단수용소, 기만술책 등의 대가를 치른다. 그것은 외부의 현상이 아니고 복지, 사회정의, 협동 등을 내세우는 공산주의체제의 일부분을 구성한다. 우리가 치러야 할 대가를 거론할 때, 우리는 일단 그 대가를 치르면 상황이 온전해진다는 말을 하는 것이 아니다. 그 대가는 현실적으로 계속되는 상황을 규정한 것이다. 예컨대 기술에 의해 평가 절하된 인간이 기술에 의해 새롭게 가치가 회복되는 일은 없다. 인간은 기술에 의한 다른 혜택들을 받기는 하지만 계속 평가 절하된 상태로 남는다.

이와 같이 모든 사회적, 경제적, 정치적, 이념적, 도덕적 상황 속에는 모순이 존재한다. 그 모순은 모든 발전은 건설과 동시에 파괴로 나타난다는 사실에서 비롯된다. 파괴된 것은 청산되지 않고 무로 사라지지 않는다. 그것은 잔해로 잔존하고 부재로 지속되며, 그 부재에 의해서 독성이 남는다. 파괴된 것은 파괴되었다고 해서 덜 가치 있고 덜 적합하고 덜 정당하다고 평가될 수 없다. 그것은 회복될 수 없는 손실이 될 수 있다. 그런 경우 그 부재는 전체 체계에 전가되는 모순이 된다. 그래서 우리는 모든 인간의 발전에서 모순들을 드러내는 것이 중요하다고 천명한다. 그것이 자유의 방식이다. 그러나 여기서 착각하지 말아야 한다. 얼마나 많은 사람들이 모순이 곧 가능한 출구에 대한 표지라고 생각하는가?

예를 들자면 자본주의는 나쁘고 공산주의는 자본주의와 모순되니, 공산주의는 좋고 그 좋은 방향으로 나아가야 한다는 식이다. 또는 정치 사회는 무서울 정도로 구속하면서 순응을 요구하고 자유를 파괴하지만, 인간은 정치 사회와 반대되고 비순응적인 문화와 문학 속에서 자유를 찾는다는 식이다. 우리는 그런 사례들을 수없이 들 수 있을 것이다. 그와 같은 관점은 단순하고도 잘못된 것이다. 한편으로 그 모든 것은 자체적으로 각기 모순들을 내포하고 있다. 그 모순들은 문화 안에도 있듯이 공산주의 안에도 있다. 그러나 더 중요한 것은 그 둘이 다 하나의 동일한 체계를 말한다는 것이다. 그 둘은 플러스와 마이너스처럼 서로에 대해 파괴적인 반대 요소들이 아니다. 그 둘은 서로 긴장관계를 형성하고 용해될 수 없으면서, 하나의 전체에 속한다.

자본주의와 공산주의는 경제성과 기술성과 효율성이 제일 우선시되는 가치들이 동일한 하나의 사회를 구성하는, 보완적이면서 모순적인 동전의 양면과 같다. 공산주의는 자본주의와 같은 근본 특성들을 드러내면서 단지 표면적인 모순만을 내비친다. 마찬가지로 문화는 그 비순응주의와 함께 순응주의적인 정치 사회의 필수적인 부분으로서 보상, 정당화, 발산, 신화화의 도구가 된다. 이와 같이 모순들은 한쪽을 선택해서 해결될 수 없다. 그 두 요소들은 하나의 전체를 구성한다. 우리는 한쪽을 배제할 수 없다. 그래서 존재하는 모순점들을 파악하는 것과 함께 그 모순점들의 심층적인 연관성과 상호관련성을 인식하는 것이 필수적이다. 그것이 한 사회를 이해하는 관건이라고까지 말할 수 있다. 그것이 사회적, 정치적 현실에 도달하는 유일한 방식이다.

그런데 그 방식을 비非그리스도인들이 취하기는 불가능하다. 인간은 필연적으로 하나의 단일한 세계를 이루려는 본능적인 성향이 있어서 모순을 배척하고, 확실하게 대립된 선악의 단순한 구분과 함께 명시적으로 선을 선택하려고 한다. 내가 공산주의자라면 나는 공산주의 안에 모순들이 존재하는 것을 용납할 수 없다. 공산주의는 선이고 나는 그 선을 택한 것이다. 자유주의, 문화, 기술, 민주주의, 예술, 과학, 사회주의, 경제적 생산성, 노동 등에 대해 우리는 같은 말을 할 수 있다. 물론 기독교에 대해서도 마찬가지다. 오직 하나님의 말씀이 개입함으로써 우리는 그 모순점들과 그 깊은 연관성을 알아볼 수 있고, 또한 그 현실 속에서 살아가고 그것들과 함께 이 세계 안에 거할 수 있다. 하나님의 말씀은 우리로 하여금 '전적인 타자'[108)와 관계를 맺고, '이미 이루어진 것'과 '아직 실현되지 않은 것' 사이의 긴장 가운데 살아가며 소망을 선물로 갖게 한다.

그런데 모순들에 대한 인식은 오직 그리스도인만이 가질 수 있는 것으로서 사회 전체와 개인을 위해 결정적으로 중요한 것이다. 바로 그 인식을 통해서 사람들은 인간이 살아가는 세상 속에서의 인간 조건을 중대하게 인식하기 시작하게 된다. 그런 까닭에 그런 시도를 했던 마르크스주의는 높이 평가받을 만하다. 마르크스주의가 불발로 끝나고 같은 구습에 빠져 실패한 것은 그것이 인간적인, 단지 인간적인 것이었기 때문이다. 그러나 그 시도는 올바른 것이다. 바로 그 방식을 통해서 인간이 궁극적인 자유를 향해 나아가도록 노력해야 한다. 그리스도인들이 하지 않는다면, 아무도 그 일을 할 수 없다. 왜냐하면 사람들은 여기서 사회와 개인의 근본 구조에 부딪치기 때문이다. 또한, 선한 점을 발견하지 못한 채로 모순점들을 드러나게 하는 것은 절망적인 상황 속에 처하게 하는 것이다. 아무도 완전한 절망 가운데서는 살아갈 수 없다.

이와 같이 모순들이 있는 세상 속에서 그리스도인의 처신과 성육신 문제와 하나님의 역사를 명시하는 기독교 윤리는 모순의 윤리일 수밖에 없다. 기독교 윤리는 그리스도인으로 하여금 모순점들이 충돌하는 긴장 상황을 인지하고 그 가운데 살아가며 형제들이 세상의 모순의 비극을 견뎌낼 수 있도록 돕는 것이어야 한다.

---

108) 하나님을 가리키는 '전적인 타자'라는 표현은 비교종교학을 연구한 루터교 신학자인 루돌프 오토(1869-1937)에게서 비롯된다. *Cf.* Rudolf Otto, *Le sacré. L'élément non rationnel dans l'idée du divin et sa relation avec le rationnel*(1917), Paris, Payot, 1929, pp. 46-53.

7장 • 수단의 윤리

행동과 윤리

기독교 윤리의 문제는 행동의 문제다. 물론 기독교 윤리의 문제는 우선적으로 존재의 문제이다. 그러나 존재는 행함으로 표현되고 통합되지 않으면 아무것도 아니다. 여기서 우리는 전혀 삶에 대한 행동의 우위나, 상황에 대한 행함의 우위를 규정하려고 하는 것이 아니다. 그것은 우리의 기술문명이 행하는 중대한 기만들 중 하나에 지나지 않는다. 존재가 행함을 지배하고 행함에 우선한다. 예수 그리스도 안에서 하나님이 역사한 기적은 우리 존재를 목적으로 하여 변화시키는 것이다. 그러나 존재하는 방식은 필연적으로 말과 활동과 직업과 일 등과 같은 행함을 통해서 드러난다. 저차원이지만 필수적인 이 수준에 이르지 않으면, 우리는 존재에 대해 아무 말도 할 수 없다. 우리는 존재에 대해서는 오로지 행함으로 나타난 것만을 알 수 있을 뿐이다. 사랑은 하나님의 선물이고 인간 존재의 심층을 변화시킨다. 그렇지만 우리는 이웃을 향한 행동의 변화와 같은 그 실제 표현들을 통해서만 사랑을 알아볼 수 있다. 그런 행동은 사랑에서 나온 것이 아니라면 그 자체로는 아무 의미도 없고 아무 가치도 없다.[109] 그렇지만 그 사랑도 또한 행동

---

109) *Cf.* 고린도전서 13:1–3.

으로 구현되지 않는다면 아무것도 아니다.110)

그러므로 그리스도인들을 위한 윤리는 정말 행동의 문제라고 말할 수 있다. 그 윤리는 예수 그리스도 안에서 인간에게 주어지고 믿음과 소망과 사랑 안에서 인간에게 구현되는 하나님의 선물과, 다른 한편으로 하나님이 확정하고 예수 그리스도 안에서 이미 실현된 구원의 성취 사이에 위치한다. 그리스도인들을 위한 윤리는 하나님과 인간의 관계나 하나님에 대한 인간의 응답에 관한 신학적인 서술이 아니다. 그 윤리는 계시된 말씀에 대한 강론이 아니고, 은총을 받아들이고 구원의 삶을 살라는 권고도 아니다. 그 윤리는 그 모든 것에서 구체적인 결과물을 찾으려고 탐구하는 것이고, 인간이 받은 계시와 하나님이 세운 영원한 관계를 현대인의 삶에 부합시키면서 현재의 형식으로 표명하려고 노력하는 것이다.

여기서 우리가 말하는 수단들은 단지 물질적 도구들, 기술절차들만이 아니고, 사람들 사이를 매개하는 것, 사람에게 자신의 내면의 삶을 표현할 수 있게 하는 것, 사람이 현실에 관여하게 하는 것 등을 다 포함한다. 그러므로 수단은 말이나 글이나 행동뿐만 아니라 타자와의 관계도 되고, 직업의 수행뿐만 아니라 지적·육체적 활동에 의해 이루어지는 외부 세계에 대한 이해도 된다. 그 모든 것은 결국 수단이다. 왜냐하면 인간은 그것을 통해서 성취하거나 파멸하고, 그것을 통해서 사람들과 사물들에게 자신의 인장을 새기고, 그들의 지문을 받아들이기 때문이다.

또한 그리스도인들을 위한 윤리는 달성할 목표들과 어떤 목적들에 대한 서술이 아니다. 그 점에서 우리는 다른 수많은 도덕들과 아주 중대한 차이점을 접한다. 그 도덕들은 항상 어떤 목적을 제시하고 주로 그 목적을 기술하는 데 몰두한다. 그 목적이 선이라면 그들은 달성해야할 선을 상세하게 기술한다. 그 목적이 가치라면, 그들은 가치에 관한 모든 것, 그 특성과 특

110) Cf. 요한일서 4:7-21.

징을 설명한다. 그 목적이 정의라면, 그들은 거기에 맞추어 계속 한다. 거기에는 목적을 향해 인간이 스스로를 던지는 일종의 기투企投가 있다. 도덕은 인간의 윤리적 상황을 확인하는 데 국한되고 도덕적 실천은 선택의 행위라고 주장할 때조차도, 목적의 수립이 도덕의 주요한 임무로 보인다. 그런데 그리스도인들을 위한 도덕은 목적도 목표도 제시하지 않는다. 이 도덕은 어떤 목적을 지향하지 않고, 어떤 목표를 규정하지 않는다.

하나님은 우리에게 하나님의 역사의 목표와 목적을 계시한다. 그것은 모든 사람들의 구원이고, 파괴와 죽음의 권세들을 없애는 것이며, 새로운 창조세계를 세우는 것이다. 그 세 가지 목적은 우리의 능력과 수단으로 이룰 수 없는 것들이다. 우리는 우리 자신을 구원할 수 없고 남들을 구원할 수도 없다. 우리가 구원받는 것은 은총에 의한 것이다. 우리는 사단과 죽음의 권세를 무너뜨릴 수 없다. 우리는 하나님 나라를 건설하거나 준비할 수 없다. 또한 하나님의 역사의 세 가지 목적은 우리의 미래와 과거에 이루어져 있다. 인간의 구원과, 악의 권세들에 대한 승리와, 부활로 시작된 새로운 창조세계, 그 모든 것은 실제로 이미 예수 그리스도 안에서 달성되었고 성취되었다.

따라서 기독교 윤리는 결코 인간에게 목표를 제시하지 않는다. 예를 들자면, 기독교 윤리는 인간의 행동 목표는 행위에 의한 구원과 같이 스스로를 구원하는 것이 아니고, 전도와 증언을 통해 남들을 구원하는 것도 아니며, 천사처럼 세상의 속죄를 담당하는 것도 아니고, 천년왕국과 같이 이 땅 위에 정의를 수립하는 것도 아니고, 세상을 도덕적으로 만드는 것도 아니다. 성서적으로 정말 중요한 것은 예수 그리스도 안에서 하나님이 행한 역사이고, 그것은 우리의 능력 밖의 일이며 이미 성취되었다. 그리스도인들을 위한 윤리는 결코 하나님이 아직 실현시키지 않은 일을 실현하기 위한 행동을 서술할 수 없다. 왜냐하면 모든 것은 예수 그리스도 안에서 예수 그리스도에 의해 이미 성취되었기 때문이다. 거기에 덧붙일 것은 하나도 없다. 인간은 하나님의 역사에 자신의 행동과 덕목을 덧붙일 수 없다.

기독교 윤리는 어떤 것을 얻기 위한 윤리가 될 수 없다. 기독교 윤리는 이미 얻었기 때문에 세워진 윤리이다. 기독교 윤리는 쟁취의 윤리가 아닌 순종의 윤리이다. 이 윤리는 도달점이 없고 출발점만 있고, 목적은 없고 이유만 있으며, 창조가 아니고 구현이다. 내가 하나님의 뜻에 따라 살아가는 것은 구원받기 위한 것도 아니고, 하나님의 진노를 누그러뜨리기 위한 것도 아니며, 단지 내가 은총으로 구원받았고 하나님이 나를 사랑하기 때문이다. 내가 도덕규범을 찾는다면 그 도덕규범은 어떤 목적의 성취를 위해 규정지어진 것일 수 없고, 하나님이 나에게 내린 은사를 발현하는 것이어야 한다. 내가 금욕주의를 받아들인다면 그것은 하늘로 올라가고 신비한 경험을 조장하며 기적적인 능력을 얻기 위한 것이 아니고, 단지 산상수훈의 말씀에 순종하기 위한 것이다.

이와 같이 도덕적인 삶은 목적을 지향하지 않고 목적론[111]을 갖지 않는다. 그것은 단지 받은 감동을 표현하는 것이다. 성령은 가야할 여정의 끝에 있지 않고 시작하는 원점에 있다. 예수 그리스도는 영적인 여정의 끝에서 만나는 것이 아니다. 그는 출발점에 있다. 구원에 이르는 유명한 '좁은 길'[112]은 사람이 자신의 능력을 다 들이고 많은 도덕적 가치와 희생을 통해서 예수 그리스도에게 도달하는 길이 아니다. 그 길은 예수 그리스도를 만난 뒤에 가는 길이다. 그 첫 번째 증거는 그것이 제자들을 향한 말씀이었고, 예수 그리스도를 진지하게 영접해야만, 다시 말해 이미 예수 그리스도의 부

---

111) 도덕적인 삶에서 이 목적론의 부재는 폴 리쾨르(Paul Ricoeur)와 자끄 엘륄을 분명하게 가른다. 폴 리쾨르는 아리스토텔레스적인 목적론적 윤리를 칸트적인 도덕률에 밀접하게 연결시킨다. Cf. Paul Ricoeur, *Soi-même comme un autre*, Paris, Seuil, 1990, pp. 200–201.

112) Cf. 마태복음 7:13–14. "좁은 문으로 들어가라. 멸망에 이르는 문은 넓고 그 길이 널찍해서 그리로 들어가는 자들이 많으나, 생명에 이르는 문은 너무나도 좁고, 그 길이 험해서 그곳을 찾는 자들이 적다."

름을 받았어야만, 그 말씀을 진지하게 받아들일 수 있다는 점이다. 더 나아가 그 길은 예수 그리스도 자신이다. "내가 곧 길이다."[113]

그러므로 그리스도인들을 위한 윤리는 달성할 목표들을 정하거나, 목표를 성취할 수단들덕목, 행위, 방도을 기술하는 것이 아니다. 이 윤리는 먼저 그리스도인의 행동은 아무 쓸모도 없고 전혀 효율적이거나 효과적이거나 이로운 것이 아니며, 결코 어떤 목표에 근접하는 것이 아니라는 사실을 먼저 알려주어야 한다. 곧바로 사람들은 "그렇다면 그게 무슨 소용이냐?" 하고 반응할 것이다. 이 시대에 우리는 세상의 가치들로 너무도 깊이 물들어 있으며, 유용성과 효율성으로 모든 것을 평가하는 사회적 선입관들을 따라 판단한다. 우리는 유용하지 않다 싶으면 행동을 거부한다. 그런데 기독교 윤리는 우리로 하여금 아무 쓸모도 없고 중요한 일에 전혀 도움이 되지 않는 행동을 취하게 한다. 그 행동은 하나님의 역사를 진척시키지 않지만 필요한 것이다. 그 필요성은 그 유용성이나 합목적성이나 목적에 대한 부합성에 기인한 것이 아니고, 전적으로 하나님의 결정에 기인한 것이다.

하나님이 전한 말씀이기 때문에, 인간은 그 말씀에 따라 행동하고 살아가도록 요구되는 것이다. 하나님이 믿음을 주셨기 때문에, 믿음은 전도와 증언을 통해서 구현될 필요성을 띠는 것이다. 하나님이 사랑을 주셨기 때문에 사랑은 남들을 위한 사랑의 행위를 통해 구현될 필요성을 띠는 것이다. 하나님이 소망을 주셨기 때문에 소망은 자유의 삶을 통해 구현될 필요성을 지니는 것이다. 이와 같이 계속 이어진다. 요컨대 하나님이 우리에게 그리스도 안에서 생명을 주셨기 때문에 우리는 이 생명을 삶으로 살아가야 한다. 이 삶은 행동과 분리될 수 없다.

그러나 우리는 우리의 행동에 대한 효율성의 문제를 우리 스스로 제기할

---

113) Cf. 요한복음 14:6. "내가 곧 길이요 진리요 생명이니 나로 말미암지 않고서는 아무도 아버지께 오지 못한다."

필요가 없다. 오직 하나님만이 우리의 행동을 효율적이거나 비효율적이게 한다. 또한 우리의 행동에 대한 타당성, 유용성 등의 문제도 마찬가지다. 다시 말해서 우리는 우리가 행한 일을 우리 스스로 판단하려고 하지 말아야 한다. 그것은 오직 하나님만의 일이다. 우리는 우리가 행한 일이 어디서 어떻게 하나님 나라에 편입되는지 알려고 하지 말아야 한다. 그것은 하나님이 선택한다.

우리가 해야 할 모든 것은 영적으로 안식하며 겸손한 태도로 우리가 행한 일을 하나님의 손에 맡겨서 하나님이 취할지 버릴지, 수용할지 거부할지, 하나님이 그 일에 효율성을 부여할지 말지 판단하게 하는 것이다. 나는 할 수 있는 모든 것을 다했다. 나는 그것이 좋은 것인지 알 수 없고, 하나님이 말씀할 때 알게 될 것이다. 나는 그것이 무엇인가에 쓰일지 아닐지 미리 알 수 없다. 이 세상에서 아무도 그걸 말할 수 없다. 오직 부활과 새로운 창조 세계가 임할 때 나는 그걸 알게 될 것이다.

그러므로 그런 것에 대해서 전혀 근심할 필요도 없고 염려할 필요도 없다. 전도서는 정확히 "네 양식을 물 위에 던져라"[114]라고 권고한다. 그렇지만 중요한 것은 먼저 양식을 만들고 마련하는 것이다. 그 일을 마치고 나서 그 양식을 물의 표면 위에 던지는 것이다. 이제 물결을 따라 양식이 흘러간다. 물결은 마땅한 곳으로 그 양식을 흘러가게 한다. 확실히 너는 그 양식을 되찾게 될 것이다. 그 모든 것을 밝혀주는 말씀이 있다. "이와 같이 너희도 명령받은 모든 일을 나 행한 후에 '우리는 무익한 종입니다. 우리는 마땅히 해야 할 일을 했을 뿐입니다.' 라고 하라."[115] 또한 달란트의 비유가 있다.[116] 주인이 돌아와 셈을 하는 시간에, 종은 말한다. "나는 다섯 달란트

---

114) 전도서 11:1.
115) 누가복음 17:10.
116) *Cf.* 마태복음 25:14-30/누가복음 19:12-27.

를 투자해서[117] 다섯 달란트를 벌었습니다.[118]" 아무튼 이 종은 자신이 행한 일이 자신에게 속한 것이 아니고 하나님에게 속한 일이라는 것을 알고 있다. 이와 같이 윤리적으로 우리가 행한 어떤 일도 우리의 것이 아니다. 우리가 할 수 있는 유일한 덕행은 이 일이 주님의 것이라는 사실을 인정하며 주님의 손에 맡기는 것이다. 이 종은 자신이 행한 일이 좋은 것인지, 그게 해야 할 일이 맞는지 미리 알 수 없었다. 왜냐하면 그에게 미리 할당된 목적이 있어서 그 목적에 맞출 수 없었기 때문이다. 그걸 알기 위해서, 그 종은 "잘했다, 착하고 충성된 종아."[119]라는 하나님의 말씀이 있을 때까지 기다린다. 그때 비로소 그는 자신이 한 일이 잘한 것이었음을 알게 된다.

그렇지만 또한 우리 스스로 착각한 것은 아닌지, 우리가 선택한 일이 하나님이 바라는 일이 아닌지, 그 일은 결국 하나님이 거부하여 소멸되는 것은 아닌지 등으로 지나치게 걱정하지 말아야 한다. 그런 것은 우리 자신이 거부된다는 것을 의미하는 것이 전혀 아니다. 고린도전서는 최후심판의 날에 사람이 자신이 행한 일이 소멸되어도 그 사람 자신은 불 속을 거쳐 구원받을 것이라고 전한다.[120] 다시 말해서 그 사람은 행한 업적이 없이 알몸으로 천국에 들어갈 것이다.

우리의 구원은 정말 우리가 행한 행위에 의존하지 않는다. 그렇다고 잘못 착각하지 말아야 한다. 마찬가지로 가인의 경우에도, 하나님이 그가 바친 제물을 거절할 때 가인 자신을 거절한 것은 아니다. 반대로 하나님은 사랑

---

117) ▲나는 무엇을 해야 할지 정확히는 잘 알지 못했지만 이런 일을 했습니다. 나는 불확실하지만, 주인께서 나에게 먼저 주었기 때문에, 주인께서 나에게 준 것을 활용하는 것이 좋은 일이라고 믿었습니다.

118) ▲혹시 이것이 주인께서 바라던 일인가요? 이 돈은 주인의 것이니 받으세요. 아니면 혹시 다른 일을 해야 했나요? 집을 산다든가, 가난한 사람에게 준다든가, 혹은 그런 일로 돈을 잃을 위험을 무릅쓰지 말아야 했나요?

119) 마태복음 25:21, 23.

120) 정확히는 고린도전서 3:15. "누구든지 자신이 행한 일이 불타면 해를 입을 것이다. 그러나 그 사람은 구원을 받되 불 속을 거쳐 받을 것이다."

하는 가운데 가인에게 말을 건넨다. 하나님은 가인에게 거절당한 일로 해서 슬퍼하지 말아야 한다고 권고하기까지 한다. 왜? 그 이유는 가인이 가진 것은 사실 하나님이 주신 것이니, 가인은 하나님의 것을 하나님에게 바친 것이기 때문이다. 가인이 바친 제물은 타자에게 간 것이 아니고, 반환한 것이다. 사실 하나님은 자신에게 속한 것으로 마음에 드는 것을 취할 수 있다. 가인은 전혀 상처받을 필요가 없다. 우리의 행위와 우리가 행한 일의 경우도 마찬가지다. 그리스도인들을 위한 윤리가 기술하는 그리스도인의 삶의 모든 행위들은 하나님이 우리에게 주신 하나의 은사[21]를 구체적이고 현실적으로, 다만 부분적으로 발휘한 것일 뿐이다. 그런 점에서 그 모든 것은 하나님에게 귀속된 것을 반환하는 것일 뿐이다. 그것은 하나님에 우리에게 맡겨놓은 자산의 아주 적은 일부분일 뿐이다. 그런 가운데 '혹시나 하나님이 우리가 행한 일을 마음에 들어 하지 않을까' 라며 어떻게 걱정하거나 슬퍼할 수 있을까? 다만 하나님에게 표현하고자 했던 사랑을 다 표현할 수 없었던 점을 우리가 염려할 수는 있겠지만, 우리 자신의 구원에 관한 문제를 우려할 필요는 전혀 없다.

사회적 상황과 현실의 진단

그리스도인들을 위한 윤리는 목적들을 서술한 것이나 목적을 위한 수단들을 정리한 것이 아니기에 오로지 수단의 윤리일 뿐이다. 여기서 수단은 목적에 의해 결코 정당화될 수 없다는 사실을 지적하고 넘어가고자 한다.[122] 중요한 것은 사회적, 경제적, 정치적, 이념적 구조들에 의해 역사적

---

121) ▲이는 우리가 쟁취해야 하거나, 하나님에게 바치기 위해 새롭게 만들어야 할 목적의 달성에 적합한 하나의 도구가 아니다.

122) ▲목적과 수단들에의 문제에 관해서는 다음의 책을 참조하라. Jacques Ellul, "Présence au monde moderne", chapitre III: "La fin et les moyens", pp. 55-78. (『세상 속의 그리스도인』, 대장간 역간, pp. 97-136.)

으로 결정지어진 사회에서 은총에 의해 한 인간에게 실현된 하나님의 역사를 표현하기 위해 최선의 수단들을 구체적인 상황들 가운데 선택하는 것이다. 그것이 문제의 핵심이다. 그러나 그것이 특정한 사회에 대한 수단들과 관련된다는 사실에 주목해보면, 우리는 사람들이 활동하는 그 환경과 사회를 파악해야 한다는 점을 분명히 알게 된다. 수단들은 단지 신앙을 표현하는 것만이 아니고 이 세상에서 체험된 신앙을 표현하는 것이다.

한 눈먼 사람이 다른 눈먼 사람들을 인도하는 비유[123]는 계시의 빛이 없이는 인간은 눈이 멀어있다는 사실을 우리에게 알려준다. 눈먼 사람이 눈을 뜨게 되면, 그는 눈을 뜨고 무언가를 보게 된다. 그 무언가는 하나님 뿐만이 아니라 불가분리의 하나님의 창조세계이다. 이 창조세계는 '영원한 공간' [124]과 같은 절대적인 것이 아니라 역사적으로 구획되어 정해진 구체적인 것으로 나타난다. 그러므로 이는 기적으로 눈을 떠서 다른 눈먼 사람들을 인도하고, 어쩌면 그들의 눈도 뜨게 할 눈먼 사람이 길을 가려면 하늘뿐아니라 땅과 길을 바라보며 걸어가야 한다는 의미가 된다. 바꾸어 말해서 수단들을 선택하는 윤리적 문제에 있어서 그 수단들은 하나님의 진리와 공의와 사랑과 자유를 발현해야 할 세상의 구체적 상황에 맞도록 세밀하게 조정되어야 한다. 이와 같이 수단들은 하나의 목적이나 사회에 따라 조정되어서는 안 된다.

이는 우리가 그 사회를 알아야 한다는 것을 의미한다. 따라서 우리는 그 사회의 상황과 현실과 사회 속의 개인에 대해 진단해야 한다. 이 진단을 거부하는 사람들은 그리스도인의 삶의 수단들을 구체화할 수 있는 모든 가능

123) *Cf.* 마태복음 15:14/누가복음 6:39. "또 예수께서 그들에게 비유로 말씀하셨다. '눈먼 사람이 눈먼 사람을 인도할 수 있느냐? 둘이 다 구덩이에 빠지지 않겠느냐?'"
124) 명백히 이것은 파스칼의 말을 가리킨다. "이 무한한 공간의 영원한 침묵은 나를 두렵게 한다."(*Pensées*).

성을 거부하는 것이다. 진단이 무용하다는 말은 잘 모르는 나라에서 길을 찾아가는 데 지도가 무용하다는 것이나 같은 말이다. 진단을 아주 자주 행했다는 말은 필수적인 연관 분석을 하는 대신에 피상적으로 급하게 전반적으로 둘러보았다는 뜻이다. 내가 아는 바로는, 현대사회에 대한 수많은 해석, 세부묘사, 기본개요 등이 있지만, 현대문명에 대해서 단 하나의 총체적이고 심층적인 총괄적 진단도 없다. 진단은 세상을 고정시키고 사물들을 규정하여 변화를 가로막거나 세상과 사물들에 대한 우리의 변화를 가로막는 까닭에 해롭다는 주장은 경제, 정치, 이념 등이 초음속으로 변화한다고 믿는 것이다. 그것은 바람과 물질의 침식과 훼손 작용 때문에 지도가 필연적으로 틀리게 될 것이기에 지도를 작성할 필요가 없다는 말과 같다. 진단은 현상의 유동성을 고려하지 않는다는 말은 풍경을 찍은 사진이 한 시간 후 나무들을 향해 불어온 바람을 고려하지 않기 때문에 잘못된 것이라는 말과 같다. 진단은 현실을 파괴한다는 말은 현상의 관찰은 현상을 파괴한다는 말과 같다. 진단에 대한 그런 부정적 태도는 혼돈을 부르는 것이며 피상적인 데에 치중하는 것이다. 진단을 내리는 것은 환자나 의사가 살아가는 것을 전혀 방해하지 않고 그들이 관계를 맺는 것도 방해하지 않는다. 그리스도인의 삶에 있어서 진단하는 것은 그 삶의 조건이 된다.

그리스도인들은 사람과 사회를 알지 못하면 증언할 수 없다. 선교사들은 그 사실을 잘 알고 있다. 그리스도인들은 자신들이 참여해야 하는 세상에 대해 알지 못하면 세상에 온전히 참여할 수 없다. 그들은 길을 표시하는 필수적인 지표들을 갖지 않고는 남들을 위해 길을 낼 수 없다. 현실의 그리스도인들이 이 진단을 했었더라면 참여활동을 하는 그리스도인들이 반세기에 걸쳐 범한 중대한 실수들을 피할 수 있었을 것이다. 물론 진단은 예비적으로 하는 아주 작은 일이고, 기독교 활동과 사상에서 과도한 비중을 차지할 수 없다. 그것은 선교사들이 이용하는 성서를 아시아나 아프리카의 언어로 번역하는 일과 같은 수준에 속한다. 그것은 번역처럼 전문가가 맡는 일이고 예비적인 일로서, 실제로 사명을 맡은 사람이 없이는 아무 의미가 없고 오로지 그 사명자의 손에서 좋은 도구가 된다.

그것이 과연 필요한지 의문을 던지는 사람들도 있다. 그리스도인은 결코 진단을 행한 적이 없었다는 것이다. 우리는 사도행전에서 사도바울이 그리스에 가기 전에 먼저 사회학적인 진단을 행한 경우를 찾아볼 수 없다. 믿음으로 나아가고 비둘기 같이 순결한 마음으로 세상으로 들어가면 그것으로 충분하지 않은가? 성령이 우리를 인도하고 세상과 사람에 대한 충분한 지식을 전해줄 것이다. 내 생각에 그런 식의 사고방식은 전혀 올바르지 않다. 성령의 역사는 수단을 무력화하지 않는다. 사도바울은 항해를 위해 배를 취했다. 지적인 수단과 물질적인 수단을 포함한 인간적인 수단들은 성령의 역사에 필요한 것이다. 비둘기의 순결함과 뱀의 신중함을 결코 분리하지 말자. 뱀의 신중함도 권고한 것이다.[125] 예수 그리스도가 우리에게 탑을 세우기 전에 먼저 계획하고 예산을 짜라고 권한 것을 잊지 말자.[126] 진단은 하나님을 향한 신뢰에 반하지 않는다. 그것은 인간의 능력을 하나님의 처분에 맡기는 것이다.

한편 진단은 현재에는 필요하지만 과거에는 전혀 행해지지 않았다. 왜냐하면 사도바울과 아우구스티누스와 토마스 아퀴나스와 루터가 살던 사회의 심층 구조는 극히 안정적이었기 때문이다. 전반적인 기본 틀은 동일했고, 변화는 아주 느리게 진행되었으며, 인간의 심리는 거의 변화하지 않았다. 충격적인 위기들은 표면적인 데 지나지 않았다. 그런데 선사시대에서

---

125) Cf. 마태복음 10:16. "보라, 내가 너희를 보내는 것이 양을 이리 떼 가운데로 보내는 것과 같다. 그러므로 너희는 뱀 같이 지혜롭고, 비둘기 같이 순결해라."
126) Cf. 누가복음 14:28-30. "너희 가운데서 누가 망대를 세우고자 하면, 먼저 앉아서 자신에게 그것을 완성할 비용이 있는지 계산해 보지 않겠느냐? 그렇게 하지 않아서, 기초만 놓은 채 완성하지 못하면, 보는 사람들이 비웃으며, '이 사람은 건축을 시작했으나 완공하지 못했다'라고 할 것이다."

역사시대로 넘어온 뒤 처음으로 우리는 심리적, 기술적, 종교적, 경제적 모든 삶의 요소들과 사회 전체가 극도로 급속하게 변화해가는 것을 목격하게 되었다. 우리의 현대문명이 전통적인 문명과의 유대를 단절하게 된 까닭에 진단은 필수불가결한 것이 된다. 우리는 예전과는 공통성이 없는, 근본적으로 새로운 세계에 살고 있다. 이 세계에서 활동하기 위해서는 이 세계를 알아야 한다. 정말 새로운 세계에서 살아가게 되었을 때마다 그리스도인들은 그렇게 했다. 예컨대 게르만족의 대이동기인 5-7세기에, 투르의 그레고리우스[127]와 같이 기독교 사상가들은 새롭게 조성되는 세계를 평가하는 데 많은 노력을 기울였다. 또한 선교사들의 탁월한 사회학적 연구서들도 마찬가지다. 그런데 1950년대의 사회와 1750년대의 사회의 차이는 1750년대의 프랑스사회와 파푸아뉴기니 사회의 차이보다, 혹은 4세기의 게르만족 사회와 로마사회의 차이보다 천 배나 더 크다.

수단의 선택과 책임

수단의 윤리는 선택과 성찰과 책임의 이행이 수단들의 차원에서 이루어지는 것이다. 현재의 인간으로 하여금 하나님 말씀의 진리와 성자 예수 안에서 성부 하나님의 사랑을 알게 할 수 있는 올바른 수단들은 무엇일까? 우리의 현대사회에서 이 진리와 사랑을 구현시킬 적절한 방식들은 무엇일까? 중요한 것은 효율적인 수단들을 선택하는 것이 아니다. 뒤에 가서 우리는 효율성의 문제를 다룰 것이다. 여기서는 그 문제에 대해 두 가지만 언급하고 넘어간다.

첫째로 인간적인 차원에서 특정한 효율성을 지닌 인간적 수단은 하나님

---

127) 투르의 주교였던 투르의 그레고리우스(Grégoire de Tours, 538-594)는 *Histoire des Francs*(프랑크족의 역사)를 써서 변화의 시대 동안의 교회 역사를 기술했다.

의 은총과 사랑을 전달하는 데 있어서 어떤 효율성도 보장하지 않는다는 것이다. 인간을 매개로 전달되는 하나님의 은총과 사랑은 결코 사용된 수단들의 기술적 효율성에 달려 있지 않다. 일례로 복음전파[128)에서 홍보선전이 야기하는 모든 문제를 보라. 둘째로 영적인 효율성은 성령으로부터 나온다는 것이다. 오직 성령만이 은총을 구현할 수 있고 사랑을 살아나게 할 수 있다.

그러므로 선택의 문제는 효율성이 아니라 적절성이다. 수단은 하나님이 우리에게 요청하는 일에 적절한 것이어야 한다. 아주 기초적으로 거짓말은 진리를 전달하는 데 적절한 수단이 아니라고 말할 수 있다. 그런데 이는 이미 확립된 중요한 기준으로서 수단들을 아주 효율적으로 구분하게 한다. 예를 들자면, 끊임없이 상대편이 전쟁을 원한다고 비난하면서 평화를 바란다는 말은 진실한 말이 아니다. 또한 수단은 수용하는 사람과 일하는 세상에 적절한 것이어야 한다. 특히 수단은 세상의 근본적인 현실에 적절한 것이어야 한다. 다시 한번 말해서 아주 기초적으로 그것은 가나안 방언의 거부와 같이 어휘 사용을 조정하는 문제라고 할 수 있다.

어떤 태도를 나타낼 수 있는 최선의 방안은 수단들을 선택하는 데 있다는 주장은 맞는 말인 듯싶다. 따라서 그리스도인의 삶의 고유성은 거기서 나타난다. 우리를 둘러싸고 있는 세상의 조건에 의해서 우리의 존재가 결정되고 하나님의 은총에 의해서 어떤 목적이 주어지는 데 반해서, 우리는 수단들을 선택하는 데 있어서 상대적으로 자유로운 것 같다. 물론 현대세계는 엄청나게 많은 수단들을 제공한다. 그것은 기술문명의 특성이기도 하다. 그러나 어떤 수단도 절대적으로 강요되는 법은 없고 일방적인 것은 없다. 어떤 수단도 아무도 피할 수 없는 강제력을 지니지 않는다. 왜냐하면 그 모든 수단들은 철저하게 그 효율성에 따라 규정되기 때문이다. 우리 사회가

128) *Cf.* Jacques Ellul, "Evangélisation et propagande", pp. 146-162.

고려하는 모든 것은 바로 효율성이다. 우리가 그런 기계적이고 외적인 효율성을 내려놓는 순간부터, 우리가 아무도 하지 않는 방식을 취하고 진정 가시적인 결과들을 뛰어넘을 것을 받아들이는 순간부터, 우리가 우리 자신의 행동에 어떤 결과를 정하지 않는 순간부터, 그러한 순간부터 우리는 수단들을 선택하는 데 있어서 상당한 자유를 누리게 된다. 그 이외의 다른 자유는 없다고까지 말할 수도 있다.

마찬가지로, 우리가 우리의 행동에 대한 궁극적인 책임예수 그리스도가 대신함을 질 수 없으면, 우리는 하나님이 정하는 결과에 대한 판단을 수행하지 못한다. 반면에 하나님의 은총을 전파하고 창조주를 향한 피조물의 순종을 실현시키기 위해 우리가 선택한 수단들에 대해 우리는 전적인 책임을 진다. 그런데 영적인 사람들과 그리스도인들을 언제나 유혹하는 함정이 바로 수단들을 경시하는 데 있다는 사실을 돌이켜보면 그 모든 사실은 특별한 중요성을 지닌다. 그 유혹은 또한 우리가 추구하는 높은 목표들을 고찰하고 목적들에 대해 성찰하는 것으로 충분하다는 것이고, 그것이 유일하게 중요하고 흥미로운 일이라는 것이다. 그런데 그것은 우리로 하여금 자유의 환상을 누리게 하는 유일한 것이지만, 우리에게 온전히 그 자유를 실천할 능력을 주지는 않는다.

또한 현재의 세계는 수단들이 아주 풍부하다는 특징을 갖는다는 사실을 고려하는 것이 중요하다. 우리는 그 모든 수단들을 산출하는 엄청난 생산력을 앞에 두고 입장을 취해야 한다. 수단들은 능력, 안락, 복지 등과 같이 일반적으로 기독교적이라고 볼 수 없는 목적들에 맞추어 조정된다. 그러므로 중요한 것은, 우리가 총체적으로 그 거대한 장치를 거부해야 하는지, 세상이 우리에게 제공하는 것과는 아주 다른 특별한 수단들을 만드는 방향으로 나아가야 하는지 등에 대해 우리 스스로 성찰하는 것이다. 혹은 반대로 우리가 세상의 수단들의 운용에 관여하고 그 수단들을 수용하며 조율해서 또 다른 의미와 또 다른 가치를 부여하고, 인간이 다른 목적으로 조성한 이 엄청난 인위적 세계를 창조주 하나님에게 돌이키는 방향으로 전환시킬 수 있는지, 또는 우리가 결국 그 모든 수단들 가운데 교회의 임무에 적절한 것들과 악을 도모하는 것들로 선별해서 선택해야 하는지 등에 대해 우리 스스로 성찰하는 것이 중요하다.

이것은 의심의 여지없이 오늘날 제기될 수 있는 가장 심각한 문제이다. 이것은 신앙 앞에 기술이 불러오는 문제의 핵심이다. 그러나 거기에 어떤 총체적인 해결책도 결코 주어질 수 없다. 우리의 결정에 방향을 잡아주는 하나의 신학적 틀은 주어질 수 있을 것이다. 예를 들어 현대의 기술에 관한 사회학적 분석에 대한 대응으로 기술에 관한 하나의 신학적 성찰이 주어질 수 있다. 수단의 이용에 관한 의미와 선택 조건들에 대한 분석이 주어질 수도 있을 것이다. 그러나 결국 구체적인 사안에서 어떤 수단을 사용해야 하는지에 관해 우리는 하나의 일반적인 규범이나 집단적인 결정이나 교회적인 교훈에 매달릴 수 없다. 수단들의 문제는 우리가 '지금, 여기서' 선택하는 것으로 귀결된다. 윤리에서 우리가 유일하게 아무 반대급부 없이 언제나 새롭게 갱신되는 정상적인 상황에 속하는 선택으로 말할 수 있는 것은 바로 '지금, 여기서'의 선택이다. 여기서 우리는 윤리의 상대적이고 일시적인 특성을 다시 발견한다. 하지만 바로 그것이 인간의 모든 진정성이 개입되는 지점이다.

8장 • 종말론적 윤리

중간 시대의 윤리

이미 말했듯이 그리스도인을 위한 윤리는 창조세계의 윤리도 하나님 나라의 윤리도 될 수 없다. 우리가 아직도 에덴동산에 있거나 이미 천상의 예루살렘에 이른 것처럼 살아가는 것은 어불성설이다. 그 세계와 우리 시대의 세계의 단절은 철저하다.

과거를 보면, 다시 돌아가는 모든 행위를 가로막는 천사들이 있고, 에덴동산은 우리세계와는 완전히 다르고, 우리에게 폐쇄된 세계로 나타난다. 우리는 에덴동산의 진정한 면모를 파악할 수 없고, 더군다나 거기서 살 수는 없다. 우리가 에덴동산에 관한 논의를 바벨탑 사건 이후의 언어인 현재의 우리 언어로 옮길 수밖에 없다는 사실이 곧 우리가 에덴동산에 관해 기술할 수 없다는 걸 뜻한다. 우리는 아담이 노동을 했으니 노동은 윤리의 일부분을 구성한다는 식으로 말할 수 없다. 왜냐하면 오늘날 우리가 노동이라고 부르는 것은 아담이 살았던 상황과는 아무런 실제적인 연관성을 갖지 않기 때문이다. 거기서부터 구체적인 실제적 결과를 추출하려는 시도는 전혀 소용이 없다. 예수 그리스도 안에서 대속 받은 우리는 다시 아담으로 돌아가지 못한다. 우리는 순전하게 혹은 완전하게 다시 아담이 될 수 없고, 어쨌든 간에 조금 다른 존재이다. 우리가 살아가게 된 세상은 에덴동산을 재현하지 않는다. 이 세상은 결코 그렇게 될 수 없다.

미래를 보면, 이 세상과 새 예루살렘 사이에 하나님의 심판에 의해 그 심판 가운데 창조세계의 파멸이 있다. 그 파멸은 궁극적인 것이 아니며 무로 돌아가는 것이 아니다. 그 파멸은 다시 살기 위한 죽음이고 그리스도 안에서 부활하기 위해 그리스도 안에서 장사되는 것이다.[129) 그렇지만 그것은 우리의 능력으로는 돌이킬 수 없는 완전한 소멸이고 철저한 장벽이다. 우리는 우리 자신이 가진 수단들과 능력으로는 절대로 이 세상에서 천상의 예루살렘으로 넘어갈 수 없다.[130) 더군다나 우리는 이 천상의 예루살렘이 어떤 것일지 상상할 수도 없다. 그것은 부활 이후에 우리의 육체가 어떻게 될 것인지 우리가 상상할 수 없는 것과 같다. 사도바울이 우리에게 전한 말씀을 통해 흐릿하게 엿볼 수 있지만 정확하게 알 수는 없다.[131) 부활한 사람의 상황에 대해서는 어떤 윤리적 교훈도 추론해낼 수 없다. 이것은 우리가 이미 부활한 것처럼 살아가는 것을 가로막는다.

모든 윤리는 어떤 환경과 어떤 틀 안에서 구현된다는 사실을 상기하자. 그것은 내면적인 움직임이 아니고 하나의 현실과 마주하는 것이다. 그러므로 그것은 우리와 우리의 개인적인 성향들만이 아니라 우리가 던져진 구체적인 세상에 좌우되는 것이다. 그런데 이 세상은 결코 에덴동산이 아니다. 따라서 우리는 아담과 같은 상황에 있지 않다. 우리가 아담이라 할지라도,

---

129) Cf. 로마서 6:4. "그러므로 그의 죽음과 연합하여 세례를 받음으로써 그와 함께 장사되었으니, 이는 그리스도께서 아버지의 영광으로 말미암아 죽은 자들 가운데서 살아나신 것과 같이, 우리도 또한 새 생명 안에서 살아가기 위함이다." 골로새서 2:12. "너희는 세례를 통해 그리스도와 함께 장사되었고 또한 죽은 자들 가운데서 그를 일으키신 하나님의 역사를 믿음으로 말미암아 그리스도 안에서 그리스도와 함께 살아났다."

130) 천상의 예루살렘과 우리의 관계에 대한 이해를 위해서는 다음의 책을 참조하라. Jacques Ellul, *Sans feu ni lieu*, pp. 308-369. (『머리 둘 곳 없던 예수』, 대장간 역간, 2013.)

131) Cf. 고린도전서 13:12. "지금은 우리가 거울을 통하여 희미하게 보지만, 그 때에는 얼굴과 얼굴을 마주하여 볼 것이다. 지금은 내가 부분적으로 알고 있지만 그 때에는 하나님께서 나를 아신 것과 같이 내가 온전히 알게 될 것이다."

우리는 아담이 사물들과 존재들과 하나님과 맺은 관계를 우리 주변의 세상과 맺을 수 없다. 그러므로 우리는 아담의 윤리를 따를 수 없다. 마찬가지로 이 세상은 아직 하나님 나라가 아니다. 우리는 지복의 사람들의 상황에 있다고 주장할 수 없다. 설령 우리가 이미 그리스도의 완전함에 이르렀다 할지라도 우리는 지복의 사람들이 천상의 예루살렘에서 새로운 창조세계와 맺는 관계를 우리 주변의 세상과 맺을 수 없다.

따라서 우리는 이 땅의 윤리를 따르는 사람들과 같이 살아가야 한다. 이 땅의 윤리는 유일하게 우리의 분수에 맞는 것으로서 과거의 에덴동산과 미래의 천상의 예루살렘 사이의 윤리이다. 이것은 실제적인 현실의 윤리이고, 이중적으로 제한된 이 세상 안 두 시대 사이에 위치한 역사의 윤리이다. 또한 이것은 마지막 때의 윤리이기도 하다. 이 모든 어려운 말들을 다시 요약하자면, 우리는 이것을 그 두 시대 사이에 존재하는 중간 시대의 윤리라고 규정할 수 있다. 즉 이 말은 이것이 영원한 윤리가 아니라 우리 상황에 따른 아주 상대적인 윤리라는 뜻이다.

인간이 늘 지속적으로 주장하는 것은 모든 시대에 맞는 불멸의 영원한 윤리를 수립하는 것이다. 그런데 이는 필연적으로 그 윤리를 에덴동산에 기초하거나 하나님 나라에 기초하여 수립하고, 둘 중 하나를 인간을 위한 영원한 계명으로 삼는다는 것을 의미한다. 이미 알다시피 그런 주장들은 엄격하게 배제된다. 그러므로 두 시대 사이에 존재하는 중간 시대의 윤리는 모든 도덕규범의 기반을 하나님의 인내에 두게 한다. 하나님은 우리의 지적, 정치적, 종교적 활동들을 인내하듯이 우리의 도덕과 우리의 탐구를 인내한다. 그리스도인들을 위한 윤리의 가능성조차도 하나님의 인내에 연유한다. 그 인내는 우리의 바람과 주장을 종결시키지 않고, 반대로 우리가 살아갈 수 있는 시간과 공간에 대한 어떤 자유로운 여지를 우리에게 부여한다. 그래서 이 윤리는 신앙 안에서 수용된 하나님의 인내의 범위를 벗어날 수 없다.

우리는 하나님의 뜻과 마주하여 이 윤리 그 자체의 타당성과 자율성을 주장할 수 없다. 이 윤리의 한 조각이라도 하나님의 영원성에 다다른다면 또 모를까, 설사 우리가 이 윤리를 통해 오직 하나님의 뜻만을 표명하고자 생각할지라도 마찬가지다. 우리가 항상 상기해야 할 점은, 단지 하나님이 인내하며 표명하고 실천할 시간을 허용하는 까닭에 이 윤리가 고유의 가치를 가지며 존재한다는 사실이다. 그러므로 이 윤리는 하나님의 인내에서 그 존재의 가능성을 갖는다. 이 윤리는 역사적 현재의 윤리이다. 왜냐하면 두 시대 사이에 존재하는 이 윤리는 과거나 미래에 준거하지 않고, 현재에 관여하기 때문이다. 신앙적 행위들의 기원은 과거가 아니라 신앙의 현재성에 있다. 신앙적 행위들의 종착지는 미래가 아니라 하나님의 결정의 비밀 속에 있다.

우리가 말하는 현재는 의심의 여지없이 구속사 전체를 관통하는 현재이다. 그러나 그것은 또한 개개인에게 매 순간 새롭게 주어지는 현재이다. 현재의 윤리는 경제적, 역사적, 논리적 연속성에 매인 윤리가 아니다. 인간의 모든 윤리가 필연적으로 과거에 근거하지만, 이 현재의 윤리는 혁신과 갱신의 윤리이다. 여기서 모든 과거의 행위들은 하나님에게 맡겨지고 수용됨으로써 더는 현재의 행위들을 결정짓지 못한다.

그러나 동시에 이 윤리는 역사의 윤리로서 모든 것이 시간성을 띠고 그 근간은 이 시간의 경과이다. 이 윤리는 시간의 경과를 지배하거나 도외시하거나 변경할 수 없다. 다만 이 윤리는 우리로 하여금 역사에 대해서 "때가 악하니 시간을 아껴라."[132]는 말씀 앞에 서게 한다. 그리스도인들을 위한 윤리는 그런 의미에서 다른 모든 윤리와는 전혀 다르다. 이 윤리는 시간 속에 위치해 있고 시간에 종속되어 있다. 그래서 이 윤리는 역사에서 그 형상과

132) 에베소서 5:16/골로새서 4:5.

질료를 얻는다. 인간이 이 윤리를 표명하는 현재는 역사의 과정 내에 있는 현재이고, 아무런 의미 없는 비시간적인 현재가 아니다. 이 현재는 인간의 역사에 관해 하나의 의미를 가진다. 현재에 내리는 윤리적인 결정의 중대성이 거기에 있다. 하나님의 뜻 때문만이 아니라, 우리가 참여하며 우리의 행위를 통해 하나님의 뜻이 각인되는 인간의 역사 때문에 우리는 무턱대고 아무 일이나 행할 수 없다.

이 윤리는 마지막 때의 윤리이다. 우리는 십자가와 부활로서 마지막 때에 이르렀다는 것을 알고 있다. 마지막 때 인간에게 결정적인 것은 이제는 하나도 변경되지 않는다. 사실 결정은 원하고 추구하는 인간의 소관이 이제 아니다. 결정은 이미 주어지고 정해졌다. 사탄은 다시는 하나님에 의한 인간의 정죄를 관철시킬 수 없고, 관계의 단절을 이룰 수 없다. 창조세계는 다시는 무로 되돌아가지 않는다. 인간은 다시는 독립적인 행위를 통해 스스로 설 수 없다. 우리에게서 예수 그리스도의 승리를 빼앗아갈 것은 이제 아무것도 없다. 아무것도 그 승리를 문제 삼을 수 없다. 우리를 하나님의 사랑에서 떼어놓을 수 있는 것은 이제 아무것도 없다. 수많은 일이 일어날 수 있지만, 인간에게 정말 중요한 일이 이제는 없다. 역사가 아주 오래 지속되어, 탁월한 업적들이 즐비하게 되더라도 하나도 진리에 덧붙이거나 뺄 것이 없을 것이다. 그러므로 바로 마지막 때이다.

우리의 윤리는 마지막 때의 윤리이다. 그래서 이 윤리도 또한 다른 모든 인간의 행위와 같이 아주 유익할 수 있으나, 예수 그리스도 안에서 하나님의 역사에 관한 것은 하나도 더하거나 빼라고 할 수 없다. 그러므로 이 윤리는 인간의 구원을 확보하거나 사탄을 물리치거나 창조세계를 보존하기 위한 것이 아니다. 이 윤리는 단지 인간의 구원을 나타내고, 사탄에 대한 예수 그리스도의 승리를 현재화하며, 창조세계를 창조주의 사랑 안에 들어가게 하려는 것이다. 그 모든 것은 오로지 하나님에게 영광을 돌리기 위한 의미만이 있다. 따라서 이 윤리는 어떤 결정적이고 궁극적인 가치도 없다. 그러나 우리는 이 마지막 때의 어둠 속을 헤쳐 나아가기 위해서는 이 윤리를 팽개치고 넘어갈 수 없다. 어둠은 마지막 때인 까닭에 더욱 깊다. 십자가 사건 이후로 어둠은 이 땅위에 더욱 짙게 깔리고, 부활의 빛은 오직 믿음을 통해서만 보인다. 윤리는 십자가 앞에서 창조세계를 덮은 암흑의 밤 가운데 부활의 빛을 따라 자기 자신과 사람들을 위해 길을 찾아가려는 시도이다.

장래

그러나 두 시대 사이에 꽉 끼어있다 할지라도 이 윤리는 종말을 준거로 삼지 않는 것이 아니다. 이 윤리는 막혀있는 세계에 있지 않다. 현재에 속한다해도 이 윤리는 장래avenir와 무관한 것이 아니다. 심지어 이 윤리는 종말에 대해 아주 특별한 역할을 담당한다. 그 역할을 다하지 않는다면 이 윤리는 그리스도인을 위한 윤리가 될 수 없을 것이다. 그리스도인의 삶은 장래와 연관성을 갖는다. 다만 그 장래는 하나님 안에서의 장래로서 시간의 연속에 따른 미래futur가 아니다. 그리스도인의 삶은 주어진 상황에 대한 인식뿐만이 아니라, 세상에 속하지 않은 요소로서 살아계신 하나님의 말씀을 포함한다. 그 삶이 장래와 연결되는 연관성은 정말 놀라운 것이다.

장래와의 연관성은 시간에 관해 우리가 알고 있는 바와는 반대로 이루어진다. 미래가 현재 뒤에 온다는 것은 당연하고 명백한 사실이다. 오늘의 행위는 내일의 결과로 이어지고, 앞선 이전의 것은 아직 미완으로 이후에 성취될 것으로 향한다. 그런데 그리스도인의 삶에서 그 여정은 반대가 되어, 장래가 현재를 향하여 온다. 이 장래는 이미 성취되어 있다. 그것은 우리가 존재하기 이전에 우리를 위해 조성되어 있는 살아있는 현실이다. 그것은 오늘 우리가 행한 행위의 결과가 아니며 그 결과에 의해 결정되어지는 것이 아니다. 정반대로 그것이 오늘의 내 존재를 결정짓는다. 현재의 내 삶을 살아갈 수 있는 이유는 부활한 예수 그리스도가 하나님의 보좌 우편에 있고, 하나님 나라의 중심에서부터 나를 향해 오기 때문이다. 앞으로 다가올 일들은 이미 하나님 안에 은밀히 감추어져 있다. 그 일들은 현재의 일들에 다가와서 거기에 의미를 부여한다. 이는 우리가 앞에서 이미 언급했던 바, 윤리에 부합한 우리의 행위는 우리의 구원을 위해 하나님 나라의 수립을 초래하지 않는다는 사실을 설명해준다. 이 윤리는 하나님 나라에 도달하도록 개선시키는 준비가 아니다. 반대로 이 윤리는 이미 이루어진 하나님 나라가 예수 그리스도 안에서 우리에게 임한다는 사실을 증언하는 것이다. 종말이 현재로 다가오는 것은 두 가지 결과를 초래한다.

첫째 결과는 우리를 위해 하나님이 창조한 것이 반영되어 현존하는 존재에 존엄과 가치를 부여하는 것이다. 세상은 과거나 현재의 상태가 아니라 새로운 창조세계 안에서 변화될 것에서 진정한 가치를 얻는다. 딸린 그림자가 아니라 딸린 빛이 모든 피조물 위에 펼쳐진다. 그 빛은 하나님으로부터 받은 장래를 통해서 지금 피조물을 빛나게 한다.

그 빛은 만물이 지금 참된 장래를 갖는다는 사실을 그리스도인이 알고 있다는 데 있다. 예수 그리스도를 떠나서, 우리는 단지 시간의 흐름에 따라 미래가 있다는 사실을 빼놓고는 아무것도 알 수 없다. 그러나 매 순간 이 미래는 중단될 수 있고, 매 순간 시간의 부재에 빠져들 수 있다. 이것을 단순히 의식하는 것만으로도 살아있는 존재 안에 장래의 부재라는 현실을 도입하기에 충분하다. 모든 것은 죽음으로 끝난다. 모든 것은 소멸을 향해 나아간다. 혹은 궁극의 질서에 관한 현대의 어떤 말[133])과 같이 그것은 죽음이고

---

133) 여기서 자끄 엘륄이 언급한 이 말은 정확히 특정할 수 없었다. 추측하건대 아마도 폭연(déflagration)이나 대화재(conflagration)나 엔트로피(entropie)와 같은 것이 아닐까 싶다.

실재의 종결이다. 이제 그리스도가 알파이고 오메가이고 만물을 총괄하기 때문에 그리스도 안에서 모든 피조물은 장래를 갖는다. 다시는 상실되는 것은 하나도 없고 도외시되는 우리의 과거도 없고 소멸되는 생명도 없고 발생하는 어떤 일도 포기되지 않는다.

이는 막대한 윤리적 영향을 미친다. 우리는 어떤 존재도 다시는 하찮고 무의미한 존재로 취급할 수 없게 된다. 이제 죽음의 결말은 존재하지 않고, 너무나 잘 감추어져서 빛 가운데 드러나지 않을 것은 하나도 없다. 너무나 하찮아서 하나님으로부터 자리와 권한을 받지 않을 것은 하나도 없다. 아주 가망이 없어 다시 되찾아 구원받지 못할 것은 하나도 없다. 이는 우리 자신과 사람들과 사물들에 대한 모든 태도를 시사한다. 이는 모든 것이 중요성을 지니고 중대하게 여겨져야 한다는 사실을 우리에게 가르쳐준다. 더군다나 그 자체로 중요성이 없고 중대하지 않은 것은 더더욱 그렇다. 이것이 몸에서 더 약하게 보이는 지체들을 존중해야 한다는 고린도전서의 구절이 의미하는 것이다.[134]

우리는 우리 스스로 사상이나 예술이나 종교를 중요하게 여기고 물질이나 세속적인 일들을 경시하는 경향에 젖어있다. 그와 반대로 현대인으로서 우리는 경제적인 것, 기술적인 것 등을 존중하고 영적인 것을 무시한다. 경제적인 것, 기술적인 것 등은 그 자체로 중요해서 어떤 사람이라도 그것들을 존중할 수밖에 없다. 그러나 그런 까닭에 우리는 일반적인 현대인들이 무시하고 폐기하는 것들을 더욱더 존중해야 한다. 왜냐하면 그런 것들은 그리스도 안에서 다른 것들과 같이 동일한 장래를 가지고 있기 때문이다. 우리는 사람들 앞에서 아무도 믿지 않지만, 엄연히 하나님 안에서 가지는 그것들의 타당성과 중요성을 증언해야 한다.

---

134) *Cf.* 고린도전서 12:22-23. "그뿐만 아니라, 몸의 지체 가운데서 더 약하게 보이는 지체들이 오히려 더 요긴하다. 그리고 우리가 덜 귀한 것으로 여기는 지체들을 더 높게 평가해주어서, 볼품없는 지체들이 더 크게 존중받게 된다."

둘째 결과는 윤리에 있어서 똑같이 필수적인 것으로서 그리스도인들에게 국한된 의무와 책임이다. 그리스도인은 장래를 알고 있다. 그리스도인은 하나님이 새로운 일을 행할 것을 안다. 그리스도인은 천상의 예루살렘에서 하나님이 모든 존재들 안에서 전부가 될 것이고, 죽음과 고통은 사라질 것이며, 사랑이 통치할 것을 안다. 또한 그는 부재했던 주인이 다시 돌아오는 비유의 말씀처럼 그 모든 일이 인간에게 임할 것을 안다. 이제 그리스도인은 자신이 살고 있는 세상의 현실에서 일시적이고 제한적으로 그 종말을 드러나게 하는 아주 특별한 소임을 담당한다. 그리스도인이 일반적인 사람들에게 새로운 창조세계의 기적을 지각하게 하는 임무가 있다. 그는 모든 사람과 만물에게 닫혀있지만 주어져 있는 장래의 표지들signes을 제공할 임무가 있다. 그 임무는 실제로 상징들이 아니라 오직 표지들을 통해서만 성취될 수 있다.

표지signe는 그것이 가리키는 것과 똑같은 본질을 갖는다. 표지는 단순한 환영이 아니라 그 자체가 실재이다. 그것은 전체를 가리키는 부분이다. 그것은 영원한 것을 가리키는 일시적인 것이다. 그것은 앞으로 일어날 것을 가리키는 현실적인 것이다. 그것은 하나님의 역사를 가리키는 인간의 행동이다. 그 모든 차이점에도 불구하고 그것은 본질적으로 같은 것이며, 주어진 표지를 통해서 인간은 하나님으로부터 오는 실재를 인지할 수 있다. 한 잔의 물을 건네는 인간적인 사랑의 아주 단순한 표지를 통해서, 하나님의 충만한 사랑의 실제가 지각될 수 있다. 한 인간에게 행해진 아주 작은 의로운 행위를 통해서, 그 인간은 하나님이 그에게 베풀기 원하는 의의 기적을 볼 수 있다. 질병의 아주 일시적인 치유를 통해서 인간은 죽음을 이긴 승리를 엿볼 수 있다.[135] 성서가 전하는 기적들은 만물의 회복으로 실현되는 그

---

135) ▲이 승리는 과학이 아닌 예수 그리스도의 승리이다. 이 말은 모든 표지들은 양면성을 띠어서 원래의 뜻대로 해석되지 않을 수 있다는 사실을 보여준다. 그럼에도 그리스도인은 표지들을 제공해야 한다.

언약 이외의 다른 것이 될 수 없다. 그런데 그 기적들은 일시적이고 한정적으로 실현된 것으로서 "예수 그리스도가 다시 오실 때 만물이 어떻게 될지 보라"고 예시하는 것이다. 기적 하나하나가 다 그렇다.

그러나 종말에 관해 주어진 표지가 반드시 하나의 기적일 필요는 없다. 하나의 자연스러운 행위와 말이 그런 표지가 될 수 있다. 그렇게 되면 거기서 우리는 윤리를 발견하게 된다. 그러므로 우리가 끊임없이 제기해야 할 문제는 다음과 같다. "하나님 나라의 존재에 대한 표지가 될 수 있는 행위와 제도와 삶의 방식은 어떤 것인가? 하나님 나라가 우리를 향해 임한다는 사실을 사람들의 눈에 보여줄 수 있는 행위와 제도와 삶의 방식은 어떤 것인가?" 물론 여기서 우리는 곧 두 가지 유보사항을 내세워야 한다.

첫 번째 유보사항은 선택한 대상이 하나님 나라의 표지가 되는 것은 우리에게 달려있지 않다는 사실이다. 스콜라주의 신학자들이 말했듯이, 완전한 사랑의 행위로서 아주 뜻깊은 최선의 행위라도 그 자체로는 표지가 될 수 없다. 그것은 성령의 개입으로 진리가 되는 하나님의 말씀에 비추어질 때 비로소 표지가 될 수 있다. 표지는 가리키는 대상에 근접할 때, 비로소 표지가 된다. 하나님 나라가 우리가 선택한 표지에 가까이 근접해올 때 비로소 사람들의 눈에 그 표지는 하나님 나라를 가리키게 되는 것이다. 따라서 하나님이 아무것이나 다 표지로 쓰실 수는 없다. 이는 맞는 말이다. 반대로 가장 적합한 표지로 우리가 선택하는 것이 의미 없는 것이 되어 아무 가치도 없게 될 수 있다. 그렇다고 우리가 거기에 관심을 끊어야 한다는 것은 아니다. 왜냐하면 하나님의 뜻에 가장 잘 쓰일 것을 선택하여 그것을 하나님에게 맡기는 것이 바로 우리의 책임이기 때문이다. 그러기에 그것이 쓰이고 안 쓰이는 문제는 우리가 참견할 바가 아니다. 우리는 다만 하나님의 결정을 받아들여야 할 뿐이다. 하나님이 아무것이나 다 쓰실 수 있다는 구실을 내세우며, 하나님 나라의 표지와 같이 하나님을 섬기는 일을 위한 행위와 말의 선택에 전력을 다하지 않는 사람은 달란트 비유에서 자신이 받은 달란트를 땅에 파묻고 나서 후에 그것을 돌려주면서 "주인님의 것을 받으십시오."[136]라고 말하는 사람과 같다. 하나님이 부자가 되기 위해 우리 달란트를 필요로 하지 않는 것은 자명한 사실이다. 그러나 하나님은 우리에게 그 일을 요구한다.

두 번째 유보사항은 천국의 표지들은 그 자체가 천국이라고 할 수 없고 결코 일체성이나 지속성을 요구할 수 없다는 것이다. 만약 그렇게 된다면 우리는 또다시 천국의 윤리라는 오류에 빠질 것이다. 역사적인 사례가 입증하듯이, 그것은 청교도들처럼 경직화하고 규범화하거나, 마르시온주의자들[137]이나 요아힘 드 플로르[138]처럼 영적으로 열광하여 천국과는 반대의 길로 우리를 아주 빠르게 인도할 것이다. 우리가 제공하는 표지는 그 자체로는 아무 의미가 없다. 그것은 외부로부터, 하나님의 역사로부터 의미를 얻는다. 이는 이 땅에서 우리의 모든 행위가 최후 심판의 날에 실재 그대로 드러나는 마지막 때에 그 가치와 의미를 얻게 되는 것과 같다. 우리가 행한 일들의 의미는 현재 우리에게 알려지지 않는다.

여기서 우리는 윤리와 종말론 간의 또 다른 연관성을 발견한다. 우리는 우리가 행한 일들 가운데 궁극적인 의미를 가질 수 있는 것과 갖지 못하는 것조차 알 수 없다. 그것을 알게 되는 것은 정확히 마지막 때가 임할 때, 우리가 행한 일들의 가치가 드러날 때,^{고전3:13} 하나님이 사용하고 보존하고 수용할 일과 소멸시키고 제거해버릴 일을 결정할 때이다. 그 때에 우리가 행한 일들의 관점에서 보면, 우리의 삶은 하나의 덩어리, 하나의 총합이 아니고, 선별되고 구분되며 분리된다. 우리는 결정적으로 가치 있는 것과 가

---

136) 마태복음 25:25.
137) 68쪽의 각주 6을 참조하라.
138) 71쪽의 각주 8을 참조하라.

치 없는 것을 절대로 알 수 없다. 그렇지만 우리는 우리가 행한 일들이 계시에 관해 우리에게 알려진 틀 안에, 또한 우리가 인지할 수 있는 하나님의 뜻에 부합하는 틀 안에 속해있도록 행동해야 한다. 그리고 우리는 우리가 행한 일들에 대해서 하나님의 자유로운 선택에 맡겨야 한다.

아마도 그 때에 우리가 행한 일들이 얻게 되는 의미도 현재 우리가 그 일들에 대해 부여하는 가치와 고려하는 의미와는 다를 것이다. 이것은 도스토옙스키와 로버트 펜 워렌[139]과 같은 소설가들에 의해 이미 부각된 사실이다. 그러므로 이것이 의미하는 바는 우리가 행한 일들이 진정 하나님의 영광을 위해 행한 것일지라도, 또 사람들에게는 다가올 천국의 표지였을지라도, 종말은 우리로서는 그 내용과 시간과 방식을 파악할 수 없는 완전한 신비로 남아있다는 것이다. 우리가 행한 일들은 이 신비에서부터 결정적으로 그 진정한 실재 의미를 얻게 될 것이다. 이것은 우리에게 다음과 같은 사실을 설명해준다.[140] 즉, 성서는 우리가 행한 일들을 "모든 것이 헛되다"[141]는 말씀으로서 헛된 것으로 규정하는가 하면, 동시에 또한 "행함이 없는 믿음은 죽은 것이다",[142] "하나님은 각자의 행위에 따라 심판한다"[143]는 말씀으로서 돌이킬 수 없는 결정적인 것으로 규정하고 있다.

천국과 하나님 나라

우리의 행위와 종말의 관계, 즉 윤리와 종말론의 관계에 대해 앞에서 기

---

139) Robert Penn Warren(1905-1989), 미국의 작가이자 시인으로서 대표적 작품은 1947년에 출간된 *All the King's Men*이다. 프랑스어 역간: *Les Fous du roi*, Paris, Les Belles Lettres, 2015.
140) ▲그렇다고 우리에게 위안을 주는 것은 전혀 아니다.
141) *Cf.* 전도서 1:2.
142) *Cf.* 야고보서 2:26.
143) 베드로전서 1:17. "그리고 사람을 겉모양으로 판단하지 않으시고 각 사람의 행위대로 심판하시는 분을 너희가 아버지라고 부르고 있으니, 너희는 나그네의 삶을 사는 동안 두려운 마음으로 살라."

술한 모든 것은 마태복음이 전하는 천국의 이미지에 연결시켜보면 더욱더 명확해진다. 공관복음서들에는 때로는 천국royaume des cieux이라는 말을 쓰는가 하면 때로는 하나님 나라royaume de Dieu라는 말을 써서마가복음, 누가복음 동일한 예수의 말씀들과 비유들을 기술하는 구절들이 존재하지만, 상반되는 점들을 부각시키지 않는 가운데 신중하게 천국과 하나님 나라 간에 존재하는 몇몇 차이점들을 인정하는 것은 가능한 일이다. 그런데 상호 연관되는 그런 구절들을 다 모아보면 두 가지 다른 이미지를 얻게 된다. 아주 단정적이지는 않더라도 다음과 같이 말할 수 있다. 하나님 나라는 그 자체가 종말론적인 나라로서 최후심판 이후에 임하여 새 하늘과 새 땅으로 현재의 세계를 대체하는 것이고, 천국은 종말론적인 나라가 우리 가운데 이미 현실로 임한 것으로서 어떤 의미에서는 상대적인 것이다.144)

이것은 예수 그리스도에 관한 두 가지 사실에 부합한다. 한편으로 그리스도는 현세를 끝내기 위해 권능으로 임하는 왕이고, 다른 한편으로는 "내가 세상 끝날까지 너희와 항상 함께 있으리라"145)는 말씀과 같이 현세에 현존하는 왕이다. 천국은 확실히 현재에 있고, 그리스도는 이 땅에 있다. 그리스도는 명백히 하늘에 있지 않다. 그 모든 비유의 구절들은 이미 부활하거나 혹은 회개한 것이 아닌 채로 이 땅위에, 이 세상 속에서 살아가는 사람들의 상황을 기술하고 있다. 이 땅위에 있는 사람들은 역시 땅위에 있지만 이 땅에 속하지 않는 고귀한 천국을 만난다.

---

144) 이와 같이 '하나님 나라'와 '천국'을 의미상으로 구분하는 것은 역사비평적인 주석의 전통적인 주장에 반하는 것이다. 그 주장에 따르면, 마가복음과 누가복음에서 '하나님 나라'라는 표현이 더 자주 나오고 마태복음에서는 '천국'이 더 빈번하게 나온다는 사실을 근거로, 마태복음은 유대계 수신자들에게 반감을 주지 않기 위해서 하나님을 직접적으로 지칭하지 않는 표현을 선호했다고 평가된다. Cf. Christian Grappe, *Le Royaume de Dieu. Avant, avec et après Jésus*, Genève, Labor et Fides(Le Monde de la Bible 42), 2001. 자끄 엘륄은 성서 연구를 통해서 자신의 해석을 내놓는다. Cf. Jacques Ellul, *On Freedom, Love and Power. Compiled, Edited and Translated by William H. Vanderburg*, Toronto/Buffalo/London, University of Toronto Presse, 2010, pp. 149-159.

145) *Cf.* 마태복음 28:20.

본질적으로 중요한 것은 천국이 세상 바깥이 아니라 세상 안에 있다는 사실을 이해하는 것이다. 이는 영성주의나 세상 밖으로의 도피가 아니다. 천국은 이 세상 가운데 현존한다. 하늘로 올라가서가 아니라 바로 이 세상 속에서 우리는 천국을 접하는 것이다. 다시 한번 말하지만, 예수 그리스도에 대해서도 이 사실을 유념해야 한다. 즉, 하늘로 올라가서가 아니라 이 땅위에서, 사람들 가운데서 인간이 하나님의 아들과 하나님을 만난 것이다. 예수는 한 인간으로 오셨다. 그것은 지금도 마찬가지다. 하늘을 올려다보면서가 아니라 이 땅위에서, 곧 이 천국에서 우리는 주 그리스도를 만날 수 있는 것이다.[146]

천국은 장소도 아니고 조직체도 아니다. 천국이라는 왕국을 떠올릴 때 우리는 국경과 영토와 국가를 생각한다. 즉, 물리적으로 한정된 지역과 행정조직을 생각한다. 그런데 성서의 모든 구절들은 천국은 장소가 아니라고 분명하게 밝힌다. 선택받은 백성들은 안으로 들어가고 다른 백성들은 밖에 버려질 선택된 영토는 존재하지 않는다. 아주 유동적이고 유연한 이 천국은 조직도 없다. 이 천국과 교회를 동일화시킬 수 있는 것은 아무것도 없다. 서로 교차되기는 하지만 천국과 교회는 정말 다른 두 세계다. 그러나 우리는 여기서 천국과 교회의 관계를 다루지 않는다. 여기서는 이 천국을 통해 윤리를 규명하는 것으로 충분하다.

천국은 사실 하나의 권능이다. 천국에 관한 거의 모든 성서의 구절들은 "천국은 이와 같은 것이니"[147]라는 구절로 시작하면서 붙잡고 준비하고 요청하고 선택하고 끌어 모으는 동력과 행동과 관여와 권능을 묘사한다. 실제로 천국의 실재는 능동적인 것이다. 그러므로 천국은 들어가면 되는 어떤

---

146) Cf. 사도행전 1:10-11. "예수께서 하늘로 올라가실 때 그들이 하늘을 올려다보고 있는데, 갑자기 흰옷을 입은 두 사람이 그들 곁에 서서 '갈릴리 사람들아, 어찌하여 하늘을 바라보며 서 있느냐? 너희를 떠나서 하늘로 올라가신 이 예수는, 하늘로 올라가시는 것을 너희가 본 그대로 오실 것이다'하고 말하였다."
147) Cf. 마태복음 13:24.

공간과 같이 수동적인 것이 아니다. 천국은 합의하여 참여하는 세력으로서 수용할 수도 있고 거부할 수도 있는 것이며, 우리가 받아들이거나 이용할 수 있는 것이다. 더욱이 천국은 익명의 추상적인 권력이나 하나님이 세상 속에 심어놓은 일종의 전기장치와 같은 것이나 자율성을 가지는 것이 아니고, 하나의 개인적 권능이다. 천국은 한 개인이다.

왕국은 왕이 있는 곳에 존재한다. 천국을 이루는 것은 왕인 예수 그리스도 개인이다. 그러므로 천국은 객관적이거나 자율적이지 않다. 역사하는 원동력은 일하는 예수 그리스도이다. "천국은 어떤 왕과 같으니"148)라는 기이한 구절이 여러 본문들에서 나타난다. 거기서 천국은 왕과 동일시된다. 그러므로 천국은 우리 가운데 임한 이 왕과 연관된다. 천국은 정확히는 왕과 우리를 결합시키는 지점이다. 천국이 왕이 임하는 곳에 존재한다는 말은 왕이 단독으로 천국이 된다는 뜻이 아니다. 성서의 비유들은 언제나 왕이 자신의 백성들과 관계를 맺고 천국은 그 관계가 맺어지는 곳에 있다는 사실을 보여준다. 그런데 그 백성들은 현실에서 살아있는 사람들이라는 점을 기억하자. 이는 이 천국이 실제로 이 땅위, 이 세상 안에 있다는 뜻이다.

천국의 이런 특성을 명확하게 우리에게 보여주는 다른 본문들이 있다. 거기서 우리에게 아주 간결하게 전해지는 사실은 이 천국이 이 세상 안에 감추어진 값진 보물이라는 것이다. 마13:44 그것은 신비스러운 은밀한 실재로서 우리는 결코 그 존재를 긍정하거나 부정할 수 없다. 그것은 보이지 않고 눈에 확 띄지 않는다. 오직 하나님만이 온전히 그 실제를 안다. 이 천국은 선지자 엘리야에게 "내가 이스라엘 가운데 (나만 아는) 칠천 명을 남겨놓을 것인데, 이들은 모두 바알에게 무릎을 꿇지도 않고 입을 맞추지도 않은 사람들이다."149)라는 하나님의 말씀에 상응한다. 믿음으로 살면서 천국을 위

---

148) 마태복음 22:2.
149) 열왕기상 19:18.

해 일하는 사람들조차도 천국을 분명하게 알 수는 없다. 하나님 나라와는 반대로 이 감추어진 천국은 군림하지 않는다.

천국의 은밀한 특성은 인간의 몸에 숨겨져 감추어진 신비한 그리스도의 성육신에 정확히 부합한다. 우리 육신의 눈에 천국은 인간 예수 안에 있는 하나님만큼이나 잘 보이지 않는다. 하나님이 인간의 육신^{하나님을 감추는,} ^{그래서 하나님이 모든 육신 안으로 뚫고 들어가는 것을 가능하게 하는} 안에 성육신 한 것과 마찬가지로 천국은 이 세상 안에 감추어져 있고 그래서 언제나 이 세상 전체 안으로 뚫고 들어간다. 천국은 이 세상에 밀접하게 연결되어 있다. 이 세상 안에 위치한 천국은, 소금이 국 안에, 누룩이 빵 안에 녹아들듯이 이 세상으로 깊이 스며든다. 이는 두 개의 결과를 불러온다.

먼저 그 첫 번째 결과는 그 둘을 결코 분리시킬 수 없다는 것이다. 역사의 흐름 속에서 세상과 천국은 서로 적대적으로 맞부딪치며 평행선을 달리는 법이 없다. 단지 그 둘은 융화와 혼란을 이룰 뿐이다. 세 마리 말의 기수들이 한 길을 좇고 네 번째 말의 기수는 다른 길을 좇는 일은 없다. 네 명의 기수들은 같은 길을 좇고 같은 공간을 다닌다. 그러나 세 마리 말의 기수들은 죽음과 파멸의 기수들이고 다른 네 번째 말의 기수는 생명과 구원의 기수이다. 네 마리 말의 기수들은 하나의 전체로서 역사의 요소들을 구성한다.[150]

마찬가지로 세상은 사악한 세력들과 자연적인 모든 것들로 구성되어 있으며 동시에 천국의 권능도 섞여 있다. 세상과 천국은 떼어놓을 수 없다. 이 땅 위에서 우리의 역할은 사람들을 심판하는 것이 아니다. 우리는 우리의 행동으로는 결코 악을 제거할 수 없고 천국과 세상을 명확히 분리시킬 수 없다는 사실도 알고 있어야 한다. 만약에 우리가 그 둘을 분리시킬 수 있게 된다면, 우리로서는 굉장히 만족스럽겠지만, 우리는 세상을 구원하는 권능으

---

150) *Cf.* 요한계시록 6:1-8. 또한 자끄 엘륄은 이 네 명의 인물들에 대한 서정적인 작품을 지었다. *Cf.* Jacques Ellul, *Oratorio. Les quatre cavaliers de l'Apocalypse*, Bordeaux, Opales, 1997.

로서 이곳에 존재하는 천국의 가치를 무력화하고, 세상 안에서 세상을 향해 역사하는 권능으로서의 천국의 의미를 잃게 할 것이다. 따라서 우리는 결코 사람들을 선한 사람과 악한 사람으로 분리시킬 수 없다. 또한 제도들과 국가들과 인간의 창조물들과 작품들과 세력들도 마찬가지다.

그러므로 천국은 우리 눈에는 불분명하고 불확실하다. 실제로 천국은 물질적인 만큼이나 영적이고, 신앙적인 행위 안에 존재하는 만큼이나 세속적인 정치 안에도 존재한다. 이런 혼란은 그물의 비유마13:47를 대할 때 훨씬 더 커진다. 천국은 물고기들천국에 속하는 사람들을 끌어 모으는 그물과 같은 것으로서 마지막 때에 이르러서는 천사들이 좋은 것들과 나쁜 것들을 가려낸다. 그래서 최종적인 심판은 이제 하나님이 심어놓은 알곡천국 백성들과 악마가 심은 가라지[151]이 세상 사람들로 가리는 것에 그치지 않는다. 그 심판은 하나님 나라에 속하지 않는 사람들이 존재하는 이 땅위의 천국 안에서도 일어난다.

그 두 번째 결과는 세상 안에 감추어진 천국은 세상에 완전히 결합하여 세상에 대해 행하는 권능이다. 다시 말해서 천국은 이 세상을 변화시키는 권능이다. 천국이 세상 안에 있는 것은 세상 안에서, 그 속에서 세상을 변화시키기 위한 것이다. 천국은 외적인 것에 대해 역사하거나 강제적으로 외부로부터 역사하면서 단지 형식만을 부과하는 외적인 세력이 아니다. 천국은 세상의 실체에 결합하여 세상의 중심을 변화시키는 것이다. 천국은 현존하면서도 은밀히 세상을 정복하는 것이다. 국에 소금을 첨가하면 그 국이 더는 같은 국이 아니고, 밀가루 반죽에 누룩이 모르는 새에 발효하면 그 반죽은 더는 같은 것이 아니다. 국이나 빵을 먹을 수 있게 만드는 것은 소금과 누룩이다. 이와 똑같이 우리가 분명히 알지 못하는 새에, 세상을 사람들이

---

151) *Cf.* 마태복음 13:25. "사람들이 잠자는 동안에 원수가 와서 밀 가운데에 가라지를 뿌리고 갔다."

살만한 곳으로 만들어 지옥이 되지 않게 하는 것은 천국의 존재와 그 활동이다.

그래서 세상이 살만하고 견딜만하며 인간적이 되는 이유는, 세상 안에 창조세계의 어떤 형상이 남아있거나 창조의 질서가 유지되기 때문이 아니라, 천국의 형태로 하나님 나라의 궁극적인 권능이 임하여 세상을 관통하기 때문이다.마13:31 따라서 천국이 이 세상 모든 곳에 현존하는 것이 아주 결정적으로 중요하다. 천국이 세상 안에 감추어진 채로 사명을 다 이루기 위해서는 하나님의 권능이 천국을 드러내고, 천국이 하나님 나라로 명백하게 모습을 나타날 때까지 천국이 모든 나라, 모든 영역, 모든 제도, 모든 계급, 모든 일에 확산되어야 한다. 이것은 기독교로 개종시키는 것이 아니라 그 정반대다. 세상의 변화는 결코 세상의 한 분야나 지역을 기독교적인 체계로 만드는 것이 아니라, 세상 모든 곳에 천국이 은밀하게 확산되는 것을 통해서 이루어진다.

여기서 우리는 그리스도인의 윤리와 다시 연결된다. 왜냐하면 다시 오실 그리스도의 권능이기도 한 이 천국의 권능은 미래에 있을 천국의 숨은 권세로서 이미 현실에 존재하며, 사람들과 무관하게 역사하지 않기 때문이다. 아주 놀랍게도 비유의 말씀들은 이 천국이 인간의 활동과 연관되어 있다는 사실을 보여준다. 기름을 준비한 열 처녀들[152]과 밭을 산 사람[153]과 달란트를 받은 사람[154]과 다른 사람의 빚을 탕감해주지 않은 사람[155] 등이 그런 예들이다. 권능이 왕의 것이라면 행동은 인간의 몫이다. 늘 그런 것은 아니지만 대부분의 경우 천국은 하나님과 인간이 협동해서 둘의 활동이 연합되는 것으로 소개된다.

---

152) *Cf.* 마태복음 25:1–13.
153) *Cf.* 마태복음 13:44.
154) *Cf.* 마태복음 25:14–30/누가복음 19:12–27.
155) *Cf.* 마태복음 18:21–35.

인간은 세상 권세와 하나님의 권능이 만나는 접점으로 나타난다. 인간은 세상 안에서 천국의 권능을 지닌다. 경우에 따라 이것은 하나님의 역사가 인간을 통해서 확장되는 것으로 보인다. 예를 들어 주인에게서 자신의 빚을 탕감 받은 종은 이제 자신에게 빚진 다른 사람들의 빚을 탕감해주어야 한다.[156] 이와 같이 천국은 하나님이 인간을 위해 행한 것처럼 인간이 행하는 것을 통해 현존한다. 그러므로 그리스도인들이라 불리는 사람들에게 천국은 하나의 보상이나 희망이나 피난처가 아니라, 그와는 정반대로 책임을 지고 위험을 무릅써야 하는 것으로 보인다. 그리스도인들은 그 길에 나서서 참여해야 한다. 그들은 천국이 사람들 가운데 자리 잡게 할 수 있다.

이것은 왕이 있는 곳에 천국이 존재한다고 앞에서 말한 것과 배치되지 않는다. 왜냐하면 주께서 자신의 사람들이 주의 이름으로 모이는 곳에 함께 한다고 약속했기 때문이다. 극단적으로 말해서 우리는 왕의 백성들이 천국의 일을 행할 때, 하나님이 자신들을 위해 행한 일을 모든 사람들에게 재현하려고 할 때 왕이 오실 것이라고 말할 수 있을 것이다. 그들은 이와 같이 천국을 수립하지는 못하지만 천국이 수립되고 확장되도록 도울 수 있다. 천국이 임하기를 바란다면 우리는 먼저 기도해야 하지만, 또한 우리의 삶을 통해서 천국이 현존하게 해야 한다.[157] 천국은 우리의 삶을 통해서 비유의 말씀들이 기술하듯 구원의 힘과 하나님의 사랑의 증거와 하나님의 인내의 보증이 될 것이다. 우리는 이 땅위에 살아가는 사람들이 이 천국을 구성하고 이루고 있다는 엄청난 사실을 아직도 알아가고 있는 중이다.마25:1-30

천국은 열 처녀와 같은 것이다. 다시 말해서 세상의 어둠 속에 잠겨있는

---

156) Cf. 마태복음 18:33. "내가 너를 불쌍히 여긴 것처럼 너도 네 동료를 불쌍히 여겼어야 하지 않느냐?"

157) 시간적인 차원과 동시에 실효성의 차원에서 현존하는 이 천국의 특징은 키르케고르가 Miettes philosophiques(철학적 단편들)에서 개진한 '동시성(contemporanéité)'이라는 개념과 일치한다. Cf. Søren Kierkegaard, "Miettes philosophiques"(1844), in OEuvres complètes, Pairs, Editions de l'Orante, volume 7, pp. 1–103.

사람들이 왕의 귀환을 기다리면서 왕의 일을 추구하다가, 빛을 주러 온 왕의 빛으로 어둠을 밝힌다. 인간과 하나님의 이러한 협동은, 왕이 외적으로 부재한 시기에도 자신이 행한 일을 수행하도록 왕이 천국에 세운 사람들의 손에 의해 왕의 일은 계속된다는 사실을 뜻한다. 그래서 우리는 이 천국과 윤리가 어떤 연관성을 가지는지 알게 된다. 그러나 우리는 또한 이 천국이 궁극적인 가치들이 실재하는 아이온^{éon} 속에 현존하는 것임을 알고 있다. 이제 천국은 다가올 하나님 나라로서 하나님 나라의 담보인 동시에 보증이다. 또한 천국의 왕이 하나님 나라의 왕인 까닭에 천국은 하나님 나라의 실현된 진리의 총체이자 완전한 권능이다.

그러나 윤리의 의미에서 아직 정확히 해야 할 점들이 존재한다. 우리는 천국을 구성하는 사람들에게 삶의 방식에 대해 요구되는 것으로 적어도 두 가지 사항들을 알고 있다.

먼저 첫째 사항은 이 천국은 하나님의 공의와 하나님의 사랑이 결합하는 곳이라는 점이다.$^{마18:23-25}$ 이것은 다음과 같은 비유들에서 자주 상기되는 문제이다. 열한 시[158])에 일을 시작한 일꾼들은, 하루 종일 일해서 맺은 계약에 따라 정확한 보수를 받은 일꾼들과는 대조적으로, 일은 한 시간밖에 하지 않았는데 하나님의 사랑으로 동일한 보수를 받는다.[159]) 하나님은 그들이 사는데 필요한 것을 배려한 것이다. 혼례식에 초대받은 사람들의 경우는 참석을 거부한 사람들에게 정의가 이행되는 것과, 권리도 없을 뿐더러 요구도 하지 않은 모든 사람들에게 사랑이 베풀어지는 것을 보여준다.[160]) 주인에게 빚진 종의 경우는, 먼저 종에게 빚을 갚도록 주인이 요구하는 것으로 공의가 나타나고, 주인이 종에게 빚을 탕감해주는 것으로 주

---

158) [역주] 신약시대 당시의 유대인들은 오전 6시를 원점으로 시간을 계산했다. 따라서 그 당시의 11시는 우리 시간으로는 17시(오후 5시)를 의미한다.
159) *Cf.* 마태복음 20:1-16.
160) *Cf.* 마태복음 22:2-14/누가복음 14:16-24.

인의 사랑이 나타난다.[161] 그 종이 다른 사람들에게 응당 자신이 받은 대로 베풀어야 함에도 불구하고 동료인 이웃을 사랑하는 것을 거부했을 때, 공의가 다시 등장한다. 그는 주인으로부터 다시 정죄를 받는다. 이와 같이 윤리의 종말론적 엄위성은 하나님의 공의와 사랑의 확고한 일체성으로 특징지어진다. 천국에 소속된 그리스도인은 자신의 삶과 행위를 통해서 공의와 사랑의 두 측면을 보여주어야 한다. 그리스도인은 사랑과 공의의 어느 한 쪽만이 아니라 둘의 일체성과, 겉보기에도 불구하고 상반되지 않는 그 비모순성을 보여야 한다. 이것만으로도 모든 다른 윤리들 가운데 그리스도인들을 위한 윤리가 결정적으로 구별되기에 충분할 것이다.

둘째 사항은 아주 개괄적으로 봐서 천국의 비유들은 산상수훈을 보여주는 것이며, 산상수훈은 천국의 법이 된다는 것이다. 정확히 말해서, 산상수훈은 장래에 저 너머에 이루어질 것으로 넘겨버릴 수 있는 하나님 나라의 법만이 아니라, 천국의 법으로서 이 땅위의 삶과 행동에 적용되는 것이다. 이 천국의 법은 세상의 법과 정반대되는 것으로 정의된다. 비유의 말씀들에서 기술된 천국의 삶의 방식은 세상에서 행해지는 바를 따라 정의된 일반적인 삶의 방식과는 정말 정반대이다. 산상수훈을 다시 언급할 것도 없이, 우리 앞에는 채무자의 빚을 탕감해주는 채권자,[162] 밭[163]이나 진주[164]를 사기 위해 자기가 가진 모든 것을 다 파는 사람, 거의 아무 일도 하지 않은 종들에게 후한 보수를 주는 주인,[165] 더욱이 일거리도 없으면서 일이 없는 실업자들을 고용하는 주인,[166] 다른 처녀들에게 자신들의 기름을 나눠주기

---

161) *Cf.* 마태복음 18:21–35.
162) *Cf.* 마태복음 18:27.
163) *Cf.* 마태복음 13:44.
164) *Cf.* 마태복음 13:45–46.
165) *Cf.* 마태복음 20:9–14.
166) *Cf.* 마태복음 20:6–7.

를 거절하는 슬기로운 처녀들,[167] 자신의 혼인잔치에 모르는 사람이나 거지들을 포함해서 누구나 다 초대하는 왕[168] 등이 나온다. 모든 영역에서, 이런 태도는 합리적인 것과는 정반대가 된다. 예를 들어 끊임없이 재론되는 큰 규범들 중의 하나는 증여의 법이 매매의 법을 대치한다는 점이다. 이 세상은 모든 면에서 정상적인 행동의 원칙이 매매의 보편적인 법이라는 것으로 특징지어진다. 아무 대가 없는 것은 없다. 모든 것은 실제로 보상이 따라야 한다. 그런데 천국의 원칙은 무상으로 주는 것이다. 무상으로 주는 것은 세상에는 아예 없는, 근본적으로 다른 권위의 표지로서 인간이 스스로는 알 수 없고 고안해낼 수 없는 진리의 행위이다.

그리스도의 대사

이와 같이 그리스도인은 이미 다가올 나라의 시민이 되어 있다. 그리스도인은 그 나라의 규범들에 따라 행동해야 하고, 현재의 세상 가운데 그 규범들을 대표해야 한다. 그리스도인은 그리스도의 대사로서 그 진정한 사명은 세상 가운데 외국에서 와서 그 외국의 법들을 따르는 사람으로 자신을 나타내는 것이다. 현재의 세상은 사라지게 되어 있고, 이 세상을 이루는 질서들 널리 알려진 창조의 질서은 하나도 새로운 창조세계에서 남아있지 않게 될 것이다. 그리스도인은 이미 이 새로운 창조세계에 관여되어 있는 까닭에 이 세상과는 엄청나게 분리되어 있다. 그리스도인의 삶은 마지막 때의 삶이다. 그가 다시 세상의 질서와 연대하게 되면, 그는 자신의 주인을 배반하고 주인의 대사가 되는 것을 멈추게 될 것이다. 그 자신이 알고 있다시피 사라지고 말 세상 속에서 살아가는 까닭에 그는 세상과 언제나 비판적인 거리를

---

167) *Cf.* 마태복음 25:9.
168) *Cf.* 마태복음 22:9/누가복음 14:21, 23.

둔다. 이것은 그가 누리는 자유를 통해서도 표명된다. 구원의 주 그리스도에 의해 자유롭게 해방된 그리스도인의 자유는 필연적으로 일종의 '탈세계화'를 포함하고 있다.[169]

---

169) 불트만(Rudolf Bultmann)은 '탈세계화'가 아닌 '탈신화화'를 말한다. 여기서 의심의 여지 없이 자끄 엘륄은 불트만이 만든 신조어에서 영감을 받아 새로운 신조어를 만들려고 했다.

제5부 기독교 윤리의 내용

I. 기독교 윤리와 율법

1장 • 복음과 율법

성서의 계시와 윤리의 내용

우리는 이미 그리스도인들에게 성서 외 다른 데서 윤리의 원천과 규범을 찾는 것은 불가능하다는 사실을 규명하려고 했다. 성서는 성령의 역사를 통해서 끊임없이 현재화할 수 있는 과거의 계시가 있는 곳이다. 그런데 지금 명시해야 할 것이 있다. 즉 중요한 문제는 윤리에 어떤 영역이나 역할을 부여하고, 그 특성들을 인정하고, 그 필요성들을 인식하며, 그 근거의 진위를 인지하는 것만이 아니라 그 내용이 어떤 것이 될지도 알아야 한다는 점이다. 이는 살아가는 사람들에게 결정적으로 유일하게 중요한 것이다. "윤리의 내용을 만드는 것은 바로 당신이고, 윤리라는 것은 바로 당신이 내린 결정이고 선택이다"라고 말하는 것으로는 물론 충분하지 않다. 이미 말했다시피 그 말은 개인의 윤리적 지위를 정확하게 진단한다. 그러나 이는 윤리 자체를 명확하게 하는 데는 확실히 부족하다. 더욱이 그리스도인의 삶의 차원에서 결국 그것은 윤리의 유일한 결정적인 요인이 성령의 개인적이고 직접적 영감이라는 주장으로 다시 돌아가는 것과 같다.

그리스도인들을 위한 윤리는 객관적이고 외적인 형식과 근거만이 아니라 성서 안에 계시되어 있는 내용을 갖는다. 이미 언급했다시피 하나님의 뜻은 성서 이외의 다른 데서 계시되지 않는다. 그러나 하나님의 뜻은 하나의 내용을 가지고 있다는 사실을 상기해야 한다. 하나님의 뜻은 그 자체로 성립하는 뜻이 아니라 일어난 사건에 대해 아주 정확한 내용으로 표명되는 뜻이다. "율법도 하나님의 말씀이지만, 하나님의 말씀이 명확해지고 알아들을 수 있게 되는 것이 은총이고, 그 은총은 오직 예수 그리스도라고 할 때, 아무 사건이나 이야기에서 율법을 끌어낼 수 있다는 주장은 불확실하고 위험할 뿐 아니라 잘못된 것이다. 왜냐하면 뭐가 되었든 그러한 사건은 하나님의 뜻이 인간의 이론과 해석을 무너뜨리면서 우리에게 은총으로 계시되는 계기가 되는 사건과는 다른 것이기 때문이다."[170]

하나님의 말씀 안에 계시된 것이 곧 율법의 내용이다. 다른 모든 준칙, 규범, 윤리 내용 등은 그 가치와 우수성과 고결성이 아무리 훌륭하다 할지라도, 그 근거나 효과가 아무리 뛰어나다 할지라도, 결국 인간 세상에서 나온 것에 지나지 않는다. 그런 윤리는 사회적 압력과 상황에 따른 내용을 갖게 될 뿐이다. 우리는 소위 기독교 윤리의 시대를 경험했다. 사실 그 시대의 기독교 윤리는 초월적인 윤리의 절대성과 거룩성으로 상업 시대의 도덕적 기준들을 덧씌웠다. 사회적 기독교[171]의 유혹도 완전히 똑같다. 그 윤리의 내용은 결국은 기독교적인 정의의 옷으로 포장한 사회주의다.

계시적 윤리의 특별한 내용을 포기하는 순간 사람들은 윤리를 보완할 것

---

170) 우리는 이 칼 바르트 인용문의 출처를 정확히 확인할 수 없었다.

171) 사회적 기독교에 관한 자끄 엘륄의 비판에 대해서는 다음의 글을 참조하라. *Cf.* Jacques El-lul, *Fausse présence au monde moderne*. Frédéric Rognon, "L'identité théologique de Jacques Ellul", pp. 7–36(특히 pp. 14–18).

을 찾을 수밖에 없다. 게다가 사람들은 아주 정통적인 방식의 틀, 근거, 원리, 특징 등을 상당히 많은 세상의 가치들과 덕성들에 덧댈 수 있었다. 정통 기독교의 나쁜 평판 탓에 19세기에 인간의 도덕적·지적 진보와 과학의 위상으로 위세를 떨친 자유주의[172]는 파격적으로 윤리의 내용을 혁신하자고 주장했다. 한편으로 자유주의는 윤리의 중심을 신학에 두는 것을 그만 두었다. 그렇지 않으면 곧바로 모순에 부닥쳤을 것이다. 다른 한편으로 자유주의는 자연발생적인 문화의 일탈과 혼란을 비판하고 그 피상적인 면모를 교정할 권한을 상실했다. 이 도덕적인 자연주의는 물론 우수한 측면을 갖출 수 있고 충분히 존경받을 만한 인간 유형을 만들어낼 수 있다. 그러나 도덕적 자연주의는 장기적으로는 위선에 빠질 수밖에 없다. 그런 상황에서 누가 도덕적인 긴장을 계속 유지할 수 있겠는가? 누가 윤리적 삶을 망가뜨리는 인간적 태만에 의해 축적되는 기득권에 문제제기를 할 것인가?

시대적 발상과 국가와 공동의 가치들과 철학 속에서 추구되는 윤리의 내용은 사실상 우리를 세상의 윤리로 인도한다. 그러면 그 윤리는 다른 윤리들과 마찬가지로 사회와 경제적·사회적 풍조와 사회적 세력들의 산물이 되고 말 뿐이다. 그 윤리는 그리스도인들이 그렇게 믿는 것 말고는 어떤 기독교적 성격도 갖지 않는다. 발상 자체가 두 개로 갈라진 탓이긴 하지만, 그러한 윤리는 그 전제들과 완전히 모순을 이룬다. 세상의 윤리적 여건들과 하나님의 계명을 뒤섞어버리는 것만큼 혼란스러운 것도 없다. 이 혼란의 형태가 어떤 것이든, 19세기에서와 같이 속단해서 약간은 부지불식간에 생겨난 것이든 아니면 가치 이론들에서와 같이 세련되고 미묘한 것이든 간에 별 상관이 없다. 왜냐하면 그것은

---

172) 자유의주의에 관한 자끄 엘륄의 비판에 대해서는 다음의 글을 참조하라. Cf. Frédéric Rognon, "L'identité théologique de Jacques Ellul", pp. 7–36(특히 pp. 8–11).

결국 계명을 상위의 차원, 즉 원칙, 총체적 개념, 기준 등으로 돌려버리고 말거나, 뒤섞어버리기 때문이다. 그러나 그렇게 해서 우리는 윤리의 참된 중요한 내용을 결정하는 임무를 세상에 맡겨버린다는 사실을 알아야 한다. 왜냐하면 철학적으로 가장 중요한 것은 개념, 기준, 틀, 동기이지만, 인간적으로 구체적인 현실에 와닿는 것은 그 내용이기 때문이다. 우리는 정말 중요한 것은 실제로 적용하는 것이지 설명하는 것이 아니라는 사실을 그리스도인으로서 주장해야 한다.

율법과 복음의 일체성

성서는 우리에게 윤리를 제공한다. 그렇지만 그냥 있는 그대로 윤리로 받아들일 수 있을까? 여기서 우리는 율법과 복음의 일체성에 관한 칼 바르트의 경고[173]를 이해하는 것으로 시작할 필요가 있다. 율법도 영적인 것이다. 율법의 목적은 그리스도로서 믿는 사람들을 의롭게 하기 위한 것이다. 율법은 그리스도인들과 마찬가지로 유대인들에게 생명의 영의 율법이다. 다시 말해서 율법은 역사적으로 유대인들을 그리스도에게로 인도하도록 주어진 것이었고, 현재는 그리스도인들을 그리스도에게로 인도하도록 주어진 것이다. 율법은 우리 안에서 끊임없이 그 일을 행한다. 그러므로 신자들의 가슴에 새겨진 은총으로서 율법은 하나님의 백성을 의롭게 하고 성화시키는 하나님의 권능과 동일한 것이다. 율법은 신앙에 상반되는 행위의 원천이 될 수 없다.

---

173) Cf. Karl Barth, *Dogmatique*, Genève, Labor et Fides, volume 9(1939), 1959, pp. 1–124. "율법은 전적으로 복음 안에 포함되어 있다. 율법은 복음의 옆쪽이나 바깥에 있는 부차적인 요소로서 복음 이전이나 이후에 임하는 복음 외적인 가치를 지니는 것이 아니다. 율법은 복음이 우리에게 전하는 의무이다. 율법은 우리가 이행해야 하는 의무의 형식으로 주어진 복음 자체이다. 복음은 우리가 거기에 순종함으로써만 비로소 진정으로 이해할 수 있는 것이다."(p. 51)

율법은 어떤 면에서도 복음과 분리되지 않는다. 율법은 오로지 복음을 드러나게 하는 데서 의미를 갖는다. 율법은 인간으로 하여금 은총을 향하게 하며 그 자체가 은총의 증거가 되기 위해 존재한다. 율법은 그 자체로는, 또 그 자체를 위해서는 아무 의미도 가질 수 없다. 왜냐하면 율법이 하나님의 뜻이라면 율법은 예수 그리스도 안에서 창조세계를 향한 성부 하나님의 사랑이라는 그 뜻과 실질적으로 다를 수 없기 때문이다. 율법은 예수 그리스도와 분리될 수 없다. 계시된 하나님의 뜻이다. 그러나 하나님의 뜻이 어디에 계시되어 있는가? 하나님은 만물의 창조주인 까닭에 의심의 여지없이 자연의 질서를 창조하는 동시에 세계 역사나 우리의 개인적인 역사의 모든 사건을 창출한다.

그러나 그 모든 것에서 하나님의 뜻은 명백하고 분명하게 나타나지 않는다. 결국 우리는 우리 자신의 이론들과 해석들을 그 실재에 반영하여 하나님의 뜻으로 착각할 위험에 이른다. 하나님의 뜻은 오직 예수 그리스도 안에서 우리에게 계시된다. 오직 예수 그리스도 안에서 우리는 율법이 진정 하나님의 뜻임을 알 수 있게 된다. 그러나 그것이 이 율법의 실재를 사라지게 해서는 안 된다. 율법의 첫 번째 기능은 "하나님의 의를, 즉 하나님이 기뻐하시는 것을 밝히면서 개개인의 불의를 견책하는 것"이라는 칼뱅의 말은 맞는 말이다.[174] 중요한 것은 하나님의 의를 밝히는 것이다. "하나님은 우리가 행할 수 없는 것을 명령하여 우리로 하여금 우리 자신이 하나님에게 간구해야 하는 것이 무엇인지 알게 하신다."[175] 이와 같이 하나님의 뜻은

---

174) Jean Calvin, *L'Institution de la religion chrétienne*(1536–1560), Marne–la–Vallée/Aix–en–Provence, Editions Farel/Editions Kerygma, 1995, volume 1(Livres premier et second), Liver II, chapitre VII, §6, p. 112. 이 첫 번째 율법의 기능(루터에게는 두 번째 기능)은 'élenctique/수치심을 일으키는' 것이다. 이 프랑스어 단어 'élenctique'는 그리스어 동사 '엘렝코'에서 유래된 것으로서 "수치심을 느끼게 하다, 잘못이나 허물을 깨닫게 하다"는 뜻을 담고 있다. 그러므로 이 단어를 사용한 목적은 정죄나 비난보다는 죄인으로 하여금 스스로 자신의 죄를 깨닫게 하여 자신이 죄인임을 인정하게 하고 자기의(自己義)를 부인하고 하나님께 돌아와 하나님의 은총에 스스로를 맡기게 하는 데 있다.

175) 이는 성 아우구스티누스의 말을 칼뱅이 인용한 것이다. *Cf.* Jean Calvin, *L'Institution de la*

엄격한 객관성이 있다. 율법과 복음의 일체성은 그 객관성을 하나도 무너뜨리지 않는다. 그러나 율법은 이미 복음을 내포하고 있고, 역으로 복음은 하나의 율법이라는 사실을 상기하는 것은 근본적으로 중요한 일이다.

율법은 예수 그리스도의 말씀 안에서 강한 규범성을 띠며 극단적이 된다. 산상수훈은 너무도 절대적인 하나님의 뜻을 계시하여 우리로 하여금 절망에 빠질 수밖에 없게 한다. 그러나 이 율법[176]은 예수 그리스도가 우리에게 전한 것이다. 예수 그리스도는 우리를 정죄하기 위해서가 아니고 우리를 구원하기 위해서 온 존재로서 하나님 앞에서 우리의 보혜사[177]가 되는 구원자이다. 그래서 예수 그리스도의 말씀은 우리를 정죄하기 위해 만들어진 인간적 율법이 아니고, 정반대로 기쁜 소식을 우리에게 알리는 존재의 율법이다. 그 존재 자체가 기쁜 소식이다. 하나님의 모든 율법은 이미 복음을 포함하고 있다. 왜냐하면 각각의 계명은 규범인 동시에 약속이라는 중의적인 의미를 갖기 때문이다.[178] 각각의 계명은 "너는 해야 한다Tu dois"라고 우리에게 요구되는 규범인 동시에 "너는 될 것이다Tu seras"라는 약속[179]이다.

그것을 둘로 분리시키면 율법을 율법주의적 해석에 의해 불가능한 규범으로 축소시키고 만다. 율법은 더는 하나님의 의로 인도하지 못하고 우리

---

religion chrétienne, volume 1(Livres premier et second), Livre II, chapitre VII, §9, p. 115.

176) ▲율법은 단 하나다. 우물쭈물하며 성서본문들을 왜곡시켜서는 안 된다.

177) '보혜사(파라클레토스)'라는 단어는 '보호자', '중재자', '위로자'를 의미하고, 사도요한이 기록한 성서본문들(요한복음 14:16,26; 15:26; 16:7/요한일서 2:1)에서 성령을 가리킨다.

178) 자끄 엘륄은 나중에 쓴 다른 글들을 통해서 율법, 특히 십계명은 계명이라기보다는 약속이라는 견해를 주장한다. Cf. Jacques *Ellul, Ethique de la liberté, tome 1, pp. 171-172* (『자유의 윤리1』, 대장간 역간, 2018); *A temps et à contretemps. Entretiens avec Madelaine Garrigou-Lagrange*, Paris, Le Centurion(Les interviews), 1981, p. 175; *La parole humiliée*(1981), Paris, La Table Ronde(La petite Vermillon 391), 2014², p. 97 (『굴욕당한 말』, 대장간 역간, 2014); *Anarchie et christianisme* (1988), Paris, La Table Ronde (La petite Vermillon 96), 1988², p. 62. (『무정부주의와 기독교』, 대장간 역간, 2011.). 그러나 여기서 자끄 엘륄은 율법은 계명인 동시에 언약이라고 주장한다. 그러므로 우리는 이 주제에 관한 엘륄의 신학적인 견해의 변화를 감지할 수 있다. 더욱이 엘륄은 스스로 보편적인 것으로 보았던 구원 문제와 같은 다른 주제들에 대해 견해가 변화되었음을 생애의 후반기에 이르러 인정했다. Cf. Jacques Ellul, *A temps et à contretemps*, p. 70~71.

179) ▲하나님은 우리 안에 하나님의 사람을 새로 창조할 것이기에, 계명은 언약이 된다.

스스로 죄책감을 느끼게 할 뿐이다. 그렇게밖에 안 될 것이기에, 인간은 그 계명을 회피할 수 있도록 해명할 방법을 늘 찾을 것이다. 심지어 인간은 자기 자신을 정당화할 방법을 찾기도 한다. 왜냐하면 인간이 오직 자신에 대한 정죄의 선고를 듣는 것으로 일관할 수는 없기 때문이다. "율법의 '너는 해야 한다' 라는 규범성이 복음의 '너는 될 것이다' 라는 약속 안에 뿌리 내리지 않는다면, 그 규범성은 언제나 아주 쉽게 회피의 대상이 될 것이다."K. Barth II, 2, §18, 180)

구약에서 약속과 율법, 복음과 계명의 일체성은 율법과 언약의 관계를 통해 입증된다. 율법은 준엄성과 엄격성만으로 주어진 것이 아니고, 인간에게 임한 은총인 언약의 시간에 주어진 것이다. 하나님은 인간을 거룩하게 하고, 구별하여 구원하고, 그를 향한 하나님의 뜻을 전한다. 그건 분리될 수 없다. 은총은 필연적으로 규범의 계시를 동반한다. 그러나 역으로 규범의 계시는 은총이 주어질 때 임한다. 은총이 없으면 율법은 완전한 정죄가 될 것이고 아무도 율법에 직면해서 살아갈 수 없다.[181] 율법의 실천은 언약의 기반이나 동기가 될 수 없다. 그 기반이나 동기는 십계명의 계시가 있기 훨씬 이전에 아브라함의 믿음이라는 인간의 응답에 있다. 율법의 준수는 인간이 언약을 인정한 표지일 수밖에 없고, 인간이 주의 언약 가운데 있음을 스스로 인정하는 증거다. 그러므로 그것은 예수 그리스도 안에서 의롭게 되고 선민이 된 사실에 전폭적으로 관계되고 예속되는 행위이다.

구약에서 구체적으로 율법이 은총의 산물로서 은총 안에 있었음을 밝혀 준 것은 바르트가 역설한 바와 같이 "그 강제적인 규범성과 사형의 형벌과 함께 십계명의 율법이 새겨진 석판들은 언약궤에 숨겨져 있었던 사실, 즉,

---

180) Cf. Karl Barth, *Dogmatique*, Genève, Labor et Fides, volume 4 (1939), 1954, p. 168.
181) Cf. 출애굽기 33:20. "하나님이 말씀하셨다. '너는 내 얼굴을 보지 못할 것이다. 나를 본 사람은 아무도 살 수 없기 때문이다.'"

희생물의 피가 뿌려진 속죄소 아래에 놓여있었다"[182]는 사실이다. 즉, 그것은 그 율법의 석판들이 하나님이 은총을 내린 증거물 안에, 예수 그리스도 안에서 우리 죄를 대속하는 예언적인 희생물의 피 아래에 있었다는 사실이다. 언약은 거룩한 하나님의 율법의 계시가 없이는 존재할 수 없다. 율법이 없이는 언약은 결코 진정성 있는 참된 언약이 될 수 없다. 그렇지만 율법은 언약이 없이는 존재할 수 없다. 은총을 받지 않고 믿음이 없는 사람은 자신이 믿지 않는 하나님의 심판 또한 진지하게 받아들일 수 없다. 그는 심지어 그 심판을 인지하지도 못할 것이다.

그러나 언약이 그 뒤로 율법을 불러오듯이, 예수 그리스도의 복음은 예수 그리스도 안에서 새로운 언약을 불러온다. 복음은 그 자체로 하나의 율법이라고도 말할 수 있다. 신약의 증언은 '교훈적인 본문들'[183]에 그치지 않고 계속해서 율법의 형식을 취하고 있다. 언제나 우리는 명확한 규범들로 돌아가게 된다. 또한 실제로 그 본문들은 전부가 다 "예수 그리스도는 주님이시다"[184]는 고백에서 비롯된다. 곧바로 이것은 그 고백을 받아들이는 사람의 삶 전체에서 완전한 규범이 된다. 그래서 세부적인 규율들은 총체적인 규범을 명시하는 것들에 지나지 않아서 잔돈과 같은 역할을 한다. 그러나 그 고백은 그 자체로 승리의 외침으로서 복음이 되는 동시에, 규범적인 것으로서 율법이 된다. 칼 바르트는 말한다. "하나님이 우리를 위해 행하신 일로부터, 우리는 하나님이 우리를 위해, 또 우리에게 바라는 것이 무엇인지 알아낼 수 있다. 우리가 하나님의 은총을 받아들일 때 그 은총은 우리에게 요구한다. 그 은총은 우리의 행동이 은총에 걸맞아야 한다고 요구한

---

182) Karl Barth, *Dogmatique*, Genève, Labor et Fides, volume 7 (1940), 1957, p. 110.
183) '교훈적인 본문들(Textes parénétiques)'은 자끄 엘륄의 글에서는 확실히 신약성서의 일부분, 특히 산상수훈과 바울서신들의 마지막 부분을 가리킨다. 이 본문들은 일정한 삶의 방식을 권고한다.
184) 빌립보서 2:11.

다."185)

그래서 우리는 성서의 본문들을 두 범주로 나누어 계시를 내포하는 영적 종교적 본문들과 윤리적 본문들로 구분할 권리가 없다. 그렇게 하면 우리는 윤리적 본문들을 천한 물질적인 것이나 시대에 뒤떨어진 유형의 문명과 연관된 것으로 평가하면서 인간적인 편견들만을 내놓는가 하면, 반대로 그 본문들을 너무 높게 보아서 하나님의 명령 전체를 계시하는 것으로 평가하고, 그래서 하나님의 뜻에 맞게 사는 것은 그 본문들을 준수하는 것으로 충분하다고 하게 될 것이다. 그렇게 구분하는 것은 두 가지 경우에 다 아무 의미 없는 일이다. 두 가지 경우가 다 하나님의 말씀을 제대로 이해하지 못한 것이다. 모든 영적인 본문은 그 대상이 되는 사람에게는 하나님의 명령을 내포하는 것이기에 윤리적인 것이기도 하다. 모든 윤리적인 본문은 예수 그리스도 안에서 우리를 구원하는 하나님에게서 나온 것으로 이해되어야 한다. 그러므로 성서 본문들을 둘로 나누어 해석을 달리하고 다른 기준에 따라 평가하거나 계시의 차원에서 높낮이를 두려고 하는 것은 잘못된 것이고 헛된 것이다.

그렇지만 율법은 복음 안에 있고 복음은 율법 자체라는 일체성이 "모든 것이 모든 것 안에 있다"라는 옹색한 표현으로 모든 본문을 뒤섞고 동일시하는 것으로 이어져서는 안 된다. 율법과 복음 간에는 명백한 차이가 존재한다. 성서는 우리가 중시해야 하는 역사적인 순서를 명시한다. 아브라함에게 주어진 약속이 먼저 있고 나서 뒤에 은총이 임하고, 모세와 함께 율법이 계시되고 나서 뒤에 예수 그리스도 안에서 언약과 율법의 완성이 임한다. 이와 같이 역사적 순서는 우리에게 복음과 율법 간의 거리와 관계를 밝혀준다. 은총의 언약과 은총의 성취가 시작과 끝에 있다. 율법의 천명은 그 둘 사이에 존재하고 율법의 실현은 은총의 성취에 합류한다.

---

185) 우리는 이 칼 바르트의 인용문의 출처를 확인할 수 없었다.

이 연속적인 순서는, 구약에서 율법이 언약에 뒤이어 나오고, 신약의 서신들에서 은총의 증언이 율법의 증언에 앞서는 것과 마찬가지로, 율법은 복음에 선행하는 것이 아니라 뒤따른다는 사실을 상기시킨다. 따라서 율법이 먼저 주어져서 인간으로 하여금 자신의 죄와 불의를 깨닫고 하나님께로 돌아서서 은총을 간구하게 한다는 종교개혁 신학자들의 고전적인 해석은 어쩌면 완전히 정확한 것은 아닐 것이다. 칼뱅은 율법은 하나님의 거룩함과는 너무나 거리가 먼 우리 자신의 모습을 보게 하여 우리의 교만을 제거하고 우리의 죄악을 깨닫게 한다고 말한다. 그러므로 율법은 우리의 죄를 밝혀줌으로써 우리로 하여금 하나님께로 돌아서도록 촉구한다는 것이다.[186] 루터는 하나님의 거룩함이 계시되는 가운데 우리가 가지는 하나님의 진노에 대한 두려움이 우리로 하여금 우리의 죄를 깨닫게 한다고 말한다.[187] 그

---

186) Cf. Jean Calvin, *L'institution de la religion chrétienne*(기독교강요), volume 1 (Livres 1, 2), Livre 2, chapitre VII, 6, p. 112. "그렇지 않으면 맹목적이고 자기애에 빠져 있게 되는 인간은 자신의 어리석음과 함께 자신의 불순함을 인정할 수밖에 없도록 촉구되어야 할 필요가 있다. 인간의 허영심이 눈앞에서 견책당하지 않으면, 인간은 자신의 능력에 대한 어리석은 자만심으로 의기양양하게 될 것이기 때문이다. 그래서 인간은 오판하여 자신의 능력이 작고 하찮은 것을 인정할 수 없게 된다. 그러나 인간이 하나님의 율법을 실천하기 위해 자신의 능력을 시험할 때 겪는 어려움을 통해서 인간은 자신의 교만을 무너뜨릴 계기를 갖게 된다. 이전에 자신의 능력에 관해 어떤 높은 평가를 했더라도, 이제 인간은 어떻게 자신의 능력이 너무도 무거운 짐을 져서 비틀거리고 흔들리며 약해져서 결국은 완전히 무너져 내리는지 지각하게 된다. 이와 같이 인간은 율법의 가르침을 받아서 본성적으로 가득한 자신의 오만한 마음을 버리게 된다. 또한 인간은 앞에서 우리가 언급한 교만의 다른 악덕도 벗어버려야 할 필요가 있다. 왜냐하면 자신의 능력에 대한 높은 평가를 그친다고 하더라도 인간은 참된 의로움 대신에 위선을 부리고, 그 위선을 스스로 즐기는 가운데 자신의 머리로 지어낸 갖가지 관념들을 통해서 하나님의 은총을 거스르는 교만에 빠지게 되기 때문이다. 그러나 인간이 하나님의 율법의 저울을 기준으로 자신의 삶을 돌아보도록 촉구되고 거짓된 의로움에 대한 자신의 환상을 버리게 될 때, 인간은 자신이 참된 거룩함과는 거리가 멀고 이전에 자신에게 없었다고 생각했던 악덕들로 가득하다는 사실을 깨닫게 된다."

187) Cf. Martin Luther, *Epitre aux Galates*, in *Œuvres de Martin Luther*, vol. XVI, Genève, Labor et Fides, 1972, pp. 25-26. "하나님은 이 망치를 사용해야 한다. 율법은 깨뜨리고 부러뜨리며 으깨어서 그 어리석음과 헛된 확신, 지혜, 의, 능력을 무력화한다. 율법은 고통에 의해 무너지고 정죄되는 것을 스스로 자인하는 것으로 끝난다. 양심이 율법에 의해 두려움에 떨게 되는 그 시점에서 복음과 은총의 교훈이 임하여 다시 일으키고 위안을 준다. […] 그런 까닭에 율법이 그대를 굴복시키고 두려움에 떨게 하고 완전히 무너뜨려서 절망에 빠뜨릴 때, 율법을 잘 이용할 수 있도록 유의하라. 율법의 소임과 용도는 죄와 하나님의 진노를 드러내는 것뿐만이 아니라 그대를 그리스도에게 스스로 투신하게 하는 것이다. […] 그대가 완전히 절망적일 때, 율법이 그대로 하여금 그리스도에게서 도움과 위안을 구하게 한다면, 율법은 제대로 용도에 맞게 쓰이는 것이다. 그래서 복음의 수단을 통해서 율법은 의에 이르도록 쓰

러나 그 모든 것은 율법을 하나님의 말씀으로 받아들이고 자신에게 말씀하는 분이 사랑의 하나님인 것을 아는 사람에게만 참된 사실이 된다.

먼저 율법이 계시되어 단독으로 우리에 대한 심판을 선포하고 난 뒤에 복음이 뒤를 이어 그 심판을 거두어들이는 것이 아니다. 먼저 율법이 우리의 삶을 부정하고 난 뒤에, 은총이 뒤를 이어 긍정하는 것이 아니다. 여기서 하나님의 계시는 하나인 까닭에 순차적 계승은 없다. 그러나 그 계시 가운데 인간은 자신의 삶에 대한 부정과 동시에 긍정을 듣게 되고, 자신이 정죄된 동시에 용서된 것과 자신이 죽은 동시에 부활한 것을 안다. 그 계시 속에서 인간은 자신을 구원한 예수 그리스도의 죽음을 진실하게 받아들일 때 비로소 자신의 정죄와 죄와 죽음을 진실로 받아들인다. 그 하나의 계시 속에서 복음과 율법은 동일하지 않으며 두 개의 기능을 가진다. 그 두 개의 기능은 상호보완적으로 결합된 것이고 그래서 구분되는 것이다. 성서는 엄격하게 그 둘을 구분한다. 거기에는 이중성이 있다. 그 이중성 속에서 상대적으로 대립되는 점도 있다.

언약은 규범을 대체하지 못하며, 역으로도 그렇다. 율법은 복음을 대체하지 못하며, 역으로도 그렇다. 하나님의 온전한 뜻은 그 두 가지 형태로 계시되고, 그 둘은 하나님의 유일한 뜻이 되지만 그 둘의 표현과 양식은 동일하지 않다. "그 두 가지 형태의 대립과 이중성을 넘어서 성부 하나님의 말씀과 평화가 있다."K. Barth 188) 그 둘의 관계를 좀 더 명확히 하기 위래 칼 바르트는 덧붙인다. "복음은 율법의 성취로 보이고, 율법은 복음의 형식으로

___

인다. 그것이 율법의 가장 좋은 완전한 용도이다."

188) 우리는 이 인용문의 출처를 발견하지 못했다. 그렇지만 이와 비슷한 말이 칼 바르트의 『교의학』 9권에서 발견된다. "유일무이하고 동일한 주의 주권 하에서만 그리스도인은 그리스도인이 되고 일체성을 발견하고 소유한다. 그렇지 않으면 그리스도인은 다 빼앗긴다. 여기서 화평함이 없는 사람이 그리스도인으로서 어디서나 완전한 절대적인 평화에 둘러싸인다. 그에게 주를 대신하여 바깥세상에 평화를 전달하는 사람이 되어달라는 요구는 과도한 요구가 아니며, 헛된 요구도 아니다."(Karl Barth, *Dogmatique*(교의학), Genève, Labor et Fides, volume 9, 1939, 1959, p. 231).

보인다."[189] "율법은 은총을 내용으로 하는 복음에 필요한 형식 이외의 다른 것이 아니다. 바로 그 내용이 그 형식을 요구한다. 그 형식은 율법에 맞는 형식을 필요로 한다. 계시되고 표명되고 선포될 때 은총은 사람들을 향한 명령과 규범을 뜻한다."[190] 물론 두말할 것도 없이 은총은 율법 안에 포함되어 있다. 마찬가지로 율법은 은총이 받아들여지고 인정될 때 취하는 형식이다.

그러나 이런 용어들 가운데 모호성이 있을 수 있다. 은총이 율법의 내용이라면, 율법은 아무런 구체적 내용이 없다는 판단을 하게 되지 않겠는가? 율법은 하나의 봉투가 될 뿐이다. 그러면 신학자도 율법의 총체성을 위해 각각의 계명의 개별성을 무시해버리지 않겠는가? 그렇게 되면, 케케묵거나 난해한 것이 많은, 성서의 개별적인 규범들은 무시하고 넘어가도 된다는 주장도 나올 수 있다. 왜냐하면 그것이 천을 짜거나 나병을 처리하는 방식에 관계된 문제이므로, 어찌됐든 그 규범들의 내용은 은총 이외의 다른 것이

---

189) 우리는 이 인용문의 출처를 발견하지 못했다. 그러나 이와 비슷한 내용의 구절들이 칼 바르트의 『교의학』과 『윤리학』에 나온다. *Cf.* Karl Barth, *Dogmatique*(교의학), Genève, Labor et Fides, volume 9(1939), 1959, p. 4. "휩싸는 은총은 명령하는 은총이다. 복음은 율법의 형식과 모습을 덧입는다. 동일한 하나님의 말씀이 복음인 동시에 율법이다. 하나님의 말씀은 결코 복음과 독립된 율법이 아니다. 하나님의 말씀은 결코 율법이 아닌 채로 복음이 될 수 없다. 하나님의 말씀은 내용으로는 복음이고, 형식과 모습으로는 율법이다. 하나님의 말씀은 먼저 복음이고 이어서 율법이 된다. 하나님의 말씀은 율법을 담고 있는 복음이다. 이는 마치 언약의 방주가 시내산의 십계명 동판을 담고 있던 것과 같다. 하나님의 말씀은 복음이며 율법이다." *Cf.* ID., *Ethique* I (1928–1930), Paris, PUF, 1198, p. 114. "율법은 복음의 구체적인 형식과 목소리 이외에 다른 것이 아니다."

190) 우리는 이 인용문의 출처를 발견하지 못했다. 그러나 이와 비슷한 내용의 구절들이 칼 바르트의 『교의학』 9권에 나온다. *Cf.* Karl Barth, *Dogmatique*(교의학), Genève, Labor et Fides, volume 9[1939], 1959. "복음은 율법의 형식과 모습을 덧입는다."(p. 3) "예수 그리스도 안에서 하나님의 은총은 하나님의 계명이 표명되고 성취되며 계시되는 근간이다."(p. 32) "율법은 복음에 온전히 포함되어 있다. 율법은 복음 이전이나 이후에 나오는 부차적인 외적 중대 요소가 아니다. 율법은 복음이 우리에게 전하는 의무이고, 우리가 맡는 의무의 형식으로 주어진 복음이다. 복음은 우리가 순종함으로써만 실제로 이해할 수 있는 것이다."(p. 51) "하나님이 주는 의무는 언제나 은총의 형식과 양태와 외양을 갖는다. 바꾸어 말해서, 그것은 언제나 은총의 언약과 실재를 은폐하여 반복적으로 표현하는 말이다."(p. 56) "율법은 은총의 형식이다. 하나님의 은총이 계시되는 순간 그 은총은 인간에 대한 권한을 주장한다. 하나님의 사랑은 하나님의 계명을 포함한다."(p. 59) "물론 예수의 사랑의 형식은 계명이다."(p. 112)

아니기 때문이다. 그런 주장은 극도로 위험한 것으로 보인다. 그것은 신앙을 복음의 차원으로 고양시켜 긴밀하게 연결시킨다는 명분으로 실제로는 신앙의 구체적인 실재를 사라지게 할 것이다. 따라서 율법의 내용은 개별적인 규범들이고, 각각의 규범은 구체적으로 명확한 목표를 가지지만, 그 의미는 결국 은총을 명시하는 것에 있다고 말해야 할 듯싶다.

"하나님이 공동체의 구성원에게 개인적으로 전하는 계명은 '그리스도'의 사건에 의해 결정지어진다."191) "존재해야 하는 모든 것은 존재하는 것에 기초한다."192) 명령형은 서술형에 근거한다. 즉, "우리는 거룩한 성도다"라는 서술형의 말은 우리 자신이 거룩하게 성화되어야 한다는 명령형의 말을 의미한다. "우리가 성령을 받았다"는 말은 우리 자신이 성령의 인도를 따라 나아가야 한다는 걸 의미한다. "그리스도 안에서 우리는 죄의 권세로부터 속량되었다"는 말은 우리는 바로 지금 죄와 싸워야 한다는 걸 의미한다.193) 이것은 "너는 해야 한다Tu dois"는 "너는 될 것이다Tu seras"를 의미하지만 또한 "너는 [거룩한 성도]이다Tu es"도 "너는 해야 한다Tu dois"를 의미한다는 칼 바르트의 말에 따라 앞에서 우리가 언급했던 내용에 상응한다. "기독교는 새로운 계명을 수립하는 것이 아니고, 오래전부터 알던 옛 계명이 '예수 그리스도가 이미 그 계명을 다 성취했다'는 서술형에 근거하여 이행되어야 한다는 것, 즉 그 계명이 엄격하게 지켜져야 한다는 것을 규정한다."194) 그래서 우리는 성서의 율법적 · 도덕적 내용을 아주 중요한 것으로 보게 된다. 그 규정들의 의미와 목적 때문에 세밀한 부분을 그냥 넘어갈 수 없다. 나머지 모든 것이 당연히 도출되지만, 그러다고해서 계시의 단 한가

---

191) Oscar Cullmann, *Christ et le temps. Temps et Histoire dans le christianisme primitif*, Neuchâ-tel, Delachaux et Niestlé (Série théologique de l'actualité protestante), 1947, p. 161.
192) 위의 책, p. 162.
193) 위의 책. 쿨만(Oscar Cullmann)의 인용문은 실제로는 "존재해야 하는 모든 것은…."에서 시작해서 "죄와 싸워야 한다"에서 끝난다.
194) 위의 책, p. 163.

지 핵심내용으로 만족할 수는 없다. 뒤에[195] 윤리를 위한 케리그마[196]의 역할과 중요성을 검토해보겠지만 확실히 케리그마로는 충분하지 않다. 우리는 성서 전체에는 어디나 동일한 근본적인 메시지 하나가 있을 뿐이고 나머지 내용들은 부수적인 것으로 중요하지 않은 신화, 이야기 등이라는 주장에 만족할 수 없다.

요컨대 그 나머지 내용들이 중요하지 않다면 왜 하나님이 그것들을 통해 계시하였는지, 또 그 세밀한 내용들이 가치가 없다면 왜 하나님이 그 세밀한 규정들을 통해서 율법의 수립자로 계시되었는지 잘 이해할 수 없게 된다. 이미 구약에서 하나님이 야훼로서 완전히 거룩한 존재로 스스로를 계시하는 그 케리그마로부터 모든 것이 극히 자연적으로 도출될 수 있었을 것이다. 그러나 불순종을 빼고는 자연적으로 아무것도 도출되지 않았다. 그와 반대로 계시의 명확한 결과들이 무엇인지 하나님이 스스로 밝혀주어야 했다. 우리를 위해 그 결과들을 이끌어내는 존재는 하나님이다. 우리에게 요구되는 실행 사항들을 명시하는 존재는 하나님이다. 사실 우리 스스로는 그런 일을 행하는 것이 완전히 불가능하다. 따라서 우리는 그 규정이 케리그마에 근거한다는 말에 그칠 수 없다. 그것이 맞는 말이긴 하지만, 그 규정은 무차별적이고 중립적인 결과가 아니다. 우리로 하여금 어떤 다른 것이 아닌 그런 결과에 이르게 한 것이 바로 그 규정이다.

계속되는 질문이 하나 있다. 왜 하나님은 다른 것도 아닌 그 계명들을 선택했을까? 그 계명들을 명시하는 가운데 그 개별성과 그 구체적인 결과들을 통해서, 그 규정들은 중심 메시지, 케리그마, 핵심 내용, 은총을 다른 것들보다 더 잘 설명한다는 사실을 인정해야 한다. 레위기나 민수기의 계

---

195) 제5부, 'II. 기독교 윤리와 신학'의 1장, 2장을 참조하라.

196) [역주] 케리그마(kerygma)는 그리스어로 '선포'라는 의미를 가지는 것으로 예수 그리스도의 복음 선포 내용 전체를 의미한다. 이는 교육적인 가르침을 뜻하는 디다케(didache)와 더불어 초대교회사에서 중요한 의미를 갖는다. 20세기에 들어와서 케리그마는 기독교 교회가 복음으로 선포하는 핵심 내용을 지칭하는 용어로 사용된다.

명 하나하나가 각기 결정적으로 타당한 하나의 삶의 방식을 나타낸다고 말할 수 없는 것은 자명하다. 그러나 하나하나의 계명은 계시의 영원한 진리에 대해 하나님이 택한 하나의 표현이라는 것은 확실하다. 거기에 담겨 있는 풍부한 세부적인 주의사항들은 우리 자신의 수단과 능력으로는 중심 메시지에서 하나의 윤리나 율법을 도출할 수 없다는 사실을 명백하게 입증한다. 그것들은 계시의 성서에 있는 하나님의 계명들이다. 그래서 그것들은 하나님의 은총으로 우리에게 허락되는 구체적인 결과들을 이끌어내는 분이 하나님이라는 사실을 밝혀준다. 하나님은 우리 자신이 내세우는 내용들의 근간이 되는 추상적인 명령이 아니라 구체적 내용을 갖는 명령을 내놓는다.

하나님이 그 규범들을 공표했다는 사실은 그것들이 무차별적인 것이 아니라는 걸 의미한다. 그러므로 우리는 총체적으로 파악한 율법 전체만이 아니라 그 규범들 하나하나를 중요하게 보아야 한다. 다만 우리 눈에는 괴상하고 불가사의하게 보인다 할지라도 그 규범들 하나하나에 담긴 내용의 타당성을 인정하고 나서, 우리는 곧바로 각각의 규범이 그 자체로 의미가 있는 것은 아니라는 사실을 상기해야 한다. 첫째로 각각의 규범은 성서 전체의 맥락에 포함되어서만 의미를 갖는다. 둘째로 각각의 규범은 복음에 근거해서만 의미를 갖는다.

먼저 첫째 사항에 있어서 계명 하나하나는 다른 계명들과 연관되어 있다는 사실을 상기해야 한다. 규범들 전체를 하나의 율법으로 보는 것은 괜한 것이 아니다. 규범들을 분리시키지 말아야 한다. 그 규범들을 각각의 시대, 저자, 장소, 다른 병행 문서들과의 연관성 등의 층위들로 나누어 개별적으로 평가하는 것은, 역사적인 시각과 함께 그 문명사적 기원과 의미를 이해하는 데는 아주 흥미로운 일이라는 점은 의심의 여지가 없다. 그렇지만 하나하나의 규범이 레위기나 출애굽기, 또는 더 큰 범위의 정경 전체의 맥락에 포함됨으로써, 그 규범은 개별성을 잃고 근본적인 변화를 겪게 되었다는 사실을 간과해서는 안 된다. 가나안의 관습이 하나님에게 채택되고 전반적으로 내용도 수정되어서 새로운 인간적 관계와 새로운 기능을 갖기도 한다. 각각의 규범에서 교훈을 얻으려면, 그 규범의 개별적인 역사 보다는 율법 전체와 관계된 그 의미를 통해서 그규범을 파악해야 한다.

둘째 사항에 있어서 그것을 길게 전개시키는 것은 별의미가 없고, 이미 앞에서 언급한 그 연관성만이 중요하다. 다시 말해서 그 계명들 하나하나는 하나님의 복음을 담고 있고 은총으로 귀결되는데, 은총은 다시 각각의 계명으로 연결된다. 이 두 가지 사항에 따라, 각각의 규범을 중요하게 보아야 한다면, 우리는 그 규범들을 폐지되지 않는 한 적용 가능한 법적인 조문들로 평가하는 데 그치지 말아야 한다. 그래서 다음과 같은 말은 성립될 수 없다. "기독교 윤리는 구약과 신약의 규범적이고 도덕적인 규정들 전부를 말한다. 그 계명들을 문자적으로 하나하나 다 실행하는 것으로 충분하다. 그것이 그리스도들을 위한 윤리가 된다."

문자주의는 이제까지 우리가 추론할 수 있었던 것처럼 그리스도인들을 위한 윤리의 조건과 율법의 의미와는 거의 정반대가 된다. 문자주의는 "문자는 죽이고 영은 살린다"는 바울서신의 구절이 직접적으로 규탄하는 대상이다.[197] 문자적으로 해석되는 율법은 우리를 죽음으로 이끌 뿐이다. 모두가 다 알고 있기에 바울서신이 전하는 말들을 여기서 다시 언급할 필요는 없다. 하나의 윤리를 찾는 데 있어서, 성서의 모든 규정들을 경시하거나 무시하지 않고 다 중요하게 여기는 동시에, 문자주의를 배격하고 자연스런 의미나 도덕적 의미에만 집착하지 않으면서 그 영적인 의미와 심오한 진리를 파악하는 것이 적절하다. 이는 언제나 복음과 케리그마에 근거해야만 가능한 일이다. 그러므로 우리는 멋대로 분리시켜 율법이 표현하는 내용을

---

197) Cf. 고린도후서 3:6.

와해시키고 세세한 계율로 준수해서 율법의 의미를 파괴하는 것을 삼가야 한다.

하나의 율법

앞에서 입증하려고 시도했던 바처럼 성서 본문들 전체는 하나의 일체성을 갖기에 성서를 영적인 본문들과 윤리적인 본문들로 나누지 말아야 한다. 이제 우리는 더 낮은 수준에서 동일한 내용을 다시 표명할 필요가 있다. 즉, 계명들과 규정들을 포함하는 성서 본문들 전체는 하나의 율법으로서 또한 하나의 일체성을 갖는다. 그것을 역설하는 것은 무의미한 일이 아니다.

하나님의 명령은 인간을 향해 언제 어느 경우나 동일하다는 사실에 대해서는 어떤 반론의 여지도 있을 수 없다. "상대적이고 분열적이며 종속적인 하나님의 명령이 존재한다고 생각이나 할 수 있을까? 하나님의 계명들은 본래 다 절대적이지 않은가? 절대적인 일차적 계명과 상대적인 이차적 계명으로 구분할 수 있다고 가정해보자. 그 명백한 결론은 그 상대적인 이차적 계명으로는 하나님이 우리에게 직접 상관하지 않고, 하나님의 심판과 은총도 우리에게 직접 임하지 않는다는 말이 될 것이다. 그 결과로 우리는 율법을 우리 뜻대로 해석하고 행동하면서 순종하기보다는 우리의 개인적인 선택과 양심의 요청을 따르기 위해 행동하는 상황에 이른다."198)

198) Karl Barth, *Dogmatique*, volume 4 (1939), Genève, Labor et Fides, 1954, p. 189. 이 인용문의 전체 글은 다음과 같다. "상대적이고 분열적이며 종속적인 하나님의 명령이 존재한다고 생각이나 할 수 있을까? 하나님의 계명들은 본래 다 절대적이지 않은가? 하나님을 사랑하라고 우리에게 명하는 절대적인 일차적 계명과, 단지 이웃을 사랑하라고 우리에게 명하는 상대적인 이차적 계명으로 구분할 수 있다고 일단 가정해보자. 그 명백한 결론은 이 상대적인 이차적 계명으로는 하나님이 우리에게 직접 상관하지 않고, 하나님의 심판과 은총도 우리에게 직접 임하지 않는다는 말이 될 것이다. 그 결과로 우리는 율법을 우리 뜻대로 해석하고 행동하면서 순종하기보다는 우리의 개인적인 선택과 양심의 요청을 따르기 위해 행동하는 상황에 이른다."

물론 여러 가지 다양한 계명은 제각기 다른 영역에 속하고 다른 상황과 결정에 관련되지만, 그 중요성에 있어서 더 못하다거나 더 낫다는 것은 있을 수 없는 일이다. 물론 계명들의 서열이 존재한다는 것 또한 사실이다. 하나님을 사랑하라는 계명은 이웃을 사랑하라는 계명에 앞서고, 십계명의 첫째 판과 둘째 판이 있듯이, 첫째 계명과 둘째 계명이 존재한다. 그렇지만 그 서열이 둘째 계명이 첫째 계명보다 덜 중요하다거나 더 상대적이라는 의미를 내포하는 것은 절대 아니다. 이미 언급했다시피 우리는 계명들을 결코 분리시키지 말아야 한다. 모든 계명은 다 각기 서로 내재되어 있고 연관되어 있다. 모든 계명은 다 각기 서로 의존한다. 첫째 계명은 그 실행을 위해서 둘째 계명에 준거한다. 둘째 계명은 그 의미를 위해서 첫째 계명에 준거한다. 두 개의 큰 계명에서 진리인 것은 모든 계명에서도 마찬가지로 진리이다. 예수 그리스도의 말씀은 그것에 대한 모든 논의를 종결시킨다. "계명들 중에서 가장 작은 계명을 어긴 사람은 율법 전체를 어긴 것이다."[199] 아흔아홉 가지 계율을 다 지켜도 한 가지 계율을 어긴다면 아무 소용이 없다. 모든 계명은 모두가 다 하나님의 뜻으로서 동일하게 절대적이다.

그러나 이 주제에 대한 논의는 언제나 다시 재현된다. 율법은 하나의 일체성을 이루지 못하고, 다만 율법을 영적으로 해석하려는 한 갈래의 움직임이 있었다고 믿고 싶어 하는 사람들이 있다. 또 그들은 예수 그리스도가 선포한 윤리는 구약의 윤리가 아니고 보다 더 영적이며 하나님을 사랑하라는 계명에 더 가깝다고 믿는다. "그들은 그리스도를 모세의 율법이 가진 결함을 보충하기 위해 복음적 율법을 가져온 제2의 모세였다고 생각했다. 거기서 복음적 율법의 완전성은 옛 율법보다 훨씬 더 크다는 속된 판정이 유래했다. 그것은 아주 잘못된 오류였다."[200] 오늘날 사람들은 구약의 육적인

---

199) 앞의 각주 198을 참조하라.
200) Jean Calvin, *L'institution de la religion chrétienne*, volume 1(Livres I, II), Livre II, chapitre VIII, §7, p. 132. 이는 토머스 아퀴나스를 겨냥한 것이다(『신학대전』, II, 1, 질문 91, 5항).

율법에 그리스도의 영적인 율법을 대립시킬 뿐 아니라 그 율법 자체를 구분하기도 한다. 도덕적인 율법과 의식적인 율법을 구분하고, 도덕적인 율법은 계속 유효하지만, 의식적인 율법은 폐기된다는 것이 전통적인 주장이었다. 이것은 단지 도덕적인 율법에 관한 잘못된 해석, 즉 문자주의와 의식주의에 따른 해석에 의해서만 설명될 뿐이다. 그러나 이 율법의 지침적인 가치만을 고려한다 해도, 의식적인 율법도 도덕적인 율법과 마찬가지로 의미가 있고 계속 유효하게 된다. 그런데 그것을 특히 예수 그리스도 안에서 율법의 완성에 밀접하게 연관시키게 되면 우리는 그 율법을 더 폭넓게 보게 된다.[201]

오늘날은 율법을 시기별로 구분하려는 시도가 더 우세하다. 예컨대 트레스몽탕Tresmontant 의 주장이 있다. "율법은 하나의 단일한 일체가 아니다. 사실 율법은 이스라엘의 최종적인 율법 층위들이 다양한 의식적인 항목들과 도덕적인 항목들 가운데서 이전의 층위들을 부정하고 폐기하는 변화의 과정을 나타낸다. 사실 모순적인 […] 규범들을 동시에 충실하게 지키는 것은 불가능하다. 율법은 하나의 일체가 아니고, 역사적인 분석에 의해 그 변화와 발전을 볼 수 있는 연속적인 율법들 전체이다. […] 율법에 충실한 것은 이스라엘의 아주 오래된 기원적인 율법들이 아니고, 하나님 백성의 도덕적 양심이 거룩함과 의로움의 영적이고 인간적 요구들을 더 큰 진정성과 함께 영적으로 이해하고 발견해가는 과정에 충실한 것이다."[202] 이 글은 신앙

---

201) *Cf.* 다음 장인 '2장 율법의 완성'을 참조하라.

202) Claude Tresmontant, *La doctrine morale des prophètes d'Israël*, Paris, Seuil, 1958, p. 106. 인용문의 전체는 다음과 같다. "사실 유대교는 모순성이 있다. 유대교는 하나의 정경 안에 수집된 율법과 예언서들 전체를 근거로 한다. 유대교는 스스로 단일한 것이기를 바라는 그 전체가 사실은 하나의 변화 과정이라는 사실을 인정하고 싶어 하지 않는다. 그것을 인정하게 되면 유대교는 스스로의 한계를 넘어서기에 이를 것이다. 자기 일관성을 유지하려는 사람이라면, 모세오경에서 발견하는 전체 율법을 순전히 충실하게 지킨다고 하는 것은 완전히 불가능한 일이다. 왜냐하면 율법은 하나의 단일한 일체가 아니고, 사실 이스라엘의 최종적인 율법 층위들이 다양한 의식적인 항목들과 도덕적인 항목들 가운데서 더 오래된 율법들의 화석들과 같은 이전의 층위들을 부정하고 폐기하는 변화의 과정을 나타내기 때문이다. 사실 모순적인 의례들이나 의식적인 규범들을 동시에 충실하게 지키는 것은 불가능하다.

의 분열이 의미하는 것을 아주 잘 밝혀준다. 율법은 하나님의 말씀이 아니고, 역사의 산물로서 인간이 개발한 것으로 도덕적 양심을 표명한 것이 된다. 이 글의 관점을 제대로 파악한 것이라면, 율법은 인간의 진보를 나타내는 것이 된다. 이는 우리로 하여금 율법 전체를 배격하게 할 것이다. 왜냐하면 율법은 가장 현대적이고 영적인 부분들로도 서양이나 동양의 도덕보다 훨씬 덜 완전하고 인간적으로 훨씬 덜 만족스러울 것이 되기 때문이다.

율법은 하나님의 말씀으로서만 가치를 갖는 것이라고? 그렇지만 율법이 하나님의 말씀이라면, 율법은 전부가 다 하나님의 말씀이 된다. 우리는 우리의 역사적인 발견들을 구실로 이 율법은 저 율법보다 더 하나님의 말씀이라고 주장할 근거가 전혀 없다. 우리의 양심을 따른다고? 그러나 우리의 양심은 하나님의 말씀보다 우위에 있는가? 소위 말하는 모순성들에 관해서 언급하자면, 트레스몽탕은 실천하지 않는데 반해서, 정경이 구성될 때 그 모순성들을 보지 못했고, 율법을 아주 잘 알며, 세밀하게 실천했던 유대인들이 우리보다 훨씬 더 깊이 감지했던 것은 놀라운 사실이다. 그 모순성들은 논리적이고 합리적인 정신에게만 존재하지 영적인 실재 가운데는 존재하지 않는다고 믿어야 하는가? 우리는 그렇게 믿는 쪽으로 기울고 있다. 더욱이 보다 더 영적이고 진지한 후대의 동일한 유대인들은 왜 야만적이고 육적인 옛 율법을 수용했을까? 왜 그 유대인들은 옛 율법을 정경에 포함시켰을까? 그 유일한 이유는 그들이 거기서 단순한 전통보다 더 중요한 것, 즉 야훼 하나님의 말씀을 발견했고 또 그렇게 믿었기 때문일 것이다.

율법을 역사적 기준들이나 양심의 기준으로 나누려는 것은 비셔가 지적한 바와 같이 "그 진정한 의미를 비껴가는 것"이고, 또 다른 의미와 또 다른

율법은 하나의 일체가 아니고, 역사적인 분석에 의해 그 변화와 발전을 볼 수 있는 연속적인 율법들 전체이다. 율법은 변화하는 유동성이 있기 때문에 하나의 단일한 일체성을 가진 근거가 될 수 없다. 율법에 충실한 것은 이스라엘의 아주 오래된 기원적인 율법들이 아니고, 하나님의 백성의 도덕적 양심이 거룩함과 의로움의 영적인 인간적 요구들을 더 큰 진정성과 함께 영적으로 이해하고 발견해가는 과정에 충실한 것이다."(pp. 105-106)

가치를 지닌 율법을 "육적으로 이해하려는 것"이다.[203] 이스라엘 백성에게 계시된 하나님의 율법을 역사적으로 이해하려는 모든 시도는 근본적인 몰이해에 기인한다. 유대교 율법의 역사 내에서 율법을 영적인 것으로 변환시키지 않았듯이, 유대교 율법이 복음의 율법으로 이어지는 것도 율법을 영적인 것으로 변환시킨 것이 아니다. 거기에 어떤 확장이나 심화는 진정 있을 수 없다.

결정적인 변화는 완성이다. 그것은 전혀 다른 것이다. 우리는 뒤에 가서 그 사실을 살펴볼 것이다.[204] '복음 안에 새로운 율법'은 존재하지 않는다. 이것은 두 가지로 이해될 수 있다. 하나는 구약의 율법을, 예컨대 예수 그리스도가 거기에 새로운 영을 부어넣어 영적인 것으로 변환시켰다는 것으로 대치하여 이미 뒤떨어진 것으로 평가하는 것이다. 다른 하나는 신약의 도덕적인 본문들, 바울서신서나 야고보서의 훈계들을 구약의 십계명과 레위기에 대립시키는 것이다. 그러나 그렇게 하면 복음과 율법은 분리된다. 우리는 복음이 아닌 규범이나 계명을 언약과 화평의 말씀과 복음 옆에 둔다. 이는 복음이 율법에서 그 도덕적 내용을 수용한 것이 된다. 이는 명백히 사람들로 하여금 그 도덕적 행위들이 용서와 성화를 확실하게 하기 위해 필요한

---

203) Wilhelm Vischer, *L'Ancien Testament témoin du Christ, vol. I: La Loi ou les cinq livres de Moïse* (*de la Genèse au Deutéronome*), Neuchâtel/Paris, Delachaux & Niestlé (L'actualité protestante-Série biblique), 1949, p. 327. 인용문 전체는 다음과 같다. "신명기의 진위에 관해서 변증론자들이 내놓은 문제, 즉, 신명기에 나오는 담론을 펼친 사람이 모세가 맞는가, 아니면 나중에 편집된 것인가는 신명기와는 전혀 관계가 없다. 신명기의 근본적인 사상은 이스라엘과 하나님의 언약과 모세와 율법을 역사적으로 이해하려는 모든 시도는 몰이해에 기인하는 것으로 그 진정한 의미를 비껴간다는 것이다. 모세는 선포한다. 모세를 알고자 하는 사람은 그가 선포한 말을 알아야 하며, '육적으로 이해하려고'(고후 5:16) 해서는 안 된다."(pp. 326-327)

빌헬름 비셔(Wilhelm Vischer, 1894-1988)는 스위스의 구약 주석가이자 신학자로서 키르케고르의 영향을 받아서 성서본문들을 읽는 독자와 그 본문들이 기술하는 사건 간 '동시대성'의 원리에 따른 성서 독해를 권장했다. "참된 이스라엘 사람은 모든 세대에서 사막의 시내산 사건과 동시대인이 되는 사람이다. 그래서 그는 먼 역사적 간극 속에서가 아니라, 오늘의 약속에 대한 온전한 책임을 가지고, 지금 여기서 말하는 음성을 들을 수 있다. [...] 모세오경을 통한 우리의 여정은, 신명기 편집자의 신학적 사상과는 무관한 이 동시대성의 교훈이 모세오경 전체의 핵심적인 사상이라는 사실을 우리에게 보여준다."(위의 책, p. 326)

204) 다음 장인 '2장 율법의 완성'을 참조하라.

것으로 여기게 한다. "그렇다면 한편에는 그리스도와 그리스도가 행한 역사가 있고, 다른 한편에는 우리 자신을 개선시켜야 하는 필요성이 존재해야 할 것이다."[205] 실제로 그리스도의 말씀을 구약의 율법에 대립시키는 순간부터 신약의 도덕에서 그리스도의 말씀을 분리시키는 것은 불가피한 일이다.

신약의 새로운 율법Nova Lex이란 사실 계시와 단절되는 것이다. 계시를 중요하게 여긴다면, 그런 종류의 단절은 있을 수 없는 일이다. 옛 계명은 그대로 아주 정확하게, 다시 말해 그 계명 안에 계시되고 개입된 하나님의 깊은 뜻에 따라서 실행되어야 한다. 계명이 예수 그리스도에 의해 성취되는 순간부터 그 계명은 현재의 계명으로서 역사적으로 이미 지나가버린 것이 아니다. 계명율법이 오늘날의 상황을 예견하지 못하므로 부적절하다고 말할 수 없다. 왜냐하면 계명이 예수 그리스도를 향한 것이고 예수 그리스도는 어제도 오늘도 영원히 동일하기 때문이다. 신약의 도덕은 영적으로 변환된 것이 아니고 또 전혀 그런 종류의 것에 속하지 않는다. 신약의 도덕은 구약의 도덕과 정확히 같은 것이다. 그러나 구약의 어떤 본문에 관계되는 구체적 상황이 다른 본문이나 신약에 관계되는 상황과 동일하지 않다는 건 명백하다. 문제는 모든 것을 한 바구니에 넣고 나서 오늘날 적용할 계명을 임의로 뽑는 것이 아니다. 그것은 문자주의에 해당할 것이다. "신약의 도덕은 신약의 빛 아래 전적으로 새로운 상황에서 구약을 문자적으로가 아니라 하나님의 뜻대로 실천하기 위한 것이다."[206]

마찬가지로 신약에 계시된 하나님의 계명을 나누어 다른 가치와 효과를 지니는 범주들로 구분하는 것, 특히 모든 사람에게 완전히 의무적인 '규범들'과 대부분의 산상수훈들을 포함해 수용 여부가 자유롭지만 성화의 정

---

205) Karl Barth, *Dogmatique*, vol. 4 (1939), Genève, Labor et Fides, 1954, p. 102.
206) 우리는 이 인용문의 출처를 찾아내지 못했다.

도가 높은 사람들만이 실천할 수 있는 '권고들'로 구분하는 것은 용납될 수 없다.[207] 그 구분의 이유는 언제나 실천의 난이도에 있다. 즉 어떤 계명은 실천하기가 너무 어렵고 모든 사람에게 적용시키기가 불가능하다는 것이다. 따라서 사람 별로 실천할 수 있게 해야 한다는 것이다. 여러 가지 형태로 끊임없이 등장하는 그런 유혹은 현실주의를 표방하는 그 논리 면에서도 가련할 뿐 아니라, 적그리스도에 속한다고도 할 수 있을 정도로 계시에 대한 몰이해를 드러낸다. 실제로 사람들은 그런 구분을 적용하기 위해 기독교가 윤리로 귀결되며 무엇보다 그 윤리는 인간이 실행할 수 있어야 하는 것이어야 하고, 인간이 할 수 없는 것을 하나님이 인간에게 요구한다는 것은 터무니없다고 판단한다. 바꾸어 말해서 사람들은 그리스도 안에서 율법이 성취된 것을 근본적으로 무시한다. 또한 그들은 율법이 하나님의 명령인 까닭에 절대적이라는 사실과, 그리스도 안에서 '마음에 새겨진 율법'[208]을 가진 사람들에게만 주어진 말씀이라는 사실을 무시한다. 중요한 것은 거룩해지는 성화이지 도덕적으로 되는 것이 아니다. 그래서 하나님의 계명을 여러 범주로 구분하는 이런 시도들은 기독교적 사고방식에서 완전히 벗어난 것이다. "사람들은 주어진 명령만이 아니라 명령을 내린 분인 하나님을 중시해야 한다. 그 중 아주 작은 것을 어긴 것도 하나님의 권위에 완전히 불순종한 것이 된다."[209]

그 모든 다양한 구분과 분할과 예속은 단지 말씀을 내린 하나님을 무시하고, 고의적이든 아니든 복음과 율법의 일체성을 부정함으로써만 시도될 수 있는 것이다. 하나님이 유일한 심판자로서 선악을 구별하여 사람들에게 알

---

207) 각주 188을 참조하라.

208) 예레미야서 31:33(히브리서 8:10절에서 인용됨). "그 날 후에 내가 이스라엘과 맺을 언약은 이러하니, 내가 나의 율법을 그들의 가슴 속에 두며 그들의 마음에 새겨서, 나는 그들의 하나님이 되고 그들은 나의 백성이 될 것이다."

209) Jean Calvin, *L'institution de la religion chrétienne*, volume 1(Livres I, II), Livre II, chapitre VIII, § 59, p. 179.

리고 그에 따라 심판한다고 생각하면서도, 그런 구분들을 시도한다는 것은 참 기이한 일이다. 여기서 심판자인 하나님이 율법으로 정해놓은 것에 대해 논의하는 것이나 하나님의 심판을 피하는 것은 있을 수 없다. "하나님은 부분적으로 심판하는 분이 아니고 전부 완전하게 심판하는 분이다. 마찬가지로 하나님의 계시는 전부 하나님의 뜻을 공의로 나타내어 모든 불의와 구별하는 율법이다. 그리고 하나님의 역사는 전적으로 율법을 성취하는 역사이다. 그 점에 있어서 신약은 구약과 하나도 다르지 않다."[210]

---

210) 우리는 이 칼 바르트의 인용문의 출처를 찾아내지 못했다.

2장 • 율법의 완성

예수 그리스도에 의한 율법의 성취

우리가 먼저 이해해야 하는 것은 우리에게 아주 익숙한 구절로서 "예수 그리스도가 율법을 완성하였다"[211]라는 말이다. 잘 알다시피 사도바울의 관점에서 하나님의 뜻을 나타내는 율법은 인간에게는 실현 불가능한 것으로서 인간은 율법을 결코 성취할 수 없다. 율법은 인간에게 접근 불가능한 산봉우리로서 세워진 것이었다. 인간에게 율법은 하나님의 뜻이고 인간으로서 성취가 불가능한 탓에 율법은 인간을 정죄하는 것이 되었다. 그런데 예수 그리스도는 바로 율법을 완성하러 왔다. 그는 우리를 위해, 또 우리를 대신해서 우리가 받아야 할 정죄를 대속하기 위해 그 일을 한다. 그는 하나님의 뜻이 이루어지게 해야 했고, 하나님의 뜻은 이루어졌다. 총체적으로 그리스도 안에 포함되고 결합되어 있는 인간은 더는 율법의 정죄에 구속되지 않는다. 예수 그리스도는 우리를 대신해 율법을 완성했다. 그는 대신해서 성취함으로써 우리를 구원했다. 예수 그리스도는 홀로 율법을 충족시켰다. 그는 하나님의 계명들을 하나하나 전부 다 그 말씀 그대로 또 그 정신에

---

211) Cf. 마태복음 5:17. "내가 율법이나 예언자들의 말을 폐하러 온 줄로 생각하지 말라. 폐하러 온 것이 아니라, 완성하러 왔다."

따라 실행했다. 이와 같이 예수 그리스도는 하나님의 은총의 현현으로서, 또 스스로가 그 현현이기에 율법의 계명들을 성취했다.

이와 같은 식의 설명에 우리는 아주 익숙하다. 그러나 거기에 따른 모든 결과들을 추려봐야 한다. 어떤 의미에서 우리는 율법이 성취해야 하는 대상이기를 그쳤다고 말할 수 있다. 율법은 성취된 것이다. 우리에게 율법은 더는 우리 앞에 놓인 가혹한 의무가 아니고, 어떤 의미에서는 우리 뒤로 이미 지나간 과거의 고루한 가치로서 남아 있을 뿐이다. 율법은 더는 우리가 실천할 것이 아니며, 우리는 율법이 명하는 것을 우리의 행동으로 옮기지 말아야 한다. 율법은 그리스도인들을 위한 윤리가 아니다. 왜냐하면 율법은 예수 그리스도 안에서 성취되었기 때문이다. 율법에서 우리를 정죄할 권한을 없애버린 그 성취는 어떤 의미에서 도덕적인 명령의 성격도 없애버렸다. 그리스도에 의해 성취된 율법은 더는 하나의 도덕이 아니며 도덕적 규범으로 해석될 수도 없다.

하나님의 뜻은 성취되어서, 더는 성취할 필요가 없다. 예수 그리스도가 십자가 위에서 "모든 것을 다 이루었다"[212]고 했을 때, 모든 것은 참으로 다 이루어진 것이다. 진정 이미 이루어져 성취된 일에 덧붙일 것도, 더 할 것도, 다시 할 것도 없다. 그러므로 폐지되지 않은 것이 확실한[213] 율법을 이해하고 윤리와의 관계를 찾으려고 한다면, 율법이 이미 성취된 사실에서부터 출발해야 한다. 이제는 율법의 성취 사실에서부터 율법을 바라보고 파악해야 한다. 신약은 삶이나 도덕에 관해서는 구약에 더해서 언급하는 바가 없고, 율법이 성취된 사실 말고는 율법에 대해서 덧붙이는 바가 없다. 신약은 율법의 성취에서부터 이야기를 시작한다. 그 사실이 신약에서나 구약에서나 우리에게 율법으로 전해진 모든 것을 해석하는 기점이 되어야 한다.

---

212) 요한복음 19:30.
213) 율법이 폐지되지 않은 것에 대해서는 다음 단원에서 살펴볼 것이다.

"작든 크든, 내적이든 외적이든 계명에서 정말 중대하고 결정적인 것이 무엇인지는 각각의 계명이 예수 그리스도 안에서 성취되었다는 사실을 통해서 파악해야 한다."[214] 그 성취를 통해 이루어진 것은 율법에 불순종하는 인간과 하나님의 화평이다.

새 언약은 하나님의 뜻이 성취되어 화평을 이루는 것으로서 다른 모든 언약과 같이 하나님이 예수 그리스도 안에서 화평을 찾은 인간에 대한 하나님의 뜻을 정하는 출발점이기도 하다. 그런데 새 언약의 뜻은 옛 언약의 뜻과 같고 이미 성취된 율법의 뜻과도 같다. 그러나 율법은 이제는 성취된 것으로서 단지 새 언약 안에 포함되어야 한다. 그것은 단지 치환으로서, 존재하는 것을 기점으로 해서 존재해야 하는 것을 정하는 것이다. 율법이 예수 그리스도에 의해 현재에 또 영원히 성취된 까닭에 우리는 율법에 매이지 않을 뿐만 아니라 하나님의 뜻을 행해야 한다. 그러므로 중요한 것은 새로운 율법이나 새로운 윤리가 아니고, 매번 전적으로 새롭게 취하는 윤리적 결정이고, 예수 그리스도가 모든 것을 성취했다는 사실에 기초하여 그리스도인들을 위한 윤리를 정립하는 것이다. 이제 중요한 것은 율법을 문자 그대로 실천하는 것이 아니고 하나님이 뜻하는 대로, 즉 사랑 안에서 율법을 삶으로 살아가는 것이다. 왜냐하면 예수 그리스도가 율법을 성취한 것은 사랑으로 행한 것이기 때문이다.

이와 같이 율법을 들을 때마다 우리는 먼저 율법이 예수 그리스도 안에서 성취되었다는 사실을 알아야 한다. 그 사실은 우리를 자유롭게 해방하는 동시에 참여하게 한다. 즉 그 사실은 우리를 억압과 위협에서 자유롭게 하는 동시에, 우리를 위해 율법에 따른 그리스도의 사랑에 참여하게 한다. 율법이 예수 그리스도의 사랑에 의해 성취되었다는 사실을 깨닫게 되면서 우리는 우리 자신이 참여해야 할 부분을 알고 싶어 할 수밖에 없다. 왜냐하면

---

214) 우리는 이 칼 바르트의 인용문의 출처를 찾지 못했다.

우리를 향한 예수 그리스도의 사랑이 우리 안에서 하나님의 뜻을 향한 사랑을 불러일으키기 때문이다. 성취된 율법은 우리에게 언약이 되고, 하나님은 율법을 직접 우리 마음에 두면서 우리가 그 율법을 따라 살아가도록 우리 안에서 역사할 것이다. 예수 그리스도가 모든 율법을 성취했기 때문에 언약이 존재한다. 그러므로 우리는 우리의 목적을 위해서 어떻게 율법이 그 이전이 아니라 그 성취된 시점을 기점으로 윤리의 원천이 될 수 있는지 알아야 한다.

그 이전에 율법은 더도 덜도 아닌 율법 그 자체였다. "하나님의 뜻이 그렇다"라며 율법은 우리에게 아무 여지도 남기지 않았다. 어떻게 우리가 반박할 수 있겠는가? 거기서 우리가 무엇을 만들 수 있겠는가? 유대인들이 취한단 하나의 끔찍한 방식은 율법을 사랑하고, 권능의 주 하나님을 두려움으로 대하고, 몇 배나 더 자세하게 주해를 풀어놓는 것이었다. 그 주해는 인간에게 율법을 준수하는 일을 더욱더 불가능하게 했을 뿐이다.

예수 그리스도에 의해 성취된 시점부터 율법은 실천해야 하는 사람들에게 그 의미가 바뀌었다. 그 이전에 율법은 정죄와 죽음의 원인이었는데 이제는 예수 그리스도에 대한 믿음 안에서 예수 그리스도를 향한 사랑과 생명의 원인이 된다. 여기서 그리스도인들을 위한 윤리만을 고찰하려고 한다는 점에서 우리는 율법에서 예수 그리스도를 향한 믿음으로 취한 부분만을 채택할 수 있을 뿐이다. 그것은 예수 그리스도의 죽음과 부활의 혜택을 입은 사람들에게 유효하고, 그리스도가 하나님의 모든 뜻에 순종했다는 사실을 믿는 사람들에게 유효하다. 그런 사람들에게 윤리는 믿음 안에서 삶의 안내자가 된다. 그런 점에서 윤리는 문자 그대로 받아들여지지 않고 구원에 필수적인 성취로 여겨지지 않으면서 윤리의 내용을 제공할 수 있다. 신앙이 그리스도인의 삶의 출발점인 것과 마찬가지로 율법의 성취는 그리스도인의 삶과 윤리의 구상을 위한 율법의 활용을 가능하게 한다. 그러나 윤리는 신앙과 무관한 사람들에게는 당연히 아무 의미나 가치가 있을 수 없다. 여기서 우리는 그런 사람들에게 율법이 무슨 가치가 있는지, 칼뱅의 답변이 오늘날 적절한 것인지 논하지 않을 것이다.

율법 폐기론

우리는 율법의 완성이 율법에서 그 엄격하고 의무적인 성격을 제해 버린다고 말했다. 그러면서 우리는 율법이 더는 성취할 대상이 아니기 때문에 율법은 끝났고 이미 효력이 없고 아무 의미나 가치가 없기에 무시해도 된다고 평가하려는 유혹에 자주 빠지게 된다. 그것은 참담한 것이며 예수 그리스도의 결정적인 말씀에도 반한다. "내가 율법이나 예언자들의 말을 폐하러 온 줄로 생각하지 마라. 폐하러 온 것이 아니라 완성하러 왔다."마5:17-18 이 말씀은 결정적인 것으로서 율법은 언제나 하나님의 뜻으로 계속 남아있다. 그 내용과 정신만이 아니라 그 말의 '한 획이라도' 그러하다고 예수 그리스도는 우리에게 선포한다. 이 말씀 앞에서 율법의 완전함을 기피할 방법은 전혀 없고, 문자에 반해 영이나 새로운 영을 준거로 할 방법도 전혀 없다. 사실 율법의 일체성은 손상됨이 없다. 그러나 '성취하다'는 말은 앞에서 살펴보았던 바와 같이 '율법을 충족시키다'는 뜻만이 아니라 '완성하다'는 의미도 있다.

성취된 작품은 완성에 도달한 작품이다. 이는 의심의 여지없이 성취를 폐지와 반대되는 것으로 전하는 예수 그리스도의 말씀이 의미하는 것이다. 그리스도는 율법을 완성과 완전에 이르게 했다. 그리스도 이후에 교회의 명령이나 여타의 어떤 것도 율법에 더해질 수 없다. 우리가 말하려는 바는 무엇인가? 단지 각각의 계명과 규범이 진리인 동시에 현실로서 나타났다는 것이다. 왜냐하면 예수 그리스도가 율법대로 살았고 지켰으며, 다른 방식이 아닌 그와 같은 방식으로 순종했기 때문이다. 예수 그리스도가 그와 같은 방식으로 죽음을 맞이했기 때문에 각각의 계명과 규범이 인증된 것이다. 예수 그리스도의 죽음은 율법에 대한 모든 논의에 종지부를 찍었다. 하나님의 아들이 그렇게 인정하는 까닭에 율법은 참으로 하나님의 온전한 뜻이 된다.

우리는 더는 자유롭게 어떤 계명에 대해 논의할 수 없고 율법의 어떤 부분을 다른 부분에 대립시키는 일을 할 수 없다. "기록되었으되"라는 예수 그리스도의 말씀은 "마땅히 그렇게 되어야 한다"는 것으로서 어떤 다른 순종이나 어떤 다른 윤리적 가설을 선택할 수 있는 모든 가능성에 종지부를 찍었다. 우리가 예수 그리스도를 하나님의 아들로 믿는다면 예수 그리스도의 선택은 당연히 우리의 선택을 결정짓는다. 그리스도가 완성한 율법은 이제 우리로 하여금 율법에 쓰인 모든 것을 전적으로 중대하게 받아들이게 한다. 각각의 계명은 예수 그리스도가 그 계명을 성취한 까닭에 전적으로 중대한 것이 된다. 그리스도는 그 계명에 엄청난 위력을 부과했다. 가장 작은 계명이라도 의무적인 강제력이 부과된 계명은 이제 사랑의 권능을 부과받은 것이다.

율법과 예수 그리스도의 삶이 갖는 관계가 밝혀주는 것은, 한편으로는 예수 그리스도의 삶과 죽음이 "한 거룩한 성인의 구원의 완성이 아니라 하나님 구원의 보편적인 역사"[215]이고, 다른 한편으로는 율법은 명백히 하나님 사랑의 자비로운 뜻이라는 사실이다. 그렇기에 트레스몽탕의 주장[216]처럼 율법이 신약에 의해 영적인 것으로 변환되고 발전되었다거나 구약의 율법의 객관성에 대해서 신약은 주체에 역점을 둔다고 말할 수 있는 근거는

---

215) 우리는 이 인용문의 출처를 찾아내지 못했다.

216) Cf. Claude Tresmontant, *La doctrine morale des prophètes d'Israël*. 특히 pp. 95-6, 100-109, 172-174. 구약과 신약 간에 실제적 단절성이 성립될 수 있다고 믿으면서도, 율법이 영적인 것으로 변환되었다는 주장을 뒷받침하려고 트레스몽탕은 구약성서의 예언과 기독교 간의 연속성을 강조한다(cf. 위의 책, 주1, p. 105).

아주 희박하다. 우리는 그것은 동일한 율법으로서 결정적으로 의무적인 완전한 규범이 되었다고 해야 한다.

예수 그리스도의 말씀은 그 말씀을 듣는 자를 최종적인 결정 앞에 서게 한다. 그것은 하나님의 사랑 앞에서 내릴 결정이다. 또한 그것은 '이제'라고 말씀하는 그리스도 앞에서 내릴 결정이기도 하다. 하나님의 율법을 이해하기 위해서는 다른 방도나 가능성이 없다. "예수 그리스도는 '그러나 나는 너희에게 이르노니'라고 선포함으로써 그 말씀을 듣는 사람들에게서 구약에 기록된 말씀을 역사적으로나 도덕적으로 이해할 수 있는 가능성을 차단시켜버린다. 그래서 '너희는 오늘날 영원의 결정 앞에 놓여 있다'라고 말한다. 예수는 기록된 말씀에 어떤 말도 덧붙이지 않지만, 오래 전에 기록된 말씀을 원저자의 완전한 권한으로 새롭게 말한다. 그래서 율법은 더는 종교적 이상이나 도덕적 규범으로 인식될 수 없다."[217]

율법이 그런 방식으로 성취되지 않았다면 어떻게든 율법을 제거해버리는 것이 가능할 것이다. 하나의 윤리를 위해 또 다른 근거, 또 다른 도덕체계를 선택하는 것이 가능할 것이고, 복음을 율법에 대립시키고 복음을 선택하는 것이 가능할 것이다. 그 계명들은 이집트나 바빌론의 규범들을 모방해서 나온 산물인데 오늘날 왜 권위를 갖는지 이해할 수 없다거나, 혹은 율법은 반원시적인 유목민에게 합당한 도덕규범으로서 현대인들의 도덕적 필요와 요청과는 아무 상관이 없다고 선언하는 것이 가능할 것이다. 이와 같이 우리는 어떻게든 율법을 제거해버릴 수 있을 것이다. 그러나 예수 그리스도가 하나님의 율법으로 받아들인[218] 이 율법은 예수 그리스도에 의해 성취되었고, 성취된 까닭에 율법은 인간을 향한 하나님의 뜻에 대한 확고한 증거가

---

217) Wilhelom Vischer, *L'Ancien Testament témoin du Christ*, vol. I: *La Loi ou les cinq livres de Moïse*(de la Genèse au Deutéronome), pp. 342-343.

218) ▲우리의 판단이 아무리 과학적이라 할지라도 그의 판단보다 더 나을 수 없다는 것은 확실하다.

되었던 것이다. 그리스도인을 위한 윤리를 수립하려고 한다면 우리는 율법을 하나님 뜻의 윤리적 표현으로 받아들여야 하고, 따라서 율법 전체를 윤리 안에 옮겨야 한다.

율법의 보편성

이미 말했듯이 율법의 성취는 율법 전체에 관한 것으로써 율법 전체를 보편화한다. 이는 여러 가지 의미로 이해될 수 있다. 먼저 첫 번째 의미는, 아주 명백하게 유대인의 것이었던 이 율법이 예수 그리스도를 구주로 인정하는 모든 사람들의 율법이 된 데 있다. 왜냐하면 예수 그리스도가 이 율법을 받아들였기 때문이다. 이제 율법은 하나님이 만민 중에서 부른 모든 사람들에게 유효한 율법인 것이다. 이 주제에 대해 논의를 길게 펼쳐갈 필요는 없다. 두 번째 의미는, 비셔가 훌륭하게 밝혀준 바와 같이[219] 율법의 성취는 율법에서 그 상대성과 특수성을 제거한다는 것이다. 이는 아브라함에게 주어진 언약이 모세의 율법의 경계들을 훌쩍 뛰어넘는다는 사실을 입증하는 것이다. 모세의 율법은 제한적이었고 특정한 경우들과 행위들을 대상으로 했다. 끊임없이 재개된 노력은 율법의 범위에 한정되었다. 사람들은 자신들의 삶과 사고의 대부분이 율법을 피해가기를 기대할 수 있었다. 그런데 율법이 성취된 시점부터는 더는 인간에게 속한 것은 하나도 율법을 피해갈 수 없게 된다.

율법은 인간의 전부에 관계된다. 왜냐하면 실제로 예수 그리스도는 자신의 삶과 죽음을 통해서 인간의 전부에 관계하기 때문이다. 율법 각각의 말씀은 부분적이었고 우리는 예수 그리스도 이전에는 율법이 전체를 겨냥한 것임을 알 수 없었다. "처음에 각각의 말씀이 일부분으로 전체를 말하는 의

---

219) *Cf.* 위의 책, pp. 341–345.

미Pars pro toto로 주어지지 않았을까?"220) "이제 예수 그리스도는 새로운 가능성을 열었다. 이제까지는 일부분의 사람들에게 유효했던 것이 사람들 전체에게 법적인 효력을 가진다. 그래서 서약과 서약 위반의 금지는 하나의 경계를 수립했고 거짓말하는 사람의 말이 참말이 되었던 영역을 설정했다. 이제 예수 그리스도가 '맹세하지 마라. 예는 예라는 말만 하라'221)는 말씀을 할 때, 그는 그 말씀으로 그 경계를 무너뜨리고 그 경계에 의해 설정된 영역을 제거한다. 동시에 예수 그리스도는 인간의 말과 사고의 모든 지평을 진리의 계명에 종속시킨다. 경계들을 제거하는 행위를 통해서 예수는 율법을 내려준 하나님의 원관점에 완전한 가치를 부여한다."222) 그래서 율법을 무시하여 하나의 독립적인 윤리를 수립하고 하나의 가치체계를 만드는 것이나, 또는 율법을 문자 그대로 받아들여서 문자적 표현에 가두는 것 또한 불가능하다.

이제 마지막 질문이 남아 있다. 율법의 보편화를 앞에 두고서, 율법의 일체성의 원리를 지켜야 하는가 아니면 율법을 도덕적인 것, 의식적인 것, 법률적인 것 등으로 나누어서 첫 번째 것만 유효하고 나머지 것들은 우리와 상관없는 것으로 평가할 수 있는가? 하나의 윤리를 수립하기 위해서는 명백히 도덕적인 율법만으로 축소시킬 수 있을까? 요컨대 불가피하게 율법의 신뢰성 전체가 예수 그리스도에 의한 율법의 성취에서 비롯된다면, 율법의

---

220) 위의 책, p. 343. 정확한 인용문은 다음과 같다. "처음에, 각각의 말씀은 일부분으로 전체를 말하는 의미(Pars pro toto)로 주어지지 않았을까?"

221) 마태복음 5:34-37.

222) Wilhelm Vischer, *L'Ancien Testament témoin du Christ*, vol. I: *La Loi ou les cinq livres de Moïse*(*de la Genèse au Deutéronome*), p. 343. 인용문의 원문 전체는 다음과 같다. "이제 예수 그리스도는 새로운 가능성을 열었다. 이제까지는 일부분의 사람들에게 유효했던 것이 사람들 전체에게 법적인 효력을 가진다. 그래서 예컨대 서약(그리스어로 *horkos*)과 서약 위반자(그리스어로 *herkos*)가 되는 것의 금지는 하나의 경계를 수립했고 거짓말한 사람의 말이 참말이 되었던 영역을 설정했다. 이제 예수 그리스도가 '맹세하지 마라. 예는 예라는 말만 하라. 이보다 지나치는 것은 악에서 나오는 것이다'는 말씀을 할 때, 그는 그 말씀으로 그 경계를 무너뜨리고 그 경계에 의해 설정된 영역을 제거한다. 그러나 동시에 예수 그리스도는 인간의 말과 사고의 모든 지평을 진리의 계명에 종속시킨다. 경계들을 제거하는 행위를 통해서 예수는 율법을 내려준 하나님의 원래 관점에 완전한 가치를 부여한다."

다양한 양상들은 어떻게 되는가? 전통적인 입장은 법률적인 율법과 의식적인 율법을 폐지된 이미 지나간 과거의 문명으로 보는 것이다. 혹은 "만약에 이스라엘이 의례, 제례, 음식 등에 관한 규정들을 배제하지 않고 예수 그리스도를 영접했더라면 이방인들은 결코 예수 그리스도를 받아들이지 않았을 것이다"[223]라는 트레스몽탕의 말과 같이, 이방민족들이 그런 율법들을 수용하는 것은 불가능하다고 보는 것이다. 그런 율법들이 그렇게도 가치가 없다면, 예수 그리스도가 그런 율법들을 준수했던 것은 어떻게 설명할 수 있을까? 안식일과 음식 등의 규정들을 어겼을 때, 예수 그리스도는 하나님의 율법을 어긴 것을 알았다. 그러나 그 율법은 사람들에 의해 왜곡된 것이었다. 그가 그것을 어긴 것은 그것을 바꾸려는 목적이 아니라 그 원래의 순수성을 회복시켜 진정한 의미를 부여하려는 목적에 따른 것이었다.

칼뱅의 말은 훨씬 더 진리에 가까이 우리를 인도한다. "의식들은 그 효력 면에서 폐기된 것이 아니라 그 용도 면에서 폐기되었다. […] 그 의식들을 따르는 것을 부인하면서, 예수 그리스도는 자신의 죽음을 통해서 그 의식들의 효능과 효력을 승인했다."[224] 율법은 다른 예언서들과 같이 예수 그리스도에 관한 예언으로서만 가치가 있었다. 그러나 예수 그리스도에 의해 다른 예언서들과 같이 성취되고 나서, 율법은 그 성취 가운데서 결정적인 가치를 지니게 된다. 주 예수 그리스도는 어디서도 율법을 부정하지 않고 어디서도 과소평가하지 않는다. 모든 정해진 희생 제사들은 하나님 아들의 완전한 희생에 의해서만 의미를 갖는다. 모든 의식적인 율법의 의미는 대속과 중재에 의한 하나님과 인간의 화평에 있다. 예수 그리스도는 자신의 삶과 죽

223) Claude Tresmontant, *La doctrine morale des prophètes d'Israël*, p. 174. 이 인용문의 원문 전체는 다음과 같다. "이스라엘이 의식 규정이라는 장벽을 낮추고 제례와 터부 음식, 특히 할례를 배제하지 않은 채로 최후의 예언자 나사렛 예수의 메시지와 인격을 받아들였다면, 이방민족들은 하나님의 백성 가운데 들어오지 않았을 것이다. 실제로 이방인들은 결코 그런 의식 규정들, 특히 할례를 수용하지 않았을 것이다."
224) Jean Calvin, *L'institution de la religion chrétienne*, volume 1 (Livres I, II), Livre II, chapitre VII, §16, p. 121–122.

음을 통하여 계승되어 온 희생 제사들을 유효하게 하면서 그 고유의 효력을 부여한다. 이와 같이 형식들과 외적인 기호들과 의식 등의 측면에서 그 규정들은 더는 계승되지 않는 것이 명백하지만, 그 의미는 온전히 유효하다. 신학적으로 그것을 인정하는 것은 의심의 여지없이 용이한 일이다.

그러나 그 차원을 뛰어넘어야 하지 않을까? 법률적인 율법이 사람들 가운데 살아갈 수 있도록 하나님의 백성을 조직화하는 것을 의미했던 바와 마찬가지로, 예수 그리스도가 이스라엘 국가를 이 땅위에 이미 활동하는, 보이지 않지만 현존하면서 이 세상에 속하지 않는 새로운 나라, 더는 한 민족이 아닌 하나님의 이스라엘로 대체하는 순간부터, 그 일시적 제도들은 사라져버린다. 그럼에도 예수 그리스도가 행한 그 일은 이스라엘이 또한 하나님의 이스라엘이었다는 사실을 확인시켜준다. 폐기한 것과 동시에, 그는 우리로 하여금 법률적인 제도들을 하나님의 백성에게 필요한 것으로 인정할 수밖에 없게 한다. 그리고 새로운 하나님의 백성에게도? 하나님의 뜻이 의식적인 율법과 법률적인 입법으로 공표되었던 것을 완전히 무시할 수 있을까? 성취되었기에 이 율법은 폐기된 것인가? 물론 그렇지 않다. 그러나 그 문자적 내용과 달성해야 할 그 구체적인 목적에 따라 그 율법을 삶으로 다시 실천해야 한다는 것도 아니다.

그렇지만 거기서 '신학의 자리' locus theologicus를 발견하고 자연스럽게 그 율법에 경의를 표하는 데에 그쳐서도 안 된다. 그 율법은 예수 그리스도와는 소통할 수 있었으나 예수 그리스도 이전에 있었던, 역사적으로 이미 지나간 것으로 신학적으로 종결된 것이기에 우리와는 아무것도 소통할 것이 없다. 그 율법이 신학적으로 예수 그리스도 안에서 진정한 의미를 발견한다고 하지만, 이전에도 그 율법은 하나의 신학적 의미를 가졌었다. 여기서 특이한 것은 율법은 그 신학적 의미에 근거하여 인간을 아주 구체적이고 일정한 행위들로 유도하려고 했다는 점이다. 예언적인 영적 가치는 인간에게 특정한 삶의 방식을 요구했다. 그것은 수동적인 관조가 아니었다. 율법은 바로 그것을 위한 것이었다. 바로 인간이 행한 그 행위 안에 계명의 신학적인 의미가 담겨 있었다. 그렇다면 우리는 그 구체적 영향이나 행동은 상관하지 않고 그 신학적 의미를 아는 것으로 만족할 수 있을까? 그것이 흔히 취하는 태도다.

그런데 이는 예수 그리스도 안에서 신학적 의미를 인정한 뒤에 율법을 철폐하여 텅 빈 어둠 가운데 폐기하는 것이다. 신학적 의미를 이런 식으로 인정하는 것은 완전히 헛된 것이다. 왜냐하면 그것은 법률적인 율법과 의식적인 율법에서 모든 말과 태도가 주 예수 그리스도와 관계되고, 무관한 삶의 영역이 하나도 없으며, 모든 언행이 하나님과 관계되는 실체를 제거해버리기 때문이다. 예수 그리스도에 의한 율법의 성취를 진정으로 받아들인다면, 우리는 의식적인 율법과 법률적인 율법을 보존하여 오늘날 그리스도인들을 위한 윤리의 내용에 포함될 것을 찾아내야 한다. 이 율법들은 윤리적 성찰을 위한 훌륭한 자료를 제공하며 경시해서는 안 된다. 그러나 그 구체적인 이해, 그 성취와 연관된 해석, 우리 현실의 삶에서의 구현 등은 커다란 숙제로 남아 있다.

율법주의의 경계

예수 그리스도에 의한 율법의 성취는 우리에게 율법적으로 불가한 것과 부당한 것도 알려준다. 율법을 그 성취 안에서 인정한다면, 율법을 그 진리에서 분리시킬 때 인간은 스스로가 심판과 정죄의 대상이 된다는 사실을 알고 있어야 한다. 여기서 율법에 대한 인간의 주장들과 공격들 중에서 어떤 것들은 그 근거를 상실하게 된다. 사실 그 모든 것은 율법은 더는 그 자체로서 단독적으로 평가될 수 없다는 것으로 요약된다. 율법은 오직 예수 그리스도 안에서 믿음의 결과와 연장선상으로 이해되고 실천될 수밖에 없다. 이는 여러가지 가능성을 차단한다.

먼저 그것은 율법을 인간적인 차원의 능력에 맞추려는 의지를 차단한다. 하나님의 뜻을 인간의 능력으로 환원시키려는 모든 시도는 예수 그리스도 안에서 율법의 완전한 성취에 어긋난다. 그리고 "하늘에 계신 너희 아버지의 온전하심과 같이 너희도 온전하라"[225]는 예수의 명령에도 어긋난다. 이는 점차적으로 이어지는 단계는 존재하지 않고, 전부가 아니면 아무것도 아니라는 뜻이다. 순종의 요구는 인간의 어떤 행동이나 태도나 부분에 그치는 것이 아니고 한 인간 전부에 주어진 것이다. 하나님은 자신의 아들에 의해 성취된 율법을 통해서 인간이 온 마음을 다해 율법을 성취하도록 요구한다. 어떻게 해석하든 간에 율법을 인간의 행동 능력에 맞추려고 하는 것은 사실 하나님의 역사 전체를 부정하는 것이다. 그래서 윤리는 율법을 인간의 능력에 맞추려는 작업이 되어서는 안 된다.

또한 율법이 예수 그리스도 안에서 고려되어야 한다면, 율법은 더는 하나님에 대해 규정을 지키는 도구나 스스로를 정당화하는 자기의自己義의 수단이 될 수 없다. 예수 그리스도의 죽음과 부활은 인간이 스스로 자신의 능력으로 자신의 생명의 문제를 해결할 수 있으며 하나님 앞에 의롭게 될 수 있는 수단을 찾을 수 있다고 믿는 것을 금한다. 스스로를 정당화하려는 의지는 완전한 죄라는 칼 바르트의 주장[226]은 의심의 여지없이 맞는 말이다. 왜냐하면 스스로를 정당화하는 자기의를 위해 율법을 독점하려는 탐욕에서 비롯된 것이 곧 인간이 하나님과 같이 되려고 하는 것이고, 인간이 선악에

---

225) 마태복음 5:48.
226) Cf. Karl Barth, *Dogmatique*, Genève, Labor et Fides, volume 9(1939), 1959. "인간에게 단지 은총에 머물라고 요구하는 하나님의 명령 앞에서, 하나님과 같이 되고 정결하게 되며 의롭게 되고 거룩하게 되며 스스로 영화롭게 되라고 촉구하는 탐심에 인간이 넘어갈 때, 인간은 죄를 짓는 것이다."(p. 83) "율법을 왜곡해서 스스로를 정결케 하고 스스로를 의롭게 하며 스스로를 거룩하게 하는 규범으로 만들어버린 죄인 아담에 대한 정죄가 있다."(p. 85)

대한 판단을 행하며 스스로 선을 행하는 권한을 자임하는 것이며, 인간이 하나님의 말씀인 율법을 도구로 삼아서 하나님의 말씀을 자신을 위해 이용하는 죄를 짓는 것이기 때문이다. 그것이 율법을 향한 인간 의지의 비극적인 의미로서, 율법을 하나의 목표로 삼아서 하나님 앞에서 자신의 독립성과 자기의를 더 잘 확보하려고 이용하는 만큼 더욱더 율법에 사랑과 영예를 덧씌우는 것이다.

설령 율법의 모든 조항들을 다 성취했다 할지라도, 인간은 결코 자신이 성취한 것으로 의롭게 되지 못한다. 예수 그리스도에 의해 성취된 율법은 결코 그와 분리될 수 없으며 그 자체로서 존중될 수 없다. 의롭게 하는 존재는 그리스도이다. 우리가 만족하든 안 하든 간에, 우리는 뒤로 되돌릴 수 없다. 우리는 결코 우리 자신을 해방시킬 수 없다. 그 이유는 우리가 이미 해방되었기 때문이다. 그리스도가 우리를 자유롭게 하는데, 우리 스스로 쟁취하고 탈취하고 싶어 하는 자유란 대체 무엇인가? 그리스도가 우리를 의롭게 하는데, 우리 스스로 의롭게 되고 싶어 하는 자기의란 대체 무엇인가? 이는 교만하여 실상을 모르는 사람의 어리석은 고집이고 아무 실체도 대상도 없는 완전한 환상을 좇는 태도이다.

모든 역사를 통해서, 이스라엘은 자신을 노예 상태에서 구원해준 하나님에게서 벗어나려고 했고, 그래서 주기적으로 다시 노예 상태에 빠지게 되었다. 마찬가지 방식으로 교회는 주 예수 그리스도 옆에 순종이라는 구실로 자신의 덕행과 확신과 거룩함과 경건성과 의로움을 교회사 전체를 통해서 쌓아놓으려고 했다. 그러나 그것은 단지 구실에 지나지 않아서 언제나 교회를 의로움과는 아주 멀어지게 유도했으며, 완전히 세상적인 윤리들을 위해 스스로의 신앙과 소망을 포기하게 했다. 인간은 율법을 하나님에게서 해방되기 위한 수단으로 삼기 원했다. 예수 그리스도는 율법을 신뢰했지만, 인간의 손으로 넘어간 율법은 인간을 노예상태로 유도하는 도구가 된다. 그 순간부터 율법은 인간을 잘못된 영적 길로, 완전히 잘 알려지고 예상되는 현실적인 세상의 길들로 유도한다. 그 순간부터 율법은 율법주의의 원천이 된다.

율법주의는 또한 반드시 도덕적인 것만은 아니고, 의식적이고 영적이고 경건주의적일 수 있다. 그래서 기도, 예배, 봉사 등의 의무들이 선행으로 계속 주어진다. 우리 자신에 대해 율법주의는, 하나님을 섬기고 영광을 돌리고자 하는 우리의 선한 의도 안에서조차, 하나님의 말씀이 우리에게 전달되는 것을 피할 수 있도록 우리가 세우는 방어막이 된다. 우리가 선한 그리스도인으로서 타인들이 실천해야 할 의무조항들을 규정하는 것은 우리의 이웃들이 우리를 만나 문제를 제기하는 것을 피하기 위해 우리가 채택하는 방어막이다. 그것이 율법주의의 깊은 근원이고 그 참된 심각성이다.

일단 하나님의 말씀을 듣고, 우리의 죄를 알고 용서를 받고 나서, 우리는 그 사실을 과거로 돌리면서 출발점으로 삼고자 한다. 거기서부터 우리는 그리스도인의 삶을 영위해나가는 것이다. 우리는 우리의 삶을 하나의 벽, 하나의 방어막으로 이루어가고, 활동 계획들을 세워서 우리가 행한 일들을 축적한다. 그것은 잘못된 것이 아니다. 그러나 불가피하게 우리는 우리가 행한 일들은 선한 행위들이고, 그래서 심판을 벗어나 우리 자신들은 이제 새로운 차원으로 진입했다는 전제를 가지고 살아가게 된다. 그러면서 우리가 행한 행위들은 다시 우리 스스로를 의롭게 하는 자기의의 수단들이 된다. 우리는 용서받았던 그 날에 들은 은총의 말씀을 들으러 다시 돌아가는 것은 과거로 돌아가는 무익한 일이고 시간을 헛되이 잃어버리는 것이고 출발점에서 출발하지 않는 것이라는 인상을 받는다. 그리스도인의 삶을 영위하려는 시도는 하나님의 살아있는 말씀을 접하는 것을 피하려는 시도다. 그 순간부터 우리는 하나님의 말씀을 도덕적 교훈들로 축소시키려고 한다.

그래서 윤리는 결코 우리에게 율법주의가 되어서는 안 되고, 반대로 세상에 하나님의 자유를 도입하는 것이어야 한다. 이웃을 위해서도 마찬가지다. 우리가 이웃에게 사랑 대신에 다른 것을, 믿음의 증언 대신에 다른 것을 제시한다면, 우리가 용서받기 위해 무엇을 해야 하는지 다 알고 있는 구원자들처럼 이웃에게 다가간다면, 우리는 이웃으로 하여금 길을 잃게 하면서, 증언과는 반대의 일을 하는 사람들이 된다. 우리가 이웃으로 하여금 율법을 실천하게 하고 해야 할 일에 대한 계시를 전해줄 때, 우리는 우리 자신을 옹호하기 위해 이웃을 저버리는 것이다. 우리는 그의 이웃이 아닌 것이다. 이웃 사랑은 이웃이 우리의 모든 삶에서 우리에게 문제제기를 하는 것을 받아들이는 것이지 이웃을 율법 아래 두는 것이 아니다.

이웃을 율법 아래로 돌아가게 하는 것은 이웃이 우리의 믿음과 소망에 대한 설명을 요구하는 것을 가로막는다. 우리의 믿음과 소망에 대한 설명은 사랑의 엄청난 모험 가운데서만 가능한 일이다. 더더욱 이것이 맞는 사실인 것은, 우리가 이웃에게 율법의 요구, 갈피도 잡지 못할 수많은 행위, 양상, 규율 등을 제시할 때, 대부분의 경우 율법은 정죄로만 받아들여지게 되기 때문이다. 율법은 허리를 휘게 하는 무자비한 멍에이자, 우리의 의지를 억압하는 굴레이며, 심판의 칼날이 될 뿐이다. 그렇게 우리는 이웃을 정죄의 틀에 집어 넣는다.

또한 앞에서 언급한 바와 같이, 최고의 유혹이 율법을 스스로를 의롭게 하는 자기의自己義의 수단으로 삼는 것이라면, 그것은 우리 자신의 정죄에 대한 가혹한 고통에서 단지 종이 한 장만큼의 차이에 불과하다. 내가 완전히 성취한 율법이 나를 의롭게 하는 무기라면, 아주 작은 것을 성취하지 못한 것도 그 자체로 나를 정죄하는 것이 되고, 그 무기는 정반대로 나를 공격하는 것이 된다. 개신교에서 우리는 이 야누스의 무서운 두 얼굴을 경험했다.

그런데, 오늘날 하나님이 우리의 삶에 대해 판결하는 '지금', 율법에 정죄의 역할을 부여하는 것은 불가능하다. 왜냐하면 우리는 훨씬 더 참혹하고 진정한 유일한 정죄를 예수 그리스도의 십자가 아래서 발견하기 때문이다. 다른 모든 정죄는 그 정죄에 비하면 보좌하는[227] 위치에 그친다. 내가 의로운 예수를 죽인 살인자인데, 범죄의 비중에 대한 경중을 따지는 것이 무슨 소용인가? 율법은 더는 십자가에 선행하는 조건이 될 수 없다. 왜냐하면 율법은 하나님의 뜻으로서 십자가 위에서 성취된 동시에, 자율적인 율법주의로서 십자가에 못 박혀 무력화되었기 때문이다. 그와 같이 예수 그리스도가 율법을 긍정적으로 또 부정적으로 떠맡은 까닭에 율법은 더는 예수 그리스도를 만나기 이전의 냉혹한 심판관이 될 수 없다. 이제 율법은 그리스도와의 만남 이후에 온다. 이후에 오는 율법은 성취되고 떠맡아져서 더는 율법 그 자체에 그칠 수 없고, 그리스도 안에서의 삶에 관한 영감의 원천이나 내용이 될 수밖에 없다. 율법은 그리스도 안에서의 삶이 될 수 있는, 즉 그리스도인들을 위한 윤리를 찾는 수단이 된다. 그 윤리는 율법을 해석하는 것이기에 율법 그 자체와 마찬가지로 더는 자율적이거나 율법주의적일 수 없다. 그리스도인들 위한 윤리는 "준수해야 하는" 규범이 아니라 "삶을 살아가는" 방식이 될 수밖에 없을 것이다.

---

227) 여기서 '보좌하는(vicaire)'의 뜻은 '대행하는(suppléant)'이나 '부수적(secondaire)'이라는 의미로 봐야 한다.

3장 • 기독교 윤리와 율법의 기능

구체적인 삶과 율법

중요한 것은 은총 아래, 그리스도 안에서의 삶이다. 그런데 율법은 믿음에서 출발하여 그 삶에 관한 가르침으로 가득 차 있다. 먼저 율법은 언제나 하나님의 현존을 새롭게 제시한다. 율법의 존재는 계시가 이론이나 철학이 아니고 우리 자신의 삶에 관계되는 것으로 우리의 모든 것에 영향을 미친다는 사실을 끊임없이 상기시킨다. 우리는 이미 그 사실을 알았다고는 하지만, 또 아주 빨리 잊어버리고 만다. 우리가 이미 천국에 있다면 명백히 우리는 율법이나 윤리가 필요 없을 것이다. 우리는 이 진부한 말을 이 장 전체에 걸쳐서 내내 다시 해야 할 것이다.

율법은 우리에게는 헛된 것으로 비칠 수 있고, 천국에서도 물론 헛되고 지적으로도 헛되기 마련인 일련의 기능들을 맡는다. 그러나 우리가 죄인이고, 율법은 지적인 유희가 아니라 우리가 살아가는 삶의 방식이라는 점에서 그 기능들은 필수적이다. 율법은 하나님의 사랑은 질투하는 사랑, 즉 공유하는 것을 용납하지 않고, 우리의 사랑이 다른 누군가에게 향하는 것을 받아들이지 않으며, 우리의 전 존재가 하나님을 향하기를 바라는 사랑이라는 사실을 상기시킨다. 구원받은 인간은 그 사랑이 언제나 자신에게 지속되기를 바라는 아주 큰 욕구를 지닌다. 예수 그리스도 안에서 구원의 메커니즘은 우리에게 너무도 익숙한 나머지 우리는 필연적으로 이 메커니즘을 객관적이고 지적인 것으로 만들어버린다.

율법은 그 평온을 깨뜨리고, 나의 구체적인 삶에 하나님의 주권을 선포한다. 율법은 나의 삶과, 내 삶의 순수성과 거룩함과 의에 대해 의문을 제기한다. 율법은 나로 하여금 내가 이미 청산되었다고 믿을 수도 있는, 실제로 은총에 의해 청산된 이전의 문제로 다시 돌아가게 한다. 그럼에도 그것은 내가 있는 그대로의 나 자신이 되는 것을 방해하지 않는다. 나는 하나님 앞에 있는 그대로의 나 자신으로 서야하고, 하나님이 바라는 내 모습에 관해 율법에 있는 하나님의 약속을 접할 때 비로소 있는 그대로의 나 자신을 알게 된다.

그러므로 율법은 더는 계율이라는 가혹한 짐은 아니지만, 하나님이 바라는 내 모습과 현재 있는 그대로의 내 모습 간의 차이를 드러내준다. 나는 나에게 주어진 약속의 기준에 따라 나를 맞추어야 할 필요가 있다. 나에게는 그 약속을 무시해도 될 만한 완전함이 전혀 없다. 이렇듯이 먼저 율법은 끊임없이 나에게 율법을 상기시킨다. 어떤 의미에서 율법은 죄를 드러나게 한다고 말할 수 있을 것이다. "하나님의 은총은 우리에게 다가올 때 율법, 계명, 명령, 요구 등의 형식을 띤다. 이 요구를 듣게 될 때 죄인들인 우리에게 어떤 일이 일어나는가?"[228] 사도바울은 로마서 5장과 7장에서 이 질문에 대해 답한다. 우리의 죄는 활동하여 스스로를 알린다. 그러나 그것은 은총 안에서 이해되어야 한다.

율법은 하나님의 말씀을 떠나서, 예수 그리스도의 사랑을 떠나서는 저주와 정죄가 될 뿐이다. 그러나 율법은 그 말씀과 그 사랑 안에 있다. 우리는 그 안에서 율법을 받아들여야 한다. 그러나 그러면서도 율법은 나의 죄를 드러나게 하는 힘을 계속 유지한다. 용서를 받았어도 죄는 여전히 남아 있

---

228) 우리는 이 칼 바르트의 인용문의 출처를 확인하지 못했다.

다. 구원을 받았어도 나는 아직 죄인으로서 '죄인인 동시에 의인' [229]이다. 나는 율법을 내 손으로 받아들여야 하고, 이 신랄한 율법은 내가 죄인인 것을 날마다 새롭게 나에게 깨우친다. 율법은 또다시 루터의 주장이 변증법적으로 충족되는 것에 그치지 않게 한다. 흔히 율법이 우리를 독려하여 우리의 죄를 인정하게 하고 은총을 구하게 하는 것으로 묘사되는 그 과정은 의심의 여지없는 사실이다.

그러나 그 과정은 정확히 은총 가운데 계시를 받은 이후, 예수 그리스도에 의해 구원받은 것을 인정한 사람들에게 해당된다. 그런데 그것이 그리스도인이 아닌 사람들에게 은총에서 벗어나 있는 신앙 이전의 과정으로 간주되는 것은 잘못된 것이다. 이미 언급한 바와 같이 완전에 이른 새로워진 율법은 날마다 우리에게 얼마나 우리가 하나님의 사랑과 은총을 필요로 하는지 깨닫게 해준다. 그 율법은 언약 이후에 임한다. 하나님은 언약을 통해서 구약에서보다 훨씬 더 총체적으로 우리를 정결하게 하고 거룩하게 한다. 그러나 하나님은 또한 우리를 훨씬 더 철저하게 분리시킨다. 하나님은 우리에게 완전한 뜻을 계시한다. 우리에게 제기된 거룩함은 구약의 제사장들이나 레위인들의 거룩함을 훌쩍 넘어선다. 율법은 우리를 그런 상황 가운데 두면서, 우리의 삶을 둘러싸고 있는 벽을 드러나게 한다. 그것은 은총이 유대인에게서 유대인을, 아버지에게서 아들을, 소유물에서 인간을, 자신의 내면에서 자기 자신조차 분리시키면서 만드는 분리의 골이다.

그리스도는 그들을 위해 죽음을 맞았다. 그러므로 그들도 더는 자기 자신들을 위해 살 수 없고 자신들을 향한 사랑으로 죽음을 맞은 그리스도를 위해 살아가는 것이다. 그것이 나의 삶 앞에서 율법이 증언하는 것이다. 필요한 조치를 취해야 할 하나의 율법 조항으로 나를 이끌기는커녕, 율법은

---

229) 'Semper peccator et justus'는 라틴어로서 마르틴 루터가 한 말이며, '언제나 죄인인 동시에 의인'이라는 의미이다.

율법 자체가 아닌 예수 그리스도의 십자가 아래로 나를 이끈다. 율법은 그 자체로서 나를 정죄하지 않는다. 그렇지만 율법은 나로 하여금 십자가에서 나오는 정죄를 받게 한다.

그러나 왜 율법은 하나의 총체적인 결정 대신에 아직도 수백 가지 명령들을 지니고 있는가? 왜 윤리는 복음의 선포와는 다른 것이 되길 원하고 거기서 벗어나지 않으려고 하는가? 왜 윤리는 다양한 방면으로, 세부적인 연구로, 주요한 의미를 잃게 할 위험이 있는 화려한 포장을 통해 파급되어 가는가? 우리로 하여금 규정들의 추상성에서 벗어나게 해야 하고, 구체적인 현실에 직면하게 해야 한다는 점에서, 율법은 일상의 다양성 속에 들어가야 한다. "나는 죄인이다"라는 선언에 멀리서 경의를 표하는 것으로 나는 만족할 수 없다. 그 선언은 나에게 해당되는 내용을 담고 있어야 한다. 나는 "율법은 하나님의 약속이다"라고 객관적으로 선언하는 데 만족할 수 없다. 여기서도 또한 그 약속이 개인적이고 구체적인 내용을 담고 있어야 한다. 복음이 전체적인 약속이고 하나님이 알고 있는 인간 개개인의 개별적인 삶에 적용되지 않는다면 인간은 복음을 외면할 것이다. 율법은 구체적인 형상들_{형이상학자에게 무궁무진한}로 확산되고 현실화되어야 한다. 왜냐하면 인간은 오로지 자신의 행위와 삶의 현실을 통해서만 영향을 받기 때문이다.

이렇듯 율법의 구체적인 적용을 보면서 우리는 율법의 역할에 대한 신뢰성을 가늠할 수 있게 된다. 율법을 다양한 지표들로 분산시키는 것은 위험한 일이다. 그렇게 해서는 그 의미를 잃어버릴 위험이 있다. 그러나 구체적인 내용이 없이 율법에 관해 논하는 것은 더더욱 심각하다. 그래서는 이웃에게 아무 도움도 주지 못하게 된다. 명확하고 다양한 계명들로 파급되는 율법의 내용이 의미하는 것은 삶의 모든 영역들은 하나님에게 속하고, 가장 동경하는 일들만큼이나 가장 작은 육적인 일들에서도 그 내용에 순종해야 한다는 것이다. 율법은 인간이 복종하거나 거부할 수 있는 차원의 것이 아닌, 다른 차원의 것이다. 율법은 인간이 살아가게 하고 존재하게 하는 것이다. 율법은 삶 전체에 관계가 있고, 인간 앞에 먼저 육적인 것에 이어 영적인 생명과 죽음의 문제를 제기한다. "그것을 행하라 그러면 살 것이다"[230]라는 말씀은 이 율법 전체를 겨냥하는 것으로서 징벌의 위협이 아니라 사실을 확증하는 것이다. 그렇게 행하지 않으면, 인간으로서 살아가는 것이 실제로 불가능하다.

삶 전체가 하나님과 관계가 있다. 거룩한 하나님은 모든 언행에 관계한다. 하나님은 인간의 삶 전체를 주관하는 분이다. 시작할 때는 창조주로서, 끝에 가서는 구원자로서 인간의 삶에 함께 한다. 인간의 삶은 하나님에게서 의미를 얻는다. 그러나 하나님에게 돌아와서 "나는 무슨 일을 할까요?"라고 물으며 자신의 존재의 의미를 구하는 사람에게 당연히 하나님은 율법으로 응답한다. 그 다양하고 복잡한 율법을 통해 삶 전체가 하나님에게 결합되어 있고, 하나님은 인간을 구원한 까닭에 그 삶을 소유하고 차지하며, 육적인 삶은 그 규범들에 의해 전적으로 규정된다는 사실이 드러난다. 문화적 · 의식적 · 도덕적 법률적 계명들은 그 사람에 대한 하나님의 소유권, 즉 하나님의 백성이 됨을 천명하는 것이다. 그러므로 그 규범들은 이성에 기초한 도덕적 진리에 속하지 않는다. 만일 그렇다면, 우리는 레위기와 민수기 등의 시효가 지난 규정을 중대하게 받아들이고 그 세부사항들이 무의미하지 않다고 인정해야 할 것이다.

새로운 삶의 헌장

그러나 율법이 윤리 안에서 아주 긍정적인 역할을 한다는 것도 또한 명백한 사실이다. 이전에 있던 율법을 통해서 우리는 그 역할을 접하게 된다. 현

---

230) 누가복음 10:28.

대인의 눈에 시효가 지난 것으로 보이는데도 불구하고, 율법은 하나님과 함께 하는 삶이라는 새로운 삶의 헌장을 제시한다.[231] 하나님은 삶 전체를 요구하기 때문에, 또 구원받은 인간은 영적으로나 육적으로 하나님께 속하기 때문에, 하나님은 그로 하여금 새로운 삶을 살아가게 한다. 그는 이제 옛 도덕이나 제도나 성격이나 모든 종류의 규범들의 노예가 더는 아니다. 그는 오직 하나님께만 속하고, 그래서 자신이 순종하는 하나님의 뜻에 의해 선과 악의 전통적인 대립으로부터 해방된다.

그러나 그 새로운 상황은 불확정적이거나 비어있지 않으며, 원칙들의 선언에 그치는 것이 아니다. 그것은 아주 명확히 새로운 삶의 양식, 하나님을 섬기는 삶을 내용으로 한다. 신약과 같이 구약도, 산상수훈과 같이 레위기도 하나님을 위한 새로운 삶의 헌장이다. 물론 이는 스스로의 자기성화自己聖化와는 아무 상관이 없다. 우리 삶은 자의적인 뜻에 맡겨진 것이 아니다.

---

231) 자끄 엘륄은 여기서 율법의 제3의 기능을 환기시킨다. 이것은 칼뱅이 죄를 깨닫게 하는 용법과 시민 사회적 용법에 이어 교육적, 교훈적 용법으로 규정한 것이다. 종교개혁가 칼뱅은 다음과 같이 말한다. "도덕적 율법은 하나님의 뜻을 신자들에게 밝히고 순종하도록 권고한다. 가장 중요한 것으로서 율법이 주어진 목적에 해당하는 율법의 제3의 용법은 이미 하나님의 영이 마음을 다스리며 활동하는 신자들 가운데 작용한다. 신자들의 마음에는 하나님의 손으로 쓰인 율법이 있다. 다시 말해서 신자들은 성령의 역사에 의한 감동을 받아 하나님께 순종하기를 원한다. 그럼에도 불구하고 신자들은 율법에서 갑절로 얻는 바가 많다. 그것은 신자들에게 하나님의 뜻이 무엇인지 나날이 더 확실히 알고 더 잘 행할 수 있게 하는, 아주 좋은 도구가 된다. 하나님의 뜻을 간절히 구하는 신자들은 그 뜻을 알게 됨으로 견고해진다. 섬기는 종은, 비록 자신의 주인을 잘 섬기며 기쁘게 하려는 확고한 마음을 가지고 있다고 해도, 잘 적응하기 위해서 주인의 품행과 상황을 익히 알며 잘 살펴볼 필요가 있다. 그렇듯이 우리 가운데 그럴 필요성이 없는 사람은 없다. 왜냐하면 율법의 일상적인 교훈을 따라 나날이 진보하면서 거기다가 하나님의 뜻에 대한 명확한 지식을 더할 수 있을 만한 지혜에 이른 사람은 아무도 없기 때문이다. 더욱 우리는 교훈뿐만 아니라 권고를 필요로 하는 까닭에, 하나님을 섬기는 종은 율법을 자주 묵상함으로써 하나님을 향한 순종에 충실하고 확고해지며 자신의 허물에서 벗어나게 되는 율법의 유용성을 취할 것이다. 그렇게 함으로써, 성도들은 스스로를 독려해야 한다. 왜냐하면 아무리 민첩하게 성도들이 잘 해나갈 수 있다 하더라도, 그들은 언제나 육체의 게으름과 무게로 인해 지체되어서 결코 온전하게 자신들의 의무를 수행하지 못하게 되기 때문이다. 육체에는 율법이 채찍과 같이 그들로 하여금 일에 매진하게 하는 역할을 한다. 이는 마치 앞으로 가기 싫어하는 나귀의 등을 계속 채찍질하는 것과 같다. 더 명확하게 말하자면, 영적인 인간이 아직도 육체의 짐에서 벗어나지 않았기 때문에 율법은 그가 잠들거나 늘어지지 않도록 계속 내리치는 막대의 역할을 할 것이다." (Jean Calvin, *L'institution de la religion chrétienne*, volume 1 (Livres I, II), Livre II, chapitre VII, § 12, p. 118.)

이는 사랑의 계명처럼 가장 내면적인 것도 마찬가지다. 성서적으로 사랑하라는 계명은 곧바로 구체적인 실제 내용을 갖는다. 이웃 사랑의 표지들은 하나님에 의해 우리에게 이미 제시되어 있다. 그 표지가 드러나 있는 세상과 가리키는 수단도 하나님에게 속한다. 그래서 하나님은 하나님의 뜻을 따라 사용하도록 우리에게 그것들을 내맡긴다.

하나님이 우리를 소유하는 표지가 되는 율법의 세세한 내역은 우리가 하나님의 뜻을 따라 살아갈 수 있도록 하나님이 제공하는 수단이다. 그러나 율법은 외부에서 부과하는 규범이나 강제적인 의무가 아니다. 우리는 율법을 하나님이 내린 은총으로 받아들일 수 있다. 그렇지 않으면 율법은 아무것도 아니다. 그런 까닭에 율법은 언약이 주어진 이후에 따라온다. 율법은 하나님이 자신의 백성과 화목을 이룬 까닭에 하나님을 섬기는 헌장이 된다. 따라서 율법주의나 문자주의에 의거하지 않는 한, 율법은 윤리를 통해 우리로 하여금 이 주어진 새로운 헌장을 따르게 하고 하나님을 향해 적절한 태도를 추구하게 한다. 우리의 태도는 우리에게 속한 것으로서 이웃의 태도와는 전혀 동일한 것이 아니며, 집단적이지 않고 개인적인 것이다. 우리의 태도는 우리 몫의 구체적인 세부 지침을 내포한 하나님 뜻 안에서 그 뜻을 통해 수립된다. 그 목적은 우리의 태도가 하나님의 은총과 사랑을 입증하고 이웃에 대해 아주 구체적으로 선을 실천하는 삶이 되게 하는 데 있다.

우리가 할 증언은 우리가 취할 태도와 직접적으로 연관된다. 내가 살아가는 방식과 그에 따른 행동을 빼고는 하나님이 주는 자유와 소망의 기쁨과 믿음의 확신을 드러나게 할 방법이 따로 없다. 우리는 완전히, 적어도 아주 많은 점에서는 전적으로 우리의 태도를 조정할 수 있다. 그 책임을 회피하기 위한 많은 구실이 존재한다. 도덕주의를 경계하는 사람들은 "모든 것은 믿음에서 비롯된다. 그러니 우리는 행동방식에 관심을 두지 않는다. 그것은 반드시 도덕주의가 되고 말 것이다."라고 주장한다. 영적인 것이 유일한 문제라고 판단하는 사람들도 있다. 하나님이 우리 안에 '원함과 행함'[232) 을 불러일으킬 것이니 우리 스스로 그걸 걱정할 필요가 없다고 생각하는 사람들도 있다. 무의식과 잠재의식의 세계에 빠져 우리 자신이 우리의 무의식을 통제할 수 없기에 어떤 행동도 순수하지 않다면서 아예 아무 행동도 하지 않으려는 사람들도 있다. 모든 것에 순종할 수 없기에 우리가 취하는 행동은 다 무가치하다고 판단하는 완고한 사람들도 있고, 아주 고결한 순종을 원하는 까닭에 하찮은 순종을 경멸하는 완벽주의자들도 있다.

그러나 수없이 열거할 수 있는 이 모든 다양한 논리들은 실천하기를 거부하려는 구실들에 불과하고 아무 것도 하지 않는 것을 합리화하는 말들이며 책임을 회피하는 핑계들이다. 예수는 작은 일들을 행하도록 우리를 초대한다. 우리는 우리가 행할 수 있는 가장 큰 일들이 그런 작은 일들이라는 사실을 알아야 한다. 예수는 우리에게 믿음의 분량에 맞게 행동하라고 요구한다. 사도바울은 '원함과 행함'을 언급한 구절 바로 앞에서 "두려움과 떨림으로 자신의 구원을 이루어가라"[233)고 말한다. 인간은 언제나 순종하지 않으려고 합리화하는 구실을 찾는 일에 능숙하다.

율법은 전적인 순종을 구하거나 강요하지 않으면서 가능한 길에 대해 필요한 정보를 제시하고, 이웃에 대해 우리가 취할 태도를 선택하는 책임을 우리 앞에 둔다. 사랑하라는 계명은 우리의 전 존재가 거기에 개입된다는 뜻이다. 이는 율법의 세부조항이 우리의 전 존재가 하나님에게 속하는 걸 의미하는 것과 같다. 그 둘은 일관성을 가진다. 우리의 가장 작은 행동을 명령할 수 있는 하나님은 우리에게 우리의 사랑을 표현하는 것을 허용한다. 사실 존재와 행위는 완전한 연관성을 지닌다. 한쪽이 없이 다른 한쪽이 있

---

232) Cf. 빌립보서 2:13. "하나님은 너희 안에 원함과 행함을 불러일으켜서 자신의 기쁘신 뜻을 이루게 하신다."
233) Cf. 빌립보서 2:12. "그러므로 나의 사랑하는 자들아, 내가 함께 있을 때뿐 아니라 지금 내가 없을 때에도 더욱 두려움과 떨림으로 자신의 구원을 이루어가라."

을 수 없다. 율법에 따른 우리의 태도를 선택하는 문제는 바로 그 둘의 일체성에 있다. 그래서 율법은 계속해서 초등교사[234]로서 우리를 인도한다. 일찍이 인정했듯이 부정적이라고도 할 수 있는 그 기능을 통해서 율법은 우리로 하여금 우리 자신에 대해 심판하도록 초대한다고 우리는 앞에서 말한 바 있다. 이제 율법은 한편으로 우리가 취할 행동을 선택하는 방향으로 우리를 인도하고, 다른 한편으로 끊임없이 그리스도께로 인도한다고 우리는 말할 수 있다. 사도바울이 말한 의미에서, 우리는 더는 그 초등교사 아래 있지 않다.[235] 그러나 우리가 땅위에서 그리스도인으로서 살아가는 한, 이 초등교사가 필요하다는 것도 사실이다. 우리가 예수 그리스도 없이 지내기 위한 것이 아니라, 반대로 우리가 취할 태도를 선택하는 책임의 순간, 즉 결정을 내리는 순간, 우리가 예수 그리스도 앞으로 인도되기 위해서 우리는 이 초등교사를 필요로 한다.

구약이든 신약이든 율법은 우리에게 거룩함을 말하고 온전한 거룩함을 목표로 제시한다. 이렇게 온전한 거룩함을 요구하는, "내가 거룩하니 너희도 거룩하라"[236]는 명령은 어떤 품위나 도덕적인 완전성을 요구하는 것이 명백히 아니다. 그것은 단지 인간이 유일하게 거룩한 존재인 하나님에게서 거룩함을 받기 바라고, 결국 오직 하나님의 은총에 매달리기 바란다는 것이다. 그런데 놀라운 사실은, 거룩함의 요구를 뜻하는 이 은총의 언급이 '거룩함의 법전'[237]이라 불리는 장들을 구성하는 수백 가지 계율들을 관통한다는 것이나. 그것을 통해서 하나님이 우리에게 계시하는 바는 하나님은

---

234) Cf. 갈라디아서 3:24. "그래서 율법이 우리를 그리스도께로 인도하는 초등교사가 되어 우리로 하여금 믿음으로 말미암아 의롭다 함을 얻게 하려 함이라."
235) 갈라디아서 3:25. "믿음이 온 후로는 우리는 더는 초등교사 아래 있지 않다."
236) Cf. 레위기 11:44,45; 19:2/베드로전서 1:16.
237) 이 거룩의 법전(le Code de Sainteté)은 레위기 17장에서 26장에 기록된 율법조항들 전체를 말하는 것으로서 하나님의 거룩함에 따라 이스라엘 백성을 다른 민족들과 구별된 거룩한 백성으로 세우려는 것이다.

우리와 연합하고 거룩한 존재로서 우리 가운데 거하며 일상생활 속 실천을 통해서 우리를 거룩하게 만들어간다는 사실이다. 동시에 하나님은 하나님을 섬기는 데 합당한 것과 합당하지 않은 것을 계시한다. 그래서 '거룩함의 법전'을 준수하는 것은 하나의 공로로 연결될 수 없다. 다만 그것은 하나님이 우리 가운데 거하기로 결정했으며 함께 할 인간을 선택했고, 그렇게 해서 그 인간은 하나님이 함께 할 자리를 마련하고 그 자리는 거룩한 하나님에게 합당한 것이어야 한다는 사실을 나타낸다.

"하나님 사랑의 신성이 잘 알려지지 않은 책인 […] 레위기에서와 같이 많이 나타나는 경우는 성서 어디서도 거의 찾아볼 수 없다. […] 죽음을 부르는 율법과 은총을 내리는 복음이 전대미문의 놀라운 방식으로 일치를 이루고 있기 때문에 본성과 은총, 이성과 계시가 서로 조금의 양보도 없이 충돌하는 이 책들에서조차도 메시아의 언약과 기다림이 존재하지 않는다면, 그 메시아의 언약과 기다림은 대체 무엇을 뜻하는 것일까?"238) 다만 우리는 그 거룩함은 하나님의 백성 주변에 경계를 이루고 있고, 그 거룩함의 율법은 또한 인간과 인간 간의 경계와 더불어 하나님과 인간 간의 경계를 세우고 있다는 사실을 인정해야 한다.

율법이 우리에게 하나님을 모방하라고 제시한 내용을 고려한다면, 우리는 하나님이 선택하고 부르는 인간의 존재와 행위와 다른 모든 인간들의 존재와 행위 간에는 근본적인 차이가 존재한다고 거의 단정할 수 있다. 우리는 레위기 19장은 인간의 거룩함으로 하나님의 거룩함을 모방하고 인간의 일체성으로 하나님의 일체성을 모방하는 주제를 통해 명백해진다고 말할 수 있었다. 그런데 그것은 결정적으로 하나님의 뜻과 은총에 따르는 인간과 다른 인간들을 분리시킨다. 이는 거룩함의 개념 자체이다. 그 개념이 영적이고 추상적인 것에 머물지 않고 바로 삶의 방식을 포함하는 것은 괜한

---

238) 우리는 이 칼 바르트의 인용문의 출처를 찾지 못했다.

것이 아니다. 이는 삶의 방식을 온전히 구분하는 것이다. 여기서 우리는 또다른 측면에서 그리스도인을 위한 윤리의 특별한 성격을 발견하게 된다. 인간은 소명에 의해서 행위와 재물과 사고가 포함된 임무를 위해 구별된다. 존재의 양식도 하나님의 백성과 나머지 다른 민족들을 분리시킨다. 이는 이스라엘의 경우나 오늘날 교회의 경우나 마찬가지이다. 그러나 거룩함의 율법은 엄격하게 인간과 인간을 분리시키고, 또한 인간과 하나님을 분리시킨다. 왜냐하면 거룩함의 율법은 법으로서 계속 남아있어야 하기 때문이다.

우리는 예수 그리스도를 이유로 해서 율법에서 법적인 성격을 배제할 수 없고, 언약 속에서 의무를, 사랑 속에서 거룩함을 파기할 수 없다. 우리의 거룩함은 결코 우리의 것이 아니고, 하나님과 우리 사이에는 어떤 신비한 결합도 없고, 거룩함의 정점에서 어떤 영적인 상승도 일어나지 않고, 인간의 신격화도 있을 수 없다. 혹시라도 '거룩의 법전'에서 오로지 "너희도 거룩하라"239)예수 그리스도의 죽음과 부활 이후에는 '너희는 거룩하다' 240)가 된다라는 일반적인 문구만을 붙잡는다면 그럴지도 모른다. 그 율법의 세세한 조항과 내용은 우리로 하여금 한계를 인정할 수밖에 없게 한다. 우리는 스스로 모방의 표본이 될 수 없고, 하나님이 우리에게 부여한 거룩함을 행동과 태도와 삶의 방식으로 옮기는 것만 할 수 있다. 그러므로 율법은 하나님과 우리 사이에 간극을 설정한다. 왜냐하면 율법은 거룩함의 율법이고, 그 거룩함은 우리와 하나님의 간극을 좁히지 못하기 때문이다. 거룩함은 단지 하나님이 가까이 임할 때만 나타난다. 하나님과 우리 사이에는 경계선이 존재하고, 거룩한 하나님이 우리를 거룩함으로 부르기 때문에 우리는 그것을 전적으로 존중해야 한다. 만일에 우리가 하나님을 통하지 않거나 우리 자신을 하나님과 혼동하거나 한다면 그 거룩함은 결코 있을 수 없다. 그러므

---

239) 레위기 19:2.
240) *Cf.* 고린도전서 1:2/에베소서 1:4/골로새서 1:22. 자끄 엘륄은 이 주제들을 아직 간행되지 않은 *Ethique de la Sainteté*(거룩함의 윤리)에서 상술한다.

로 율법은 율법으로 남아있는 것이 중요하다.

하나님과의 관계성

앞에서 이미 설명했듯이 율법은 익명의 객관적인 것이 아니고 한 개인에게 전하는 인격적인 하나님의 개인적인 뜻을 표출한 것이다. 바꾸어 말해서 율법은 계명이다. 그것을 지금 우리가 놓여있는 상황에서 계속 이어가는 것이 좋다. 율법이라는 통상적인 단어는 히브리어 단어 '토라' Thora의 풍성한 의미를 옮기기에는 아주 부족하다. 먼저 진정한 율법의 법mode은 분사participe의 법으로서 율법은 하나님의 뜻에 인간의 뜻이 참여participation한다는 개념을 내포하고 있다는 사실을 알아야 한다. 그러므로 그것은 절대적인 하위자에게 명령하는 절대적인 상위자를 연상할 수 있는 맥락이 아니다. '토라'의 규정에 이미 하나님의 사랑이 저변에 깔려 있다. 더욱이 '토라'라는 단어 자체가 명령보다는 방향을 제시하는 의미를 가진다. 그것은 하나의 율법보다는 전통적으로 유대교 주석에서 강조하듯이 하나의 길을 조성한다. 그 길은 하나님과 인간이 함께 걸을 수 있는 길이다. 이는 앞에서 거룩함에 대해서 얘기할 할 때 이미 지적한 것이다.

그런 의미에서 이는 율법 전부를 성취한 예수 그리스도에 의해서만 온전히 실현된다. 예수 그리스도는 길이다.[241] 그래서 히브리어로 '토라'의 요구가 명령형으로 쓰이는 경우는 아주 드물고, 거의 언제나 미완료형으로 불리는 문법 형식으로 쓰인다. 이는 프랑스어 문법의 반과거와는 다르다.[242] 미완료형은 시작해서 아직 완료되지 않고 완성되어 가는 중에 있는

---

241) Cf. 요한복음 14:6. "예수께서 이르신다. '나는 길이요, 진리요, 생명이다. 나를 거치지 않고서는 아무도 아버지께 오지 못한다.'"
242) 여기서 자끄 엘륄은 프랑스어 문법체계에는 존재하지 않는 동사형인 '미완료(inaccompli)'를 말하려고 한다. (역주: 프랑스어 문법체계에서 'imparfait'는 우리말로 반과거가 된다.)

행동을 말한다. 이는 시작된 것이 계속 진행 중에 있음을 뜻한다. 그러므로 이는 하나님이 시작한 일을 계속 해나가자는 초대이다.[243] 그것은 단지 미래에 유효한 명령일 뿐만 아니라, 인간의 목전에서 지금 시작하는 행동을 명하는 것이기도 하다. 그런 상황은 동역자들이 평등하다는 것을 보여주는 것이며, 복종보다는 기도에 더 가깝다.

계명에는 서로 간에 상호적인 앙가주망이 존재한다. 하나님은 세상의 일에 개입하고 인간을 자신의 일에 개입시킨다. 하나님이 가인에게 얼굴을 들고 분노를 멈추고 죄에 대항하라는 명령을 내릴 때, "너는 죄를 다스릴 것이다"[244]라는 약속이 함께 따른다. 그 말씀은 가인을 위해 하나님이 개입한 것이다. 왜냐하면 한 인간에게 명령하는 그 말씀은 그 인간 안에 자신의 모든 능력과 모든 의지와 모든 소망을 넘어서는 능력, 즉 그 명령을 하나님의 명령으로 받아들이고 그 말씀을 성취할 능력을 만들어내기 때문이다. 또한 그 명령의 말씀은 그 인간 안에 인간이 실현시킬 수 없는 것, 즉 그 말씀에 따른 인격적인 통일성을 불러온다. 그것이 하나님으로부터 온 것이기에, 산만하고 분열되고 어질러진 인간은 자신의 육신과 감정과 노동과 지성 속에 그 말씀의 경청에 따른 통일성을 다시 찾는다. 그는 계명과 약속, 의무와 참여로서 그에게 주어진 그 말씀에 따라서, 그 말씀에 의해 다시 통합된다.

예수 그리스도가 성취한 까닭에 살리는 말씀이 된 살아있는 말씀인 계명을 하나님이 전할 때 인간은 문자 그대로 재창조된다. 성취되지 않은 율법은 죽음의 말씀이지만, 예수 그리스도의 계명은 생명의 말씀이다. "나는 존재한다"라거나 단지 "나"라고 말할 수 있는 있는 유일한 존재이며, 진정한 유일한 주체인 예수 그리스도가 일대일로 한 인간에게 "너"라고 지칭하면서 말할 때, 그 인간은 참으로 "너"로서, 말하는 대화의 상대이자 응답도 할

---

243) 여기서 우리는 계명과 언약의 변증법을 다시 발견한다.
244) Cf. 창세기 4:7. "네가 선을 행했다면 왜 얼굴을 들지 못하겠느냐? 그러나 네가 선을 행하지 않으면 죄가 문 앞에 도사리고 너를 엄습하려고 한다. 그러니 네가 죄를 다스릴지니라."

수 있는 상대로서 존재하는 것이다. "너"가 됨으로써 인간은 "나"라고 말할 수 있고 이웃에게 말을 걸어 각성시킬 수 있고, 또 그 이웃을 위해 "너"가 될 수 있다. 그러나 하나님이 인간에게 말을 걸며 "너"라고 부를 때, 그것은 그 인간에게 하나님의 뜻을 알리기 위한 것이다. 그래서 이제 "너"는 그 뜻을 행해야 하고 이룰 수 있는 것이다. 언제나 하나님이 전하는 계명 안에서, 또 그 계명에 의해서, 인간은 "너"가 된다. 그러나 인간으로 하여금 하나님께 적절한 대화의 상대가 될 수 있게 하는 것은 지금 실제로 하나님이 주는 말씀이다.

말씀하는 하나님과 이 말씀이 분리될 때, 인간에 의해 이 말씀이 역사적인 교훈이나 형이상학적인 원리나 도덕적 규범으로 변질될 때, 이 말씀의 계명은 이제 그 권위나 정당성을 상실하게 된다. 그 말씀의 가치는 인류의 영원한 가치들을 담고 있다는 것이나, 혹은 어떤 최상의 원리들에 근거하는 데 있는 것이 아니다. 그 가치는 그 말씀을 전한 존재, 다시 말해서 그 말씀을 허공과 영원성 속에서가 아니라 한 개인에게 시간성 속에서 전한 하나님으로부터 나오는 것이다.

계명은 결코 우리가 천국에서 행할 일이나 우리가 행하기에 이상적인 일을 기술하지 않는다. 계명은 우리가 현재 상황에서 구체적으로 해야 할 중요한 일을 말한다. 계명들은 하나님의 현존을 대체하여 객관적인 현실로 탈바꿈시키도록 우리에게 주어진 것이 아니고, 반대로 개별적인 인격체들로 만들어진 우리로 하여금 개별적인 하나님의 뜻에 연합하도록 주어진 것이다. 이는 또한 개개인에게 말한 예수의 말씀 하나하나를 우리가 율법적인 의무로 변환시킬 수 없다는 것을 의미한다. "네 소유를 다 팔아 가난한 사람들에게 주어라",[245] "서로 발을 씻겨 주어라",[246] "이스라엘의 모든 동

---

245) 마태복음 19:21/마가복음 10:21/누가복음 18:22.
246) 요한복음 13:14.

네로 가라", 247) 등의 말씀들은 개인이 주관적으로 받은 개별적인 계명들로 이해되어야 한다. 그런 말씀들은 예시적인 것들로서 결코 보편적인 규범이 될 수 없다.

그런 까닭에 그리스도인을 위한 윤리는 결코 구약과 신약의 모든 계명을 다 수집해서 체계적으로 구성하여 제시되는 완전한 삶의 프로그램으로 구성될 수는 없다. 그것은 말씀과 말씀한 하나님을 분리시키는 것이고, 그러면 말씀은 더는 어떤 권위도 지닐 수 없게 된다. 그러나 역으로, 나와 관련된 점에 있어서 계명의 현재성과 개인적 적용을 피하는 것은 안된다. 그 개인적 성격에 의해 그 말씀이 특정한 개인에게 향하여 그에게만 효력을 지니는 까닭에 나와는 무관하다는 식이 되어서는 안 된다. 왜냐하면 그 말씀이 하나님의 뜻을 표명하는 점에서 그 하나님의 뜻은 나를 부르고 위로하는 주관인 측면에서 나에게 유효한 것만큼 나를 심판하는 객관적인 측면에서도 나에게 유효하기 때문이다. 매 순간, 동일한 말씀이 나에게 주어질 수 있다. 또는 매 순간 하나님의 뜻이 나를 향한 명시적인 계명이 될 동격의 말씀을 통해 나에게 전해질 수 있다. 따라서 그리스도인을 위한 윤리는 나의 삶에 일어날 수 있는 사건이라는 의미와 함께 내가 살아갈 수 있도록 부여된 가능한 능력이라는 의미에서, 그리고 아주 현실적으로 가능한 실재로서 계명의 내용을 제시해야 한다. 내가 하나님의 말씀을 하나님과 분리시키지 않으면, 나는 오직 그 계명의 실천을 통해서만 그 말씀의 온전한 진리를 알 수 있다는 사실을 깨닫게 된다.

하나님이 계명을 전하려고 인간을 부를 때, 우리에게 익숙한 통상적인 절차는 뒤바뀐다. 하나의 규범 앞에서 우리는 그것을 평가하여 그 내용과 동인과 이유를 파악하고, 그 실현 가능성을 헤아리고 그 징벌을 예측하여 가장 경제적인 해결책을 선택하고자 한다. 만약에 그 징벌이 중하다면, 힘이

247) 마태복음 10:23.

들더라도 실행하는 편이 더 낫다. 그 징벌이 중하지 않다면, 징벌을 각오하는 편이 더 낫다. 그런데 하나님이 계명을 내릴 때 인간의 그 모든 통상적인 절차가 어긋나게 된다. 하나님은 먼저 말씀을 한 존재가 자신임을 인정하는 것, 즉 믿음을 요구한다. 그 믿음은 계명이 아니라 그 계명을 내린 하나님을 향한 것이다. 다시 말하자면 그 계명을 내린 하나님은 믿음으로 영접해야 마땅한 존재인 까닭에 그 계명을 믿어야 한다는 것이다. "왜 너희는 나를 믿지 않느냐?"[248]고 예수는 끊임없이 반문한다. 이는 곧 그 말씀을 한 존재가 곧 거룩한 구원의 하나님인 까닭에 그 뜻을 실행하라는 것이다. 그래서 그 어떤 계명이라도 그것을 실행하는 것이 마땅한 것이다. 미리 예측할 수 있는 가능성은 없다. 올바르다거나 올바르지 않다거나, 효과적이라거나 무익하다거나, 선하다거나 악하다거나, 가능하다거나 가능하지 않다거나, 일관적이라거나 모순적이다거나 등으로 평가하는 일이 없다. 나를 응답의 책임이 있는 인격체로 만들어 그 계명을 실행하게 하는 '너'의 존재가 있을 뿐이다.

그와 같이 순종하고 실행하는 가운데 그 계명에 대한 이해가 비로소 나에게 가능하게 된다. 이제 그 계명을 실행하는 것은 더는 하나의 의식이나 메커니즘이 될 수 없다. 형식과 내용 사이에 어떤 구별도 없다. 내가 하나의 계명에 순종할 때마다, 나는 나로서는 이해가능하고 합리적이고 일관적인 하나님의 뜻 전체를 수용하는 것이다. 예수는 말한다. "먼저 내가 너희에게 말하는 것을 행하면, 너희는 알게 될 것이다."[249] 우리가 계명을 율법으로 변환시키면, 우리는 무조건적이고 맹목적인 순종을 보게 될 것이다. 우리가 계명의 개인적 성격을 지킨다면, 순종은 진정 '나'라고 할 수 있는 유일한 존재가 내 앞에 현존한다는 사실을 인정하는 데서 나오는 열매가 된다.

---

248) *Cf.* 요한복음 3:12; 4:48; 5:43-47; 6:32,64; 8:45-46.
249) *Cf.* 마태복음 19:21/마가복음 10:21/누가복음 6:46; 10:37; 18:22.

이는 우리가 객관적인 의무나 징벌이 없는 윤리에 접한다는 걸 뜻한다. 의무도 징벌도 없는 윤리를 찾는다는 것은 이 시대의 지속적인 문제이다. 그 주제에 관해 쓰인 모든 글은 완전히 환상과 유토피아를 그린 데 불과하다. 그런 윤리는 인간이 그 진리를 인정하는 가운데 스스로 자유롭게 그 명령에 응답하기 위해 전폭적이고도 개인적인 동기가 있어야만 가능하다. 아무리 둘러봐도 우리는 그런 동기를 세상, 자연, 사회 등에서 발견할 수 없다. 반대로 그 발단이 하나님과 인간의 대화에 있다면, 그 말씀이 계명인 동시에 언약이라면, 즉 참된 계시이자 신앙적으로 합당한 내용이라면, 우리는 질책이나 징벌이 없는 윤리를 발견한 것이다. 거기서 순종의 동기는 두려움이나 강제가 아니라 오직 사랑과 기쁨에서 나온다.

인간과의 대화에서 하나님이 바라고 기다리는 응답은 고문당한 사람의 비통한 자백이 아니라 자유로운 존재의 기쁨과 자유의 분출이다. 그러므로 형벌과 심판과 지옥을 상정한 기독교 윤리를 수립한 것은 계시를 그 깊은 근원에서부터 왜곡시킨 것이다. 불의 심연, 지옥, 유황바다, 둘째 죽음 등은 결코 율법을 준수하지 않고 불순종한 데 대한 징벌로서 전해진 것이 아니다. 사실 그것은 하나님과의 분리와 인간과 하나님의 간의 사랑의 부재에 따른 불가피한 결과일 뿐이다.

그리스도인들을 위한 윤리는 징벌이나 질책이 없는 윤리이다. 그 윤리는 오직 사랑의 발현으로서 결코 벌이나 보상이 따르는 행위가 아니다. 유일한 문제는 계명을 전하는 하나님에 대한 사랑이나 미움의 문제이다. 그러나 그것은 모든 윤리를 넘어서는 것이다. 그렇지 않다면, 이는 그 윤리가 징벌을 수반한다는 것이 아니라 단지 그리스도인들을 위한 윤리는 존재하지 않는다는 걸 의미한다. 그런 윤리는 결단코 불가능하고 기독교에서는 어떤 윤리적 내용이나 권고도 성립될 수 없다는 것이다. 이는 계명이 아주 개인적인 것이어서 타인에게도 의미 있는 표본이 될 수 없다는 것을 의미한다.

바꾸어 말하자면, 계명은 창조주 하나님이 성자 예수 그리스도를 통해서 피조물과 맺은 사랑의 관계 안에서 주어진 것이다. 계명은 결코 그 사랑의 관계 밖에서는 성립될 수 없고, 또한 그 사랑의 관계가 있기 전에도 있을 수 없다. 계명은 하나님이 구원한 인간에게 그 뜻을 알리고 전하는 언약의 대화를 통해서 주어진다. 그것이 오직 사랑의 관계인 까닭에 질책이나 징벌의 문제는 있을 수가 없다. 계명의 개념 안에는 그런 의미가 내포되어 있다. 그런 이유에서 윤리는 질책이나 징벌이 없는 유일한 것으로서 현존하는 유효한 윤리가 된다. 반면에 다른 모든 윤리는 인간에게 부적합한 것이다.

여기서 우리는 계명의 마지막 측면을 보게 된다. 하나님은 나를 한 인격체로서 하나님을 상대하는 '너' 인간의 자연적인 본성으로는 불가능한로 세우고, 나로 하여금 다른 사람들, 즉 이웃에게 '너' 가 되게 한다. 계명은 이와 같은 관계, 즉 앞에서 언급한 바와 같은 사랑의 관계를 전제로 한다. 이것은 우리로 하여금 계명에서 비롯된 율법의 새로운 차원을 깨닫게 한다. 즉, 율법은 사랑의 율법인 동시에 거룩함의 율법이다. 앞에서 이미 언급했듯이, 거룩함의 율법인 까닭에 율법은 나를 남들과 분리하여 따로 구별하고 다른 고유한 삶의 방식을 취하게 한다. 율법은 하나님과 인간의 차이를 규정한다. 율법은 계명과 관계되고, 계명은 하나님과 인간 간의 필요한 관계를 수립한다. 그래서 계명은 통합하여 분리시킬 수 없게 한다. 그렇지 않으면, 계명은 더는 계명이 될 수 없고, 단절이 이루어져 더는 '너' 가 있을 수 없게 된다. 계명은 하나님이 바라는 뜻대로 하나님과 하나님이 부른 인간의 불가분리성을 규정한다. 이것은 인간과 이웃 간의 불가분리성으로 이어진다. 이와 같이 율법은 분리하고 구별하고 차이를 규정하는 동시에, 그 구분을 초월하여 그 차이를 뛰어넘게 하고 인간 개개인을 그 차이와 단독성만이 아니라 그 실재를 통해서 보게 한다.

거룩함은 사랑이 없이는 성립될 수 없다. 그러나 사랑도 또한 거룩함이 없이는 성립될 수 없다는 점을 잊지 말아야 한다.[250] 하나님의 율법이 규정한 차이와 거룩함이 수반되지 않은 채로 이웃을 만나고 사랑한다고 주장하는 것은 환상이고 착각이다. 그리스도인들이 다른 사람들과 같이 되어서 사람들 가운데 아무 차이가 없게 보이려고 하면서 그것이 사랑이라고 주장하는 모든 시도는 단지 기만에 불과하다. 만일 그들이 계시를 받아들인 사람들이라면 그것은 위선이 되고, 만일 그들이 마음의 충동에 따른 것이라면 그것은 잡담이 된다. 물론 이는 그리스도인이 우월하다는 것이 아니고 단지 다르다는 말이다. 그리스도인이 다른 것은 그리스도인이 더 낫기 때문이 아니라 모든 방면에서 거룩함의 율법에 의해 거룩한 성도로서 지내도록 청함을 받기 때문이다. 다만 그 분리를 넘어서야만 그리스도인은 이웃을 발견할 수 있고, 그 구별을 넘어서야만 그리스도인은 스스로 이웃을 진정으로 사랑할 수 있게 된다. 하나님의 거룩함을 스스로에게 부과하지 않는다면 너무도 많은 경우 그렇듯이 그리스도인이 이웃을 사랑한다는 것은 자기 자신을 위한 이기적인 사랑에 그치고 만다.

언약과 계명에 내재된 가치와 규범

이미 언급했다시피, 성서에 정확히 제시된 그대로의 율법과 계명의 내용을 사라지지 않게 하는 것이 정말 중요하다. 실제로 우리는 새로운 계명을 만들어 낼 수도 없고, 그리스도인의 삶을 살고 싶어 하는 사람을 애매모호한 해석에 맡겨둘 수도 없다.

첫 번째 경우는 이 시대에 맞추고 새로운 상황들과 현대인의 필요와 요구에 응하려는 끊임없는 유혹에 따른 것이다. 이는 사실 하나님의 계명을 삭

---

250) 자끄 엘륄은 거룩함과 사랑의 이런 변증법적 관계를, 아직 출간되지 않은 *Ethique de la saintété*(거룩함의 윤리)와 미처 집필하지 못한 *Ethique de l'amour*(사랑의 윤리)에서 검토하려고 했다.

제하여 교회의 계율들로 대체하게 하고, 또한 영구적인 윤리의 확정과 문자주의를 피하려는 노력에 상응하는 것이기도 하다. 이것은 의심의 여지없이 아주 훌륭한 것이지만, 완전히 신앙에 위배되는 것이고, 사람들이 피하고자 했던 것, 즉 더는 계명에 따르지 않고 하나님의 계명이 개입될 여지를 두지 않는 윤리를 수립하는 것이다.

두 번째 경우는 대부분의 경우 현대의 개신교 신학에 연결된다. 이 신학은 하나님의 일반적 의지를 주장하고 총체적인 율법의 의미를 내세우면서, 이미 앞에서 말한 바와 같이, 신자를 독자적이고 개인적인 신자 자신의 책임에 내맡기고 신자 스스로의 이성의 빛 이외에는 다른 아무런 안내도 제공하지 않는다. 성령이 개입할 때는 아무런 문제가 없지만, 우리는 성령의 개입이 언제나 개개인이 활용할 수 있도록 계속되는 역사라고 상정할 수 없다. 그러므로 계명의 내용을 중시해야 한다. 그것만이 그리스도인들을 위한 윤리의 내용이 될 수 있다. 그 윤리는 하나님의 계명이 아니다. 왜냐하면 틀에 박힌 것일지라도 언제나 즉각적이고 살아있는 하나님의 말씀으로 남아있을 내용을 포함하는 하나의 규범체계를 우리 스스로의 힘으로 만들 수 있다고 자신할 수 없기 때문이다. 그런 까닭에 그 윤리는 당연히 객관적인 윤리가 되고, 그런 이유로 정직하다고 할 수 있다.

한편으로 객관적인 윤리, 정확히는 우리가 하나님의 주관적인 계명으로 파악한 것을 객관화하여 내세우는 것으로서, 그 윤리는 실제로 그리스도인으로 살아가기 위해 그 삶 속에서 율법에 대해 우리가 인정했던 이중의 역할을 충족시킬 수 있다. 율법은 그 역할을 충족시키기 위해서 객관적인 윤리를 통해 표현되어야 한다. 그러한 율법에서 성서적 표현만 남겨두면, 그 대부분은 주어진 사회적 상황에 따른 것이기에 더는 우리와 관련성이 없어서 너무도 쉽게 내버려질 것이다. 반대로 사회의 현재 상황 안에서 객관화되면, 율법은 그 세세한 부분과 정확한 지침과 함께 인간에게 주어진 목적에 정확히 들어맞는 것이 될 수 있다. 그러므로 그런 차원에서 그와 같은 방식으로 우리는 그리스도인의 삶을 위하여 그리스도인의 삶 안에서 현시대적인 역할을 회복시킬 수 있다.

다른 한편으로 그 작업의 성실성은 그 윤리와 계명과의 혼동을 피하는 데 있다. 객관적인 윤리는 아무리 믿음에 충실한 것이라 할지라도 명백히 인간의 손으로 만든 것이라는 점에서, 그 윤리가 하나님의 개인적인 계명이 아니라는 것은 착각의 여지가 전혀 없는 사실이다. 그 윤리는 단지 우리가 순종을 통해 잘 이해하고 수용하는 하나님의 말씀 안에서 계명을 알고 파악할 수 있게 하는 것이다. 그것은 형제지간의 권고와 같은 인간적인 훈계로서 나의 삶에 관한 교회의 증언이고, 심판이나 명령이나 삶의 지침이 전혀 아니다. 그러므로 그 윤리가 객관적인 윤리로서 율법의 내용에 상응하는 내용을 갖추는 것은 필수적인 것으로서 그 점에 대해 아무 착각이나 혼동도 없어야 한다.

그런데 가치와 규범, 창조의 윤리와 순응의 윤리 등을 과감하게 대립시킨다면, 율법을 대변하는 윤리는 우리가 파악한 바대로 두 가지 요소를 포함하게 된다. 율법이 따라야 하는 계명인 동시에 이루어질 언약이라면, 율법의 동일한 말씀이 공존적이고 공외연적인 그 두 가지를 다 지니고 있다면, 우리는 그것을 두 가지 윤리적 양식에 따른 윤리로 해석해야 된다.

한편으로 윤리는 순종을 요구하고 징벌을 수반하는 의무가 아닌 실천 규범과, 성향과 감정 면에서 감내히게 히는 강제력을 갖추어야 한다. 말하자면 이것은 실재하는 인간의 존재에 대비되는 인간의 의무를 인정하는 것을 요한다. 우리가 기록된 율법 속에 하나님의 개인적인 계명이 있는 것을 알리지 않으면서 그 모든 것을 부정한다면, 우리는 두말할 것도 없이 믿음에 불충실한 자들이 된다. 성서에 나타난 하나님의 뜻은 인간에게 하나의 삶의 양식과 구현을 갖게 하려는 것이다.

다른 한편으로 우리는 결코 그것이 전부라고 할 수 없다. 그러면 우리는 하나님 뜻의 다른 이면을 잊어버리는 것이다. 우리는 우리에게 주어진 언약을 표명해야 한다. 그 언약은 규범에 의미를 부여하는 것으로서, 우리가 우리 자신에게 요구된 그 규범을 알게 될 때 속박에서 벗어나게 하고 기쁨을 갖게 한다.

객관적으로 구축된 윤리 안에서 우리는 그것을 가치 형태로 표현할 수밖에 없다. 삶에 의미를 부여하는 가치는 우리에게 새로운 창조와 윤리 수립을 유도하는 일종의 자기력의 극으로서 진정한 역할을 갖는다. 그리스도인을 위한 윤리 안에 가치가 존재할 수 있는 이유는, 가치가 그 자체로 세상 안에 존재하기 때문이 아니라, 하나님이 준 언약이 있기 때문이다. 그 언약들에 따라 우리는 하나의 가치를 정하는 것이고, 그 가치를 인정하는 것에 그치지 않고 윤리 안에 표명하는 것이다. 우리는 곧바로 그렇게 규정된 가치들이 믿지 않는 사람이 인정하는 세상의 가치들과 반드시 일치하는 것은 아니라는 사실을 깨닫게 된다. 그러나 여기서 특히 중요한 것은 규범과 가치, 순응의 윤리와 창조의 윤리 간에 더는 이 대립이 없다는 사실을 알아차리는 것이다. 그 둘은 인간에 대한 하나님의 역사에 의해 완전히 결합되어 있다. 우리는 그 점을 객관적 윤리에 옮겨 놓아야 한다. 그래서 객관적 윤리는 각 조항의 구체적인 내용에 규범과 가치의 이중적 차원으로 표현되어야 한다.

우리는 규범과 가치의 이중성에 대해 어떤 분리나 선택도 하지 말아야 한다. 그 이중성은 그리스도인이 순종하는 사람인 동시에 자유로운 사람이고, 수동적으로 듣는 사람인 동시에 능동적인 사람이라는 것을 의미한다. 그리스도인이 스스로 일정한 입장을 자처하며, 윤리적인 주체가 되어 있을 때, 그리스도인은 그 이중성을 받아들일 수 있다. 현대의 사상적 흐름에서 인간이 윤리적인 결정을 내릴 때 비로소 윤리적 주체가 된다는 말은 정말 맞는 말이다. 다만 그 윤리적 결정은 객관적인 선과 악에 대해서만 이행될 수 있고, 가치나 규범의 형식으로 표출되어야 한다. 이미 살펴보았듯이, 그것이 윤리 문제를 전부 다 해결하는 것은 전혀 아니다. 특히 그 윤리적 선택은 아담으로 시작된 죄인의 신분에 인간을 가둔다.

그런데 이제 그 문제의 외관, 형식, 양상 등이 완전히 바뀌었다. 중요한 것은 더는 선악의 선택이 아니고, 스스로 도덕적 주체로 임하는 것도 아니고, 윤리적 문제를 그 선택의 문제로 귀결시키는 것도 아니다. 예수 그리스도 안에서 죄에서 해방된 인간은 선악의 지식으로부터 벗어나며, 선을 택함으로써 죄인이 되는 치명적인 구속으로부터 자유롭게 된다. 이제 인간은 개인적으로 표명된 하나님의 뜻과 관계하여 사람들이 정립한 선악의 지식 너머에 자리한다. 오직 도덕적 주체로서 인간은 계명과 언약 앞에 있게 된다. 계명과 언약은 인간에게 개인적으로 소통한다. 인간에 대해 미리 예정된 결정은 존재하지 않고 인간이 결정을 내린다. 기독교 윤리가 존재하지 않음에 따라 인간은 수동적으로 전통과 교육을 통해 규범에 따를 수 없다. 기독교적 가치가 존재하지 않음에 따라 인간은 스스로 도덕적 주체로 자처할 수 없다. 규범은 선택이나 불순종이 있을 수 없다. 왜냐하면 규범은 계명이기 때문이다. 가치가 새롭게 발의되는 일은 있을 수 없다. 왜냐하면 가치는 언약에 내재된 것이기 때문이다.

그러므로 인간이 그렇게 된 것은 본성적으로 도덕적 주체이기 때문도 아니고 선택적으로 도덕적 주체가 되었기 때문도 아니다. 단지 언약이 주어지고 하나님의 말씀이 전해지고 계명이 전달되는 때에 하나님의 자유로운 결정에 의해 인간은 그렇게 되는 것이다. 그래서 인간은 도덕적 주체인 것이다. 다시 말해서 인간이 자유롭게 가부를 말하거나 순종하거나 불순종하거나 임의로 선택할 수 있는 것이 아니고, 하나님의 사랑의 뜻으로서 삶으로 실천하고 결정해야 할 계명과 언약, 규범과 가치 등을 자유롭게 받아들일 수 있다는 것이다. 그러나 다시 한번 말하자면 인간의 결정은 계명에 대한 순종과 불순종의 선택에 관한 것이 아니고 하나님의 뜻을 자신의 구체적인 삶 속에서 실천하는 방식에 관한 것이다. 하나님의 뜻을 배제할 수 있는 가능성의 선택이나 언약을 거부할 수 있는 결정이 전혀 아니다. 그 결정은 인간이 언약의 테두리 안에서 언약과 가치를 따라, 어떻게 지금 이곳에서 하나님의 뜻을 구현하는지 방법을 스스로 발견해가는 것이다.

그러므로 인간이 성취하는 일이 있다. 인간은 자신이 내리는 결정 안에서 도덕적 주체가 된다. 그러나 인간은 그 결정 때문이 아니라 그에게 전해진 하나님의 말씀 때문에 그렇게 된다. 도덕적 주체로서 인간은 더는 선악을 결정하지 않고 선악 간에 선택하지 않는다. 인간은 죄의 가장 높은 표지로부터 진정 자유롭게 해방된 것이다.

인간은 단지 하나님의 뜻을 발현하는 방식과, 자신이 살아가는 세상 속에서 그 뜻의 표출과 구현을 결정할 뿐이다. 여기서 윤리는 단지 인간을 위한 교회의 보조와, 인간의 결정에 관한 제안과, 오늘날에 실현 가능한 방식들에 관한 권고를 보여줄 뿐이다. 물론 그것과 함께 인간이 하나님이 부여한 지위를 벗어나지 않고, 가치와 규범의 분리될 수 없는 이중적 관계를 회피하지 않도록 윤리를 지키고 감독하는 역할을 수행해야 한다. 그런 까닭에 그 다양한 국면 가운데 율법의 내용을 보존하는 것이 정말 중요하며, 어떻게 그리스도인을 위한 윤리 속에 그 다양한 국면이 자리매김하는지 정확히 아는 것이 정말 중요하다. 거기서 인간이 하나님에 의해 도덕적 주체로 세워진 사실을 깨닫는 순간부터 불가능하게 되는 문자주의적 해석은 배제된다.

II. 기독교 윤리와 신학

우리가 앞에서 언급한 바에 따르면 율법의 윤리적 내용은 그리스도인들을 위한 윤리 속에 들어가야 한다. 이는 그 윤리적 내용을 담은 본문들에 대한 해석의 문제를 제기한다. 그러나 그 문제를 해결하기 위해서는 먼저 교의학에 대한 윤리학의 위치를 검토해야 한다. 그런데 이는 일련의 문제들을 표출시킨다. 윤리학은 교의학의 한 분야인가, 아니면 독립적인 학문분야인가? 이어서 좀 다른 것이긴 하지만 기독교 윤리와 기독교 교리교육didache 의 관계가 어떤 것인지, 동시에 기독교 윤리와 교회의 복음선포kerygma 의 관계는 어떤 것인지 돌아보아야 한다. 이는 필연적으로 기독교 윤리가 오로지 교리교육과 복음선포의 근본적인 요소들에 기초해야 하는지, 아니면 윤리적 내용을 담은 성서 본문들의 도움도 받아야 하는 것인지 의문을 갖게 한다. 그것을 풀어서 말하자면 다음과 같다. 율법과 도덕적 교훈을 기록한 그 성서 본문들은 하나의 전체로서 그 본문들을 아우르는 총괄적인 교리에 통합시켜야 하는가? 이는 그 교리가 완전히 핵심적인 요소들을 다 담고 있기에 그리스도인들을 위한 윤리의 추론에 부족함이 없다는 것을 뜻한다. 혹은 그게 아니고 그 성서 본문들은, 교리를 통해 축소시킬 수 없는 일정한 차이와 독립성을 지니고 있는 까닭에, 직접적으로 기독교 윤리의 수립에 적용되어야 하는가? 그렇다면 기독교 윤리는 크게 교의학과 성서본문이라는 두 개의 원전을 갖는 셈이 된다.

1장 • 기독교 윤리와 교의학

윤리와 교의학의 일체성

교의학과 기독교 윤리 간에, 믿음의 내용과 그리스도인의 삶의 방식 간에 깊은 연관성이 있다는 것은 명백한 사실이다. 성서적으로 정립된 모든 교리는 우리로 하여금 다음과 같은 사실을 인정하게 한다. 예수 그리스도와 사도들이 가르쳐준 교리가 있다면, 그것은 인간이 온전히 다 믿음의 순종으로 나아가게 하기 위함이다. 한 인간에게 전달된 하나님의 말씀은 복음의 가르침을 담은 것으로서 그 인간을 재창조하고 그 순간 그 말씀을 받아들일 수 있는 능력을 부여하면서, 새로운 인간으로 살아가도록 부름 받은 새로운 인간이 되게 한다. 그가 얻는 지혜는 그 목적이 지적이거나 신비적인 지식이 아니라 새로운 삶의 방식이고 존재양식이다. 그리스도인의 교리 전체는 우리를 곧바로 윤리로 인도한다. 기독교 교육을 받은 사람은 반드시 '나는 무엇을 해야 하는가' 라고 자문하게 된다. 이런 질문에 이르게 하는 교리는 윤리적 교리이다. 교의학은 윤리학과 분리될 수 없고 윤리는 교리와 분리될 수 없다. 그 둘의 관계는 복음은혜의 말씀의 원리 안에, 공의로운 새로운 창조세계와 구원[251]이라는 복음의 목적 안에 나타나 있다.

---

251) *Cf.* 베드로후서 3:13. "그러나 우리는 주님의 약속대로 공의가 깃들어 있는 새 하늘과 새 땅

더 나아가 예수 그리스도 안에서 우리에게 주어진 계시는 지적이거나 도덕적이거나 영적인 것이 전혀 아니고, 삶 전체와 관련되는 전반적인 총체적 삶의 계시라는 사실을 알아야 한다. 계시가 선포하는 바는 죄에 대한 징벌은 죽음이고 하나님의 뜻은 인간이 생명을 누리는 것이며, 복음은 생명의 선물이자 부활의 약속이라는 것이다. 모든 것은 생명과 죽음으로 요약된다. 생명이 주어지는 순간부터 이 생명을 어떻게 살아야 하는가의 문제가 불가피하고도 필연적으로 제기된다. 하나님이 허락한 생명은 중립적이고 막연한 생명이 아니라, 의미와 가치가 있는 참된 생명이다.

계시는 하나님의 자녀들의 생명을 창조한다. 우리가 아는 바는 이 생명이 하나님 안에서 그리스도와 함께 감추어져 있다는 사실이다.[252] 그러므로 이 생명은 그리스도의 존재와 생명 안에 감추어진 비밀이고, 이 생명을 어떻게 살아야 하는가도 그리스도 안에 감추어져 있다. 그래서 계시에 대한 성찰과 어떻게 살아야 하는가에 대한 성찰은 결코 분리시킬 수 없다. 계시를 명확하게 밝혀주는 것이 목적인 교의학은 우리에게 생명에 대해 전하는 계시의 내용, 그리고 더 나아가 한 인간을 향한 계시일 경우 그 계시의 실현과 관계가 있다.

우리는 신약의 서신서 속에서 그릇된 행위와 그릇된 교리가 연관되는 여러 성서 구절들을 상기하며 그 관계에 대한 반증을 쉽게 내세울 수 있을 것이다. 우리에게 전해지는 아주 익숙한 말씀은 거짓 교사들이 가증스러운 행위를 하며 그들의 잘못된 가르침은 도덕적인 방종으로 이어진다는 것이다.

골로새서 2장을 예로 들어보자.[253] 여기서 그릇된 교리는 먹고 마시는 것

을 기다린다."

252) 골로새서 3:3. "너희는 이미 죽었고, 너희 생명이 그리스도와 함께 하나님 안에 감추어져 있다."

253) *Cf.* 골로새서 2:8,16-23.

을 심판하여 금욕주의로 인도하고, "세상에 속하여 사는 것처럼"[254] 살아가는 방식들을 금한다. 그런 엄격한 도덕은 하나님의 자녀들의 자유에 반하는 것이기에 잘못된 것이다. 그것은 인간이 정한 규정들과 교리들에 기초한 것일 뿐이다. 금욕적인 도덕은 겉으로는 지혜로운 모습을 띠지만, 그 기초가 되는 그릇된 교리는 그 도덕을 실제로는 육욕을 충족시키는 쪽으로 유도할 뿐이다.

디모데전서에서[255] 사도바울은 정반대의 또 다른 도덕적인 잘못을 질책하지만, 그 기초는 동일한 교리인 점을 지적한다. 누군가 그릇된 교리를 가르친다면 그는 교만에 빠져서 논쟁을 초래한다. 그릇된 교리에 의해 사람들은 부자가 되려는 욕심과 돈을 사랑하는 마음과 중상모략과 이기주의 등으로 그릇된 행위를 하고 그리스도인의 삶에서 실족하게 된다. 마찬가지로 사도 베드로도 거짓 교사들이 그릇된 교리를 가르치며 죄를 낳는다고 전한다.[256] 그들은 음욕이 가득 찬 눈을 가지고, 죄업을 쌓는데 열중하고, 탐식하며, 교만하고 탐욕을 부린다. 그 모든 것은 그들의 그릇된 교리에서 연유한다. 올바른 윤리는 결코 그릇된 교리에 기초해서 나올 수 없다는 사실을 이보다 더 명백하게 밝혀주는 것은 없다.

"교의학은 지식인들의 관심사로서 말의 논쟁에 불과하다. 우리에게 중요한 것은 행동이고 우리가 해야 할 일은 올바른 윤리를 수립하는 것이다."[257] 이와 같은 논리는 어리석고 위험한 것이다. 이런 논리에 근거할 경우 어떤 방식이든 불행하게 사람들을 죄 가운데로 들어가게 하는 거짓의 윤리를 수립할 수밖에 없는 것이 확실하다. 참된 교리에 관한 정확한 지식만

---

254) 골로새서 2:20.
255) *Cf.* 디모데전서 6:3-10.
256) *Cf.* 베드로후서 2:1-22.
257) 자끄 엘륄은 여기서 자유주의 신학을 겨냥한다. 자유주의 신학은 교리들의 역사적, 상황적 특성을 강조하면서 교리들을 상대화하고 그리스도인의 삶에서 윤리적 측면을 과대평가한다. 이는 기독교를 하나의 윤리로 축소시킬 위험이 있다.

이 올바른 윤리의 수립을 보장할 수 있다. 교리적인 근거에 개의치 않고 독립적인 윤리를 수립하는 것은 있을 수 없는 일이다. 또한 하나님의 말씀을 아주 겸손히 따르고 계시에 관해 가장 엄격한 정확성을 지키는 태도를 배제한 다른 이론체계, 특히 철학적인 기초나 체계를 채택하는 것도 있을 수 없는 일이다. 그런 관점에서 객관적 계시와 주관적 계시 간에 근본적인 차이를 두는 것은 타당하지 않다.

교의학은 구체적인 한 인간이 아니라 오로지 인류와 신성에만 관계되는, 단지 지식적일 뿐인 진리를 냉정하고 막연하며 초연하게 객관적으로 설명하는 강론이 될 수 없다. 오직 성령의 계시를 통해서만 진리를 알게 되는 것이라면, 우리는 그 계시가 인류 전체가 아니라 고유의 주관성과 역사를 지닌 한 인간에게 주어진다는 사실을 알아야 한다. 그러므로 그런 실재성에서 계시를 따로 분리한 다음, 교리를 통해 일종의 철학적 실체로 둔갑시키는 것은 있을 수 없는 일이다. 그런 교의학은 계시를 배반하는 것으로서 교의학이라 할 수 없을 것이다. 역으로 오직 성령만이 사람들에게 진리를 계시하고, 단 하나의 복음만이 존재하기 때문에, 소통할 수 없고 공통의 척도도 없으며 '개인적인 견해들'에 불과한 것 이외에는 지적인 작업도 불가능한, 완전히 주관적인 계시란 있을 수 없다.

진리는 실존적인 특성을 가지고 우리의 존재양식과 실존의 삶을 바꾼다. 그러나 우리의 실존과 삶의 방식이 어떠해야 하는지 알기 위해서 우리는 진리를 탐구해야 한다. 그래서 교의학은 객관적인 계시의 영역에 속하고, 윤리는 주관적인 계시의 영역에 속하여 성령에 의한 개인적인 삶의 방식에 기인한다고 주장하고픈 유혹도 일겠지만, 그와 같은 계시의 이중적 차원들이라는 장벽은 반드시 무너뜨려야 한다. 교의학적으로 표명된 내용의 진리는 우리에게 영적으로 전해지는 성령의 조명을 통해서만 인식될 수 있고, 윤리적으로 표명된 내용의 적확성은 소위 말하는 객관적인 계시에 기초한 교리에 의거해서만 이해될 수 있다.

"다른 어디서도 아니고 오로지 계시의 객관적인 실재인 예수 그리스도 안에서 우리는 하나님의 자녀들이 되고 주관적으로 그 사실을 알 수 있다."258) 이를 근거로 해서 우리는 살아갈 수 있다. 그래서 윤리적인 문제는 신학적인 문제로서 우선적으로 교의학과 관련된다고 말할 수 있다. 우리가 삶의 방식이 어떤 것이어야 하는지 알려고 할 때, 신학이 인간의 거룩함에 관해 알 수 있는 바를 알려줄 수 있다. 신학은 성서 안에 계시되어있는 것을 우리에게 설명하고 전달한다. 성서는 하나님이 인간의 삶의 방식과 거룩함에 관해 우리에게 말하는 유일한 통로이다. 따라서 윤리는 인간에 관해 말할 수 없는 반면 신학은 하나님에 관해 말한다는 것이다.

그 구분은 용인될 수 없는 것이다. 왜냐하면 인간의 삶을 바꾸는, 인간을 향한 하나님의 말씀과 관계된 것이 중요한 문제이기 때문이다. 그래서 신학도 하나님의 말씀 자체만을 말할 수 없고, 윤리도 이 삶의 변화를 떼어놓고 인간의 삶을 말할 수 없다. 그런 점에서 교의학은 윤리를 포함한다고 말할 수 있다. 왜냐하면 교의학은 하나님의 말씀을 총체적으로 밝혀주어야 하기 때문이다. 참된 것으로 간주되고 인정되는 모든 교의학적 내용은 인간의 삶에 많은 영향을 미치는 것이 사실이다. 성자를 향한 성부의 사랑을 성령의 의해 깨닫는 것삼위일체의 교리과 하나님의 자유의 교리와 성육신의 교리는 직접적이고도 즉각적으로 그 윤리적 함의를 지닌다. 그 결과 실존적인 의미를 부여하지 않은 채로 그 윤리들을 설명할 수 없고, 그 교리들과 연관시키지 않고서 참으로 사랑과 자유와 실천에 관해 말할 수 없다.

교의학은 어떤 순간에도 이 윤리와의 접점을 피할 수 없다. 교의학의 추상적인 관념화를 피하려면 윤리와의 접점이 있어야 한다. 교의학은 인간의

---

258) Karl Barth, *Dogmatique*, Genève, Labor et Fides, volume 4(1939), 1954, p. 34. 정확한 원문은 다음과 같다. "다른 어디서도 아니고 오로지 계시의 객관적인 실재인 예수 그리스도 안에서 우리는 하나님의 자녀들이 되고 그 사실을 알 수 있다."

실존을 다룬다. 만일 교의학이 더는 윤리적 문제를 제기하지 않는다면, 교의학은 인간의 실존을 다루지 않게 되어 말장난에 그치게 될 것이다. 윤리적 문제는 하나의 신학적 문제이다. 인간의 실존은 하나님과의 관계에 의해서만 참으로 실재하게 된다. 그것은 하나님의 말씀에 의해서만 파악되고 이해될 수 있다. 그런데 교의학이 정말 그 정체성에 맞는 것이 될 때, 교의학은 그 대상인 하나님의 말씀에 전적으로 따르고 그 말씀을 탐구하는 방향으로 나아가게 된다. 그런 까닭에 교의학은 윤리와의 만남을 피할 수 없다. 역으로 교의학은 하나님의 말씀에 따르지 않고는, 즉 합당한 교의학이 되지 않고는, 그리스도인의 삶의 문제에 접근할 수 없다.

그러므로 우리는 교의학과 윤리 간에 단순하고 막연한 연관성이나 인과관계보다는 근본적인 일체성이 존재한다고 천명할 수 있다. 예컨대 우리는 교의학이 윤리적인 귀결점들을 추론해낼 수 있는 원칙들을 제시한다고 말할 수 없다. 또한 하나의 교의학적 진리는 추상적인 관념으로만 남아있는데 다른 하나의 교의학적 진리는 윤리와 연관성을 가진다고도 할 수 없다. 사실상 모든 기독교 교리는 모든 방면에서 신자의 모든 삶에 직접적인 관계를 가진다. "윤리를 가르치는 것은 또한 신앙을 가르치는 것이다. 왜냐하면 기독교 윤리의 교훈이 근거하는 교회 안의 존재는 본래 신앙에 의해 정의되는 존재이기 때문이다. 그리스도인의 삶의 방식들에 관한 규정은 신앙적으로 처음 시작된 것을 발전시킨 것에 지나지 않는다. 그러나 그 말을 거꾸로 해도 맞는 말이 된다. 즉 기독교 신앙을 가르치는 것은 또한 기독교 윤리를 가르치는 것이다. 어떻게 이 땅위의 하나님 나라라는 개념이 배제된 채로 하나의 교리가 설명될 수 있겠는가?"[259] 이 말은 아마도 하

---

259) Friedrich Schileiermacher, *Die christliche Sitte*, Berlin, Reimer, 1843, p. 12; Karl Barth가 인용함; cf. Karl Barth, *Dogmatique*, Genève, Labor et Fides, volume 5(1939), 1955, pp. 330-331. 슐라이어마허(Friedrich Schileiermacher, 1768-1843)는 독일의 철학자이자 신학자로서 19세기부터 20세기에 걸친 신학의 역사에 커다란 영향을 미쳤다. 그는 종교를 신앙과 윤리가 밀접하게 맞물려있는 해석학적 행위로서 고찰했다.

나님 나라라는 단어만 빼고는 그대로 다 맞는 말이다. 교의학과 윤리의 근본적인 일체성과 연관성을 이해하는 데는 여기서 그 이상의 것을 찾아 나설 필요가 없다.

교의학과 윤리를 동일시하는 위험

그러나 그 이상을 넘어서서 칼 바르트의 주장과 같이 교의학과 윤리 사이에 동일성이 존재한다고 말할 수 있을까?[260] 알다시피 칼 바르트는 그 둘을 구분하거나 간극을 두는 것을 바라지 않는다. 아주 부득이한 경우 그는 단지 교육적인 목적으로 윤리가 교의학의 한 장으로 다루어져야 한다는 것만을 받아들인다. 그러나 그는 거기서 윤리에 고유한 목적, 방법, 관련성, 시각 등이 있을 수 있다는 점은 부인한다. 윤리는 독립적이고 고유한 방식을 가질 수 없다는 것이다. 이는 물론 맞는 말이다. 그리스도인의 삶의 원리들을 나타내는 독립적이고 고유한 방식은 있을 수 없다. 알다시피 이는 세 가지 논점들로 귀결될 수 있다.

첫 번째로, 교의학에서 윤리를 분리시키는 것은 교의학에 이론적이고 부정적이며 완전히 이지적인 성격을 부여하는 것이다. 이제 교의학은 더는 교의학이 아닌 것이 되고, 계시의 실존적인 진리를 더는 표명하지 못한다.

---

260) Cf. Karl Barth, *Dogmatique*, Genève, Labor et Fides, volume 5(1939), 1955, pp. 327–342.특히 pp. 327–342: "모든 경우에 윤리를 교의학에 직접 통합시키는 것은 그 두 분야를 개별적으로 다루는 방법에 비해 현저한 장점이 있다. 즉, 그것은 그 둘의 내적인 논리에 보다 더 적합하고, 착오를 최소한으로 줄이며 훨씬 더 명확하게 한다. 원칙적으로 교의학은 그 자체가 하나의 윤리가 되지만, 윤리는 하나의 교의학만이 될 수 있을 뿐이라는 사실을 알았을 때, 우리는 왜 외적으로도 그 사실을 알리지 않는지 이해할 수 없다. 설령 외적이고 기술적인 이유일지라도, 왜 윤리가 배제된 교의학과 교의학이 배제된 윤리가 존재할 수 있다는 파괴적인 주장이 강화된다는 말인가? 그러니까 도대체 어떻게 교의학의 틀에서나 윤리의 틀에서 서로를 배제하지 않은 채 제시해야 하는 분야가, 객관적으로 이의를 제기할 수 없는 근본적인 동질성에 맞추어 그것을 가르치기 시작하는 데서, 그 강도와 명확성에서 더 강화되지 않는다는 말인가?" Cf. Karl Barth, *Dogmatique*, Genève, Labor et Fides, volume 15(1939), 1964, pp. 1–5; *Ethique* I, pp. 1–22, 55–75.

두 번째로, 교의학이 하나님의 말씀에 의해 정의되는 하나님과 인간의 관계를 대상으로 한다면, 교의학은 그 자체가 직접적으로 하나의 윤리가 되지 않을 수 없다. 두 번째 논점은 교의학에서 분리된 윤리가 문제를 적극적으로 완전히 왜곡시키는 양상을 띤다는 것이다. 교의학과 윤리를 분리시키는 사람은 그 둘이 각기 고유한 방법론과 문제를 갖는다고 전제한다. 사실 이는 하나님을 연합과 성찰의 유일한 중심으로 삼는 대신에 하나님 옆에 인간을 제2의 중심으로 세우는 것이다. 교의학은 하나님에 관해 고찰하는 것이 되고 윤리학은 인간에 관해 고찰하는 것이 된다. 그런 경우에 인간은 실제로 윤리를 구성하는 원리로서 하나님의 자리를 대신한다. "거룩한 하나님에 관해 말하고 들은 뒤에 거룩한 인간이라는 새로운 장을 시작한다."[261] 그런데 그 모든 것은 용납될 수 없는 것이다. 윤리가 그런 방식을 취하면 윤리는 계시에 충실하지 않게 되고, 인간을 향한 하나님의 계명을 밝혀준다고 더는 자임할 수 없게 된다.

교의학과 윤리의 연속성을 규정하면서 윤리가 교의학의 결과로서 뒤를 잇는 것이라고 주장하는 경우도 마찬가지다. 칼 바르트는 "도대체 어떻게 그것이 가능하단 말인가!"라고 외친다. 교의학의 시간과 윤리의 시간이 따로 존재하는 것이 아니다. 원칙들을 정하고 문을 닫으면서 새로운 분야로 넘어갈 수 있다는 말은 용납할 수 없는 말이다. 왜냐하면 교의학은 결코 문을 닫아걸지 않고, 잘 인지하고 나서 도외시할 수 있는 원칙을 수립하지 않기 때문이다. 교회의 역사와 그리스도인의 삶에서 매 순간마다 교의학은 수정, 재개, 고안, 비판, 논쟁 등을 거듭한다. 그런 변화 가운데 윤리의 변화도 포함된다.

세 번째로, 교의학은 하나님의 말씀과 관련되고 하나님의 말씀은 인류 전체에게 주어진 것이기 때문에, 교의학은 어떤 분리도 허용되지 않는 인간

261) 우리는 이 인용문의 출처를 확인하지 못했다.

존재 전체에 관계된다. 하나님의 말씀은 인간의 삶의 방식도 말한다. 교의학은 삶의 방식과 관계된 것을 배제한 계시만을, 즉 하나님의 말씀의 일부분만을 연구하는 학문이 아니라 계시 전체를 연구한다. 그러므로 교의학은 하나의 윤리학이고, 윤리학은 하나의 교의학이다. 그 둘은 완전한 일체성을 갖는다.

알다시피 그런 까닭에 칼 바르트는 이론적인 매 단원이 특정한 윤리적 교훈으로 연결되도록 교의학을 구성했다. 그래서 하나님의 말씀의 내용과 예수 그리스도 안에서 하나님이 행한 역사와 활동에 관한 하나님의 교리[262]는 인간을 향한 하나님의 마음에 상응한다. 그것은 하나님이 진정으로 인간을 소유하는 것과 관계되는 것으로서, 하나님의 계명의 실재와 지식의 교리로 간주되는 신학적 윤리의 기초들을 수립하는 것이다. 창조의 교리[263] 안에서, 우리는 창조주의 계명에 따라서 창조주로부터 인간에게 부여된 의무를 찾아야 한다. 그래서 우리는 자연적인 본성을 바꿀 수 없는 만큼이나 그 의무를 회피할 수 없다는 사실을 밝힐 것이다. 왜냐하면 하나님이 부여한 의무는 우리의 존재를 결정짓기 때문이다. 바르트 교의학의 핵심인 화목의 교리[264] 안에서, 우리는 윤리학의 새로운 방향을 발견한다.

하나님의 계명은 우리에게, 심판 아래에 있거나 은총 아래에 있는 모든 사람들에게 주어진 것이다. 율법은 우리에게 가야할 길을 알려준다. 이웃은 그 비참함을 통해서 우리에게 구출하라는 하나님의 명령을 환기시키는 존재이다. 끝으로 종말론과 관계되는 대속의 교리[265]에서 윤리는 정점에 이른다. 하나님의 계명은 우리로 하여금 바로 지금부터 하나님 나라의 삶에 참여하게 하고, 우리의 진정한 장래를 향해 나아가도록 촉구하는 언약이기

---

262) Karl Barth, *Dogmatique*, Genève, Labor et Fides, volume 6–9 (1939), 1956–1959.
263) Karl Barth, *Dogmatique*, Genève, Labor et Fides, volume 10–16(1939–1951), 1960–1965.
264) Karl Barth, *Dogmatique*, Genève, Labor et Fides, volume 17–26(1953–1967), 1966–1969.
265) 칼 바르트의 교의학에서 완성되지 않은 부분이다.

도 하다.

이와 같이 교의학의 매 단원은 윤리적인 방향에 연결된다. 칼 바르트는 어떤 의미에서 윤리는 교의학과 용해되는 상태로 완전히 융합될 수는 없고 다만 교의학의 한 부분을 구성한다고 인정한다. 그럼에도 불구하고 그는 그 동일성을 주장한다. 그것은 그다지 필요하지 않은 것으로 보인다. 칼 바르트는 아무리 신중을 기한 것이라 해도 교의학과 윤리학을 분리시키려는 모든 시도를 극단적으로 내몰음으로써 그런 주장을 견지할 수밖에 없다. 아무리 그 둘의 간극을 작게 잡는다 할지라도 그것은 윤리학이 교의학과는 완전히 다른 대상과 방법과 정향을 가지면서 자율적이고 독립적인 것이 된다는 것을 의미한다는 바르트의 비판은 불필요한 것으로 보인다. 윤리학이 인간의 삶의 방식과 관계되고 그래서 따로 연구될 수 있다는 사실을 인정하는 것은, 인간을 중심과 척도로 삼는다거나 인간의 행동방식과 그 근거인 계시를 분리시킨다거나, 성화된 인간의 삶의 방식의 준수와 같은 하나의 독립적인 방식을 취한다는 걸 의미하는 것이 결코 아니다.

그럼에도 우리는 신앙 내용의 조사와 신앙적 행위의 추구 사이에는 차이가 존재한다는 사실을 부정할 수 없다. 마찬가지로 삼위일체 하나님의 일체성을 아무리 강력하게 천명한다 해도 칼 바르트는 창조의 교리와 화목의 교리를 거론할 수밖에 없다.[266] 우리의 지성은 한계가 있고, 또한 우리는 모든 것이 모든 것 안에 있다는 말에 그칠 수 없기 때문에 잘 분간해야 한다. 물론 마찬가지로 윤리학이 교의학에 연관되어 있다고 말할 수 있지만 동일성은 존재하지 않는다. 교의학은 하나님이 행하는 역사를 파악하고, 윤리학은 인간의 행위 수준에서 동일한 실재를 파악한다는 통설에 대해, 칼 바르트는 그 두 수준들을 구분할 도리가 없다면서 비판한다. 그렇지만

---

266) ▲창조는 말씀 안에서 말씀에 의해 이루어졌고, 화목은 하나님이 화목케 하는 그리스도 안에 존재했기에 성부 하나님의 역사였다고는 하지만,

실재와 그 실재를 명시하는데 있어서 구분할 수밖에 없는 것이 사실이 아닌가? 삶에 있어서 이전과 이후가 존재하지 않는가? 하나님이 개입하는 시점과 회개와 삶의 변화를 부르는 오늘이라는 시점이 따로 존재하지 않는가? 그 단어들 자체가 이전과 이후를 전제한다. 하나님의 개입은 한 번 있고 멈추는 것이 아니라 그리스도인의 삶에서 중단 없이 계속된다는 말은 사실이다.

그러나 계시의 단절이 존재한다. 그런 까닭에 구체적인 그리스도인의 삶에 하나님의 행동과 그 영향들이 있다. 그래서 우리는 그것들을 분리된 사건들로 말할 수밖에 없다. 이는 서로 분리될 수 없지만 하나님과 관련된 계명과 이웃과 관련된 계명으로서 두 개의 계명들이 존재하는 것과 같다. 이는 윤리학을 하나의 개별적인 문제로서 고찰하려는 것은 윤리를 독립적인 것정말 아니다!으로 만드는 것이고, 따라서 윤리에 독립적인 방법론정말 아니다!을 허용하여 윤리를 구성하는 원리로서 하나님 대신에 인간을 세우는 것정말 아니다!이라고 극단적으로 말하는 것이다. 예컨대 삼위일체 교리의 연구 자체가 윤리적인 과제는 아니며 그 교리에서 인간의 삶의 방식이는 다른 문제다에 관한 모든 결과를 끌어내야 한다는 주장은 결코 칼 바르트가 강조하고자 하는 분리를 수반하지 않는다.

윤리는 인간의 삶의 방식과 관계가 있고 그 삶의 방식은 신학적으로 표명된 내용 안에 직접적으로 기재되지 않은 구체적 적용사항들을 갖는다고 하면서, 우리는 윤리가 독립적인 방식으로 인간을 대상으로 삼는다고 할 수 없다. 그런데 우리는 여기서 아주 미묘한 문제에 접한다. 윤리학과 교의학을 동일시하려는 것은 필연적으로 윤리에서 실천적이고 구체적인 모든 특성을 제거하게 된다. 문제는 그것이 시간의 제약을 받는 인간인 그리스도인에 관한 문제라는 것이다. 그는 특정한 시간에 특정한 장소에서 살아간다. 만약에 윤리학을 단지 하나의 교의학으로 만든다면, 그 시간과 그 장소는 도외시될 수밖에 없다. 우리는 추상적이고 비시간적인 윤리를 수립하는 것이다. 이는 교의학이 추상적이고 비시간적이라는 말이 아니라, 교의학이 기술하는 내용은 시간과 장소로부터 훨씬 더 적게 영향을 받는다는 말이다. 그 내용은 영원성과 보편성에 닿는다.[267] 그래서 그것은 대부분의 상황들과 관계없이 유효하다.

그런데 윤리에 대해서 그렇게 말하는 것은 윤리가 아닌 다른 것을 말하는 것이다. 윤리는 한 사람에게 '지금 여기서' 전해지는 하나님의 말씀이 그 사람 자신, '지금 여기서'의 조건, 사회적 배경과 타인들과의 실제 관계 등으로 조성된 사회적 상황에 부딪히는 지점에 위치한다. 그러므로 하나님의 뜻에 따르는 삶이 구현되어야 하는 세상의 모든 정치적, 사회적, 이념적 배경이 고려되어야 한다. 교의학과 윤리의 완전한 혼동은 주어진 구체적 상황 가운데 놓인 인간을 무방비 상태로 만든다.

우리는 칼 바르트가 윤리에 관한 단원들에서 치열한 교의학적 동기에서 신학적 고찰을 하고 난 뒤에 아주 단순하고 누구나 아주 잘 알고 있으며 아주 전통적인 윤리적 규정들로 되돌아온다는 사실을 인정할 수밖에 없다. 거기서 그리스도인들을 위한 윤리는 16세기나 4세기의 경우와 별로 큰 차이가 없어 보인다. 현안이라 할 수 있는 민주주의나 산아제한과 같은 새로운 문제들을 다룰 경우에서조차도 교의학적인 조율에 따른 구체적인 상황의 부재는 아주 일반적인 평가와 이론적인 검토로 이어질 뿐이다. 왜냐하면 그 문제들 자체의 긴급성과 중대성은 다루어지지 않기 때문이다. 그리스도인의 삶의 차원에서 그것은 별로 큰 도움이 되지 않는다.

한편으로 우리는 일단 개인적 신앙 고백으로 무장한 개개인을 스스로 해야 할 일을 전적으로 책임을 지고 홀로 결정하도록 방치한다. 만일 개개인

---

267) ▲이 영원성과 보편성은 완전한 것이 아니다. 왜냐하면 그렇게 되면 교의학의 내용 자체가 하나님의 말씀이거나 혹은 완전히 추상적인 것이라는 뜻이 되기 때문이다.

에게 행동을 취하는 데 필요한 모든 무기를 제공한다면, 이는 정말 적절한 것이다. 그러나 윤리가 추상적일 때, 윤리는 개개인에게 그렇게 하지 못한다. 여러 차례 언급한 바와 같이 그리스도인 개개인이 자신의 신앙에서 스스로의 힘으로 직접 하나님 계명의 모든 현실적인 의미들을 간파하는 것은 불가능하다.

다른 한편으로 그 분야에서 실제 사례는 별로 위안을 주지 않는다는 사실을 알아야 한다. 현실의 사회적 문제들에 대해서 바르트의 추종자들이 취한 태도와 결정을 검토할 때, 우리는 아주 명백하고 아주 심각한 하나의 순응주의를 포착하게 된다. 그들은 "너희는 이 세대를 본받지 말라"[268]는 말씀을 전혀 실천에 옮기지 않는 것 같다. 물론 우리는 '바르멘 신학 선언'과 나치체제에 반대한 입장을 떠올릴 수 있다.[269] 그것은 정말 위대한 행동이었다.

그러나 한편으로 그 충돌은 아주 명백하고 또 국가가 불러일으킨 것이며, 나치의 독트린은 받아들이기가 어려운 것이었다. 그 사실이 그 행동의 공로를 저하시키는 것은 전혀 아니지만, 거기에 특별히 밝은 분별력을 필요로 한 것은 없었다. 다른 한편으로 그 정의로운 행위가 다른 모든 행위들을 정당화시킬 수는 없다. 1934년의 그 위대한 행위가 이후의 다른 모든 결정을 합리화할 수는 없는 것이다. 그런데 1944년 이후 바르트의 추종자들은 사회주의를 지향하는 사회적 흐름에 따라가는 것으로 보인다. 칼 바르트는

---

268) 로마서 12:2. "너희는 이 세대를 본받지 말고, 오직 마음을 새롭게 함으로 변화를 받아 하나님의 선하시고 기뻐하시고 온전하신 뜻이 무엇인지 분별하도록 하라." 자끄 엘륄은 이 구절을 특별히 애호하여 성서 전체를 밝혀주는 일종의 '정경의 잣대'로 삼는다.

269) 칼 바르트는 1934년 5월 독일 루르 지방의 바르멘−부퍼탈에서 열린 독일 고백교회 노회의 신학 선언을 집필한 세 사람들 중의 한 사람이었다. 이 신학 선언은 교회에 대한 제3제국의 지배를 지지하는 독일 기독교(나치에 조력한 '독일 기독교인들')의 이단 신학에 반대하는 것이다. 이 노회와 신학 선언문과 그 상황에 대해서는 다음의 책을 참조하라. Henry Mottu(ed.), et al., Confession de foi réformées contemporaines, Genève, Labor et Fides(Pratiques 20), 2000, pp. 33−56.

로마드카[270]와 베레스키[271]의 주장들을 인정했다.

바르트의 추종자들은 민주주의, 식민지 민족 해방, 기술, 생산성, 새로운 사회구조 등의 문제들을 결코 명확하게 판단할 수 없다. 그 모든 문제들에 대해 그들은 아주 순응주의적인 해결책, 즉 현대 최첨단의 방안들을 채택한다. 그들은 사회 안에서 변증법적인 요소가 아니라, 사회의 불가피한 행보의 전위대가 된다. 그리고 그들은 뒤처진 반동세력의 범주에 들어갈까 두려워하는 바람에 사회의 변화에 대해 비판할 능력을 상실한다. 실제로 비판할 능력의 상실은 윤리와 교의학을 동일시하는 데서 아주 직접적으로 연유한다. 그 윤리는 너무 초월적이거나 또는 아예 전적으로 초월적이고, 하나님의 절대적인 계명을 규정한 것이기 때문에 지적이거나 이론적이지 않고 실제적인 상황에 직면해 있는 인간을 깨우쳐주지 못한다. 그래서 그리스도인은 불확실하고 공허한 상태에서 사회적 풍조들의 먹잇감이 된다. 이것이 교의학과 윤리를 동일시하는 데서 나오는 커다란 위험이다.

교의학과 윤리의 적절한 관계

우리는 교의학과 윤리의 본질적인 일체성을 충분히 역설하였기 때문에,

---

270) 조세프 로마드카(Josef Lukl Hromadka, 1889-1969)는 개신교 교회와 공산체제의 협력적 관계를 수립했던 체코 신학자였다. 자끄 엘륄은 여러 작품들에서, 특히 『뒤틀려진 기독교』(대장간 역간, 2012)에서 로마드카의 주장을 규탄했다. 한편 칼 바르트는 공산주의체제와 나치체제라는 전체주의의 두 가지 형태들이 유사성을 띤다는 주장을 언제나 거부한다. 로마드카와 바르트의 관계에 대해서는 다음 책들을 참조하라. Daniel Cornu, *Karl Barth et la politique*, Genève, Labor et Fides, 1968, pp. 82-90, 159, 169-179; Frank Jehle, *Karl Barth. Une éthique politique, 1906-1968*, Lausanne, Editions d'En bas(Esprit de r sistance), 2002, pp. 27, 107-120. 프랑스에서 출판된 책으로는 다음과 같은 책이 있다.Josef L. Hromadka, *Evangile pour les athées*, Paris, Les Bergers et les Mages(Petites bibliothèques protestante), 1999.

271) 베레스키(Albert Bereczky, 1893-1966)는 헝가리의 개혁파 주교로서 공산주의체제에 대해서 로마드카와 동일한 입장을 취했다. 바르트와 베레스키의 관계에 대해서는 다음 책들을 참조하라. Daniel Cornu, Karl Barth et la politique, pp. 165-168; Frank Jehle, *Karl Barth. Une éthique politique, 1906-1968*, pp. 27, 107-120.

그것을 재고하는 것이 불가피하다. 그런데 그것이 교의학과 윤리학의 동일성을 의미하는 것이 아니라면, 둘의 관계는 어떤 것인가? 윤리는 교의학보다 훨씬 덜 영속적이라는 점에서 그 둘 사이에 어떤 간극이 존재한다는 사실을 상기하자.

윤리는 변화하는 상황들과 연관된다. 그런 까닭에 윤리는 교의학보다 더 빨리 변화한다. 윤리는 세상의 현실과 하나님의 언약 및 명령이 만나는 지점이다. 윤리에 관계되는 것은 절대와 무無를 향한 계명이 아니라 살아있는 한 인간에게 주어진 계명이다. 그러기 위해서는, 실존주의철학272)과 이후의 실존주의신학273)이 끊임없이 주장하듯이, 구체적인 한 인간을 상대해야 한다고 말하는 것으로 충분치 않다. 거기서 문제의 대상인 그 구체적인 인간은 과거의 개인274)과 같이 추상적이다. 우리가 실제의 구체적인 인간에 대해 그가 가진 진정한 관심사들과 도덕성과 상황과 함께 거론하면 사람들은 대답한다. "그 모든 것은 진부하고 하찮은 얘깃거리라서 별 가치도 없고 의미도 없다." 구체적인 한 인간에 대해서 말할 때 우리는 그 인물의 구체적인 상황, 직업, 돈 걱정, 정치 문제들에 대한 몰이해, 자기 자신의 상황에서 벗어날 수 없는 무력함, 사회적 결정요소들, 평범성 등 그의 수준을 고려해야 한다.

구체적인 인간들을 향한 것이라면, 윤리는 철학적으로 추상적인 것이 아

---

272) 이 '실존주의철학'이라는 표현 속에 자끄 엘륄은 분명히 하이데거(Martin Heidegger)의 사상과 사르트르(Jean-Paul Sartre)의 실존수의를 겨냥하고 있다.

273) 이 '실존주의신학'이라는 표현 속에 자끄 엘륄은 분명히 불트만(Rudolf Bultmann)의 신학을 겨냥하고 있다.

274) [역주] 여기서 엘륄이 대문자로 쓴 개인(Individu)은 19세기의 개인주의(individualisme)에서 사용된 용어로 사회를 구성하는 최소단위로서 추상적인 개념이라고 할 수 있다. 구체적인 인격성이 배제된 이 개인주의를 비판하면서 엘륄은 1930년대에 개개인의 인격적 존엄성과 자유에 역점을 둔 인격주의운동(personnalisme)에 적극적으로 참여한 바 있다. 그런 연유로 그는 개인이라는 단어를 추상적인 개념의 개인(individu)과 구체적인 인격성을 뜻하는 개인(personne)으로 구분해서 쓰기도 했다. 그러나 1974년에 출간된 *Ethique de la liberté II*(『자유의 윤리 2』, 대장간 역간, 2019)에서 엘륄은 그 구분의 의미가 현실적으로 이제 더는 유효하지 않다는 사실을 지적한다.

니라 사람들이 구체적이라고 지칭할 수도 있는 어떤 구체적인 것을 고려해야 한다. 여기서 구체적인 것이란 신학에서 하나님 말씀은 구체적인 인간을 향한 것이라고 주장하는 그 구체성과는 약간 다른 의미를 가진다. 신학에서는 하나님 말씀이 실제로 한 특정한 인간에게, 그가 어떤 상황에 있든 간에, 전달되는 것이라고 인식하는 것으로 충분하다. 그러나 윤리는 그가 처한 바로 그 상황을 고려해야 하는 것이다. 구체적인 것은 더는 개인화된 인간만을 가리키는 것이 아니고, 그가 들어가 있는 특정한 사회와 관계망과 활동네트워크를 일컫는 것이다. 그 사회와 관계망과 활동네트워크는 현대 사회의 구조와 제도와 경향들에 기반을 둔다. 윤리는 바로 그 구체적인 것을 직면해야 한다. 그것은 교의학의 역할이 아니다.

사실 칼 바르트가 윤리라고 부르며 교의학에서 윤리로서 연구한 영역은 윤리와 교의학의 연관되는 부분으로서 교의학 안에 윤리를 포함시키는 것이다. 그것은 윤리의 수립에 필요한 연결점이자 출발점일 뿐 윤리가 아니다. 칼 바르트는 현실의 상황들을 바라보지 않고 인간의 영원하고 항구적인 문제들만을 고찰하는 점에서 윤리에 도달하지 못한다. 그는 교의학을 수립하는 까닭에 윤리의 일시적인 측면을 보지 못한다. 칼 바르트는 이에 대해 교의학도 역시 일시적인 것이라고 반박하리라는 것을 나는 잘 알고 있다. 또한 윤리와 교의학의 이런 차이는 윤리가 결코 절대적이고 보편적 명령을 제시할 수 없는 반면에 교회의 강론을 통해 개인에게 전해진 하나님의 말씀은 그 개인을 향한 하나님의 절대적인 명령이 된다는 사실에서도 연유한다. 물론 그런 이유로 우리는 윤리가 하나님의 말씀을 부드럽게 완화시켜 실천가능하게 한다고 말하려는 것은 아니다. 우리는 이미 그런 가능성은 앞에서 다 배제시킨 바 있다.

예를 들자면, 우리는 국가에 관한 신학은 존재하지만 국가에 관한 윤리는 존재하지 않는다는 말을 했다. 하나님은 신자에게 정치권력에 대해 여러 가지 사실을 보여주었다. 그것은 교의학적인 지식에 속하고 보존의 질서와 동시에 화목의 질서를 구성하는 일부분이다. 그러나 우리가 만약에 그것을 윤리라고 한다면 그건 무슨 뜻일까? 이는 국가의 구조는 계시된 것에 적합해야 함으로 우리는 모든 형태의 비기독교적 국가는 정죄해야 하고, 국가의 운용방식은 계시된 윤리에 맞추어야 한다는 것이다. 그래서 교회는 국가의 행위들을 심판해야 한다는 것이다. 이는 칼뱅의 제네바로 돌아가는 것이다. 그런데 성서적인 관점에서도 그것은 합당하지 않은 것 같다. 국가의 의미, 가치, 기초 등에 대한 교훈이 교의학적인 것이라고 한다면, 우리는 아주 위험한 범기독교적인 주장을 피할 수 있다. 우리는 실제 있는 그대로의 국가와 진정한 대화를 이룰 수 있게 된다. 대부분의 윤리적인 교훈들의 경우도 마찬가지이다. 윤리와 교의학 사이에 거리를 두어야 한다면, 그둘의 관계는 어떻게 설정해야 하는가? 거기에는 세 가지 원칙들이 존재할 것이다.

첫 번째로, 윤리도 교의학만큼이나 성서 본문들에서 직접 영향을 받는다. 하나님 말씀 전체를 교의학만의 영역이라고 상정해서는 안 된다. 그렇게 되는 경우 윤리는 오직 교의학을 통해서만 성서와 연결될 수 있으며, 교의학적 원리들의 추론에 그치게 될 것이다. 사실 윤리는 성서에 있는 계시에 직접적으로 근거해서 수립되어야 한다. 윤리는 그 계시의 일부분이 아니라 전체를 근거로 하고, 교의학과 다른 방법론이 아니라 구체적이고 현실적인 상황을 준거로 삼아야 한다. 이에 대해 교의학자는 "그렇다면 윤리가 직접적으로 성서 전체에 의거한다고 하니, 윤리는 교의학과 동등하게 될 것"이라며 즉각적으로 반박할 것이다. 성서에 대해 두 가지 해석이 존재하게 될 것이다. 윤리학자는 그 해석에 진리의 관점이 아닌 것을 집어넣을 것이다. 그 모든 것은 비난받아 마땅하다는 데 우리도 동의한다. 또한 우리가 말하고자 하는 것은 그것이 아니고, 단지 윤리는 성서의 계시에 직접적으로 근거해서 수립되어야 한다는 것이다. 이는 강론과 마찬가지 방식이다. 어떤 의미에서 윤리는 교리와 강론 사이에 위치한다고 해야 한다. 윤리는 교리인 동시에 강론이다.

두 번째로, 교의학은 윤리를 포괄하고 규정한다. 교의학은 윤리를 포괄하여 윤리의 수립이 있기 이전과 이후를 포함한다. 교의학이 모든 영원의 진리들을 기술하고 윤리는 그 진리들을 표명하고 삶으로 실천하기 위한 하나의 연구, 반영, 결과를 나타낼 뿐일 때, 교의학은 윤리에 앞선다. 교의학이 윤리에 그 목표들을 배정하고 인간의 목적이 무엇인지, 인간에게 주어진 언약이 무엇인지 말하면서, 마지막 때의 일들을 선포하고 인간의 소망을 불러일으킬 때, 교의학은 윤리에 뒤따른다. 교의학은 윤리에 출발점과 도착점을 부여한다. 그것들은 불변의 영원한 것으로서 결코 인간이 좌우할 것이 아니다.

그러나 그 두 지점들 사이에서 윤리는 팽팽하게 진동하는 고무줄과 같이 다양한 길들을 결정하고 시간적으로 유동적인 정해진 방향을 취할 수 있다. 교의학이 규정한 그 두 지점들 중 어느 하나라도 부정하는 윤리는 계시된 진리에 따르지 않게 되고 그리스도인에게 적합하지 않게 된다. 그런 의미에서 우리는 교의학이 윤리를 결정할 수 있다고 말할 수 있다. 중요한 것은 윤리가 단지 교의학적인 원리들의 엄밀한 논리적 귀결을 끌어내는 것뿐만이 아니라, 앞의 첫 번째 원칙은 이에 반해 수립된 것이다 어떤 자율성도 요구하지 않고, 행동이 하나님의 말씀에 대한 성찰보다 더 중요하다는 사상, 즉 그리스도인의 삶이 기독교의 내용을 결정한다는 사상에서 출발하지 않는 것이다. 또 중요한 것은 윤리가 평범한 그리스도인이 그 모든 사정을 전혀 모르면서도 실행할 수 있는 즉각적인 일들이 존재하기 때문에 교의학은 지적인 유희에 불과하다는 사상에 근거하지 않는 것이다. 그 모든 것은 그리스도인들과 교회로 하여금 효율성과 단순성이라는 명목 하에 미로와 같은 막

다른 길에 빠지게 하는 커다란 오류들이다.

윤리는 직접적으로 교의학에 연관된 것으로 인정되어야 한다. 그리스도인의 삶은 하나님의 말씀에 대해서 아무런 자율성이 없는 까닭에 윤리 그 자체는 아무 자율성이 없다. 그러므로 교의학은 윤리가 무엇인지 말해주어야 하고 일정한 기능을 부여해야 한다. 한 예를 들자면, 윤리는 인간적이고 역사적인 상황을 뛰어넘는 불가능한 일을 인간에게 요구하는, 하나의 세상 윤리가 아닌데 비해, 예수 그리스도는 역사 속에 영원의 현존을 의미하고 그 사실은 윤리에 전혀 다른 임무와 의미를 부여하는 것이다. 또 다른 예를 들자면, 모든 윤리는 인간에게 자율성을 요구하고 그 자율성을 떠나서는 인간이 도덕적 주체가 될 수 없다고 평가하는데 비해, 계시는 인간에게 피조물의 신분을 부여하고 인간은 그 피조물의 타율성 속에서 진정한 도덕적 주체가 되는 것이다. 마지막 예로서, 윤리적 삶은 "종교적 삶의 예비 단계"275)나 동물적 삶과 영적 삶의 중간 단계가 아니고, 반대로 그 이후의 단계, 즉 은총에 의해 변모된 삶의 발현이라는 것이다. 이와 같은 예들이 교의학이 윤리에 부여할 수 있는 기능들이다.

이는 세 번째 원칙으로 연결된다. 즉, 윤리는 교의학에 필연적으로 종속되고, 심지어 교의학의 한 부속 분야가 된다. 윤리는 어떤 개별적인 권위도 주장할 수 없고, 앞의 두 번째 원칙에 따라 교의학의 통제를 받는다. 내 생각에 교의학은 교회 강론에 대해 가지는 동일한 통제적 기능을 윤리에 대해 갖는다고 볼 수 있다. 그러니 또한 교의학과 윤리 사이에는 일방적일 수 없는 관계가 존재한다. 즉, 대립과 대결의 관계가 있다. 교의학과 윤리 사이에는 당연히 충돌이 있게 된다. 왜냐하면 교의학은 구체적인 인간에 관계한다고 하지만 하나님 말씀밖에 알 수 없고, 윤리는 하나님의 계명을 표명한

---

275) Roger Mehl, "Ethique et théologie", pp. 25–75(인용 구절은 p. 65). 인용구절의 원문은 다음과 같다. "고전적인 관념론이 상정하는 바와는 달리, 종교적 삶의 예비 단계인 도덕성은 은총에 의해 변모된 삶의 현현일 수밖에 없다."

다고 하지만, 실제로는 구체적인 인간에 정통하여 그 인간을 중시하기 때문이다. 그러므로 교의학은 윤리에 대해서 현실을 합리화하는 모든 편의적인 것들과, 효율적이지만 이단으로 흐르게 하는 모든 헛된 영예들을 끊임없이 경계해야 한다. 역으로 윤리는 교의학에 대해서 그 지성주의와 메마른 진리의 관조에 은밀히 만족하고 마는 태도와 초시간성을 경계해야 한다. 그와 같은 교의학과 윤리의 대화를 통해서 교회에 유익한 일이 계속될 수 있다. 그러나 교의학과 윤리의 관계에서, 윤리는 결코 그 종속적인 성격을 잊지 말아야 하고, 그리스도인의 삶의 성공사례들과 행동에 기댄 자만심을 가지고 교의학을 판단해서는 안 된다. 그렇게 되는 경우, 교의학은 그 성공사례들이 윤리를 정죄하는 가장 근본적인 요인이 된다는 사실을 아주 능숙하게 상기시킬 것이다.

2장 • 기독교 윤리와 기독교 원칙들

　우리는 이미 기독교 원칙들이 존재하지 않는다고 생각하는 이유에 대해서 다른 곳에서 밝힌 바 있다.[276] 우리는 직접적으로 윤리와 관계없는 그 문제에 관해 여기서 다시 논의하지 않을 것이다. 그러나 우리에게 기독교 원칙들에 근거해서 다양한 형태로 윤리적 원리를 도출하고 싶은 욕망은 지속적인 유혹이 된다는 사실을 밝히는 것이 불가피하다. 그 근거가 신학적 원칙들이든 복음적 원칙들이든 간에, 적용한 방법론이 논리이든 유비이든 간에, 그 문제는 동일하다. 이는 마치 그리스도인들을 위한 윤리가 성서에 나오는 계시와는 또 다른 하나의 근거를 가질 수 있다는 것과 같다. 또한 이는 마치 어떤 사상적 요소나 강론이나 그리스도인의 삶에 근거해서 하나의 일관적이고 완전한 윤리가 수립될 수 있다는 것과 같다.

　이에 대해서 성서의 계시에 충실한 참된 윤리는 완전하고 일관적인 닫힌 체계일 수 없다는 사실을 상기하자. 윤리는 열려 있어야 하고 언제나 불완전하고 부족하고 불만족스러운 것이다. 왜냐하면 윤리는 결코 완전하게 드러날 수 없는 하나님의 말씀에 연결되어 있기 때문이다. 또한 윤리는 구체적 현실에 관계되어 있고, 그 현실은 언제나 유동적이어서 변수가 많은 문

---

276) Cf. Jacques Ellul, *Le vouloir et le faire*, pp. 225-252. (『원함과 행함』, 대장간 역간, 2018, pp. 263-295.)

제들이 생겨나기 때문이다.

그런데 원칙에 의거해 논리적인 방법으로 윤리를 수립하고자 하면 우리는 필연적으로 하나의 일관적이고 완전한 이론체계를 만들어야 할 것이다. 왜냐하면 그것이 엄밀한 지성과 논리의 법칙이기 때문이다. 또한 그런 이론체계는 필연적으로 여러 가지 면에서 하나님의 말씀에 충실하지 않고 말씀을 넘어서거나 말씀에서 후퇴하는 것을 의미한다. 동시에 그 이론체계는 현실과 관련도 없을 것이다. 왜냐하면 논리와 원칙들은 현실을 망각하지 않는다 해도 언제나 현실과 괴리되기 때문이다. 그러므로 우리에게는 그러한 방식을 채택하지 않을 근본적인 이유가 존재한다. 우리는 그런 연구들에 대한 모든 사례를 검토할 수 없다. 그 사례가 너무도 많기 때문이다. 더욱이 윤리학자들이 채택한 원칙들은 아주 다양하고, 또 각각의 원칙은 기독교에 더더욱 고유한 것이라고 선택된 것이다. 그러나 우리는 그런 판단에 대한 근거가 무엇인지 잘 알 수 없다. 또한 그 원칙들의 다양성은 우리로 하여금 그 방법 자체를 경계하게 한다. 여기서 우리는 몇몇 의미 있는 사례만을 살펴볼 것이다.

사랑의 계명과 윤리

먼저 우리는 제일 흔한 경우를 돌아보아야 한다. 예수 그리스도의 말씀에 따르면, 모든 기독교 규범은 사랑의 계명[277]으로 귀결된다. 그래서 이 이중적 계명을 유일한 근거와 유일한 윤리 기준으로 삼아서, 사회적 차원이나 개인적 차원에서 완전한 기독교 윤리를 수립하고 싶어 하는 것은 당연한 유

---

277) *Cf.* 마태복음 19:19; 22:37−40/마가복음 12:29−31/누가복음 10:27/로마서 13:9/갈라디아서 5:14/야고보서 2:8. 모든 율법을 종합한 예수의 말씀으로서 "너의 주 하나님을 마음과 뜻과 생각과 힘을 다하여 사랑하라"와 "네 이웃을 네 몸과 같이 사랑하라"는 이중의 사랑의 계명은 "율법의 개요"라고 불린다.

혹이다. 또한 사람들은 특히 실천적 방식을 규정하려고 하거나, 혹은 두 계명을 구분하지 않으면서 사랑의 계명을 논하거나, 혹은 부당하게 그 둘을 분리시키면서 두 번째 계명을 중시하고 첫 번째 계명을 모호하게 방치하거나 한다.

이는 정통 개신교에서 총체적인 비관주의와 무비판적인 경건주의가 결합하여 나타난다. 한편으로 세상은 근본적으로 사악하고 타락한 곳이어서 어떤 희망이나 어떤 개혁도 있을 수 없다는 것이고, 다른 한편으로 그리스도인의 유일한 도덕적 자세는 이웃에 대해 사랑을 표현해야 한다는 것이다. 그래서 사람들은 사회적 차원에서는 전반적으로 포기하고, 사랑에 기초한 일련의 개인적 덕목들로 윤리를 축소시킨다. 그것은 불의한 세상에 의롭게 대처하는 것보다는 사랑의 아주 협소한 개념과 일종의 도덕적인 형식주의에 더 가깝다. 그런데 그것은 필연적으로 사회적 불의를 수긍하는 것이 된다. 만약에 이 사랑의 윤리를 채택하면, 우리는 그 증인이 되고, 사람들에게 다른 아무것도 할 필요가 없다고 선포하게 된다. 그래서 우리는 불의한 사회 구조들과 제도들을 수용하라고 조언하기에 이를 것이다. 왜냐하면 사랑은 그 구조들과 제도들에 관심을 두지 않으며 그것들을 용인할 수 있기 때문이다. 그래서 악에 대한 무저항의 원칙이 성립될 것이다. 여기서 주목할 것은 악에 대한 이 무저항의 원칙은 타협의 정치 윤리에 합류한다는 사실이다. 어떤 사사로운 이해관계에도 매임이 없이 정말 올곧기는 하지만, 개인적인 덕목으로 인지된 사랑의 윤리는, 바로 이와 같은 혼란에 이르게 된다. 그 까닭은 이 윤리가 계명을 원칙화한 것에 근거해서 추상적으로 수립되고, 계시 전체로부터 분리되어 있기 때문이다.

정통 개신교가 사랑의 덕목을 하나의 덕목으로 제시하는 것은 명백한 사실이다. 이것을 훨씬 더 강력하게 밀고 나간 것이, 방향은 다르지만 동일한 오류에 한층 더 깊게 빠져버린 자유주의 개신교이다. 실제로 정통 개신교는 사랑의 계명을 사회적 경제적 정치적 세계에 적용시킬 가능성을 배제하는 반면에, 자유주의 개신교는 어떤 구별이나 분석도 없이 그 계명을 사회에 적용할 수 있기를 바라고, 산상수훈을 정치적·경제적 문제들에 직접적으로 적용할 것을 고집했다. 자유주의는 사회구조들과 세상의 악마적 현실을 도외시했다. 자유주의는 인간들만이 존재하고 역사, 경제, 정치 등은 오직 인간이 의지적으로 만들어낸 것이라고 보았다. 법, 제도, 필연성 등은 중요하지 않았다. 인간이 사악하다면, 그것은 자연본성, 원죄 등이 아니라 무지에 따른 것이다. 그 인간은 교회와 신학의 잘못 때문에 사랑의 법을 알지 못한 것이다. 그래서 그에게 그 법을 가르쳐주는 것으로 충분하다. 그 사랑의 법을 알게 되면, 그는 그 법을 받아들이고 적용하여서 제도, 사회악, 불의 등을 변화시킬 것이다. 따라서 이는 사회의 의지론적 개념에 근거하는 근본적인 낙관주의로 흐를 뿐이다.

그 개념은 경제적·정치적 메커니즘에 대한 연구를 완전히 도외시했다. 그 모든 것은 하나도 중요하지 않고, 사랑의 윤리는 일단 실천되면 모든 것을 이길 수 있다. 그 실천은 직접적으로 이루어질 수 있다. 한 사람이 사랑의 법을 실천하기 원하기만 하면 곧 행할 수 있다. 그 사람이 행하게 되면, 한편으로 그 주위 사람들을 변화시키게 되고, 다른 한편으로 다른 사람들이 동일한 법을 실천하도록 이끈다. 그래서 사랑의 힘은 혁명보다 더 확실하게 사회를 변화시킨다고 단언할 수 있다. 기독교는 사랑의 윤리를 전파하는 것으로 귀결된다. 이는 직접적으로 개인과 사회를 변화시키기에 이른다. 물론 그 원칙에 근거해서 사람들은 하나의 윤리를 수립했다. 그래서 사람들은 협동, 이웃 섬김, 공동체 등의 개념들을 설정했고 그 개념들은 인간과 무관한 것이 아니라고 강조했다. 협동과 상호부조는 대립과 폭력보다 결국 더 효과적이라는 사상을 받아들일 수 있는 것과 마찬가지로 인간은 그 개념들을 곧바로 받아들일 수 있다. 그러므로 사람들은 인간에 유익하다는 점을 호소해서 사랑의 법을 받아들이게 했다. 단, 여기서 인간은 합리적인 존재로서 더 정의롭고 이성적으로 더 타당한 것을 따른다는 것을 전제로 한다. 이런 조건들 가운데 사람들은 사랑의 윤리를 수립했다. 이 사랑의 윤리는 객관적인 타당성을 가지면서 기독교 교리에 매이지 않고 예수 그리스도와의 개인적인 만남에 더더욱 개의치 않는다.

　샤일러 매튜,[278)] 버니 스미스,[279)] 프란시스 피바디,[280)] 허버트 우드[281)] 등은 사람들이 종국에는 선하게 되어 사랑의 법을 실천하게 될 것이라는 소망을 가졌다. 그것은 조직과 정치의 무거운 책임을 쓸데없게 만든다. 거기에는 순진무구성과 이상주의와 감상주의가 크게 자리 잡고 있다. 선을 향한 정향과 인간 의지의 변화는 결코 혁명을 대체하거나 최소화할 수 없다. 사랑의 법의 실천은, 보편적이 된다 할지라도 환상에 지나지 않지만, 사회구조들을 바꿀 수 없고 더 정의로운 사회체계를 수립할 수도 없다. 사회적 메커니즘들의 기능은 중대한 것으로 경시될 수 없고, 인간의 의지는 자유롭지 않다. 그러나 순진무구하게 그런 점들을 망각하는 것은 신학적인 오류를 뜻한다. 한편으로 그것은 계명과 계명을 내린 하나님을 분리시키는 것이고, 예수 그리스도를 망각하는 것이다. 예수 그리스도를 떠난 사랑의 계명은 이상주의와 가공할 낙관주의에 불과하게 된다. 다른 한편으로 그것은

---

278) Shailer Mathews(1863-1941), '사회적 복음'을 주창한 걸출한 미국 침례교 신학자. 그는 특히 다음과 같은 책들을 저술했다. *The Social Teachings of Jesus: an Essay in Christian Sociology* (1897), London, Forgotten Books, 2016; *The Social Gospel* (1909); *Jesus on Social Institutions* (1928); Christianity and Social Process (1934).

279) Gerard Birney Smith(1868-1929), 미국 침례교 목사이자 신학자. 저서들은 다음과 같다. *A Guide to the Study of the Christian Religion*, Chicago, The University of Chicago Press, 1916; *A Dictionary of Religion and Ethics*, New York, The Macmillan Company, 1921.

280) Francis Greenwood Peabody(1847-1936), 하버드대 윤리학 교수, 목사, 신학자. 저서: *The Approach to the Social Question: An Introduction to the Study of Social Ethics*, New York, The Macmillan Company, 1909.

281) Herbert George Wood(1879-1963), 퀘이커교 영국 신학자. 저서들: *Christianity and the Nature of History* (1937), Cambridge, Cambridge University Press, 2015; *Christianity and Civilization* (1942).

성서의 윤리적 교훈을 잘못 이해하는 것이다. 성서의 교훈은 아주 엄격하고 정확한 현실주의의 특징을 띠면서 인간과 세상의 현실에 대한 어떤 망각도 허용하지 않는다.

　사랑의 계명은 모든 윤리적 비전의 정점으로서 어떤 다른 것도, 어떤 대체물도 아니며 더더욱 또 다른 윤리의 출발점은 아니다. 이중의 사랑의 계명은 율법 전체를 요약한 것으로서 그 원칙에서 비롯된 어떤 다른 율법_{앞의} _{예들을 통해서 우리는 이것이 오히려 악한 것임을 안다}을 수립하는 것을 결코 허용하지 않는다. 물론 사랑은 그리스도인들을 위한 윤리 전체를 주도한다. 이는 사랑을 지키기 위해서 나머지 다른 모든 것을 철폐한다는 걸 의미하는 것은 아니다. 그렇게 된다면 불가피하게 사랑에 대해 왜곡된 관념에 사로잡히는 것이다. 사랑은 오로지 율법의 나머지 다른 항목들을 통해서만, 자유, 정의, 진리, 불굴의 정신, 소망 등과 연결되어서만, 주 안에서 진정한 모습을 나타낸다. 사랑을 분리시키는 것은 모든 이상한 논리들과 오류들을 부른다. 개신교 자유주의는, 그 모든 선의와 경건성과 정말로 훌륭한 인물들의 진실한 사회참여를 동원해서 그런 상황을 야기했다.

　이제 마지막 사례로 더 결정적인 니버[282]의 예를 돌아볼 필요가 있다. 우리는 과거의 다양한 오류들을 다 알고 있으면서, 그 오류들을 피하려고 했지만, 결국 동일한 길로 빠져든 한 인물을 니버에게서 발견하게 된다. 그에 따르면 모든 윤리는 사랑의 원칙에 근거해서 수립되어야 하고, 이 원칙은 정치적 경제적 사회적 세계 안에서 사회적인 생활에 즉각적으로 적용될 수 있다. "기독교의 사랑의 계명은 사회적 갈등과 관련된 일들에, 심지어 위험

---

282) Reinhold Niebuhr(1892-1971)는 그의 형제 Richard Niebuhr(1894-1962)와 함께 20세기 미국의 가장 중요한 신학자들로 꼽힌다. Cf. Reinhold Niebuhr, *An Interpretation of Christian Ethics* (1936), London, SCM Press Ltd., 1948⁴(특히 pp. 41-44, 147-208). Reinhod Niebuhr 에 대한 연구서: Henry Mottu, *Reinhold Niebuhr. La lucidité politique d'un théologien américain*, Lyon, Oliv tan (Figures protestantes), 2017.

하고 모호한 일들에까지 적용되어야 한다."[283] 사랑은 사회적 윤리를 수립하는 데 필수적으로 중요하다. 사회적 활동과 규범의 방침에 온전한 가치와 의미를 부여하기 위해서는 오직 사랑의 차원이 존재해야 한다. 윤리에 다른 근원은 있을 수 없다.

윤리의 수립을 위해 이성에 의거하는 것과 같은 다른 시도들에 대해 니버는 아주 합당한 비판을 한다. 윤리는 사랑 안에서만 성립될 수 있다는 사실을 그는 아주 훌륭하게 밝혀준다. 또 사랑은 초월자와의 관계에 의해서만 성립될 수 있다. "기독교의 사랑의 교리는 이상적인 사랑을 인간의 본성에 알맞게 적응시키는 데 있어서 가장 적절한 형이상학적, 심리학적 틀이다. 그것은 자연인의 요소들에만 머물지 않고 생명과 생명의 조화를 지향하는 인간 본성의 모든 요소들을 알맞게 조정할 수 있다. 그것은 접근할 수 없는 저 너머의 세계 속에서 헤매지 않고 인간 본성을 뛰어넘는 도덕적 목표들을 설정할 수 있다."[284] 이제 사랑은 도덕의 근원이자 의미가 된다. 사랑은 사회관과 함께 사회적 상황에도 적용될 수 있게 된다. 니버는 객관적이고 제도적인 사회적 현실을 하나도 망각하지 않은 반면에 인간의 마음이 사악하다는 사실을 망각한 것이다.

그렇다면 사랑의 법의 역할은 무엇일까? 두말할 것도 없이 여기서 사랑은 달성해야 할 목표이고, 인간의 능력이 모이고 그리스도인들이 사회를 이

---

283) Reinhold Niebuhr, *An Interpretation of Christian Ethics*, p. 208. 인용 구절의 영어 원문: "For the Christian the love commandment must be made relevant to the relativities of the social struggle, even to hazardous and dubious relativities(그리스도인에게 사랑의 계명은 사회적 갈등과 관련된 일들에, 심지어 위험하고 모호한 일들에까지 적용되어야 한다)." 여기서 자끄 엘륄은 문자적으로 영어 'relativities'를 프랑스어 'relativités'로 번역했는데, 'aléas(돌발적인 일들)'이라는 단어가 더 적절한 게 아닌가싶다. [역주: 우리말로는 둘 다 '관련된 일들'로 번역했다.]

284) Reinhold Niebuhr, *An Interpretation of Christian Ethics*, pp. 224-225. 인용 구절의 영어 원문: "The Christian doctrine of love is thus the most adequate metaphysical and psychological framework for the approximation of the ideal of love in human life. It is able to appropriate all the resources of human nature which tend toward the harmony of life with life, without resting in the resources of 'natural man'. It is able to set moral goals transcending nature without being lost in other-worldliness."

끄는 지향점이다. 그러나 사랑은 도달 가능한 하나의 이상에 그치지 않고 이미 현존하는 가치를 지닌다. 사랑은 행동의 결정적 원칙으로서 결정의 타당성을 판단할 근거가 되어야 한다. 사랑에 의거해서 우리는 바람직한 일만이 아니라 '지금 여기서' 실현할 수 있는 일을 분간해야 한다. 이는 구체적인 평가를 통해 사랑의 원칙을 용이하게 제도적으로 구현하게 한다.

하나의 예를 들자면, 사랑은 불평등에 만족할 수 없다. 개개인은 자신을 표현할 수 있도록 진실로 평등한 위치에 놓여야 한다. 왜냐하면 사랑의 법은 모든 사람이 자신의 자리를 가지며 굳건하게 되는 것을 요구하기 때문이다. 물론 이것이 절대적이고 초월적인 사랑을 나타내는 것은 아니다. 그러나 불완전한 세상에서, 삶을 위한 투쟁이 불가피하고 힘의 갈등이 존재하는 현실의 이 세상에서, 평등의 원칙은 사랑에 가장 알맞게 근접한 것이다. 이상적인 사랑과 이상적인 평등은 초월적인 세계에서 실존의 구체적인 현실로 내려오는 차원에 위치한다. 완전한 이상적인 사랑에 근거하여 곧바로 사회적 윤리를 수립하는 것은 불가능하다. 이상적인 사랑은 삶과 삶의 갈등들이 완전히 해결되는 것을 전제로 하는데, 그것은 거의 상상도 할 수 없는 일이다. 그러나 어느 정도 만족스러운 근사치에 가까운 경우들이 존재한다. 이 예를 통해서 우리는 니버가 지향하는 것을 알 수 있다. 그것은 사회정치적 현실을 있는 그대로 고려하고, 그 현실 속에서 구체적으로 이상적 사랑이 적용될 수 있는 길을 찾는 것이다.

마찬가지 방식으로 정의의 개념을 사악한 세상 속에 존재하는 사랑에 가까운 것으로 파악해야 한다. 더욱이 정의는 하나의 전제로서 사랑에 앞서 요구되는 것이다. 사랑이 어떤 형태이든 사회적 불의에 연결된다는 것은 용납할 수 없다. 여기서 우리는 사랑의 식별적인 특성을 목격한다. 사랑은 불의를 식별하고, 가능한 정의의 길을 찾기 위한 비판적인 지성을 일깨워야 한다. 생명과 생명이 온전히 어우러지기를 바라는 사랑을 직접적으로 실천하는 것은 불가능하지만, 갈등관계를 중재하며 전체적 이해관계를 비판적이고 객관적으로 검토하여 충돌하는 이해관계를 조정하는 것은 필요하다. 그러나 일단 그렇게 해서 얻은 정의는 결코 사랑을 다 소진시키지는 않는다. 사랑은 권리들에 대한 국지적이고 역사적인 모든 조정이 사랑의 필요에 따라 끊임없는 재고와 재검토와 문제제기를 받도록 요구한다. 그렇지 않으면 불의의 요소들이 군림하게 될 것이다. 다른 한편으로 정의의 수립은 결코 사랑의 계명을 회피하는 구실이 될 수 없다. 어떤 정의 체계도 사랑의 의무를 면하게 할 수 없다. 사랑으로 정의의 완성을 이루어야 한다. 어떤 정치 체계도 거기에 도달할 수 없고, 오직 예수 그리스도 안의 사랑에서 나온 덕행만이 그 너머로 나아가게 할 수 있다. 그래서 '예언적인 종교'는 정의의 문제들을 사랑의 표현으로 해결하려고 하면서 구체적인 상황들에 개입하게 될 것이다.

이 두 가지 예들은 배가될 수 있다. 사랑의 도덕은 세상의 현실적인 상황 속을 헤쳐 나아가게 하고, 우발적인 일들 가운데서 가치들을 비교하고 판별할 수 있게 한다. 이상적인 도덕은 그런 방식으로 그 구현에 맞는 메커니즘을 찾을 수 있다.

이와 같은 니버의 연구는 아주 탁월한 성과를 나타내지만, 하나님의 모든 뜻을 사랑으로 귀결시키고 거기서 윤리 전체를 끌어내는 방식에 내재되어 있는 결함에서 벗어나지 못한다. 이는 개인이 받아들인 성서의 구체적인 내용의 계명을 배제해버리고 그 엄청난 다양성을 단 하나의 것으로 축소시키는 걸 의미한다. 그것은 인간의 능력을 윤리의 성취에 다시 끌어들이는 걸 의미한다. 가능성을 고려하지 않고서 그런 식의 윤리를 구상할 수는 없다. 니버의 말에 따르면, 이웃을 사랑하라는 계명은 가능한 것만큼이나 불가능한 것이다. 그 실천에는 두 가지 사항이 전제된다. 하나는 사람이 다른 사람들을 보호할 의무감을 느끼는 영역이 확대되는 것과, 다른 하나는 그

의무를 이행하기 위해 충분하고도 적절한 힘이 비축되어 있는 것이다. 그
두 가지 사항에 상응하는 것으로 사랑의 규범이 결부될 수 있는 인간 본성
의 두 가지 요소가 존재한다. 하나는 모든 사람이 소유하는 응집 성향, 군거
본능, 애정, 공감 등의 천부적 본성이고, 다른 하나는 이성의 능력이다. 그
두 가지 요소가 합해져서 사랑의 법이 사회에 도입되는 접점으로 작용하게
될 것이다. 그러나 이는 예수 그리스도를 영접하는 믿음에서 떠난 능력, 즉
본성적인 사랑의 능력으로 다시 돌아간다.

　또한 그것은 개인이 사랑의 법을 자신의 삶에 적용하기 위해서는 전통
적 규율과 교육이 중요하다는 니버의 주장으로 더욱 명백해진다. "…사랑
의 행위와 태도는 한편으로는 개인의 사회적·영적인 유산의 일부분이 되
는 역사적이고 전통적인 규율들에 따른 결과이고, 다른 한편으로는 일어나
는 사건들의 압박에 떠밀려서 개인이 스스로의 힘으로는 할 수 없는 행동들
을 행하게 되는 상황들이 연속되는 것에 따른 결과이다."[285] 자연주의적 관
점에서는 전적으로 맞는 말이다. 그러나 이것은 인간적 사랑과 신적 사랑의
연속성을 설정하여 하나님의 계명을 구현하는 형식, 관계, 요소 등을 수립
하며 다시 토마스 아퀴나스의 개념으로 회귀하게 된다. 니버 또한 이를 부
정하지 않는다. 거기에 특별히 기독교적인 특성이 존재하는지 자문하지 않
을 수 없다. 마찬가지로 사랑의 법은 합리적이고도 인간적으로 최선의 윤
리 원칙임을 입증하려고 노력하는 가운데, 그것이 성서에 따른 것인지, 아
가페와 에로스를 혼동하는 위험은 없는 것인지 자문해야 한다. 물론 니버
는 모든 자연주의적 개념을 거부하고, 사랑의 법은 오직 계시의 진리 안에

285) Reinhold Niebuhr, *An Interpretation of Christian Ethics*, pp. 225-226. 인용 구절의 영어 원
　　문: "Consequently, the acts and attitudes of love in which the ordinary resources of nature are
　　supplemented are partly the consequence of historic and traditional disciplines which have be-
　　come a part of the socio-spritual inheritance of the individual and partly the result of concat-
　　enations of circumstances in which the pressure of events endows the individual with powers
　　not ordinary his own."

서만 따를 수 있으며 이는 신앙에 속하는 것이라고 표명한다. 그러나 그 이론의 나머지 주장들은 이와 무관하게 보이고, 또 사랑이 인간 본성에서 나는 열매로서 자라날 수 있다는 말을 듣게 될 때, 우리는 궁극적으로 표명된 니버의 그런 주장이 의미하는 바에 대해서 주저할 수밖에 없다.

케리그마와 가치들

니버의 주장은 그 방법론이 다르다 할지라도, 힐레르달[286]과 같이 케리그마적인 윤리를 거론하는 학자들이 보여주는 것과 동일한 정향이다. 이는 복음의 메시지를 윤리적인 형태로 현재화하는 것이다. 그들은 교회가 복음에 충실하고자 한다면, 신약의 윤리에 대한 단순한 역사적 묘사로는 결코 만족할 수 없다는 점을 역설한다. 이는 정확히 맞는 말이다. 그러나 그 방법론은 커다란 위험을 내포하고 있는 것 같다. 그것은 신약의 윤리적 기초가 되는 근본 가치들을 찾고, 그 가치들에 근거해 기독교 윤리 전체를 재구성하려는 것이다. 그 가치들은 물론 핵심적인 케리그마와 연관되어 있다. 교회의 강론은 확고부동한 핵심을 가지면서 그 강론을 표현하는 형태와 목소리는 다양하다고 하더라도, 거기에는 언제나 동일한 단 하나의 메시지만 존재한다. 그 통일성은 먼저 예수는 그리스도라는 기독론에서 찾아야 한다. 예수 그리스도에 대한 신앙은 윤리의 출발점이 된다. 이 윤리가 새로운 것은 세상의 나른 모든 윤리들과 달리 '그리스도 안에서의 삶'에 관한 윤리라는 점이다. 거기서 우리는 실천할 규범이나 방법과 장소만이 아니라 인간에게 삶의 내용 자체를 부여하는 능력을 받게 된다. 또한 케리그마는 이 윤리가 종말론적이며 교회에 속한다고 알려준다. 이 모든 말에 대해 우리는

---

286) Gunnar Hiller이(1924–2016), 스웨덴의 신학자. 복음선포적 윤리에 관한 그의 논문 참조: Gunnar Hillerdal, "Unter selchen Bedingungen ist evangelische Ethik möglich?", *Zeitschrift für evangelische Ethik 6(1)*, November 1957, pp. 241–254.

전적으로 동의한다.

그 핵심적인 개념은 용납된다고 해도 가치들의 문제가 남아 있다. 신약의 윤리적 규범들에 관한 지식은 단지 케리그마적 윤리의 출발점에 불과하다. 일반적으로 구약은 거의 무시된다. 신약의 근본 가치들만이 관심의 대상이 된다. 신약은 케리그마적 특성을 지니고, 하나님 나라를 세우기 위한 방법론이나 율법과 규범을 제시하지 않는다. 더군다나 신약의 윤리적 결정을 철학적 윤리의 규범과 비교해본다면, 많은 유사성이 쉽게 발견된다. 진정한 차이는 그 규범들의 내용이 아니라 그 모든 것이 '그리스도 안에서' 성립된다는 사실에 있다. 복음서의 규범들과 인간의 윤리학의 규범들 간의 유사성은 대부분 반론의 여지가 있어 보이지만, 복음서의 새로운 특성은 '그리스도 안에' 있는 것이라는 말은 맞는 말이다. 그러므로 중요한 것은 그 사실에 상응하는 가치들을 분간하는 것이다. 그 가치들은 신약의 규범들로 구체화되어 있는 가치들이다. 따라서 우리는 그 규범들을 다시 내세우는 것이 아니라 동일한 가치들에 의거해 현시대에 맞는 새로운 규범들을 이끌어 내야 한다. 유비analogie의 방법에 의해 우리는 영원한 가치들을 지키면서 그 새로운 규범들을 세울 수 있다. 그렇게 함으로써 우리는 결의론,casuistique 문자주의 등을 피할 수 있고, 성서에 있는 구절들을 인용하여 기독교 윤리 체계를 수립하는 것을 넘어설 수 있다. 또한 우리는 자유주의 신학에서 발견되는 너무나 느슨한 윤리체계도 피할 수 있다. 그러나 우리가 보기에 여기에는 두 가지 반론이 있을 수 있다.

먼저 첫째로 성서 안 '가치들'의 존재 유무에 관한 문제이다. 만약 성서 안에 가치들이 존재하지 않는다면, 성서 말씀에 의거해서 가치들을 추론하는 것에 대한 정당성의 문제가 나온다. 둘째로 유비에 관한 문제이다. 우리는 이미 여러 차례 왜 가치라는 단어가 성서적 관점에서 용납될 수 없는 것으로 보이는지 그 이유를 언급한 바 있다.[287] 성서에는 가치들이 존재하지 않는다. 그런 이름으로 불릴 수 있는 것, 즉 인간의 철학에서 정의, 자유, 사랑 등으로 불리는 모든 것은 단적으로 하나님의 뜻이다. 성서의 어떤 구절도 가치들의 창조가 있다거나 하나님이 가치들을 매개로 삼는다는 주장을 허용하지 않는다. 만약에 성서에 가치들이 존재한다면, 성서에 의거해서 가치들의 존재를 하나의 근거로 결론지을 수 있을까? 성서가 우리에게 기술하는 구체적 결정들의 이면에 가치들이 존재하는 걸까? 사도바울이 서신서에서 도덕적 권고를 하는 근거로 삼은 것이 바로 이 가치들이었을까? 사도 야고보가 입안의 혀의 사용을 말하면서 언급한 진리[288]는 진리라는 가치일까? 복음서에서 예수 그리스도는 가치들을 근거로 해서 산상수훈을 가르친 것일까? 사단의 유혹을 물리치는 그의 대답은 무엇인가? 예수 그리스도는 철저하게 '기록되었으되'[289]라는 말로 사단에게 대답했다.

그러므로 예수 그리스도는 가치들이 아니라 성서에 기록된 말씀을 근거로 삼았다. 그는 성서에서 추론하지 않고 말씀 그대로 받아들이고 확언했다. 그래서 그 말씀 자체가 하나님의 뜻을 나타내는 것이 되었다. 이와 같이 신약성서의 모든 기록자는 성서 말씀 속에서 가치들이 아니라 하나님의 뜻을 알아차렸다. 우리 자신도 어떤 일련의 성서 말씀들 속에 질서의 가치들이나 공동체의 가치들이 존재한다고 말할 수 없다. 거기에는 오직 능동적으로 현존하는 즉각적인 하나님의 뜻만이 존재한다. 그 하나님의 뜻이 정의, 진리 등을 말하거나 드러낸다고 해도, 그것은 가치들로서 그런 게 아니다. 그것들은 하나님의 그 뜻에 의해서만, 또한 그 현재성을 통해서만 힘과

---

287) Cf. 이 책, 4부 5장.
288) Cf. 야고보서 3:1–18. "나의 형제들아, 우리가 더 큰 심판을 받을 것을 알고 많이 선생이 되려고 하지 말라."(1절); "너희 마음에 독한 시기와 다툼이 있으면 자랑하거나 진리를 거슬러 거짓말하지 말라."(14절)
289) Cf. 마태복음 4:4,7,10/누가복음 4:4,8,12.

내용을 갖추게 된다. 그러므로 우리는 영원한 가치들을 현재화한다고 주장할 수 없다. 그 성서 말씀들이 나타내는 하나님의 뜻은 언제나 현재 존재하는 것이 아니면 아예 없는 것이다. 가치들은 영원하지 않다. 가치들은 하나님의 뜻에 의해서만 권위를 갖게 된다. 다시 말해서 가치들은 그 자체로는 가치들이 아닌 것이다.

여기서 우리는 다방면으로 케리그마를 역설하는 주장이 가지는 취약점을 보게 된다. 말씀의 생명력과 그리스도의 현존과 그 현재성에 충실하려는 의도에도 불구하고, 신약을 케리그마로 축소시킬 경우, 우리는 생명력을 주는 것을 불가피하게 규정, 원칙, 가치 등으로 축소시키게 된다. 복음을 케리그마로 규정하고, 하나님의 말씀을 그 개념의 틀에 맞추는 데서부터 필연적으로 추상화와 결정화의 과정이 펼쳐지게 된다. 아무리 뛰어난 것이라도, 아무리 삶과 실존에 관련된 것이라도, 일단 하나님의 말씀에 하나의 개념이나 하나의 지적인 범주가 도입되면, 그 말씀은 주체가 아니라 대상이 된다. 그것이 케리그마적 윤리가 가치라는 개념을 그 근거로 삼을 때 일어나는 일이다.

다른 한편으로 그것은 가치들을 유비의 방법에 의해 규범들로 표현하는 것이다. 그런데 여기서 문제의 유비는 명시되지 않지만 '존재의 유비analogia entis' 에 해당한다.[290] 왜냐하면 그런 유비의 방식에 따라 가치들에 의거해서 윤리를 수립하는 것은 필연적으로 존재의 유비를 전제로 하기 때문이다. 그 부분에서 아주 신중을 기하기 위해 취한 모든 주의에도 불구하고, 현재

---

290) 아날로기아 엔티스(analogia entis)는 '존재의 유비'라는 뜻으로 다른 사물들 사이에, 특히 철학적인 대상들과 신학적인 대상들 사이에 존재하는 유사성의 관계를 말한다. 토마스 아퀴나스의 신학적 전통에 따르면, 인간이 하나님을 아는 것은 자연적으로 인간에게 주어진 능력, 즉 인간 이성의 수단으로 가능하다. 칼 바르트는 이 '자연 신학'의 주장이 오류라고 반박하면서, 이 아날로기아 엔티스(analogia entis, 존재의 유비)에 대해 아날로기아 피데이(analogia fidei, 신앙의 유비)를 내세웠다. Cf. Jean Creisch, "Analogia entis et analogia fidei: une controverse théologique et ses enjeux philosophiques(Karl Barth et Erich Przywara)", Les Etudes philosophiques, mars 1989, pp. 475–496. 자끄 엘륄은 칼 바르트가 자신이 규탄했던 유혹에 스스로 넘어갔다고 비판한다.

의 상황과 사도시대의 상황을 유사하게 취급하지 말아야 한다는 지적에도 불구하고, 그 방법은 부정확하고도 모호하다. 또한 그 방법은 우리가 아는 한 구체적으로 적용되지 않았다. 그럼에도 우리는 그것이 본질적으로 칼 바르트가 시민 공동체[291]에 대한 유비적 연구에서 적용한 것임을 알게 된다. 물론 칼 바르트는 출발점이 가치가 아니라 계시와 명확한 신학적 사실이라고 주장한다. 그러나 거기서 우리는 케리그마적 윤리에서 권장되는 방법론에 명백히 가까운 방법론을 발견한다. 더욱이 그것은 또한 윤리에 관계된 성서 본문들에 준거를 두지 않고 신학적 자료에서 윤리적 결론들을 직접 이끌어낸 것이다.

칼 바르트가 적용한 '존재의 유비'는 중세 스콜라학파의 '존재의 유비'를 많이 상기시킨다. 우리는 그 큰 특징들을 알고 있다. 몇 가지 예를 들어보자. 국가는 교회가 선포하는 하나님 나라의 유비적인 이미지를 제공할 능력과 수용할 필요성을 갖는다. 시민 공동체는 기독교 공동체의 진리 및 실재와 유비 관계에 있다. 그런 의미에서 국가는 거울처럼 하나님 나라의 진리 및 실재를 간접적으로 반영할 수 있다. 그러므로 시민 공동체는 하나님 나라의 유비가 될 수 있다.

그러나 역으로 시민 공동체도 역시 스스로의 정체성과 당위성과 미래를 알기 위해서 그런 유비가 필요하다. 기독교 공동체는 시민 공동체의 참된 정체성을 알려야 하고 시민 공동체 자체에 대해 스스로는 알 수 없는 부분을 상기시켜야 한다. 기독교 공동체는 시민 공동체가 할 수 없는 자주적인 행동을 펼쳐야 한다. 당대의 다양한 정치적 가능성들 가운데서 그리스도인들은 명백히 그들의 신앙 내용을 유사하게 반영시켜 구현시킬 수 있는 것들을 식별해서 선택할 수 있다.

---

291) Cf. Karl Barth, *Communauté chrétienne et communauté civile* (1946), Genève, Editions Roulet, 1947.

이에 근거해서 칼 바르트는 다음과 같이 여러 가지 결론들을 제시한다. 기독교 공동체는 하나님의 칭의를 증언하는 까닭에, 시민 공동체 안에서 만인이 승인한 법을 채택하는 개인의 의무에 기반을 두고, 그 법에 의한 개개인의 보호에 기반을 둔 정치 편에 서야 한다. 인자는 잃어버린 양들을 찾으려고 왔기에 기독교 공동체는 사회정의 편에 서서 사회주의적 정책들을 추구해야 한다. 기독교 공동체는 동일한 주의 다스림 아래 살아가는 사람들로 구성되어 있기에 계급, 인종, 성별 등의 평등을 수립하기 위해 노력해야 한다. 기독교 공동체는 교회 내 사역들의 다양성을 인정하기에 정치적 차원에서 권력 분립을 인정해야 한다. 하나님의 계시는 참된 빛을 알아보게 하기에 기독교 공동체는 모든 밀실 민주정치를 배격해야 한다. 이런 결론들에서 말하는 원칙 자체가 중세 스콜라사상의 논리를 상기시킨다. 중세의 스콜라사상은 캔터베리의 대주교 토마스[292]의 천사들의 계급 이론이나 추기경 니콜라[293]의 절대군주제 이론과 같은 데서 보듯이 별로 적절하지 않았다.

국가와 하나님 나라의 관계가 반드시 유사한 것으로는 전혀 보이지 않는다. 거기에는 먼저 유감스럽게 보이는 논리의 비약이 있다. 그들은 시민의 공동체는 기독교 공동체가 형성하는 내부의 원을 둘러싸는 외부의 원을 이루는 가운데 둘 다 동일한 중심을 가지는 이미지어떤 방법론의 근거도 될 수 없는 하나의 이미지에 불과한를 제시하면서, 시민 공동체는 기독교 공동체가 아니라, 추론으로서는 받아들일 수 있는 기독교 공동체의 진리, 즉 하나님 나라, 그 메시지와 신비와 신앙, 그 공동체가 선포하고 희망하지만 그 공동체 안에는 없는 위대성 등과 유비의 관계에 있다고 주장한다. 그런 논리는 정말

---

292) Thomas Becket(1120−1170), 캔터베리 대주교(1162−1170). 캔터베리의 토마스(Thomas de Cantorbéry)로 불리기도 했으며 천사들의 계급에 대한 형이상학적 추론으로 유명하다.
293) Nicolas de Cusa(1401−1464), 프랑스어로는 Nicolas de Cues로도 알려져 있으며 군주제와 교황권을 결사적으로 옹호한 추기경이다.

말도 안 된다! 그들은 기독교 공동체가 하나님 나라를 예시하는 이미지가 아니고 국가가 하나님 나라의 이미지라는 주장을 하는 것이다. 이것은 충격적이다. 한마디로 잘라서 정확히 말하자면 이 주장을 근거로 세운 유비의 논리는 국가를 교회로 바꾸는 것이다. 그렇다고 그들이 교회가 국가의 유비의 근거가 되는 것을 받아들일 리 만무하다. 더욱이 잊지 말아야 할 것은 국가는 오로지 예수 그리스도의 죽음과 부활에 의해 패배를 당했기 때문에 하나님에게 복종한다는 사실이다. 그래서 국가는 자율성이 배제된 권세로서 본성상 신실한 종이 되지 못한다. 그 사실은 그 근본과 본질이 완전히 다른 하나님 나라와 어떤 유비도 가능할 수 없게 한다.

이제 그 결론들을 살펴보면 우리는 정말 회의적일 수밖에 없게 된다. 한편으로 칼 바르트가 제시한 것들 가운데서 확실히 우리는 다른 많은 유비들을 끌어낼 수 있다. 다른 한편으로 칼 바르트가 강조한 것들과는 다른 자료들에서도 그 일은 얼마든지 가능하기에, 우리는 왜 그것들에 한정해야 하는지 이해할 수 없게 된다. 예컨대, 기독교 공동체는 인간에 관한 하나님의 법의 기반이 되는 하나님의 칭의를 증언한다는 첫째 규정으로부터 하나님 나라의 유비에 의해 국가는 기독교 국가가 될 때 비로소 그 법을 가진다는 추론을 끌어낼 수 있다. 혹은 또 다른 유비에 의해서 국가가 인간에게 칭의를 베풀 때 비로소 인간에 대한 법을 가진다고 유추할 수 있다. 기독교 공동체는 동일한 주 안에서 살아가는 사람들로 구성되고, 오직 하나의 주와 하나의 세례와 하나의 영이 존재한다는 규정으로부터 우리는 유비를 통해 시민 공동체 안에서 살아가지 않는 사람들은 존중받을 자격이 없고 외부인이기에 인간적인 대우를 받을 수 없다거나, 칼 바르트가 언급한 평등과는 전혀 달리 하나의 단일한 세계 국가를 이루는 것이 마땅하다고 추론할 수 있을 것이다.

또한 여기서 왜 다른 신학적 원칙들을 활용할 수 없겠는가? 하나님 나라는 전능한 왕이 다스리는 왕국이라는 사실은 군주제와 절대군주와의 유비도 타당성을 띠게 한다는 것이 명백하다. 우리는 이 나라에 관해 요한계시록이 제시하는 아주 단적인 위계질서도 보게 된다. 예수 그리스도는 먼저인 첫째와 나중인 꼴찌를 언급한다.[294] 그러므로 유비에 의해서 우리는 평등한 사회가 아니라 위계적인 사회를 인정해야 한다. 기독교 공동체는 주님을 향한 유일하게 합당한 태도는 하나님에게 반대할 어떤 권리나 공로도 없는 한 인간의 신앙에서 나온 기쁨의 순종이라고 선포한다. 유비에 의해서 우리는 국가를 향해서 유일하게 가능한 시민의 태도는 국가에 반대할 권리나 요구를 다 배제한 복종이라고 말할 수 있을 것이다. 주님이 화목을 회복시키려고 와서 인간과 하나님 간의 화목을 이루었다는 사실로부터 우리는 유비에 의해 시민 공동체는 화목 가운데 살아야 하는 까닭에 계급투쟁을 선동하는 모든 사람들을 배척해야 하고, 따라서 사회주의를 폐기해야 한다는 추론을 할 수 있다.

하나님이 은밀하게 이 세상에 성육신을 했고, 언제나 은밀히 구원하는 그리스도가 존재하며, 하나님이 인간에게 나타날 때는 언제나 스스로를 감춘다는 사실로부터 우리는 밀실 정치와 외교를 정당화하는 추론을 이끌어낼 수 있다. 칼 바르트가 그 모든 추론들을 부정하리라는 것은 분명하다. 그러나 그 추론들은 상상의 산물이 아니고 정확히 12세기, 13세기, 17세기에 공표된 것들이다. 칼 바르트가 그 추론들을 부정한다면, 그 이유는 그런 사상들이 민주주의적이자 사회주의적 성향을 가진 본인에게 맞지 않기 때문이다. 이러한 사실은 '존재의 유비'를 통해 원칙들이나 신학적 사실들로부터 우리가 원하는 바대로 거의 다 추론할 수 있다는 것을 결정적으로 밝혀준다. 거기서 주관적인 선입견과 자의적인 추론을 막을 방법은 전혀 없다.

---

294) *Cf.* 마태복음 19:30; 20:16/마가복음 10:31/누가복음 13:30.

3장 • 윤리적인 성서본문들에 관한 해석

예언의 주관성과 '믿음의 유비' 의 객관성

우리가 '존재의 유비' 와 기독교 원칙들이나 신학적 규정들에서부터 직접 윤리를 추론해낼 가능성을 부정한다고 해도, '믿음의 유비' 라는 원칙을 환기하는 것은 타당성을 갖는다. 더군다나 그 용어가 사도바울에 의해 로마서에서 사용되었다는 사실은 그 타당성을 더 높여준다. 정확히는 교리적 내용에서 도덕적 내용으로 넘어가는 부분에서, 즉 "너희 몸을 거룩한 산 제물로 드리라"는 주문에 이어서 그 권고 구절이 나온다.[295] 그 권고는 예언하는 사람을 향한 것으로서 로마서 후반부의 도덕적 교훈의 주조를 이루고, 명백히 교회 전체의 활동과 교화에 관련된다. 중요한 것은 예언자의 은사는 교회를 섬긴다는 것이다.

신약에서 잘 알려진 예언은 어떤 개념인가. 예언자는 믿는 사람들에게 말씀을 전하고,[296] 사도와 교사의 사역과는 다른 교회 사역을 담당한다. 또한, 예언자는 방언하는 사람과 상반된 역할이다. 그러므로 예언자를 특징

---

295) 로마서 12:6. "우리에게 주신 은혜대로 받은 은사가 각각 다르니 혹 예언이면 믿음의 정도에 따라" [이 구절에서 '믿음의 유비'는 문맥상 '믿음의 정도'로 옮겼다.]
296) 고린도전서 14:22. "그러므로 방언은 믿는 사람들을 위한 표적이 아니라 다만 믿지 않는 사람들을 위한 표적이며, 예언은 믿지 않는 사람들을 위한 것이 아니라 믿는 사람들을 위한 것이다."

짓는 것은 신학적인 사역이나 성령의 직접적인 발현에 의한 영적인 사역이 아니다. 예언자는 교리를 수립하거나 케리그마를 선포하지 않는다. 사도바울은 자신의 사역을 사람들에게 말씀을 전해서 "덕을 세우고 권면하고 위로하는"고전14:3 예언자의 사역으로 기술한다. 사람들의 덕을 세움으로써 사도바울은 교회의 덕을 세운다. 그런데 우리는 그 세 가지 사항들이 구체적인 삶으로 신앙을 실천하는 데서 연유한다는 사실을 발견한다.

위로는 확고한 믿음에서 나오는 효과로서 고통과 시험과 절망 속에서 우리가 살아가는 방식을 변화시킨다. 위로는 감정의 변화가 아니라 행위에 작용하는 것으로서 어떤 삶의 방식으로 이어진다. 권면은 훨씬 더 구체적으로 삶의 방식과 연결된다. 권면은 성서 본문들에서 거의 다 도덕적 문제들과 관계가 있다. 먼저 복음서에서 세례요한은 자신에게 제기된 도덕적 문제들에 대해 답하고 나서 바로 권면한다.[297] 권면의 목적을 찾아보면, '용기를 내라'[298]는 것, '패역한 세대에서 구원을 받으라'[299]는 것, '몸을 거룩한 산 제물로 드리라'[300]는 것, '조용히 일하여 자신이 먹을 양식을 구하라'[301]는 것, '하나님의 은사를 되살리라'[302]는 것, '신중하라, 순종하라'[303]는 것, '힘써 싸우라'[304]는 것 등이 있다. 그 모든 것들은 믿음 때문

---

297) 누가복음 3:18. "요한은 그 밖에도 많은 것을 권면하면서, 복음을 전하였다."

298) 사도행전 27:22. "내가 너희에게 권면하노니, 용기를 내라. 너희 중 아무도 목숨을 잃지 않을 것이다."

299) 사도행전 2:40. "베드로는 이 밖에도 여러 가지 다른 말들로 증언하고, 이 패역한 세대에서 구원을 받으라고 그들에게 권면하였다."

300) 로마서 12:1. "그러므로 형제들아 내가 하나님의 자비하심으로 너희에게 권면하니, 너희 몸을 하나님이 기뻐하시는 거룩한 산 제물로 드리라. 이는 너희가 드릴 합당한 예배니라."

301) 데살로니가후서 3:12. "이런 사람들에게 우리는 주 예수 그리스도 안에서 명하고 권면하는 바니, 조용히 일하여 자신을 먹을 양식을 구하라."

302) 디모데후서 1:6. "그러므로 나는 너에게 권면하는 바니, 내가 안수함으로 네가 받은 하나님의 은사를 되살리라."

303) 디도서 2장. 특히 2:11-12. "모든 사람에게 구원을 주시는 하나님의 은혜가 나타나, 우리를 가르쳐서 경건하지 않은 것과 세상 정욕을 버리고, 이 세상에서 신중하고 의롭고 경건하게 살아가게 한다."

304) 유다서 1:3. "사랑하는 자들아, 우리가 함께 받은 구원에 대하여 내가 너희에게 편지하기를 간절히 원하던 중에, 성도들이 단번에 받은 믿음을 지키기 위해 힘써 싸우라고 당장 편지를

에 취해야 할 어떤 태도, 살아가는 방식, 즉 정확히는 윤리의 문제와 연관된다.

그러므로 권면은 받은 은혜에 합당하게 살아가도록 교회의 성도들에게 예언자가 전하는 말씀이다. 사도바울이 도덕적 교훈으로 넘어가는 전환점 롬12:1에서 이 권면이라는 말을 쓴 것은 괜히 그런 것이 아니다. 사도바울은 권면이 예언자의 특별한 소임임을 고린도전서에서 되풀이해 말한다. "너희는 모두 한 사람씩 차례대로 예언할 수 있다. 그래야 모든 사람이 배우고 권면을 받게 된다."고전14:31 히브리서 기자는 권면을 위로에 결부시켜서 고난과 징계의 의미를 부각시킨다.[305]

마지막으로 권면은 덕을 세우는 일과 관계가 있다.[306] 따라서 덕을 세우는 일은 예언자의 세 번째 소임이다. 그것도 역시 윤리와 직접적인 관계가 있다. 덕을 세우는 일은 믿음의 결과로서 사람을 세우고 교회를 세우는 일이다. 이것은 실천의 문제이다. 덕을 세우는 것은 실천에 의해 실천 가운데 이루어진다. 반석 위에 지은 집과 모래 위에 지은 집을 예로 든 예수 그리스도의 말씀[307]이 실천에 대한 계명이라고 주장하는 것이 성서 본문의 곡해는 아닐 것이다. 또한 사도바울도 각 사람의 행위를 언급하면서 "금이나 은이나 보석이나 나무나 풀이나 짚으로 집을 짓는"고전3:12 예를 든다. 덕을 세우는 일은 믿음과 사랑의 결과이다.[308] 고린도후서의 윤리적 교훈의 끝

써서 권면해야 할 필요성을 느꼈다."

305) 히브리서 12:5. "또 하나님께서 자녀에게 하듯 너희에게 권면하신 말씀을 너희는 잊었다. '내 아들아, 주님의 징계를 가볍게 여기지 말고 책망받을 때에 낙심하지 말라.'"

306) 데살로니가전서 5:11. "그러므로 너희는 지금 하는 대로 서로 권면하고 서로 덕을 세우라."

307) 마태복음 7:24-27. "그러므로 누구든지 내 말을 듣고 행하는 자는 자기 집을 반석 위에 지은 슬기로운 사람과 같다고 할 것이다. 그러나 내 말을 듣고 행하지 않는 사람은 모래 위에 자기 집을 지은 어리석은 사람과 같다고 할 것이다. 비가 내리고 홍수가 나고 바람이 불어 그 집에 부딪히니 그 집이 무너져 심하게 붕괴되었다."

308) 로마서 15:2. "우리는 저마다 이웃을 기쁘게 하여 선을 이루고 덕을 세워야 한다."/ 고린도 전서 8:1. "우상의 제물에 대해서는 우리 모두가 다 지식이 있는 줄 안다. 그러나 지식은 교만하게 하고 사랑은 덕을 세운다."/ 에베소서 4:16. "온몸은 그리스도께 속해 있으며, 각 마디를 통하여 도움을 받아 함께 연결되고 결합된다. 각 지체가 자기의 분량대로 역사함을 따

부분에 사도바울은 덧붙인다. "이 모든 것은 너희의 덕을 세우기 위한 것이다."[309]

위와 같이 간단하게 검토한 결과 우리는 예언자는 본질적으로 윤리적인 역할을 담당한다고 결론지을 수 있다. 예언자는 믿음의 실천을 권하는 것과 함께 영적인 규범과 주님의 계명을 수립한다. 예언자의 사역에는 계명과 언약, 율법의 환기와 실행의 선포 등이 포함되어 있다. 예언자는 또한 인간의 행위에 대한 심판을 전하는 권한이 있다. 그러나 그것은 예언자의 개인적인 이름으로 이루어지는 것은 아니다. 그러므로 예언자는 은총의 복음을 선포하는 사도들의 뒤에 위치하지만, 성령의 은사들을 발현하는 사람들의 앞에 위치한다. 왜냐하면, 예언자는 그 윤리적 역할을 통해 사도들과 은사자들을 연결시키기 때문이다.

그런데 신약에 나오는 이 예언자 개념은 구약의 예언자 개념에 부합한다. 잘 알다시피 구약의 예언자는 점술가가 아니다. 다른 한편으로 예언자는 대개 백성의 죄를 역설한다. 그러나 우리는 예언자가 본질적으로 도덕을 주창하는 도덕가가 아니고, 하나님의 영에 의해 계시되는 하나님의 뜻인 절대적인 선에 관계된 도덕을 주창하는 사람이라는 사실은 주목하지 않는다. 예언자는 성서의 모든 윤리적인 공표를 따르는 사람이다. 예언자가 단죄를 선포하는 것은 어떤 삶의 방식, 어떤 구체적인 죄에 대한 것이다. 그 단죄는 도덕적인 것이 계기가 되고, 도덕적 판단에 따라 표명된다. 예언 안에 포함된 언약도 도덕적 내용을 지닌다. 그것은 언제나 새로운 삶의 방식, 회개, 정당한 행동 등으로 이루어진다. 다만 도덕적 교훈을 내놓는 예언자들은 율법백성이 이제까지 불순종했는데 앞으로 순종해야 할에 의거하는 것과 함

라 몸이 자라나며, 사랑 안에서 자신을 세워 간다."

309) 고린도후서 12:19. "너희는 우리가 여전히 변명하고 있는 줄로 생각하는구나. 우리는 그리스도 안에서 하나님 앞에 말한다. 사랑하는 자들아, 이 모든 것은 너희의 덕을 세우기 위한 것이다."

께 하나님의 영의 직접적인 역사에 따라서 그렇게 한다. '루아흐' 310)에 감응된 까닭에 예언자들은 도덕적 차원에서 명령과 언약을 내릴 수 있게 되는 것이다. 그러므로 우리는 신약에서 동일한 현상을 목도하는 바, 정당한 예언자의 역할은 이 용어의 사용과 함께 연속성을 지니지만 예수 그리스도의 강림에 관한 예언들은 완료되어 새롭게 갱신되지 않는다. 그러나 중요한 것은 구원자인 구주를 대망하고 대표하기 위해 세워진 백성의 삶의 방식이기에, 구약의 예언들을 계속 언급하는 것은 아주 당연한 일이다.

예언자는 하나님의 영에 붙잡혀야만 말씀을 전한다. 그는 하나의 율법이 아니라 하나의 계명을 표명한다. 그는 일반적인 삶의 방식이 아니라 하나님의 뜻이 구체적인 현실 가운데 적용되는 즉각적인 명령을 전한다. 동시에 그는 일정한 방식으로 살아가는 한 인간이나 인간집단에 대한 심판과 명령과 언약을 전한다. 그것은 언제나 그 인간의 개인적인 역사나 그 인간집단의 전체적인 역사에 포함된다. 다만 성령의 감동과 관계된다는 점에서 그 선포는 아주 주관적이어서 검증이 불가능하고 어떤 의미에서는 소통이 불가능할 수 있다. 바로 그 점을 우려하여서 사도바울은 아주 주관적이어서 다른 사람들에게는 아무런 의미가 없는 방언을 하는 사람과, 모든 사람들에게 예언하는 사람 간에 차이를 둔다.311) 또한 그는 예언하는 사람은 교회의 명령에 순종하고 "예언하는 사람의 영이 예언하는 사람에게 통제받아야 하는 것"처럼 분별 있게 말해야 한다고 역설한다.312)

---

310) 루아흐(Rouach): 하나님의 영, 숨을 가리키는 히브리어 단어.
311) *Cf.* 고린도전서 14:2-4. "방언으로 말하는 사람은 사람들에게 말하는 것이 아니라 하나님께 말하는 것이므로, 아무도 그것을 알아듣지 못한다. 그는 성령으로 비밀을 말하는 것이다. 그러나 예언하는 사람은 사람들에게 말하여 덕을 세우고 권면하고 위로한다. 방언으로 말하는 사람은 자기 자신의 덕을 세우고 예언하는 사람은 교회의 덕을 세운다."
312) *Cf.* 고린도전서 14:29-33. "예언하는 사람은 둘이나 셋이서 말하고, 다른 사람들은 그것을 분별하라. 그러나 앉아 있는 다른 사람에게 계시가 내리거든 먼저 말하던 사람은 잠잠하라. 너희는 모두 한 사람씩 한 사람씩 예언을 할 수 있다. 그래야 모든 사람이 배우고 권면을 받게 된다. 예언하는 사람의 영은 예언하는 사람에게 통제를 받는다. 하나님은 무질서의 하나님이 아니라 오직 화평의 하나님이다."

그러므로 예언은 주관적이고 소통이 불가능한 데서 벗어나는 것이 정말 중요하다. 거기에는 객관적인 준거와 객관성의 보장이 필요하다. '믿음의 유비'에 관한 본문이 의미하는 것이 바로 이것이다. 예언하는 사람은 '믿음의 유비'에 따라 예언해야 한다.[313] 사람들은 이 규칙을 모든 것에 적용하여 모든 성서 본문들의 해석에 연관시키는 아주 일반적인 원칙으로 삼고자 했다. 우리는 여기서 그런 논의를 개진하지는 않고 다만 예언하는 사람이 결코 성서 본문들을 해석하는 유일한 사람이 아니라는 사실을 지적하고자 한다. 전도자, 사도, 교사 등도 성서를 해석한다. 그런데 단지 예언하는 사람만을 위해 '믿음의 유비'가 얘기되는 것이다.

다른 한편으로 우리는 믿음의 유비는 성서의 해석이 아니라 예언의 은사를 사용할 때 적용된다는 사실을 지적할 것이다. 거기에는 아주 미세한 차이가 있다. 물론 예언하는 사람이 그리스도인들이 가져야 할 어떤 삶의 방식을 제시하는—그래서 하나의 도덕을 제정하는—사람이라는 사실을 인정한다면 우리는 신약의 예언자와 구약의 예언자의 병행이 계속되어야 한다는 것을 받아들이게 된다. 따라서 구약의 예언자들이 아브라함의 언약과 모세의 율법에 의거해서만 말했듯이 신약의 예언자는 예수 그리스도 안의 언약, 예수 그리스도에 의해 성취된 율법과 계명, 성서에서 믿음의 역사로 나타난 역사에 의거해서만 말할 수 있다. 예언은 성서에 어긋날 수 없고 예상치 못한 새로운 계시가 될 수 없다. 예언은 반드시 성서에 의거하지만, 예언자들이 구체적인 적용에 관한 고민과 주어진 특정 상황 속에서 율법의 의미에 관한 깊은 이해와 함께 모세의 율법에 제시한 새로운 강조점을 갖는다. 잘 알다시피 예언자들도 역사적으로 이 율법을 가다듬는 데 기여하였다. 예언이 성서에 의거하고 성령의 영감에 의한 '지금 여기서'의 도덕으로 이루어지는 것이라면, 우리는 문제의 '믿음의 유비'가 성서 본문들의 해석에 적용된다

---

313) *Cf.* 로마서 12:6.

는 사실을 잘 이해할 수 있게 된다. 이는 객관성의 보증이 된다.

그러나 그것은 예언자들과 도덕에 관계된 것이므로 율법과 도덕적 본문들의 해석은 그 원칙이 적용되는 특정한 영역이라는 의미가 된다. 우리는 성서 어디서도 그 원칙에 대한 언급은 없다 하더라도, 유일하다고는 단정하지 않겠지만, 적어도 특정한 영역이라는 점은 인정하려고 한다. 그 이유는? 그것은 물론 성령의 감동이 단지 그런 경우에만 있다는 것은 아니다. 또한 예언자만이 주관적일 수 있다는 것도 아니다. 어쩌면 그것은 성서 본문들의 해석이 특유의 어려움을 갖기 때문일 것이다. 신학적이라 불릴 수 있는 그 성서 본문들은 오로지 성령의 계시를 통한 진리 안에서만 이해될 수 있다는 것은 의심의 여지없는 사실이다. 그 본문들은 또한 이해에 큰 어려움을 주고 해석의 다양성을 불러올 수도 있다.

특정한 시대에 쓰여서 특정한 사유방식이나 철학에 매여 있다 하더라도 어쩌면 사도바울의 경우와 같이 그 본문들은 어느 정도는 영원한 내용을 담고 있다. 잠언에서 표현된 감정들은 시대와 문명을 넘어서서 지중해 세계의 모든 사람들이 어느 정도는 직접적으로 체험하는 것들이다. 로마서에 나타난 사도바울의 논증은 어떤 지적인 맥락에 있어서도, 어떤 철학적 사유형식에 있어서도 다 이해될 수 있다. 복음의 빛은 그 영광은 하나님의 것이다 소속된 사회적 · 경제적 · 정치적 계층과 지적 배경을 초월해서 받아들여질 수 있다. 그 본문들에 의거해서 수립되는 교의학은 얼마간 정당하고 적절한 것으로서 교회의 덕을 세울 수 있다. 그러나 그 교의학은 완전히 그 본문들을 배반하거나 무시하지 못한다. 반대로 도덕적인 교훈들은 예외적인 어려움을 표출하는 바 일정한 인적, 정치적 상황 속에서는 그 내용이 고갈되는 것 같다.

물론 계시의 모든 요소들은 역사 속으로 들어간다. 성서에는 교리적 논술이나 철학적 논고는 전혀 없고, 다만 한 인간의 구체적인 삶과 한 민족의 구체적인 역사 속에 하나님이 개입한 내용이 기술되어 있을 뿐이다. 따라서 성서에는 결코 삶의 방식의 모범적인 사례가 기술되지 않고, 하나님과의 관계와 하나님이 세운 관계가 기술되어 있다. 그러한 하나님의 계시는 역사에 속한 것이라 할지라도 장소와 시간을 초월한다. 그러나 거기에 불가피하게 그 계시를 받은 사람의 삶의 방식이 뒤따른다. 그 삶의 방식은 또한 그 시대와 장소의 틀 안에 계시의 내용을 담는다. 거기에 따른 행동방식들은 전적으로 그 시대의 영향 아래에 있다.

구약의 정치제도들과 사회적 규범들의 가치는 무엇일까? 그것들은 그 상황들에 따랐고 당시의 관습들에 매여 있었다. 그 관습들이 변하고 그 상황들이 바뀌면 아무것도 존속되지 않는다. 노예제도에 대해 말하지만 이제 노예는 존재하지 않는다. 돈을 대여하는 부자의 이자 대부에 대해 말하지만, 주식회사는 그런 관계를 변화시켰다. 토지의 재분배에 대해 말하지만 우리는 더는 농부가 아니다. 십일조에 대해 말하지만, 과거에 신정국가인 이스라엘에서나 국가에 내는 세금이자 하나님에 드리는 헌물로서 이해되었지 오늘날은 더는 아니다. 또한 신정국가였던 당시 이스라엘의 상황 속에 존재하던 사회적·정치적 삶과, 구체적 윤리와 관계된 모든 것은 이제 더는 적용될 수 없다. 왜냐하면 이제 우리는 더는 정치적으로, 지리적으로 구조화된 신정국가가 아니기 때문이다. 게다가 이스라엘의 법규들이 주변 국가들의 법규들을 아주 흡사하게 따랐거나 간혹 가다 아예 완전히 모방했다는 사실을 유념해야 한다. 그것은 성서 속에 많은 부분이 전적으로 인간에게서 나왔다는 것을 의미한다. 이스라엘은 제도들과 윤리 안에 언제나 하나님의 뜻을 담은 것이 아니고 주변 국가들을 모방하기도 했다. 금기사항은 그 지역과 그 시대의 아주 일반적인 관행이었다. 관습의 변화는 그 금기사항을 곳곳에서 사라지게 만들었다.

그러므로 그 성서 본문들을 일일이 다 신경 쓸 필요는 없고, 십계명과 같이 시대를 초월하는, 아주 보편적인 몇 가지 원칙들을 받아들이는 것으로 충분할 것이다. 약간의 미묘한 차이점은 있지만, 그 모든 것은 신약에도 다 적용될 수 있다. 여성의 긴 머리, 노예와 여성의 종속, 사회적 위계질서, 공유재산제 등은 모두가 다 당시의 관습에 따른 것이었다. 그러나 누차 말했다시피, 우리는 성서의 그 많은 부분을 그냥 넘어가는 것으로 그칠 수는 없다. 더군다나 그러다가는 우리는 자의적으로 선택하여 우리를 불편하게 하는 규범은 다 시효가 지난 것으로 간주하면서 점차적으로 성서의 계시 전체를 제거할 수도 있을 것이다. 성서 전체가 성령의 감동에 의한 것으로 믿는다면, 우리는 성서의 모든 부분들을, 심지어 새끼 염소를 삶을 때 주의할 사항314)조차도 그렇게 받아들여야 한다. 그러나 그것이 사회적 상황과 역사적 영향을 받은 부분을 부정하는 걸 뜻하지 않는다.

　이런 사실은 역사적 여건, 환경, 상황, 모방 등이 외적으로 명백하게 보이는 것과는 달리 그 성서 본문들을 명확하게 설명해주지 못하고, 그 본문들이 불가해하고 예외적인 은밀한 부분을 간직하고 있다는 걸 말해준다. 그 본문들은 사회적 상황의 적용에 의해 다 파악되지 않고, 오히려 그때 가장 커다란 의문을 던져준다. 그 본문들의 배후에는 하나님이 말씀하고 그 말씀을 듣는 행위가 존재한다. 그러나 우리는 왜 그것이 윤리적 본문들의 경우에 더 어려움을 주는지 이해하게 된다. 이는 예언자들이 모세의 율법에 대해 행한 것과 똑같이 윤리적 본문들에 대해 행하는 것을 말한다. 그러나 그것은 본문의 객관성에 대해 믿음의 유비 안에서만 가능하다. 그런 까닭에 예언자들이 말하는 것과 모세오경이 말하는 것 사이에 진정한 모순이 없다. 물론 세세한 점에 있어서 양식, 표현, 제도 등에 모순이 있지만, 결코 하나의 영에서 받은 영감에 모순은 없다. 그러므로 그 본문들의 해석과 현재화와 새로운 삶의 방식 수립 등을 위해서, 믿음의 유비가 특별히 요구되는

---

314) *Cf.* 출애굽기 23:19b/신명기 14:21b. "너는 새끼 염소를 그 어미 염소의 젖에 삶지 말라."

것이다. 비신화화Dé-Mythisation와 재신화화Re-Mythisation라는 용어들이 윤리의 차원과는 다른 차원을 끌어내는 것이라면 우리는 그 용어들도 거론할 수 있을 것이다.

'믿음의 유비' 와 교회의 신앙

믿음의 유비라는 단어가 의미하는 바를 아주 간략하게 이해하고자 한다면, 우리는 먼저 여기서 말하는 믿음이 '신앙 고백' 의 의미에서 신자 전체의 공통된 믿음이고 교회의 믿음이라는 사실을 떠올릴 수 있다. 성서의 윤리적 본문 전체가 교회의 사역들과 연관된 까닭에 우리는 확실하게 그 사실을 주장할 수 있다. 그것은 곧 그리스도 몸의 생애와 조직과 발달을 말한다. 따라서 교회 구성원들의 믿음은 모든 사람들에게 동일한 믿음이다. 마찬가지로 개인적인 예언의 은사의 주관성과 믿음의 유비의 객관성의 대립은 그 믿음이 하나님에게 은밀히 말하는 개인의 주관적인 믿음만은 아니라는 사실을 알게 해준다. 교회의 믿음은 어떤 내용, 신앙의 규정, 교의, 그리고 성서의 불변의 말씀들에 의해 특징지어진다. 그 단어들은 동일하지는 않지만 하나님의 계시를 이해하는 데 있어서 주어진 일정한 시기에 교회의 어떤 일체성을 가리키며 일정한 시기 동안 믿음의 내용이 된다. 이 믿음의 내용은 물론 개인적인 믿음에 반하는 것이 아니다. 개인적인 믿음은 동일한 영의 동일한 역사에서 비롯되는 것으로서 동일한 대상을 향하기에 동일한 내용을 가진다.

객관적으로 완전하게, 현실적이고 구체적으로 교회의 믿음의 내용을 규정할 수 있는 것은 교의학이다. 교리와 케리그마는 각기 고유한 방식으로 교회에 믿음의 자료를 제공한다. 여기서 우리는 교리와 케리그마에 대해 앞에서 언급했던 내용을 다시 접하게 된다. 사도의 사역과 신학자의 사역은 건물의 시금석 역할을 하고, 예언자의 사역은 건물의 부벽 역할을 한다. 예언자에게 그 역할과 한계를 정해주고 계시 속 진리의 의미를 탐구하는 교의학이 믿음의 유비에 확정적인 논점들을 제공하는 첫 번째 학문분야라는 것은 명백한 사실이다. 그러나 케리그마의 분석이나, 사랑의 원리와 같은 기독교의 대원리들의 수립 또한 경시해서는 안 된다. 독자적으로는 직접 윤리를 세울 수 없는 이와 같은 요소들에 연관됨으로써 윤리는 믿음의 유비에 따라 자리를 잡고 규정되는 것이다.

　믿음의 유비가 있어야만 성서의 윤리적 본문들에 관한 깊은 이해에 의거해 그리스도인들을 위한 윤리를 수립할 수 있다. 교회의 믿음이 사도와 신학자들에 의해 명시적 암묵적으로 제시되고, 선포되고 교육되며, 공표되고 제정되어야만 믿음의 유비가 성립될 수 있다. 그러므로 교회의 믿음을 대표하는 공인된 케리그마와 신앙고백에 연관시킴으로써, 우리는 유비가 무엇인지 이해할 수 있다. 유비는 두 개의 중대한 실재들 간의 어떤 비례나 어떤 관계를 전제로 한다. 그것은 두 가지의 다른 중대한 본질적 요소들 간의 관계이다. 그러나 그것은 또한 그 둘의 다양한 관계들을 관찰함에 따라 그 근본 이유를 이해하는 것이기도 하다. 유비는 우리로 하여금 또 다른 중대한 가치에 대한 유비를 통해서 하나의 중대한 가치의 실상을 추론하게 한다.

　그러므로 여기서 유비는 윤리적 성서 본문들에 대한 직접적 이해, 문자주의, 즉각적 적용 등을 제지하며 성서 본문의 독단적, 자의적, 주관적 해석을 금한다. 그것은 불변의 기준에 의거해서 성서 본문을 다양하게 해석한다. 기존의 유비는 상황과 역사적 배경에 종속된 성서 본문의 유비로서, 불변의 살아있는 믿음의 내용에 의해서 사문화된 것으로 여겨질 수 있다. 성서 본문의 해석은 본문 자체의 역사적 특성만이 아니라 해석자 자신의 역사적 배경, 지식, 국가, 관심 등에 따라서 필연적으로 달라진다. 우리는 오늘날 우리의 역사적, 철학적 지식 때문에 사람들이 13세기에 해석했던 것과 같이 성서를 해석할 수 없다. 더더욱 우리의 정치적, 경제적 문제들 때문에 성서의 윤리적 본문들을 과거와 마찬가지로 해석할 수 없다. 그러나 중요한 것은 그 해석이 유비적 관계에서 언제나 불변의 계시 내용에 준거해야 한다는 것이다.

뒤에 가서 유비적 해석 체계를 활용하는 방식에 대해 살펴보겠지만, 먼저 우리는 윤리적 성서 본문들에 대한 다양한 해석이 존재해야 한다는 사실을 인지해야 한다. 왜냐하면 그 본문들은 시간과 장소와 상황에 따라 유동적인 실제상황 속에서 취한 결정들과 구체적인 문제들에 연관된 것들이고, 모든 해석은 교회의 신앙 내용이라고 정의되는 상대적, 절대적 고정 요소들에 연결되어야 하기 때문이다. 그 고정 요소들은 한편으로는 윤리적 성서 본문들을 이해하는 근거로 등장하고, 다른 한편으로는 그 본문들에 언제나 동일한 깊은 의미를 부여하는 것으로 나타난다. 그 고정 요소들은 윤리의 제정과 해석의 타당성에 대한 척도가 된다.

이와 같은 유비의 규칙은 그 목적이 해석의 다양성에도 불구하고 신앙의 통일성을 지키려는 데 있다. 그 다양성이 원용되는 본문 자체가 그 사실을 상기시킨다. 즉, 직무들ministère의 다양성이 기술되는 본문은 그 다양한 직무들이 이행되는 그리스도의 몸의 통일성과 그 직무들을 주도하는 영의 통일성을 분명히 말한다. 그것은 다양성과 통일성의 변증법이다. 마찬가지로 예언자는 예기치 못한 가치들과 새로운 규범들과 다양한 규범들을 수립하도록 부름을 받았다. 그러나 그 모든 것은 믿음의 유비에 의해서 그리스도의 몸의 통일성으로 귀결되어야 한다. 그래서 특정한 시대에 윤리를 전하는 본문들을 선택하고 거기에 의미를 부여하는 데 있어서 어떤 자의성도 개입되어서는 안 된다. 아무튼 이것은 윤리는 결코 신앙 내용을 수정할 수 없다는 걸 의미한다. 실제적인 삶의 필요성과 절대적으로 보이는 어떤 상황 때문에, 그 상황이 새로운 삶의 방식을 요구하기에, 그리스도인들은 신학의 특정한 진술을 바꾸거나 신앙 내용의 일부분을 포기하고픈 유혹을 받을 수 있다. 그런데 그것은 유비 원리에 의해서 명백하게 금지된다.

이 믿음의 유비 원리 때문에 윤리는 아무 내용이나 가질 수 없고 아무 가치나 표방할 수 없다. 그래서 때때로 윤리는 약간의 조정을 거치는 데도 불구하고 사회가 요구하는 규범들과 충돌할 수 있다. 또한 이 믿음의 유비 원리 때문에 윤리는 의존적이고 종속적이며 끊임없이 재개되고 끊임없이 새로워지는 개념이 된다. 그러므로 우리는 여기서 19세기에 주장되었던 뉴만[315]의 교리의 발전과 같은 기독교 윤리의 발전 가능성을 배제한다. 윤리에 관계된 성서 본문들이 인간의 새로운 역량과 현재의 문제들에 따라 사회적 맥락 속에서 이해되고 해석되어야 한다면, 우리는 그 해석이 성서적 맥락, 역사적 요인 등에 대해 사람들이 더 잘 알아감에 따라서 더 좋게 개선된다고 말할 수 있을 것이다. 또한 그것과 연관해서, 우리는 거기서 도출할 수 있는 윤리도 수준이 더 높아지는 만큼 더더욱 그 윤리가 적용되는 사회도 높게 고양되어 진보를 나타낼 것이라고 말할 수 있을 것이다. 그러나 그런 말은 사실 윤리의 중심적인 내용이 세상사회에서 나온다고 주장하는 것과 같다. 우리는 기독교 윤리를 통해서 세상 한가운데로 나앉은 꼴이 된다. 여기서 성서 본문들은, 19세기의 거의 모든 기독교 윤리학자들에게서 확인한 바와 같이, 독자적인 윤리를 발전시키는 구실이나 계기로서 이용될 뿐이다.

그와 반대로 믿음의 유비 원리는 우리로 하여금 그리스도인들을 위한 윤리의 중심은 실천을 목적으로 교회의 신앙이 현실적으로 발현되는 데서 연유한다는 사실을 깨닫게 한다. 우리는 변하는 세상에서 살아가고, 윤리는

---

315) John Henry Newmann, 1801–1890, 영국 성공회의 사제이자 신학자로서 1845년에 가톨릭으로 개종하고 가톨릭 신부가 됨. St. Mary 『교회의 강연』(Lectures on the Prophetical Office of the Church, 1837)에서 뉴만은 개신교의 '오직 성서만으로(Sola Scriptura)'라는 원칙을 논박하고, 교회 전통은 살아 있으며 역사 속에서 새로운 교리들로 풍요로워진다고 평가한다.

역사를 살아가는 사람들을 향한 것이기 때문에 그 해석도 끊임없이 현재화되어야 한다고 해도, 현재의 윤리가 과거의 윤리보다 우월하다는 뜻은 전혀 아니다. 현재의 윤리가 과거의 윤리를 계승하거나 병합한 것이라거나, 혹은 과거의 윤리에 비해 진보한 것이라는 의미는 더더욱 아니다. 현재의 윤리와 과거의 윤리는, 동일한 성서 본문들에서 비롯되고 동일한 신앙 내용에 연결된다는 점에서 완전한 동등성과 일체성을 갖는다. 현재의 윤리와 과거의 윤리는 각각 다른 상황들과 연관된다는 점에서 우월성과는 무관한 근본적인 차이를 갖는다. 그러므로 윤리의 가공에는 어떤 진보도 있을 수 없다. 거기에는 다만 본문에 대한 충실성의 크고 작은 문제만 있을 뿐이다. 그러나 그것은 각 시대의 문제이고 각 그리스도인의 세대 문제에 불과하다.

　마지막으로 유비의 의미를 명확히 하기 위해서, 믿음의 유비와 존재의 유비의 차이를 강조하는 것이 좋을 것이다. 존재의 유비는 실제로 독립적인 지식의 수단으로서 인간이 독립적으로 지식을 쌓고 사물의 본질을 꿰뚫을 수 있는 가능성이다. 반대로 믿음의 유비는 우리에게 행동의 규범을 불러온다. 믿음의 유비는 우리에게 새로운 것을 알리려는 목적은 없고, 단지 우리로 하여금 그리스도인들을 위한 행동의 규범으로 수립된 것이 교회의 신앙에 적절하고 타당한 것인지 분별하게 할 목적만을 가진다. 그러므로 이 두 개의 유비는 그 목적과 적용에 있어서 완전히 대립되고, 그에 따라 유비적 차원도 서로 완전히 다르다.

믿음의 유비와 상관관계

　그러나 윤리의 수립을 위해서 믿음의 유비를 구체적으로 적용하는 법을 알려고 한다면 우리는 이 유비를 더 엄밀하게 분석해야 한다. 여기서 우리는 세 가지 상관관계를 확인할 수 있다. 첫 번째 상관관계는 먼저 율법과 계명으로 나타난 하나님의 명백한 뜻은 어떤 일시적인 형식으로 표현된다는 데 있다. 하나님의 완전하고 절대적이고 영원한 뜻은 불완전하고 유동적인 형식에 담겨진다. 그러한 하나님의 뜻은 사람을 통역자로 삼아 어떤 언어로 전달되었다. 여기서 우리는 조급하게 다음과 같은 말을 하고픈 유혹을 아주 강하게 받는다. 즉, 가장 중요한 것은 우리가 우연적인 사실들에서 추출해야 하는 하나님의 뜻으로서 그 절대적인 계명이다. 그러나 그것은 타당성이 없어 보인다. 문자와 영의 대립[316]은 명백한 타당성을 띤다. 그러나 잊지 말아야 할 것은 우리는 결코 영이나 하나님의 뜻을 그 자체로서 붙잡을 수 없고 하나님의 계명을 완전무결하게 파악할 수 없다는 사실이다. 우리는 단지 인간인 까닭에 어떤 형식, 어떤 인간적 표현 수단을 통해서만 그것들을 파악할 수 있다.

그러므로 우리는 성서에 나타난 하나님이 선택한 형식을 너무 성급하게 배제해서는 안 된다. 구약이 히브리어로 쓰인 것은 아무 의미가 없는 것이 아니다. 사도바울이 전한 말씀이 어떤 지적인 형식을 취한 것은 아무 가치가 없는 것이 아니다. 물론 하나님의 말씀은 히브리어로만 전달될 수 있다거나 그 형식 자체가 하나님의 선택을 정당화한다고 주장해서는 안 된다. 그것은 문자만을 지키는 꼴이 된다. 그러나 분명한 이유는 알 수 없다 할지라도 어쨌든 하나님은 다른 방식이 아니라 바로 그 방식으로 말씀하기로 결정한 것이다. 하나님은 특정한 시대와 특정한 환경에서 다른 민족이 아니라 그 민족을 선택했고, 하나님의 계명은 다른 것이 아닌 그런 형식을 취했다. 하나님의 결정에 의해서 특정한 형식이 특혜를 입어 구별된 것이다. 주변 민족이 수립한 제도였던 특정한 제도, 이미 널리 퍼져 있던 특정한 도덕적 가치, 이집트나 그리스에서 수립된 특정한 행위규범 등은 이전에 존재했던

---

316) *Cf.* 고린도후서 3:6. "하나님께서 우리에게 새 언약의 일꾼이 되는 자격을 주셨다. 이 새 언약은 문자로 된 것이 아니라 영으로 된 것이다. 문자는 사람을 죽이고 영은 사람을 살린다."

그 모든 것에 비견할 수 없을 정도로 근본적으로 다른, 새로운 의미를 띠게 되었다. 하나님은 하나님의 뜻을 세상에 전달하려고 그것들을 선택한 것이다. 우리는 하나님의 뜻을 그것들을 통해서만 알 수 있다.

따라서 그 형식들은 상관없는 것도 아니고 의미가 없는 것도 아니다. 그 형식들을 살펴보아야 하는 이유는 그것들을 통해서 하나님의 말씀을 파악하기 때문만은 아니다. 형식들은 매체이고, 하나님의 뜻과 그 계명 및 제도 사이에는 어떤 연관성과 관계가 존재한다. 시효가 분명히 지난 규범은 하나님의 영원한 말씀을 담은 그릇일 뿐만 아니라, 우리에게 그 말씀과 우리가 표명해야 할 방식 사이의 어떤 의미 있는 관계를 말해준다. 이는 우리가 유의해야 할 첫 번째 관계로서 아주 비정형적이고 비실제적으로 보이는 성서 본문에서 하나의 윤리를 수립하기 위해 그 관계를 진지하게 검토해야 한다.

두 번째 상관관계는 성서에 기록된 사람들의 삶 자체에서 드러난다. 그 사람들은 활동했다. 그들의 활동을 통해 우리는 매번 하나님의 말씀을 이해하게 된다. 그들의 활동은 하나님에 의해 판단되었다. 그 판단은 우리와도 연관된다. 그러나 족장, 사도, 예언자나 제자를 포함하는 그 증인들의 삶은 행한 일들로 이루어져 있다. 그 행한 일들은 그들의 믿음이 표현된 것이다. 그들의 말을 통해서 우리는 계시를 알게 되고, 또한 그들이 행한 일들을 통해서 우리는 하나님의 뜻이 요구하는 바를 파악한다. 이와 같이 그들의 믿음은 그들의 삶 가운데 표현되었다. 그러므로 중요한 것은 그 사람들이 행한 일이 아니다. 그것은 우리가 계승해야 할 것이 아니다. 중요한 것은 아브라함이나 사도바울이 행한 일들을 모방하는 것이 아니고, 그들의 믿음과 그들의 행위 사이에 그들 자신이 설정한 관계를 이해하는 것이다. 성서가 하나님의 판단과 함께 그들이 행한 일들을 기술한 것은 모범적인 귀감이라기보다는 믿음을 구현하는 방식으로 제시된 것이다.

중요한 것은 행위와 믿음의 관계이고, 인간의 행동과 하나님의 계명 간의 관계이다. 영구적인 것은 어떤 행동이나 결정이 아니라 그 관계로서, 그 시점에서 믿음이 표현되고 구현된 방식, 즉 인간들이 하나님의 말씀을 '지금 여기서' 이행한 방식이다. 그러므로 그들이 행한 일들은 우리에게 의미가 있다. 우리는 너무도 자주 믿음을 계시의 세계 안에 갇힌 폐쇄적 회로 안에서 움직이는 영적인 실체로 본다. 그것은 마치 어항속의 물고기가 그 세계에서 출구를 찾아 나가려고 할 때마다 현실과 분리된 유리벽에 부딪칠 수밖에 없는 것과 같다. 바로 이 문제에 대해서 성서는 우리에게 믿음은 결코 그 자체로서 하나의 실체인 것이 아니고, 그 실천적인 경험과 관계가 있다는 사실을 보여준다. 우리에게 의미 있는 것은 바로 그 관계로서, 우리는 야고보 혹은 바울이라는 구체적인 개인에 관련해 그 상관관계를 신중하게 고찰해야 한다.

마지막으로 우리는 성서에서 세 번째 상관관계를 보게 된다. 이미 언급했다시피 하나님 말씀은 때로 주변 민족들 가운데 존재하는 인간이 만든 가치, 규범, 제도 등을 채택한다. 그러나 이스라엘 백성의 제도들은 전체적으로 주변 민족들의 제도들과는 현저한 차이가 있다. 한편으로 동일한 이름을 가진 제도들이 동일한 성격을 나타내지 않는다. 노예제, 왕정, 유목생활, 도피성, 사제직 등을 거론하기는 너무 이른 감이 있다. 그런데 사실 그 문제들을 좀 상세하게 살펴보면, 이스라엘인들이 시행한 노예제는 이집트나 칸데아에서 시행된 노예제와는 모든 면에서 아주 다르다는 사실을 알게 된다. 다윗의 왕정은 파라오의 왕정과 전혀 같지 않고, 그 성격과 내용이 다르다. 이스라엘의 도피성들은 그리스나 바빌로니아의 도피성들과는 전혀 다른 제도이다. 다만 이스라엘 민족이 다른 민족들과 같다는 선입관과 함께 신뢰성이 별로 없는 비교 법학을 이유로 성서 본문들그 제도들을 알 수 있는 유일한 증거을 부인하는 경우에만 그것들을 동일시할 수 있을 것이다.

다른 한편으로 이스라엘에 고유한 많은 사회적 · 정치적 구조들이 존재하며 그것들은 주변 민족들에게서 나오지 않은 것들이다. 판관제도, 희년, 안식년 등은 특수한 제도들이다. 그 제도들이 실행되지 않았다는 주장도 분명히 가능하다. 그러나 그것은 그리 신뢰할 수 없다. 왜냐하면 적어도 제도적 규범은 계속 존재하기 때문이다. 그런데 이스라엘의 제도들에 관해 문제에 접근하는 가장 명백한 방식으로 방금 우리가 확인한 것은 일반화될 수 있는 것이다. 윤리의 영역에서 성서에 기록된 계명, 가치, 과업 등은 이방민족들에게 존재하는 것과 비슷한 것이거나 고유하고 독창적이며 특수한 것일 수 있다. 그러나 비슷한 경우에 있어서도 우리는 이방민족들의 동일한 규범, 동일한 이데올로기와는 본질적인 차이가 존재한다는 사실을 금세 인지하게 된다. 적용 분야, 절대성, 인간에 대한 의미, 유한성 등은 물론이고 심지어 그 내용조차도 하나님의 말씀과 연관되는 순간부터 변화가 일어난다. 그 변화는 본질적인 것이다.

이에 따라 다음과 같은 의문들이 생겨난다. 왜 특색과 성격과 경향이 잘 알려져 있는 그런 경제적 · 사회적 · 정치적 환경 가운데 그런 제도, 규범, 가치 등이 하나님에 의해 채택되었을까? 이방민족의 제도나 규범 등이 하나님의 말씀을 구현하는 도구들로 쓰일 때 발생한 변화는 어떤 것일까? 이집트의 노예제도와 이스라엘의 노예제도의 차이는 무엇이고 그 이유는 무엇일까? 그 차이는 무엇을 의미하는가? 또한 우리는 스스로에게 묻게 된다. 왜 그런 경제적 · 사회적 · 정치적 상황 가운데 혁명적이고 당혹스러운 그런 새로운 계명이 마련되었을까? 왜 어떤 제도는 다른 것과 공통점이 하나도 없을까? 왜 삶의 방식에 그런 혁신과 그런 가치의 단절이 일어났을까? 또한 차이와 분리의 문제가 여전히 남아있다. 왜 어떻게 그런 차이가 생긴 걸까? 왜 유독 다른 것도 아닌 그런 차이가 있는 걸까?

우리가 스스로에게 이런 질문들을 제기할 때 우리는 그런 사회적 환경에서 영향을 받은 행위와 규범 역시도 하나님 뜻의 발현이며, 그 계시에 대한 사람들의 믿음의 표현이라는 점을 알게 된다. 바로 그런 사실이 제도, 규범, 가치 등을 차이 나게 하는 것이다. 그리고 그것들의 시대적, 환경적 특성과 그 문명적 맥락은 시효가 지나 없어지고, 역사적인 것 이외에 아무런 유익도 주지 못하기에 이른다. 그렇지만 우리가 주목해야 할 것은 하나님의 영의 역사에 의해 그것들이 변화한 사실이다. 또 다른 극단으로 흘러서 너무도 성급하게 하나의 보편적인 원리를 세우지 말아야 한다. 예컨대 이스라엘의 노예제도가 다른 것은 그것이 하나님의 공의나 하나님의 사랑이나 자유의 영을 나타낸다는 점에 있다는 식으로 주장하지 말아야 한다. 그런 주장은 너무나 성급한 것이고 아무 중요한 의미도 없다. 중요한 것은 어떻게 인간이 만든 그런 제도가 그런 영의 역사에 의해 변화되었는가, 즉 하나님의 공의와 사랑과 자유가 인간이 만든 그 두 개의 제도들 사이에 일으킨 차이를 알아보는 것이다. 우리가 주목해야 할 것은 성서 속의 그런 가치와 세상 속의 그런 가치외적으로 동일하나 그 결여가 갖는 상관관계이다. 그 둘의 변화 속에서 우리는 이 시대를 위한 교훈을 얻게 된다.

이제 우리는 주어진 인간 환경 안에서 믿음의 표현을 분석할 수 있는 세 개의 상관관계를 얻게 되었다. 그런데 이 세 개의 상관관계는 성서에서 명확하게 설정된다. 성서의 윤리적 본문들에 대한 현실적인 가치를 이해하기 위해 중요한 관건은 이 세 개의 상관관계를 성서가 전하는 구체적인 자료들 속에서 발견하고, 오늘날의 사회 문제, 정치, 관습, 철학, 도덕 등과 관련지어서 우리 삶과 시대의 맥락에 접맥시키는 것이다. 물론 그것은 쉬운 작업이 아니라서 많은 오류를 범할 수 있다. 그러나 거기에 믿음의 유비의 통제가 들어가 있기에 그것을 온전히 통제하게 된다.

어떤 덕목, 행위, 선심도 완전히 개인적이고 사적일 수 없고, 전체적인 사회적 환경과 반드시 연관되어 있으며, 이미 언급한 바대로 우리의 모든 생각과 행동은 대부분이 한편으로 사회에 연유한 것이고 다른 한편으로 사회에 반드시 재현된다는 사실을 인정한다면, 우리의 행동과 사고방식의 의미를 정확히 평가하는 것은 당연한 일이다. 우리가 그리스도인들을 위한 윤리를 올바르게 구상하고자 한다면 우리는 먼저 우리가 살고 있는 사회, 사회적 동향과 구조, 심층적 성향과 풍조, 정치적·경제적 구조, 오락과 관습 등에 관해 가능한 한 정확히 알아야 한다. 마찬가지로 우리는 그 시대와 사회의 인간, 그가 가진 가치, 이념, 삶의 양식, 심리 등을 알아야 한다. 그것은 사회학자와 심리학자의 일이다. 한편 우리는 이스라엘 백성과 초대 교회가 겪어온 사회의 정치적·사회적 구조와 관습들을 알아야 한다. 그것은 역사학자의 일이다. 그리고 그 시대의 이방인들의 덕목들에 대한 그리스도인들의 덕목들의 차이와, 그 시대의 도덕에 대한 윤리적 계명들의 차이와, 이방민족들의 사회의 제도들에 대한 이스라엘과 교회의 제도들의 차이와, 당시 세상의 가치, 업적, 행위 등에 대해 하나님이 선택한 사람들의 업적, 가치, 행위 등의 차이와 그 의미를 간파하는 것이 필요하다. 중요한 것은 차이와 관계를 내포하는 이 상관관계를 현실의 우리 사회와 환경에 연결하는 것이다. 전형적인 것은 그 규범 자체가 아니라 그 시대의 규범들을 그 규범이 단절하거나 채택한 부분이다.

우상에게 바친 고기들에 관한 사도바울의 권고[317]에서 우리가 취할 것이 별로 없다는 것은 명백하다. 그러나 중요한 것은 당시의 관습에 대한 그 계명의 입지가 어디에 있는지 고찰하여 우리 시대의 관습에 대해 새롭게 그것을 명백히 밝혀주는 것이다. 믿음으로 세상의 일들에 대해 '예, 아니오'를 말하는 것과 같은 전반적인 신학적 원칙들을 채택하는 것은 아주 좋은 일이다. 그러나 성서에서 발견할 수 있는 실제적 적용사례들처럼 구체적으로 설정하지 않는 한 별로 큰 효과를 내지 못한다. 유일한 방법은 우리 사회 속에

---

317) *Cf.* 로마서 14:13-23/고린도전서 8:1-13; 10:14-33.

초대교회의 윤리와 배경 사이의 상관관계를 재생하는 것이다.[318] 그러나 이미 언급했다시피, 그 상관관계만이 아니고 세상의 일들이 믿음과의 상관 관계 안에 들어 있어야 한다. 여기서도 우리는 믿음이 구체적인 상황들 가운데 표명되는 것을 성서 본문으로부터 학습해야 한다.

우리는 오늘날 우리에게 요구된 세상의 일들과 동일한 관계를 찾으려고 노력해야 한다. 그것은 과거의 일들[319]을 재현하는 데서가 아니라, 현대에 하나님의 영광에 적합하고 오늘날의 인간에게 의미 있는 새로운 일들을 만들어내는 데 있다. 따라서 이 이중적 상호관계는 성서 본문 해석에서 그리스도인들을 위한 윤리를 탐색하는 데 있어서 엄격하게 유지되어야 한다. 그것이 문자주의와 성서 본문들의 완전한 방기[320]라는 이중적인 위험을 피할 수 있는 유일한 방법이다.

여기서 우리는 유비적 방법은 존재의 유비보다 훨씬 덜 허술하고 덜 자의적이라는 사실을 알게 된다. 실제로 우리는 개인적 의도와 취향이 작용하는 추론이 아니라 엄밀한 지식에 입각한 방법을 대하고 있다. 교의학에 의해 명확하게 규정되는 믿음의 유비에서나, 현재와 성서 본문에 기술된 상황들의 유비적 관계에서나 자의적인 것은 하나도 있을 수 없다. 성서 본문 자체는 역사적 상황들과 현재의 정치적·사회적 상황들에 관한 지식을 탐구하는 데 있어서 버팀목과 한계의 역할을 한다. 그 모든 것에 있어 중요한 문제는 언제나 애매하고 유동적인 가치들의 유비가 아니라, 상황의 유비이다. 그것은 완전히 성서적인 것으로서 계시 전체와 같이 역사 속에 함유된

---

318) 이 단절의 윤리는 엘륄의 저서, *Théologie et Technique*(『신학과 기술』)에서 개진된다. Cf. Jacques Ellul, *Théologie et Technique. Pour une éthique de la non-puissance,*, Genève, Labor et Fides, 2014, pp. 328-336.

319) ▲이는 커다란 유혹으로서 한편으로는 계명과 무관한 선(善)에 절대적 가치를 부여하고 다른 한편으로는 사회를 떠나는 것이다.

320) ▲본문들이 너무 특이하다는 역사적 이유를 대거나, 그 본문들과 관련된 신학적 원리를 아는 것으로 충분하다는 신학적 이유를 내세운다.

유비이다.

물론 사람들은 그 모든 것이 너무 복잡할 뿐이며, 믿는 사람은 그토록 많은 예측과 지식과 성찰이 없어도 자신이 해야 할 일을 잘 알고 있다고 말할 수 있다. 그 많은 연구는 헛된 것으로 그리스도인의 삶은 그것보다 훨씬 더 단순하다고 할 수도 있다. 우리는 이에 전적으로 동의한다. 성령에 의해 인도되는 그리스도인의 삶은 단순성편한 걸 뜻하는 건 아니다 그 자체이다. 그럼에도 깊이 성찰해보면 좋을 것 같은 문제가 하나 있다. 그것은 믿는 사람들이 그들의 신앙을 현실에 적용하는 것이 용이하다고는 전혀 생각조차 할 수 없다는 사실이다. 교회 안에서 어디서나 "무엇을 해야 하나?"라는 질문이 올라온다. 대개 성서를 그대로 복사한, 전체적인 신학적 답변들로는 그 질문에 대한 해명이 안 된다.

세상에서 믿음의 구체적인 열매에 대해 성찰하는 그 어려운 임무를 신자 개개인에게 요구하는 것은 완전히 불가능한 일이다. 물론 성령에 의해 신자에게 그 일이 맡겨질 수 있고, 그러면 더는 문제가 없을 것이다. 예언자는 스스로를 잊게 하고, 우리에게 명확히 해야 할 일들을 맡기는 하나님의 사랑을 칭송해야 한다. 그러나 그런 경우는 실제 거의 없고, 대부분의 경우 우리 스스로 책임을 지고 선택적으로 우리가 할 일들을 해나가도록 요구된다. 그런데 대부분의 경우 믿는 사람들이 현실의 세계와 교회에서 행하는 일들은 모두가 하는 대로 행하는 사회적 순응주의에 따른 것이거나, 그리스도인들이 늘 해오던 것을 반복하는 종교적 순응주의에 따른 것이라는 사실을 인정할 수밖에 없다. 참된 신앙을 가지고 있으면서도, 그들은 하나님에게 영광을 돌리고 현실의 세상 안에 진리의 현존을 나타내기 위해 필요한 일들을 통해 신앙을 진리 안에서 표명하지 못한다. 신앙을 직접적으로 삶속에 표현할 수 없고, 자발적으로 직접 성서적·신학적 지식의 열매를 거두어들일 수 없는 무력함은 윤리에 관계된 성서 본문들의 해석과 성찰을 통해 제시된 그런 우회를 합리화하고 정당화한다.

물론 그런 성찰은 교회의 몫일 수밖에 없고, 한 개인이 겸비할 수 없는 능력들의 제휴를 전제로 한다. 또한 그것은 교회 내의 비판, 대화와 함께 적용을 시도하는 사람과의 충돌을 전제로 한다. 그러므로 내가 제시한 이중의 상관관계의 시행은 일단 정해지면 변개되지 않는 엄격하고 경직된 체계에서 비롯된 일이 아니고, 오히려 정반대로 모든 윤리와 같이 성찰의 체계에 의거해서 대화와 시행을 계속하여 창조하는 일이다. 이는 현재 사회 속에 과거의 상관관계를 해석하여 옮기는 것은 강제적이거나 일방적이어서는 안 된다는 걸 뜻한다. 그것은 교회 전체가 현실세계 안에서 앞으로 나아가는 것이다.

예수 그리스도 중심

그러나 다시 주제로 돌아와서 그 작업은 언제나 믿음의 유비에 의해 관리되어야 한다. 이미 말했듯이, 우리에게 유비가 성립되는 불변의 기준을 제공하는 것은 교의학이다. 그러나 그것은 윤리적 본문들을 포함한 성서 전체의 총체적인 교리 내용, 즉 예수 그리스도를 현재화하여 명시적으로 설명하는 것일 뿐이다. 성서는 모두 다 오직 예수 그리스도를 말한다. 그런 선포는 윤리적인 연구 안에서 우리에게 무슨 의미를 주는가?

첫 번째로 윤리적 본문들은 예수 그리스도와 연관된 것으로서 예수 그리스도를 지목하며 준거로 한다. 따라서 그 본문들은 그 자체로 내용을 가지는 것이 아니며, 자체적으로 선한 일을 확정짓지 않고 아들 안에서 성부 하나님의 역사를 영화롭게 하는 일, 또 주를 알리는 일을 규명한다. 따라서 그것이 뜻하는 바는 우리 자신이 행한 일, 덕목, 행위 등도 그 본문들과 똑같은 의미를 가지며 주를 준거로 하고, 결코 우리 스스로의 영광을 구하지 않고 자기 자신 안에 스스로 갇혀 있지 않으며, 예수 그리스도를 향하여 열려 있고, 살아가는 방식과 추구하는 과정 가운데 우리 스스로를 내세우지 않는다는 것이다. 우리가 행하는 일들은 증언의 일부분일 뿐이고, 모든 증언과 같이 "그는 흥하여야 하고, 나는 쇠하여야 한다"요3:30라는 말씀으로 귀착된다.

그러므로 윤리적인 탐구는 기념비적인 대성당 건축물들 같이 끊임없이 흥하는 일들을 이룩하는 것이 아니고, 반대로 어둔 밤 속에서 사람들에게 주를 밝혀주고 주의 빛만을 빛나게 하면서 스스로는 꺼져가는 빛을 발하는, 일시적이고 취약한 일들을 이룩하는 것이다. 그 일들은 오직 예수 그리스도 안에서 예수 그리스도를 통해서만[321] 완전해진다. 예수 그리스도는 그 일들에 신뢰성과 진정성과 진실성과 정의를 덧입혀서, 성부 하나님이 받을만한 일들로 만든다.

두 번째로 윤리적 본문들을 포함한 성서 전체는 장래를 지향한다. 성서 전체는 예수 그리스도의 강림, 고난의 주의 강림과 영광의 주의 강림, 성육신한 그리스도, 재림 예수에 관한 것이다. 마찬가지로 믿음의 행위를 목적으로 하는 성서 본문들의 모든 해석은 그 방향으로 나아가야 한다. 그 해석은 가능한 모든 방법과 형식을 통해서, 교회의 각성과 그리스도인들의 학수고대와 재림의 소망을 표현해야 한다. 모든 행위는 예수 그리스도가 여러 차례 명령한 "깨어 있으라"[322]는 말씀의 실천이요 예증이어야 한다. 그것은 단지 경건한 관상이나 내적인 기다림에 그치는 것이 아니라 일상에서 종말론적 대망의 분출이어야 한다.

세 번째로 윤리적 본문들을 포함한 성서 전체는 우리에게 예수 그리스도가 구원의 주이고 모든 것이 우리를 위해 성취된 그 역사를 중심으로 수렴

---

321) ▲ 훌륭한 윤리를 통해서나 성서 해석의 훌륭한 방법을 통해서가 아니고.
322) *Cf.* 마태복음 24:42; 25:13; 26:38,41/마가복음 13:33,35,37; 14:34/누가복음 21:36.

된다. 윤리적 차원에서 그것은 우리로 하여금 두 가지 특별한 방식으로 성서를 이해하게 하고, 우리의 행위에 있어서 아주 커다란 자유를 갖게 한다. 구원의 주가 우리에게 임한 것을 아는 순간부터 율법주의의 길로 가는 것은 우리에게 더는 있을 수 없다. 완벽하게 훌륭한 우리의 공로로 우리의 구원을 이룬다는 듯이 우리의 공로를 쌓는 것은 우리에게 더는 있을 수 없다. 이제 우리는 구원의 주에게 칭송과 감사와 찬양을 올리고, 구원을 알리기 위해서 창의적으로 아주 새롭고 과감한 일들을 해나가도록 요청받는다. 우리는 구원을 받았기에 우리가 행할 일을 선택한다. 그러나 동시에 용서를 뜻하는 이 구원은 우리와 우리가 행한 일들을 향한 것이기에 우리는 하나님의 역사에 참여하기 위해 하나님 말씀에 대한 우리의 최선의 해석도 용서받을 필요가 있으며, 또한 우리가 행한 일들도 우리의 구원을 확보하기는커녕 용서받을 필요가 있다는 사실을 깨달아야 한다. 예수 그리스도 안에서 얻은 구원은 우리의 창조적인 행위와 일들에도 관계한다. 그런 확실성 하에서 우리는 하나님을 위해 하나님 안에서 우리의 행위에 대한 자율적 결정의 위험스러운 가능성을 받아들일 수 있게 된다.

　마지막으로 윤리적 본문들을 포함해 성서 전체는 예수 그리스도를 구원의 주로 지칭한다. 사회정의, 정치세계, 우애 등에 대해 성서에서 제시된 사항들은 그 자체로서는 아무 가치가 없고, 결코 직접적인 하나의 선으로 취급되지 말아야 한다. 그 사항들은 우선적으로 예수 그리스도가 이 세상 사회와 국가와 경제의 주권자라는 사실을 가리킨다. 그 사실은 성서가 제시하는 모든 정치적·사회적·도덕적 사항들의 가치, 기준, 출처, 기본이 된다. 그 사실에 의거해서 모든 것이 해석되어야 한다. 동시에 윤리적 본문들에 대한 우리의 이해와 적용에서는 이 세상의 권세들이 패배해서 그 주권과 최종 권한을 잃었다는 사실이 주조를 이루어야 한다. 주의 승리는 가상적인 것만이 아니라 현실적인 일들에 신앙을 실천하는 것을 가능하게 하고,

어떤 일들이 있는 그대로만이 아니라 더 나아가 주의 일이 되는 의미를 가지게 한다.

이와 같이 성서가 우리에게 전하는 모든 결정들은 예수 그리스도의 감추어진 승리를 세상에 드러내는 방법에 대한 증언들이다. 그 승리는 감추어져 있지만 우리 모두에게 알려진 것으로서, 감추어져 있지만 우리가 활동하는 근거이고, 감추어져 있지만 주님이 권능으로 그것을 드러내기에 적절하다고 판단하는 그 때까지 우리가 증언해야 할 것이기도 하다. 그 사실에 의거해서 우리는 성서에 나오는 모든 일들과 사람들, 모든 규범들과 계명들을 이해해야 한다. 이것이 하나의 윤리를 찾아내려고 성서를 이해하는 데 있어서 믿음의 유비가 우리에게 제공하는 안내지침이다. 그 윤리는 그리스도인들에게 이 땅에 살며 하나님 안에서 그리스도와 함께 감추어져 있는 참된 생명의 진정성을 증언할 수 있고, 구주인 예수 그리스도 안에서 주어진 은총에 합당한 일들을 이룰 수 있게 하는, 하나의 조그마한 수단이 될 수 있을 것이다. 아멘.

엘륄의 저서(연대기순) 및 연구서

- *Étude sur l'évolution et la nature juridique du Mancipium*. Bordeaux: Delmas, 1936.
- *Le fondement théologique du droit*. Neuchâtel: Delachaux & Niestlé, 1946.
  →『자연법의 신학적 의미』, 강만원 옮김(대장간, 2013)
- *Présence au monde moderne: Problèmes de la civilisation post-chrétienne*. Geneva: Roulet, 1948.
  →『세상 속의 그리스도인』, 박동열 옮김(대장간, 1992, 2010(불어완역))
- *Le Livre de Jonas*. Paris: Cahiers Bibliques de Foi et Vie, 1952.
  →『요나의 심판과 구원』, 신기호 옮김(대장간, 2010)
- *L'homme et l'argent* (Nova et vetera). Neuchâtel: Delachaux & Niestlé, 1954.
  →『하나님이냐 돈이냐』, 양명수 옮김(대장간. 1991, 2011)
- *La technique ou l'enjeu du siècle*. Paris: Armand Colin, 1954. Paris: Économica, 1990.
- (E)*The Technological Society*. New York: Knopf, 1964.
  →『기술, 세기의 쟁점』(대장간 출간 예정)
- *Histoire des institutions*. Paris: Presses Universitaires de France, plusieurs éditions (dates données pour les premières éditions):. Tomes 1−2, L'Antiquité (1955); Tome 3, Le Moyen Age (1956); Tome 4, Les XVIe−XVIIIe siècle (1956); Tome 5, Le XIXe siècle (1789−1914) (1956).
  →『제도의 역사』, (대장간, 출간 예정)
- *Propagandes*. Paris: A. Colin, 1962. Paris: Économica, 1990
  →『선전』, 하태환 옮김(대장간, 2012)
- *Fausse présence au monde moderne*. Paris: Les Bergers et Les Mages, 1963.
  → (대장간 출간 예정)
- *Le vouloir et le faire: Recherches éthiques pour les chrétiens*: Introduction (première partie). Geneva: Labor et Fides, 1964.

→『원함과 행함』, 김치수 옮김(대장간, 2018)
- *L'illusion politique*. Paris: Robert Laffont, 1965. Rev. ed.: Paris: Librairie Générale Française, 1977.
  →『정치적 착각』, 하태환 옮김(대장간, 2011)
- *Exégèse des nouveaux lieux communs*. Paris: Calmann-Lévy, 1966. Paris: La Table Ronde, 1994.
  → (대장간, 출간 예정)
- *Politique de Dieu, politiques de l'homme*. Paris: Éditions Universitaires, 1966.
  →『하나님의 정치와 인간의 정치』, 김은경 옮김(대장간, 2012)
- *Histoire de la propagande*. Paris: Presses Universitaires de France, 1967, 1976.
  →『선전의 역사』(대장간, 출간 예정)
- *Métamorphose du bourgeois*. Paris: Calmann-Lévy, 1967. Paris: La Table Ronde, 1998.
  →『부르주아와 변신』(대장간, 출간 예정)
- *Autopsie de la révolution*. Paris: Calmann-Lévy, 1969.
  →『혁명의 해부』, 황종대 옮김(대장간, 2013)
- *Contre les violents*. Paris: Centurion, 1972.
  →『폭력에 맞서』, 이창헌 옮김(대장간, 2012)
- *Sans feu ni lieu: Signification biblique de la Grande Ville*. Paris: Gallimard, 1975.
  →『머리 둘 곳 없던 예수-대도시의 성서적 의미』, 황종대 옮김(대장간, 2013).
- *L'impossible prière*. Paris: Centurion, 1971, 1977.
  →『우리의 기도』, 김치수 옮김(대장간, 2015)
- *Jeunesse délinquante: Une expérience en province*. Avec Yves Charrier. Paris: Mercure de France, 1971.
- *De la révolution aux révoltes*. Paris: Calmann-Lévy, 1972.
  →『혁명에서 반란으로』, 안성헌 옮김(대장간, 2020)
- *L'espérance oubliée, Paris*: Gallimard, 1972.
  →『잊혀진 소망』, 이상민 옮김(대장간, 2009)
- *Éthique de la liberté*, . 2 vols. Geneva: Labor et Fides, I:1973, II:1974.
  →『자유의 윤리』, (대장간, 2018),『자유의 윤리2』, (대장간, 2019)
- *Les nouveaux possédés*, Paris: Arthème Fayard, 1973.
- (E)*The New Demons*. New York: Seabury, 1975. London: Mowbrays, 1975.
  →『새로운 신화에 사로잡힌 사람들』, 박동열 옮김(대장간, 2021)
- *L'Apocalypse: Architecture en mouvement*, Paris. Desclée 1975.
- (E)*Apocalypse: The Book of Revelation*. New York: Seabury, 1977.

→『요한계시록』(대장간, 출간 예정)

· *Trahison de l'Occident*. Paris: Calmann–Lévy, 1975.

· (E)*The Betrayal of the West*. New York: Seabury,1978.
→『서구의 배반』(대장간, 출간 예정)

· *Le système technicien*. Paris: Calmann–Lévy, 1977.
→『기술 체계』, 이상민 옮김(대장간, 2013)

· *L'idéologie marxiste chrétienne*. Paris: Centurion, 1979.
→『기독교와 마르크스주의』, 곽노경 옮김(대장간, 2011)

· *L'empire du non-sens: L'art et la société technicienne*. Paris: Press Universitaires de France, 1980.
→『무의미의 제국』, 하태환 옮김(대장간, 2013)

· *La foi au prix du doute: "Encore quarante jours.."*. Paris: Hachette, 1980.
→『의심을 거친 믿음』, 임형권 옮김 (대장간, 2013)

· *La Parole humiliée*. Paris: Seuil, 1981.
→『굴욕당한 말』, 박동열 이상민 공역(대장간, 2014년)

· *Changer de révolution: L'inéluctable prolétariat*. Paris: Seuil, 1982.
→『인간을 위한 혁명』, 하태환 옮김(대장간, 2012)

· *Les combats de la liberté*. (Tome 3, L' Ethique de la Liberté) Geneva: Labor et Fides, 1984. Paris: Centurion, 1984.
→『자유의 투쟁』(솔로몬, 2009)

· *La subversion du christianisme*. Paris: Seuil, 1984, 1994. [réédition en 2001, La Table Ronde]
→『뒤틀려진 기독교』,박동열 이상민 옮김(대장간, 1990 초판, 2012 불어 완역판 출간)

· *Conférence sur l'Apocalypse de Jean*. Nantes: AREFPPI, 1985.

· *Un chrétien pour Israël*. Monaco: Éditions du Rocher, 1986.
→『이스라엘을 위한 그리스도인』(대장간, 출간 예정)

· *Ce que je crois*. Paris: Grasset and Fasquelle, 1987.
→『개인과 역사와 하나님』, 김치수 옮김(대장간, 2015)

· *La raison d'être: Méditation sur l'Ecclésiaste*. Paris: Seuil, 1987
→『존재의 이유』(대장간. 2016)

· *Anarchie et christianisme*. Lyon: Atelier de Création Libertaire, 1988. Paris: La Table Ronde, 1998
→『무정부주의와 기독교』, 이창헌 옮김(대장간, 2011)

· *Le bluff technologique*. Paris: Hachette, 1988.
→『기술담론의 허세』, 안성헌 옮김(대장간, 2021)

- *Ce Dieu injuste..?: Théologie chrétienne pour le peuple d'Israël*. Paris: Arléa, 1991, 1999.
  → 『하나님은 불의한가?』, 이상민 옮김(대장간, 2010)
- *Si tu es le Fils de Dieu: Souffrances et tentations de Jésus*. Paris: Centurion, 1991.
  → 『네가 하나님의 아들이라면』, 김은경 옮김(대장간, 2010)
- *Déviances et déviants dans notre societé intolérante*. Toulouse: Érés, 1992.
- *Silences: Poèmes*. Bordeaux: Opales, 1995. → (대장간, 출간 예정)
- *Oratorio: Les quatre cavaliers de l'Apocalypse*. Bordeaux: Opales, 1997.
- (E)*Sources and Trajectories: Eight Early Articles by Jacques Ellul that Set the Stage*. Grand Rapids: Eerdmans, 1997.
- *Islam et judéo-christianisme*. Paris: Presses universitaires de France, 2004.
  → 『이슬람과 기독교』, 이상민 옮김(대장간, 2009)
- *La pensée marxiste*: Cours professé à l' Institut d' études politiques de Bordeaux de 1947 à 1979 Edited by Michel Hourcade, Jean–Pierre Jézéuel and Gérard Paul. Paris: La Table Ronde, 2003.
  → 『마르크스 사상』, 안성헌 옮김(대장간, 2013)
- *Les successeurs de Marx*: Cours professé à l' Institut d' études politiques de Bordeaux Edited by Michel Hourcade, Jean–Pierre Jézéquel and Gérard Paul. Paris: La Table Ronde, 2007.
  → 『마르크스의 후계자』 안성헌 옮김(대장간, 2014)
- *Les sources de l'éthique chrétienne*. Geneve: Labor et Fides, 2014.
  → 『원함과 행함 2』, 김치수 옮김(대장간, 2021)
- *Théologie et Technique. Pour une éthique de la non-puissance*. Textes édités par Yves Ellul et Frédéric Rognon, Genève, Labor et Fides, 2014.
  → 『기술과 신학』,(대장간, 출간 예정)

- *Nous sommes des révolutionnaires malgré nous. Textes pionniers de l'écologie politique*. Paris: Seuil, 2014. → 『정치생태학의 혁명적 힘: 인격주의, 자연 감성, 기술 비판』, 자끄 엘륄 · 베르나르 샤르보노 공저, 인성헌 옮김(대장간, 2021)

기타 연구서

- 『세계적으로 사고하고 지역적으로 행동하라』(*Perspectives on Our Age*: *Jacques Ellul Speaks on His Life and Work*), 빌렘 반더버그, 김재현, 신광은 옮김(대장간, 1995, 2010)
- 『자끄 엘륄 –대화의 사상』(*Jacques Ellul, une pensée en dialogue*. Genève), 프

레데릭 호농(Frédéric Rognon)저, 임형권 옮김(대장간, 2011)

· *A temps et à contretemps: Entretiens avec Madeleine Garrigou-Lagrange*. Paris: Centurion, 1981.
· *In Season, Out of Season: An Introduction to the Thought of Jacques Ellul:* Interviews by Madeleine Garrigou–Lagrange. Trans. Lani K. Niles. San Francisco: Harper and Row, 1982.
· *L'homme à lui-même: Correspondance*. Avec Didier Nordon. Paris: Félin, 1992.
· *Entretiens avec Jacques Ellul*. Patrick Chastenet. Paris: Table Ronde, 1994

대장간 **자끄 엘륄 총서**는 중역(영어번역)으로 인한 오류를 가능한 줄이려고, 프랑스어에서 직접 번역을 하거나, 영역을 하더라도 원서 대조 감수를 원칙으로 하고 있습니다.

이 일은 한국자끄엘륄협회(회장 박동열)의 협력으로 이루어지고 있으며, 총서를 통해서 엘륄의 사상이 굴절되거나 왜곡되지 않고 그의 삶처럼 철저하고 급진적으로 전해지길 바라는 마음을 가득 담아 진행되고 있습니다.